BHAGAVAD GITA

DAS LIED GOTTES

Eine Neuübersetzung und Kommentare von
Rory B Mackay

Übersetzung aus dem Englischen von
German May

Dieses Werk ist unter einer Creative Commons Attribution 4.0 International-Lizenz lizenziert. Diese Lizenz erlaubt die kommerzielle und nichtkommerzielle Weiterverbreitung, sofern der Autor genannt wird. Vertragsdetails finden Sie unter creativecommons.org/licenses/by/4.0/

Copyright © 2023 Rory B. Mackay, Einige Rechte vorbehalten

Zweite Auflage

Veröffentlicht von Blue Star Publishing in Zusammenarbeit mit ShiningWorld

UnbrokenSelf.com | ShiningWorld.com

Buchumschlag-Illustration von Rory Mackay

Umschlagbearbeitung für die deutsche Ausgabe: Anja Kramps, Köln

Übersetzung: German May, Köln

Korrektur: Joachim Kegler, Berlin

Lektorat: Ulrike Faltin, Wien

Das Recht von Rory B. Mackay, als Autor dieses Werkes genannt zu werden wurde von ihm gemäß dem Copyright, Designs und Patente Gesetz, 1988, geltend gemacht.

Bhagavad Gita: Das göttliche Lied / Rory B. Mackay

ISBN: 978-1-7396089-2-7

Hari Om Tat Sat.

Inhalt

Vortwort von James Swartz	–i
Vorwort des Übersetzers	–iii
Einführung	–1
Kapitel 1: *Arjunas Kummer*	–25
Kapitel 2: *Die Macht des Wissens*	–41
Kapitel 3: *Karma-Yoga*	–89
Kapitel 4: *Handlungsloses Handeln*	–121
Kapitel 5: *Verzicht*	–161
Kapitel 6: *Meditation*	–185
Kapitel 7: *Direktes und Indirektes Wissen*	–225
Kapitel 8: *Das Ewige Selbst*	–249
Kapitel 9: *Königliche Weisheit & das Größte aller Geheimnisse*	–271
Kapitel 10: *Die Göttliche Herrlichkeit*	–299
Kapitel 11: *Die Kosmische Vision*	–315
Kapitel 12: *Hingabe*	–329
Kapitel 13: *Das Feld und der Kenner des Feldes*	–347
Kapitel 14: *Die Gunas*	–367
Kapitel 15: *Das Höchste Wesen*	–383
Kapitel 16: *Zwei Grundlegende Veranlagungen*	–395
Kapitel 17: *Die Drei Arten des Glaubens*	–413
Kapitel 18: *Befreiung*	–433
Glossar	–469

BHAGAVAD GITA

DAS LIED GOTTES

Vorwort

Die Bhagavad Gita – Das Lied Gottes – ist insofern eines der wichtigsten spirituellen Dokumente, als es sich um die Essenz der Upanishaden handelt, dem ältesten erhaltenen Text der Menschheit über die Wissenschaft des Lebens. Die Gita wurde etwa 300 Jahre vor Christus geschrieben und bietet uns eine zeitlose Lösung für die existentiellen Krisen, denen wir alle irgendwann in unserem Leben begegnen.

Die Upanishaden sind offenbarte Texte, keine philosophischen Thesen von Individuen oder Denkschulen und auch keine Visionen von Mystikern, die oft die Grundlage verschiedener Religionen darstellen. Diese Texte kommen zu uns, nicht von uns, ähnlich wie Benjamin Franklin das Wissen um die Elektrizität offenbart wurde, oder Sir Isaac Newton das Wissen der Schwerkraft. Zusammen mit den Naturwissenschaften wurde auch die Wissenschaft vom Bewusstsein durch jene Kraft offenbart, die das Leben erschafft, erhält und zerstört, um uns aus der Dunkelheit unseres materiellen Selbst in das selbstleuchtende Licht unseres spirituellen Selbst zu führen. Bis zum heutigen Tag wurde dieses Wissen unverändert und unversehrt weitergegeben.

Diese Wissenschaft wird Vedanta genannt und befreit uns von sämtlichen Zweifeln, die wir über die Natur der materiellen Welt, die Natur des menschlichen Geistes und den Faktor namens Gott haben könnten. Sie wurde vor fünfzig Jahren von meinem Lehrer an mich weitergegeben und ich habe sie an Rory Mackay, den Autor dieser Übersetzung und dieses Kommentars, weitergegeben.

Seit fast fünfzig Jahren unterrichte ich die Bhagavad Gita und andere wichtige vedische Texte für westliches Publikum weltweit in englischer Sprache. Leider haben mich meine vielen

Pflichten bisher daran gehindert, schriftliche Kommentare zur Bhagavad Gita zu verfassen. Glücklicherweise aber strahlt Rorys brillanter Kommentar das liebevolle Licht aus, das diesem wunderbaren Text gebührt. Ich kann ihn nur wärmstens empfehlen.

James Swartz
shiningworld.com

Vorwort des Übersetzers

Es war mir, selbst ein Schüler des Vedanta, die größte Freude und eine beglückende Herausforderung, Rory Mackays Übersetzung der Bhagavad Gita und seine Kommentare vom Englischen ins Deutsche zu übertragen. Die Bhagavad Gita ist mir in dieser Zeit sehr ans Herz gewachsen.

Das Übersetzen ist meine Art zu lernen und zu studieren und meinen Geist den Schriften auszusetzen. Für mich gibt es keine bessere Art zu lernen. In den Gurukulams, den indischen vedischen Schulen, ist es heute noch üblich, die heiligen Texte auswendig zu lernen und zu rezitieren.

Eine große Hilfe bei der Übersetzung war mir Joachim Kegler aus Berlin, der die richtigen und notwendigen Korrekturen für meine oft typisch österreichische Art der Formulierung parat hatte und mit seiner Arbeit das Buch, wie ich finde, wirklich sehr gut lesbar machte. Ebenso großen Dank spreche ich Ulrike Faltin aus, die das End-Lektorat für dieses Buch übernahm.

Anmerkungen zum Text:

Sanskrit: Rory schrieb seine Kommentare, wie man es sich als in unserer Zeit geborener Mensch wünscht – in gut verständlicher Sprache, spannend und tiefgehend. Dennoch ist es bisweilen unerlässlich, dass Sanskrit-Begriffe in den Text einfließen. Diese werden vom Autor meist direkt im Text erklärt. Zusätzlich habe ich, anders als im Original, ein Glossar verfasst, in dem alle Sanskrit-Wörter noch einmal ausführlicher und mit Hilfe von verschiedenen Quellen, wie insbesondere Yoga-Wiki, erklärt werden.

Auch Begriffe aus dem Englischen können oft nicht vollkommen bedeutungsgleich mit einem Wort übersetzt werden. Wie zum Beispiel das Wort „Devotee". Devotee ist ein in der

Gita häufig verwendeter Begriff. Ein Devotee ist ein „Anhänger" im religiösen Sinn, ein Gottesverehrer, Gottgläubiger. Im Sanskrit ist das der „*bhakta*", der/ die sich Hingebende oder Liebende. Bhakta leitet sich von *bhakti* ab, Liebe, Hingabe. Weil alles andere meist unpassend oder umständlich klang, habe ich mich für „Bhakta" entschieden.

Bewusstsein/ Gewahrsein – In diesem Text werden die beiden Begriffe (consciousness/ awareness) synonym verwendet.

Zu guter Letzt: Das *Selbst* wird im Text, wenn es sich um das eine ungeborene, ewige *Selbst* (*Atman*) handelt, im gesamten Text kursiv geschrieben. Damit wird es von dem unterschieden, was man normalerweise darunter versteht: das „Ich", d.h. das Geist/ Körper/ Ego. Jeder Unterschied zwischen den beiden ist letztlich jedoch rein fiktiv, wie wir noch sehen werden.

Möge diese deutsche Fassung des Buches vielen Menschen Freude bereiten!

German May
Köln, Juli 2021

Einführung

„Lege deine Verzweiflung und Selbstzweifel ab. Sich auf diese Weise gehen zu lassen geziemt sich nicht für den edlen Krieger, der du bist. Es wird diese Krise nicht lösen und dich auch nicht zur Erleuchtung führen. Steh auf, Arjuna, und kämpfe!"

Ich war einundzwanzig Jahre alt, als ich zum ersten Mal die Bhagavad Gita in der Hand hielt. In dem Moment, als ich sie aufschlug, sprangen mich die oben zitierten Worte, die Krishna im zweiten Kapitel spricht, direkt an und blieben seitdem bei mir – eine Ermahnung, die gleichzeitig inspirierend und zur damaligen Zeit auch verwirrend für mich war.

Als Teil des Mahabharata-Epos ist und bleibt die Bhagavad Gita ein geschätztes Juwel des indischen Kulturerbes. Ihre Geschichte, Figuren und Themen, sind tief in der nationalen Psyche verankert. Als Westler war mir die Gita nur flüchtig bekannt, aber ich wusste, dass ich etwas Besonderes in meinen Händen hielt.

Als ich mich in den alten Text vertiefte, fand ich ihn sowohl faszinierend als auch herausfordernd. Da ich mit der Mahabharata nicht vertraut war, war das erste Kapitel zugegebenermaßen ein echter Kampf, voll von langen, unaussprechlichen Namen und Begriffen. Aber sobald ich zum zweiten Kapitel kam, und Krishna begann, über die Wunder des Ewigen *Selbst* zu sprechen, war ich verzaubert.

Ich weiß nicht mehr, wie viel ich damals von der Gita gelesen habe, aber ich bin recht bald stecken geblieben, zum Teil auch wegen dem, was ich als offensichtliche Religiosität ansah (genau das, was mich an der konventionellen westlichen Religion abgeschreckt hatte). Außerdem konnte ich mich als engagierter Pazifist nicht mit der Vorstellung anfreunden, dass Gott jemandem befehlen würde, zu kämpfen und zu töten. Krishnas wiederholte Anweisung an Arjuna, einem von Zweifeln geplagten Krieger, lautet im Grunde: „Geh und töte sie, du Weichei!"

Vielleicht war ich auch ein Weichei, weil ich beschloss, dass die Gita nichts für mich war.

Etwa zehn Jahre später, nachdem ich die spirituelle Szene auf meiner Suche nach Antworten durchforstet hatte, entdeckte ich durch reine Gnade Advaita Vedanta. Es war zu einer Zeit, als ich schon verzweifelte und bereit war, alles aufzugeben.

Ich verschlang so ziemlich alles, was mein Lehrer James Swartz, jemals geschrieben hatte und hörte mir täglich Audioaufnahmen seiner Vorträge an. Einer der Vorträge behandelte die Bhagavad Gita. Ich holte mein verstaubtes Exemplar hervor und las sie noch einmal, diesmal mit einem vorurteilsfreien Geist.

Damals wurde die Gita für mich wirklich lebendig. Ich erkannte sie als das Meisterwerk, das sie zweifellos ist, nicht nur als eine Anleitung zur *Selbst*-Verwirklichung, sondern als ein psychologisches Werk und ein umfassendes und überraschend praktisches Handbuch für das tägliche Leben.

Die Gita ist eine Schablone für das Leben, für die Überwindung des Leidens, für die Suche nach unserem Weg und Lebenssinn, für den Umgang mit den Hindernissen der Unwissenheit und der Anhaftung. Sie weist den Weg zur Überwindung der Gegensätze von Vergnügen und Schmerz, von Verlangen und Furcht, von Freude und Leid. Krishnas zeitlose Worte laden uns ein, uns nach innen zu wenden und unsere eigene innerste Natur zu entdecken – die tatsächlich der Schlüssel zur Befreiung ist.

Dieses siebenhundert Verse umfassende „Lied Gottes" (wie der Titel übersetzt heißt), hat die Form eines Dialogs zwischen dem Krieger-Prinzen Arjuna und seinem göttlichen Mentor, Krishna. Während Krishna ein *avatar*[1] ist, eine direkte Verkörperung des Göttlichen, symbolisiert Arjuna den sprichwörtlichen Jedermann.

Die Gita beginnt mit einem verzweifelten Arjuna im Moment einer großen inneren Krise. Es ist wichtig zu beachten, dass, obwohl Arjunas Umstände einzigartig sind, sein Leiden das grundlegende Leiden aller Menschen repräsentiert. Es ist dieses Leiden, das uns alle letztlich auf die Knie zwingt und uns die „großen Fragen" des Lebens stellen lässt:

- *Was ist der Sinn des Lebens?*
- *Warum bin ich hier?*
- *Wie überwinde ich dieses Leiden?*
- *Was ist mein wahres Wesen und das Wesen der Welt, von Gott und der Wirklichkeit?*

Die Gita beantwortet all diese Fragen und noch mehr. In einer bemerkenswerten Synthese hält sie geschickt das Gleichgewicht zwischen Tiefgründigem und Praktischem, Kosmischem und Weltlichem und stattet so aufrichtig suchende Menschen mit nichts weniger als einem Fahrplan in die Freiheit aus.

Weil ihre Botschaft über Zeit, Kultur und Kontext hinausgeht, ist die Bhagavad Gita heute noch genauso relevant wie zu ihrer Entstehungszeit, als sie von ihrem Autor Vyasa vor über zwei Jahrtausenden verfasst wurde. Und sie wird es bleiben, solange Menschen die Erde bewohnen.

Im Augenblick der Krise

Es kommt ein Punkt im Leben eines jeden reifen Menschen, an dem er schließlich erkennt, dass, egal was er zu tun, zu sein, zu haben oder zu werden versucht, nichts im Leben sein grundlegendes Gefühl des Mangels und der Unsicherheit beseitigen

---

[1] Sanskritbegriffe werden im Text beim ersten Mal immer klein und kursiv geschrieben, danach im Fließtext groß. Ihre Bedeutungen findest du im Glossar.

kann. In den meisten Fällen beginnen Menschen erst an diesem Punkt, aus reiner Verzweiflung, sich ihr Leben genauer anzusehen, das *Selbst* und die Natur des Leidens zu erforschen.

Arjuna, der in den größten Krieg verwickelt ist, den die Welt je kannte, hat einen solchen Krisenpunkt erreicht. Die Situation ist düster und die Zukunft trostlos. Gier, Ehrgeiz und Eifersucht haben die königliche Familie von Hastinapura gespalten und zwei Gruppen von Cousins stehen sich in einem tödlichen Kampf um den Thron gegenüber. Arjuna und seine Brüder, die Pandavas, sind von ihren Cousins, den Kauravas, angeführt vom ehrgeizigen und rücksichtslosen Duryodhana, ihres rechtmäßigen Anspruchs auf das Königreich beraubt worden.

Durch Betrug bei einem Würfelspiel gelang es Duryodhanas Onkel den Pandavas alles zu nehmen, einschließlich ihrer Frauen, ihrem Königreich und ihrer Freiheit. Die Brüder wurden für dreizehn Jahre in den Wald verbannt, nach deren Ablauf sie zurückkehren durften, um den Thron zurückzufordern.

Nach ihrer Rückkehr weigerte sich der hartnäckige Duryodhana jedoch klein beizugeben, und erklärte, dass sie kämpfen müssen, wenn sie das Königreich wollen. Arjuna und seine Brüder waren kompromissbereit und hätten sich schon mit einem einzigen Haus zufriedengegeben. Doch Duryodhana gestand ihnen nichts zu und ließ ihnen keine andere Wahl, als den Krieg zu erklären.

Obwohl Arjuna für eine gerechte Sache kämpfte – sein Königreich zu befreien, die Ordnung wiederherzustellen und ein schweres Unrecht zu korrigieren – stellte das Leben schwer zu erfüllende Forderungen an ihn. Wie wir im ersten Kapitel sehen werden, hatte Duryodhana Arjunas eigene geliebte Onkel, Cousins, Lehrer und Freunde um sich versammelt, um gegen ihn zu kämpfen. Als Arjuna die Gesichter seiner Gegner sah, zerbrach seine Entschlossenheit.

Gelähmt von Verwirrung und Verzweiflung weiß der Prinz nicht, was er tun soll. Bisher hat er alles getan, was von ihm erwartet wurde. Er hat getan, was er konnte, um die Dinge wieder in Ordnung zu bringen. Die Umstände haben sich immer nur weiter verschlechtert, und jetzt muss er das Blut seiner eigenen engsten Verwandten vergießen.

Das ist der Augenblick, in dem Arjuna sich an seinen geliebten Freund und Wagenlenker Krishna wendet (Im Englischen: Lord Krishna[2]). Arjuna betrachtete Krishna als seinen weisen Mentor und hatte größte Wertschätzung für ihn. So groß, dass sich Arjuna für Krishna entschied, als er zwischen diesem und seiner Armee als Beistand auf dem Schlachtfeld wählen musste. Arjuna wollte Krishna an seiner Seite haben, auch wenn das bedeutete, dass er dadurch Duryodhanas Streitkräften zahlenmäßig weit unterlegen war.

Am Boden zerstört, weil er nun gegen seine eigene Familie und seine Freunde kämpfen muss, bittet Arjuna Krishna um Hilfe. Er ahnte nicht, wie grundlegend Krishnas Antworten sein Leben verändern würden.

Der Verstand ist das Schlachtfeld

Der kurz vor dem Ausbruch stehende grausame Krieg zwischen den Pandavas und den Kauravas, bildet das Rückgrat des Mahabharata. Historiker glauben, dass dieser Krieg auf tatsächlichen historischen Ereignissen in Indiens früher Vergangenheit beruht.

Im Zusammenhang mit der Gita sollte dieser Konflikt jedoch nicht nur im wörtlichen, sondern im metaphorischen Sinne betrachtet werden. Es wird klar, dass das eigentliche Schlachtfeld nicht Kurukshetra ist, wo die beiden Armeen aufeinander treffen – es ist das Schlachtfeld des menschlichen

---

[2] In dieser Übersetzung wird Lord Krishna einfach mit „Krishna" übersetzt, da mir das Voransetzen von „Herr" unpassend erscheint, ebenso wie die Verwendung des englischen „Lord". Krishna ist der „Herr", ganz im Sinne von „Gott", wie der Text im Verlauf zeigen wird. Ausnahmen sind die Verse selbst und Zitate.

Geistes. Der Konflikt der Gita symbolisiert den ewigen Krieg, der in Herz und Psyche wütet.

Arjunas Situation ist bestimmt sehr außergewöhnlich. Glücklicherweise werden sich nur wenige Menschen jemals in einer solch extremen Zwangslage befinden, einen Krieg gegen die eigenen Verwandten und Bekannten führen zu müssen.

Aber damit die Botschaft der Gita in einem universellen Sinn relevant und anwendbar ist, ist es wichtig zu verstehen, dass das Leiden Arjunas das grundlegende Leiden der Menschheit darstellt. Obwohl die äußeren Umstände sehr unterschiedlich sind, sind sowohl die Ursache als auch die letztendliche Abhilfe für diese grundlegende menschliche Krankheit die gleichen für alle Menschen in allen Zivilisationen und Zeiten.

Während das erste Kapitel der Gita das Problem darlegt, nämlich die universellen Leiden der weltlichen Existenz, wird in den übrigen siebzehn Kapiteln die Lösung angeboten.

Der Fluch der Selbstbegrenzung

Um die Psychologie der Gita zu verstehen, ist es notwendig, die Natur des menschlichen Leidens zu betrachten.

In vielerlei Hinsicht ist der menschliche Geist ein regelrechter Druckkochtopf voller Konflikte, Begierden, Ängste und Anhaftungen. Dieser innere Konflikt ist ein so wesentlicher Teil unserer Erfahrung, dass wir uns seiner oft entweder gar nicht mehr bewusst sind, oder wir davon ausgehen, dass das normale Leben eben so ist, voller Stress, Sorgen und Leid.

Dieser innere Aufruhr ist jedoch spezifisch für den Menschen. Während die Tiere ihrer Natur ohne jeden Zweifel folgen und ohne die Last eines Selbstbilds, unterscheidet uns der Intellekt von anderen Geschöpfen.

Wir Menschen haben die Fähigkeit zur Selbstreflexion und unser eigenes Schicksal zu wählen. Das ist sowohl ein Segen als auch potenziell ein Fluch, denn die Macht der Selbstreflexion ist die Ursache für unsere Unfreiheit und zugleich das Werkzeug für unsere Befreiung. Dazu Swami Dayananda Saraswati:

> Es ist die Besonderheit des Menschen, dass er sich seiner selbst bewusst ist. Das Selbst, dessen er sich bewusst ist, ist jedoch kein vollständiges, genügendes Selbst. Es ist leider ein mangelhaftes, unzulängliches Selbst.

Sich seiner selbst bewusst zu sein ist deshalb problematisch, weil das „Selbst", dessen wir uns bewusst sind, grundsätzlich für uns nicht akzeptabel ist. Weil wir uns selbst als Körper, Geist und Ego betrachten, die von Natur aus endlich und begrenzt sind, erleben wir ein akutes Gefühl des Mangels und der Unvollständigkeit im Innersten unseres Seins.

Der gegen dieses Gefühl der Begrenztheit ankämpfende Verstand zwingt uns dann, einer endlosen Reihe von Wünschen hinterher zu jagen. Das im Mangel wurzelnde Verlangen ist ein Mittel zur Überwindung des Gefühls der Begrenztheit und Unzulänglichkeit. „Ich will" wird daher zum Mantra des menschlichen Geistes.

Ein Mensch kann nur das wollen, woran es ihm mangelt. Du willst glücklich sein, weil du dich jetzt nicht glücklich fühlst. Du willst vollständig sein, weil du dich jetzt nicht vollständig fühlst. Je stärker du daher den Mangel empfindest, desto stärker sind die daraus resultierenden Wünsche, Sehnsüchte und Ängste.

Der Geist ist von Natur aus nach außen gerichtet und unsere soziale Konditionierung verstärkt dies noch. Deshalb neigen wir dazu, uns auf die Objekte unserer Umwelt zu fixieren und sehen sie als Schlüssel zu unserem Glück. Wir haben von klein auf festgestellt, dass wenn wir die Welt so gestalten könnten, wie wir sie haben wollen, wir glücklich und zufrieden wären.

Die drei ersten menschlichen Ziele

Unter dieser Prämisse verbringen wir unser Leben damit, die verschiedenen Ziele zu verfolgen, von denen wir glauben, dass sie uns ein dauerhaftes Gefühl der Vollständigkeit vermitteln. Die vedische Tradition umreißt vier grundlegende Kategorien des menschlichen Strebens, die sie *purushartha* oder „menschliche Ziele" nennt. Die ersten drei sind *artha*, *kama* und *dharma*.

1. Sicherheit und Wohlstand (*Artha*)

Wir alle haben grundlegende Bedürfnisse im Leben wie Nahrung, Kleidung und Unterkunft. Allerdings beschränken wir uns selten auf diese Grundbedürfnisse. Es spielt keine Rolle, ob man bereits einen guten Job, ein schönes Haus und ein zuverlässiges Auto hat. Es wird immer bessere Jobs, größere Häuser und schickere Autos geben.

Das Gefühl, nicht genug zu haben, ist der Treibstoff für unser unablässiges Streben nach Artha, nach Wohlstand und Sicherheit. Unsere Hyper-Konsumkultur macht sich diesen grundlegendsten Antrieb umfassend zunutze und facht schamlos und fortwährend auf subtile und weniger subtile Weise die Flammen der menschlichen Gier an.

Diejenigen, die in diesem ersten menschlichen Bestreben feststecken, suchen ihr Glück in Geld, Besitz, Immobilien, Beziehungen, Macht und Anerkennung. Das Problem besteht darin, dass genug niemals genug ist. Die Erfüllung entgleitet einem ständig, denn egal, was man hat, irgendwo da draußen wird es immer noch mehr und Besseres geben. Es ist eine traurige Tatsache, dass sich selbst viele Milliardäre um Geld sorgen, und egal wie viel sie davon haben, sie fühlen sich nie ganz zufrieden oder sicher genug.

2. Verlangen, Vergnügen (*Kama*)

Das zweite menschliche Bestreben ist *kama*, oder Verlangen. Wenn Sicherheit nicht mehr dein Hauptanliegen ist, und vorausgesetzt, du bist kein Workaholic, der in Artha feststeckt, wird sich dein Fokus wahrscheinlich auf Vergnügen und Genuss verlagern. Du langweilst dich und willst dich wohlfühlen, also wendest du dich Essen, Sex, Unterhaltung, Geselligkeit, Alkohol, Spielen, Reisen und einer endlosen Reihe anderer Vergnügen zu.

Wenn man in unserer modernen Wohlstandsgesellschaft lebt, ohne sich ständig um das tägliche Überleben sorgen zu müssen, wird Kama für viele Menschen zum Hauptantrieb. Aus diesem Grund ist die Unterhaltungsindustrie eine der größten Industrien der Welt.

Leider ist Verlangen wie Feuer. Je mehr man es nährt, desto stärker wird es. Es gibt nie einen Punkt, an dem das Feuer sich zufrieden gibt. Es brennt immer weiter, und wenn die eine Nahrungsquelle für das Feuer aufgebraucht ist, springt es hungrig auf die nächste über.

3. Tugendhaftigkeit (*Dharma*)

Jeder ehrliche, intelligente Mensch wird schließlich zu dem Schluss kommen, dass Artha allein kein Glück bringt und Kama vielleicht Freude, aber wenig Erfüllung bringt. An diesem Punkt kann es sein, dass sich ein Mensch dem dritten menschlichen Ziel zuwendet, das wir *dharma* nennen.

Wie wir sehen werden, ist Dharma ein wesentliches Konzept in der Gita. Der Begriff hat je nach Kontext unterschiedliche Bedeutungen. In Bezug auf die Lebensziele bezieht er sich auf den Wunsch, tugendhaft zu sein, das moralisch Richtige zu tun.

Je reifer du als Person wirst, desto mehr verpflichtest du dich dem Dharma. Du suchst nach Erfüllung in Freundschaft, miteinander Teilen, gegenseitigem Helfen und darin, etwas für die Welt und die Gesellschaft um dich herum beizutragen. Anstatt zu versuchen, soviel wie möglich für sich selbst herauszuholen, fängt man an, darüber nachzudenken, wie man der Welt etwas zurückgeben kann.

Ganz offensichtlich erreicht nicht jeder Mensch diesen Punkt. Viele bleiben auf der Ebene von Artha oder Kama stecken, sie schwelgen im Streben nach Geld und Sinnenfreuden. Im Allgemeinen sind Menschen, die Dharma schätzen, solche mit einer reifen, kultivierten und gebildeten Veranlagung.

Fast alle menschlichen Bestrebungen haben in einer oder mehrerer dieser drei Kategorien ihre Wurzeln. Was auch immer du tust, ob du nun mit anderen um eine bessere Position in der Arbeit wetteiferst, Geld investierst oder spendest, eine Beziehung eingehst oder auf der Straße Müll aufsammelst, du tust es im Allgemeinen, um Reichtum und Sicherheit, Vergnügen und Genuss oder Ansehen und Erfüllung zu erlangen.

Dem Streben innewohnende Begrenzungen

Manche Menschen sind ziemlich gut im Spiel des Lebens. Vielleicht erreichen sie ein gewisses Maß an weltlichem Erfolg, Reichtum und Anerkennung, heiraten den Mann oder die Frau ihrer Träume und gehen fünfmal im Jahr auf Luxuskreuzfahrt. Ihre Lebensqualität ist zweifelsohne gut. Aber das hat nicht unbedingt einen Einfluss auf die Qualität ihres Geistes.

Die Reichen und Berühmten klagen oft, was zeigt, dass äußerer Erfolg keine Garantie für inneres Glück ist. In der Tat scheint es oft so, als würden die Menschen, die mehr haben, auch mehr leiden, weil sie mehr zu verlieren haben.

Eine der großen Perversionen des Lebens besteht darin, dass sich alles in der Welt der Phänomene in einem ständigen Fluss befindet. Weil sich die Dinge ständig ändern, ist es unmöglich, an etwas festzuhalten. Was man heute hat, kann man morgen verlieren. Was an einem Tag funktioniert, funktioniert am nächsten vielleicht nicht mehr.

Du kannst den besten Teil deines Lebens damit verbringen, nach dem größten Objekt deiner Begierde zu streben, nur um festzustellen, dass du dich nach einem anfänglichen Hochgefühl an das Objekt gewöhnt hast und es nicht mehr das gleiche Hochgefühl erzeugt. Oder vielleicht verändert sich das Objekt selbst. Deine größte Freude an einem Tag kann am nächsten Tag zum Fluch deiner Existenz werden (wenn du mir nicht glaubst, frage nach beim nächsten Scheidungsgericht!)

Die Grenzen, die der Suche nach Glück mittels Artha, Kama und Dharma innewohnen, sind klar. Selbst wenn es dir gelingt, die Dinge im Leben so zu lenken, dass du genau das bekommst, was du willst, ist das oft mit einem hohen Preis verbunden. Damit sich das lohnt, musst du dir immer ganz sicher sein, dass du es wirklich willst.

Tatsache ist, dass nichts sehr lange erfüllend bleibt. Die Dinge ändern sich ständig, und der menschliche Geist dürstet nach Neuem. Dies, zusammen mit der Tatsache, dass auch andere eifrig ihre Ziele verfolgen und ich mit ihnen um diese Dinge in Konkurrenz stehe, führt laufend zu Frustration.

Jedes vernünftige und rationale Individuum wird zu dem grundlegenden Schluss kommen, dass das Leben ein Nullsummenspiel ist. Du hast die Fähigkeit in der Welt zu agieren und deine Ziele zu verfolgen, aber es gibt absolut keine Möglichkeit, dass du immer das bekommst, was du willst. Das Leben ist, was es ist. Jeder Gewinn bringt einen Verlust mit sich, und jeder Vorteil einen Nachteil.

Samsara

Wenn man erst einmal in den Kreislauf des Wünschens und Anhäufens hinein gesogen wurde, kann es sich anfühlen, als wäre man ihm hilflos ausgeliefert. In den östlichen Religionen gibt es hierfür den Begriff *samsara*.

Das Wort Samsara kommt von der Wurzel *samsri* und bedeutet: „im Kreis gehen, sich drehen, eine Abfolge von Zuständen durchlaufen, als ob man sich in einem Kreislauf befände". Samsara bezieht sich auf den Zyklus von Geburt, Tod und Wiedergeburt, „das Durchlaufen endlos aufeinanderfolgender Zustände weltlicher Existenz".

Samsara ist ein Zustand des endlosen Werdens. Du bist niemals zufrieden mit dem, was du hast oder was du bist und bist daher gezwungen, immer weitere Handlungen auszuführen, in der Hoffnung, bestimmte Ergebnisse zu erzielen und mehr zu werden als du bist.

Das Problem ist, dass das Leben ein Nullsummenspiel ist und egal, was man tut, man wird mit den Ergebnissen nie ganz zufrieden sein. Deshalb muss man immer weiter und weiter machen, während man sich selbst dabei immer tiefer eingräbt.

Das Rad von Samsara wird durch Verlangen in Bewegung gehalten. Verlangen veranlasst zum Handeln, und dieses Handeln erzeugt eine psychologische Neigung, das Handeln zu wiederholen. Nehmen wir an, ich sehe eines Tages zum ersten Mal einen Schokoladenkuchen. Ich nehme einen Löffel, probiere ihn und entdecke, dass er mir schmeckt. Diese einfache Handlung, ein Stück Kuchen zu probieren, weckt den Wunsch, mehr Kuchen zu essen. Jedes Mal, wenn ich diesem Verlangen erliege, verstärke ich sowohl das Verlangen als auch die Neigung, diesem Verlangen nachzugeben. Diese Neigung, einen Gedanken oder eine Handlung zu wiederholen, wird *vasana* genannt.

Das Problem ist, dass ich nach einer Weile gar nicht mehr Kuchen esse, weil ich unbedingt Kuchen essen möchte. Vielleicht versuche ich sogar abzunehmen. Ich esse ihn, weil jetzt meine Vorlieben (Kuchen) und Abneigungen (Mangel an Kuchen) meine Psyche antreiben. Also, wer hat hier wirklich das Sagen?

Zu allem Überfluss erzeugt jede Aktion nicht nur eine Tendenz zur Wiederholung, sondern auch eine entsprechende Reaktion. Ehe ich mich versehe, ist mein Kuchen-Vasana außer Kontrolle, und ich kämpfe mit meinem Gewicht und laufe Gefahr echte Gesundheitsprobleme zu bekommen.

Wenn wir erst einmal das samsarische Laufband betreten haben, wird es schwierig wieder abzusteigen. Um Freude zu erfahren, sind wir völlig auf äußere Objekte angewiesen, auch wenn diese Freude von Natur aus vergänglich ist. Doch wir befinden uns in einer Art Delirium und sind bereit dem Leben die allerletzten Tropfen an Vergnügen abzupressen. Auf diese Weise setzt sich der Kreislauf von Verlangen und Handeln stetig fort.

Das grundlegende Problem

Es ist wichtig zu erkennen, dass es nie wirklich das Objekt selbst ist, nach dem wir streben.

Aufgrund unseres falschen Selbstbildes, halten wir uns bewusst oder unbewusst für mangelhaft und unzulänglich.

Was wir wirklich wollen, ist uns anders zu fühlen. Das ist der wahre Grund, warum wir weltlichen Dingen hinterherjagen. Es geht darum, uns selbst etwas hinzuzufügen, uns zu verbessern, uns in den Augen anderer und damit auch in unseren eigenen Augen annehmbarer zu machen. Dieses grundlegende Gefühl der Unzufriedenheit mit sich selbst ist der fundamentale Konflikt, der im Kern der menschlichen Psyche liegt.

Wir erleben ihn als Kluft zwischen dem, was wir sind, und dem, was wir sein wollen, zwischen unseren subjektiven Wünschen und unserer objektiven Realität. Was wir tun, ist daher immer ein Versuch, diese Kluft zu überbrücken. Unser Handeln ist dann von dem Wunsch motiviert, vollkommen, vollständig und frei von jenem Leiden zu sein, das ein Teil unseres Wesens zu sein scheint.

Die Jagd nach den schillernden, verführerischen Objekten der Welt – seien es Ruhm, Glück, schnelle Autos, beste Freunde, Seelenverwandte oder sogar spirituelle Erfahrungen – ist bestenfalls eine Ablenkung. Es ist wie der Versuch, bei einem Auto durch das Einstellen des Außenspiegels, den Motor zu reparieren.

Unser Unvermögen, dieses Problem an der Wurzel zu packen, verdammt uns zu beinahe immerwährendem Leid, denn nichts in dieser Welt der vergänglichen Formen ist in der Lage, uns dauerhaftes Glück und Vollständigkeit zu bringen.

Glücklicherweise gibt es noch ein letztes menschliches Streben. Die meisten Menschen sind sich dessen nicht einmal bewusst. Das vierte menschliche Ziel heißt *moksha*. Im Deutschen bedeutet es „Befreiung" oder „Freiheit" – und genau das ist das Hauptthema der Bhagavad Gita.

Das höchste Ziel

Freiheit ist das höchste Ziel im Leben. Genauer gesagt ist Freiheit das einzige Ziel im Leben.

Wann immer du nach Artha, Kama oder Dharma strebst, strebst du im Grunde nach Freiheit. Wenn du nach Sicherheit strebst, strebst du nach Freiheit von deinem Gefühl der Unsicherheit. Wenn du nach Reichtum strebst, suchst du Freiheit von Armut. Wenn du irgendeinem Verlangen nachgehst, suchst du Freiheit von diesem Verlangen, Freiheit von dem Bedürfnis, das dich zum Handeln zwingt – von dem Gefühl des Mangels, der Not oder der Unzulänglichkeit.

Doch wenn ich nach Freiheit strebe, indem ich versuche die äußeren Bedingungen zu ändern, führt dies immer nur zu weiterer Unfreiheit. Solange du für deine Freiheit von irgendeinem äußeren Umstand abhängig bist, bleibst du von ihm abhängig. Sobald dieser Umstand sich ändert, und das wird er ganz bestimmt, hast du deine Freiheit verloren.

Moksha ist das höchste Ziel, weil es die Notwendigkeit des Suchens beendet. Anstatt in der sich ständig verändernden, unberechenbaren äußeren Welt nach Momenten des Glücks zu haschen, wendest du dich nach innen und beginnst das Glück in dir selbst zu suchen.

Das wird dir vielleicht nicht leicht fallen, denn wahrscheinlich hast du dich ein Leben lang als mit Mängeln behaftetes, unzulängliches Wesen betrachtet, das für sein Glück vollkommen von anderen und der Welt abhängig ist.

Doch das Problem ist nicht, dass dir wirklich irgendetwas fehlt.

Vielmehr lässt sich das Problem mit den Worten des Dichters Walt Whitman zusammenfassen:

Du hast nicht gewusst, was du bist.
Du hast dein ganzes Leben verschlafen.
Deine Augen waren so gut wie immer geschlossen.

An dieser Stelle kommt Vedanta ins Spiel. Laut Vedanta, dem gebündelten Wissen der alten Veden, geht es nicht darum, „frei zu werden". Vedanta weist darauf hin, dass du nicht frei werden kannst, weil du bereits frei bist.

Das Problem ist ein Problem der Unwissenheit, des Mangels an Wissen.

Du bist nur deshalb gefangen, weil du dich für etwas hältst, was du nicht bist: ein getrenntes, begrenztes Körper-Geist-Ego. Nur indem du dieser Annahme auf den Grund gehst, die an der Wurzel des existentiellen Leidens liegt, wirst du die deinem Wesen innewohnende Freiheit erkennen.

Das mag wie ein sehr hoher Anspruch klingen, aber Vedanta hat die Mittel, dies zu beweisen und damit das Leiden in Samsara zu beenden.

Vedanta, auch *jnana-yoga* oder Yoga der *Selbst*-Erkenntnis genannt, ist weder eine Philosophie noch eine Religion. Es ist ein Erkenntnismittel. In diesem Fall bist du selbst das Thema der Untersuchung. Daher ist das Wissen, das vermittelt wird, *Selbst*-Erkenntnis. Die Beseitigung der Unwissenheit bezüglich deiner wahren Natur ist der Schlüssel zur psychischen und spirituellen Befreiung.

Um die Bhagavad Gita zu verstehen, darf man sie nicht vom Kontext des Vedanta trennen, denn nur dann kann die volle Bedeutung der Worte Krishnas wirklich erfasst werden.

Die Gita zeichnet sich dadurch aus, dass sie eine der drei primären Schriften des Vedanta ist, dem „dreifache Kanon", zu dem außerdem die Upanishaden und die Brahma-Sutras gehören. Die Gita ist sowohl eine Abhandlung über richtiges Handeln in der Welt (Dharma) als auch über Befreiung oder Erleuchtung (Moksha). Richtig verstanden, bieten Krishnas Worte einen Wegweiser zur psychischen, emotionalen und spirituellen Freiheit.

Die befreiende Kraft der *Selbst*-Erkenntnis

Die eigentliche Lehre der Gita beginnt erst mit dem elften Vers des zweiten Kapitels. Davor handelt es sich um die Fortsetzung der Erzählung des Mahabharata. Hierbei wird der Grund für Arjunas Verzweiflung dargelegt.

Der Pandava-Prinz weiß nicht, was er tun soll. Sein Geist ist von Trauer gelähmt, und er sieht keinen Ausweg. An diesem Punkt wendet sich Arjuna an seinen Mentor und fleht Krishna an, ihn als seinen Schüler anzunehmen. Er bittet Krishna, ihm einen Ausweg zu zeigen.

Wie wir gesehen haben, lautet Krishnas erste Antwort: „Steh auf, Arjuna – und kämpfe!"

Arjunas Verwirrung ist verständlich und gleichzeitig führt sie dazu, dass Krishna die höchste Wahrheit enthüllt, die zur Befreiung von allen Fesseln führt. Diese Wahrheit ist das Hauptthema der Gita: *Selbst*-Erkenntnis.

Vedanta erklärt, dass die Wurzel unseres Leidens in der Unkenntnis unserer wahren Natur besteht. Wir haben festgestellt, dass die Ursache unserer Begierden und unseres Leidens das Gefühl ist, ein begrenztes, Mangel leidendes, unvollständiges Wesen zu sein. Da ein solches Ich/ Selbst für uns absolut inakzeptabel ist, jagen wir ständig den Objekten und Erfahrungen hinterher, von denen wir vergeblich glauben, dass sie uns befreien werden.

Die einzig wahre Freiheit entsteht jedoch dadurch, dass wir dieses grundlegende Missverständnis darüber, wer wir sind, ernsthaft hinterfragen.

Krishna enthüllt Arjuna unmittelbar die wahre Natur des *Selbst* als vollständige Fülle und Grenzenlosigkeit. Dieses *Selbst*, das in allen Wesen dasselbe ist, ist ewig, unsterblich, immer in Sicherheit und unerreichbar für jeden weltlichen Kummer oder jedes weltliche Leiden.

Die Gita taucht also in die Kernlehre der Upanishaden ein. Die Person, für die wir uns selbst halten, ist nur eine Vorstellung. Sie ist eine Überlagerung, die aus Unwissenheit geboren wurde und keine eigene unabhängige Existenz hat.

Die vedantische *Selbst*-Erforschung enthüllt durch einen Prozess der Negation, dass wir nicht der Körper, der Geist oder das Ego sein können.

Wie Krishna in Kapitel dreizehn erklärt, gibt es nur zwei Kategorien: das Feld der Objekte und den Kenner des Feldes. Alles, was uns bekannt ist, ist ein Objekt, unabhängig davon, ob es sich um ein physisches Objekt oder ein feinstoffliches Objekt in unserem Geist oder unserer Vorstellung handelt. Der Kenner dieser Objekte muss ein anderer sein als die Objekte.

Der Körper ist uns als Objekt bekannt, ebenso wie der Verstand, der Intellekt, das Ego und die Sinnesorgane. Das *Selbst* kann daher keines dieser einzelnen Teile sein. Vielmehr ist das *Selbst* der Kenner dieser Objekte und kann selbst nicht objektiviert werden.

Dieses *Selbst* ist reines Gewahrsein[3], der unveränderliche Hintergrund, auf dem die phänomenale Welt wie eine Fata Morgana erscheint. Alles durchdringend und ewig, ist dieses Gewahrsein ungeteilt und unteilbar. Krishna sagt zu Arjuna: „Das *Selbst* wird nie geboren, es kann also nie sterben." Während Körper sterben und wie alte, abgenutzte Kleider beiseite gelegt werden, nimmt das *Selbst* einfach neue Körper an, denn: „Allgegenwärtig und unveränderlich, ist es ohne Anfang und Ende."

Weil wir uns selbst für einen begrenzten Körper und Geist halten, der dem Zahn der Zeit, Krankheit und Tod unterworfen ist, erfahren wir große Angst, Schmerz und Leid. Doch Krishna macht deutlich, dass wir „über etwas trauern, was keine Trauer rechtfertigt".

Wenn das *Selbst* grenzenlos und von allen Dingen dieser Welt unberührt ist und wir dieses *Selbst* sind, dann ist unser Gefühl des Mangels, der Unzulänglichkeit und des Verlangens ungerechtfertigt, denn es beruht auf der Unkenntnis unserer wahren Natur.

Das Heraufdämmern der *Selbst*-Erkenntnis – der Erkenntnis, dass wir von Natur aus frei, selbstleuchtend und die Quelle unseres eigenen Glücks sind – ist das Licht, welches das düstere Leiden der Unwissenheit vertreibt.

---

[3] In diesem Text werden „Gewahrsein" und „Bewusstsein" (awareness/ consciousness) synonym und austauschbar verwendet. Bevorzugt wird „Gewahrsein", weil viele „Bewusstsein" eher mit dem Inhalt der eigenen Psyche gleichsetzen, wie Gedanken, Erinnerungen, Überzeugungen und so weiter.

Laut Krishna haben diejenigen, die Befreiung erlangen, ihren eigenen Geist gemeistert, sind ruhig im Herzen und „frei von der Angst, ständig etwas neues haben und anhäufen zu müssen". Unbelastet von den Fesseln des Verlangens, sind die Befreiten im Gegensatz zu den Leidenden vollkommen mit sich selbst zufrieden. Mit einem immer vollen Herzen sind sie von Widrigkeiten nicht zu erschüttern und für ihr Glück auf nichts Äußeres angewiesen.

Krishna zufolge bewegen sich solche Menschen in der Welt so frei wie der Wind, ohne jegliches Gefühl der Begrenzung, ohne Angst und Begierde. Das ist die Glückseligkeit der *Selbst*-Erkenntnis, jener Freiheit, die daraus erwächst, dass man sein wahres *Selbst* als frei von Fesseln und als Quelle aller Freude erkennt.

Den Geist vorbereiten

Doch leider braucht es mehr für Moksha, als nur von den Wundern des *Selbst* zu hören, sonst wäre Arjuna bereits am Ende des zweiten Kapitels erleuchtet gewesen und es hätte keine weiteren sechzehn Kapitel gebraucht.

Obwohl Krishna die Natur des *Selbst* wunderschön beschreibt und Arjuna seinen Worten vertraut, ist es klar, dass Worte allein nicht ausreichen, um seinen Kummer zu beenden.

Damit *Selbst*-Erkenntnis Wurzeln schlagen und den eigenen Standort der Identität vom begrenzten Ego zum grenzenlosen *Selbst* verlagern kann, muss der Verstand zunächst darauf vorbereitet werden. So wie ein Feld fruchtbar sein und für die Aussaat entsprechend vorbereitet werden muss, so muss der Geist offen und empfänglich für das Wissen sein. Bestimmte Vorarbeiten müssen abgeschlossen sein, und darauf konzentriert sich der erste Abschnitt der Gita.

Die Anziehungskraft der Sinne lenkt den Fokus unserer Aufmerksamkeit ganz natürlich auf Sinnesobjekte, auf die Welt der Formen und Erfahrungen. Die starke Anziehungskraft der Phänomene fesselt Geist und Sinne so sehr, dass sich in jeder neuen Generation immer nur wenige Menschen jemals nach Innen wenden, um das *Selbst* zu suchen.

Die Gita warnt wiederholt vor den Gefahren, sich in der Welt der Sinne zu verlieren. Im zweiten Kapitel stellt Krishna fest, dass das Augenmerk auf Objekte Anhaftung hervorruft, die wiederum zu Begehren führt, aus dem das Leiden geboren wird. Ein leidender Geist wird leicht getäuscht, wodurch das Urteilsvermögen getrübt und korrekte Unterscheidung verhindert wird. „Wenn der Geist nicht mehr für das Erlangen von Freiheit geeignet ist", beklagt Krishna, „ist das eigene Leben so gut wie zerstört".

Der Gita zufolge ist *karma-yoga* das wichtigste Werkzeug zur Kultivierung eines ruhigen und reinen Geistes, eines Geistes, der in der Lage ist, das Wissen des *Selbst* zu verinnerlichen. Es ist kein Zufall, dass Krishna Karma-Yoga vor die Abschnitte über Meditation, Hingabe und *Selbst*-Erkenntnis stellt. Während das zweite Kapitel einen Überblick über den Inhalt der gesamten Gita darstellt, entfaltet sich die Lehre in einer wohl durchdachten und logischen Abfolge.

Die Gita kann in drei Abschnitte unterteilt werden, die jeweils aus sechs Kapiteln bestehen. Der erste Abschnitt befasst sich mit den Themen Dharma, Karma-Yoga und der Frage von Handlung und Verzicht. In diesen Kapiteln geht es darum, den Geist auf Moksha vorzubereiten, den richtigen Lebensstil und die richtige Denkweise zu verordnen. Der mittlere Abschnitt der Gita befasst sich mit Meditation, der Natur des *Selbst* und der Schöpfung sowie mit *upasana-yoga*, der Praxis der Hingabe. Der abschließende Abschnitt konzentriert sich auf die *Selbst*-Erkenntnis und darauf, wie dieses Wissen in das eigene Leben integriert werden kann, um Befreiung zu erlangen.

Die geschickte Verflechtung des Spirituellen mit dem Praktischen, des Göttlichen mit dem Weltlichen, macht die Gita wirklich einzigartig. Der große Visionär des achten Jahrhunderts, Adi Shankara, erklärte, dass, sollte ein Mensch nur einen Text der vedantischen Schriften studieren können, es die Bhagavad Gita sein sollte.

Zu Shankaras Zeit wurde Moksha nur für den *sannyasi* als realisierbares Ziel angesehen, für jemanden, der formell der Gesellschaft entsagt und alle materiellen Bestrebungen aufgibt, um Erleuchtung zu erlangen. Obwohl es auch heute noch Sannyasis in Indien gibt, wird dies in der modernen Gesellschaft weder als legitimer Lebensweg geschätzt noch anerkannt.

Schon allein aus diesem Grund ist die Gita wichtig. Sie lehrt, dass Freiheit erlangt werden kann, ohne der Gesellschaft ganz entsagen zu müssen und dass eine Person nach Erleuchtung streben kann, ohne das Leben weltlichen Handelns aufzugeben. Tatsächlich stellt Krishna ausdrücklich fest, dass wahrer Verzicht nicht bedeutet, das Handeln ganz aufzugeben. Es bedeutet, unsere Anhaftung an die Ergebnisse dieses Handelns aufzugeben.

Die Gita verstehen

Als ich die Gita zum ersten Mal entdeckte, wurde mir klar, dass ein Lehrer notwendig ist, der die Lehre entschlüsseln und alle Zweifel und Verwirrungen auflösen kann. Ohne einen qualifizierten Lehrer wirst du die Lehre immer nur gemäß deiner bereits bestehenden Überzeugungen und deiner Weltanschauung interpretieren. Diese Art von falscher Bestätigung ist in der Tat eine der heikelsten Tendenzen des Geistes, denn sie verdeckt die Wahrheit durch einen Schleier der Unwissenheit, die sich als Wissen tarnt.

Es sollte nicht überraschen, dass die Gita, je nach eigenen Ansichten und Empfindsamkeiten, auf unterschiedliche Weise interpretiert werden kann.

Der Vedantin sieht die Gita als eine Entfaltung „offenbarten Wissens" der Upanishaden, in deren Zentrum der große Ausspruch *Tat tvam asi* steht: Das bin ich. Diese drei einfachen Worte fassen die höchste Wahrheit des Vedanta zusammen, indem sie die Identität des *jiva*, des persönlichen Selbst, als nicht verschieden von *Brahman*, dem universellen *Selbst*, hervorheben. Krishna erklärt ausdrücklich, dass Er das *Selbst* in allen Wesen ist. Die Gita entfaltet daher eine Vision der Nicht-Dualität, indem sie sich der Konventionen von Sprache und Dualität bedient.

Als *Selbst*-verwirklichter Avatar bezieht sich Krishna in der gesamten Gita auf das *Selbst* in Ausdrücken der ersten Person: als „Ich", „Mir" und „Mein". Wenn wir die Nuancen seiner Lehre nicht erfassen, könnte es sein, dass wir Krishnas Worte wörtlich nehmen, so wie viele Christen die Gleichnisse Jesu wörtlich nehmen.

Anstatt Krishna als eine Personifizierung des universellen *Selbst* im Innersten aller Wesen zu sehen, konzentrieren sich einige ausschließlich auf die „Persönlichkeit" Krishnas. Vaishnavas zum Beispiel pflegen eine dualistische und wörtliche Interpretation der Gita. Sie widersprechen der Auffassung, dass die Gita eine Lehre über Moksha ist, und interpretieren sie ausschließlich als frommen Text. Sie versuchen, Krishna als die „Höchste Gottheit" zu verehren, mit dem Ziel, Krishna zu gefallen und die Chance zu verdienen, sich mit ihm im Jenseits zu vergnügen.

Das ist nicht die Interpretation von der dieser Kommentar ausgeht. Der wohl einflussreichste Kommentar, der je über die Gita geschrieben wurde, stammt von dem bereits erwähnten Adi Shankara, der die Grundlage für die Lehren des Vedanta im achten Jahrhundert legte. Da ich keine bessere Analyse der Gita gefunden habe, steht der vor dir liegende Kommentar im Einklang mit der Lehre Shankaras und der traditionellen Vedanta-*sampradaya* (Lehrtradition).

Dieses Werk ist in hohem Maße den hervorragenden Kommentaren und Lehren von Swami Dayananda Saraswati, Swami Chinmayananda, Swami Paramarthananda aus Chennai und meinem eigenen Lehrer James Swartz zu verdanken.

Meine Absicht war es, die Essenz der Gita auf eine für westliche Leser und Zuhörer verständliche Art und Weise verfügbar zu machen, auch für diejenigen, die vielleicht nicht allzu vertraut mit ihr sind. Ich wollte die Art von Erläuterung schaffen, die ich mir gewünscht hätte, als ich dieses bemerkenswerte Juwel zum ersten Mal gefunden und gelesen habe. Eine Erläuterung, die den Worten eine klare Bedeutung und eine verständliche Interpretation verleiht. Beim Übersetzen habe ich mich bemüht, den Sanskrit-Versen treu zu bleiben. Ich habe jedoch den Anfang des ersten Kapitels geändert. Die einleitenden Verse der Gita können schwierig sein für diejenigen, die mit dem Mahabharata und der indischen Kultur und dem historischen Kontext nicht vertraut sind. Der Autor Vyasa, verwendet eine Erzählform, bei der ein Seher, Sanjaya, die gesamte Geschichte mit Duryodhanas blindem Vater, König Dritharastra, verbindet. Dies kann potenziell verwirrend sein und enthält mehr Details über die auf dem Schlachtfeld versammelten Krieger, als zum Verständnis der Gita notwendig ist. Ich habe beschlossen, die Szene auf eine einfachere Art und Weise darzustellen, indem ich das Schlachtfeld und die beiden auf dem Schlachtfeld versammelten Armeen in kurzer, anschaulicher Prosa beschreibe. Von da an bleibt die Übersetzung weitgehend originalgetreu, wobei Änderungen nur aus Gründen von Klarheit, Sinngehalt und Lesbarkeit vorgenommen wurden.

Ich hoffe, dass dieses Buch ein Anfang für diejenigen sein wird, die die Gita und die Lehre des Vedanta vertiefen möchten. Zu diesem Zweck empfehle ich besonders Swami Dayanandas Buch „The Teaching of the Bhagavad Gita" und, für die Engagierteren, seinen mehrbändigen „Bhagavad Gita Home Study Course", der ein herausragendes Werk ist. Zu den hervorragenden allgemeinen Vedanta-Büchern gehören „The Essence of Vedanta" (erschienen in deutscher Sprache mit dem Titel: „Die Wirklichkeit verstehen", Kamphausen Verlag) von James Swartz und „Vedanta: The Big Picture" (dt. „Vedanta, das gesamte Bild"), basierend auf Vorträgen von Swami Paramarthananda.

Im Geiste des Karma-Yoga diene ich dieses Buch dem göttlichen *Selbst* in allen Wesen an und widme es meinem Lehrer James Swartz und dem edlen Sampradaya, der mein Leben über alle Maßen gesegnet hat.

KAPITEL EINS

Arjunas Kummer

1. Am Morgen der Schlacht stand die Sonne über dem Horizont und färbte den Himmel in Rot und Gold. Zwei riesige furchteinflößende Armeen, die an die vier Millionen Krieger und Soldaten zählten, breiteten sich über die Felder von Kurukshetra, dem Sitz des *Dharma*, aus.

2-11. Die größere der beiden Armeen, die Kaurava-Armee, war Richtung Westen ausgerichtet und wurde von dem mächtigen Bhishma befehligt. Die kleinere Armee der Pandavas war nach Osten ausgerichtet, angeführt von Dhrishtadyumna.

Division folgte auf Division, mit mächtigen Kriegern, die aufrecht in goldenen Streitwagen standen. Ihre Bögen, Streitäxte, Schwerter und Lanzen glänzten im Morgenlicht. Männer, Pferde und Elefanten füllten das Schlachtfeld, gekleidet in goldene und bronzene Rüstungen. Ihre Banner flatterten im Wind.

12-19. Bhishma hob sein Muschelhorn an die Lippen und ließ dröhnend den Schlachtruf ertönen. Daraufhin bliesen die anderen Kauravas in ihre Muschelhörner, Trompeten und Kuhhörner und schlugen auf Trommeln – eine ebenso gewaltige wie furchterregende Kakophonie.

Arjuna, der Pandava-Prinz, blieb furchtlos und entschlossen. In einem königlichen goldenen Wagen stehend, mit seinem geliebten Mentor Krishna als Wagenlenker, hob der Prinz seine Muschel, Devadatta, an seine Lippen. Als er den Schlachtruf ertönen ließ, schlossen sich ihm Krishna, seine Brüder Bhima, Yudhisthira, Sahadeva und Nakula sowie die anderen edlen Krieger an, die sich an ihrer Seite versammelt hatten. Der Klang hallte wie Donner und durchdrang die Herzen aller auf dem Schlachtfeld Versammelten.

20-23. Arjuna richtete daraufhin eine Bitte an Krishna: „Bring mich nach vorne, Krishna! Fahre meinen Streitwagen zwischen die beiden Armeen. Lass mich die Gesichter derer sehen, gegen die ich kämpfen muss."

24-25. Krishna entsprach der Bitte. Durch einen kräftigen Ruck der Zügel galoppierten die weißen Pferde vorwärts und ließen dabei eine Staubwolke aufsteigen. Der Wagen kam in der Mitte des Schlachtfeldes zum Stehen. Krishna sagte: „Sieh die Kauravas!"

26-27. In dem Moment, als Arjuna die Männer erblickte, gegen die er zu kämpfen hatte, packte Entsetzen sein Herz. Zu den gegnerischen Kriegern, die bis zum Anschlag bewaffnet und bereit waren, den Horror eines Krieges zu entfesseln, wie es noch nie einen gab, gehörten viele aus seiner eigenen Familie, waren Freunde und hoch verehrte Lehrer. Sein Cousin, der verwirrte und verdrehte Duryodhana, hatte Arjunas eigene Verwandte versammelt, um gegen ihn zu kämpfen.

28-29. Von Mitgefühl ergriffen, sagte Arjuna voll Sorge: „Krishna, diese Männer sind meine Familie. Wie kann ich gegen sie kämpfen?" Vor wenigen Minuten war der Prinz noch bereit gewesen, seine Gegner zu bezwingen. Er war ein erfahrener Krieger und sein ganzes Leben war dem Dharma gewidmet und heldenhafter Aufopferung. Er war kein Mann, der sich Furcht oder Kummer hingab. Aber in dem Augenblick, als seine Augen diese großen und edlen Männer erblickten, bereit gegen ihn zu kämpfen, verschwand alle Gewissheit.

30. Von Verzweiflung überwältigt, glitt ihm der Bogen aus der Hand. In dem Moment, als sein großer Bogen, Gandiva, den Boden berührte, schien die Zeit stillzustehen.

31-37. Arjuna sagte: „Krishna, ich sehe nichts Gutes in diesem Kampf! Ich habe wenig Verlangen nach Reichtümern, Königreichen oder weltlichen Vergnügungen. Denn was nützt mir ein Königreich, wenn ich meine eigenen Onkel, Lehrer und Familie abschlachten muss? Ich kann mich nicht dazu durchringen, diese Männer zu töten, Krishna, selbst wenn sie geschworen haben, mich zu töten! Welche Art von Befriedigung würde ein solcher Sieg bringen? Wie könnten wir jemals glücklich sein, das eigene Volk vernichtet zu haben?

38-44. „Sie kämpfen sicherlich auf der falschen Seite, aber ich wäre nicht besser, wenn ich sie im Kampf erschlagen würde. Ich kann nicht meine eigene Familie töten. Familie bedeutet alles. Wenn Väter, Brüder, Onkel und Cousins gegeneinander zu den Waffen greifen, werden Familien zerstört, Dharma geht zugrunde und die Gesellschaft stürzt ins Chaos.

45-46. „Wie kann ein Mann sein eigenes Fleisch und Blut töten, aus Gier und Verlangen, den Sieg zu erringen? Ich kann es nicht tun, Krishna! Eher würde ich meine Waffen niederlegen und dem Feind erlauben, mich zu töten."

47. Nachdem er diese Worte gesprochen hatte, sank Arjuna in seinem Wagen zu Boden. Sein Herz war überwältigt von Kummer und Verzweiflung, als er seinen Bogen und seine Pfeile wegwarf. Er hatte seine Entscheidung getroffen. Er würde nicht kämpfen.

KOMMENTAR KAPITEL EINS

Das Eröffnungskapitel der Bhagavad Gita beschreibt, wie sich zwei große Armeen auf den Kampf um das Schicksal eines gestohlenen Königreichs vorbereiten. Während die Lehren der Gita erst in Kapitel Zwei beginnen, erklärt dieses Kapitel Arjunas missliche Lage und seine anschließende Verzweiflung, als ihm klar wird, dass er im Kampf seine eigene Familie und seine Freunde töten muss. Wir beginnen also mit einem Krieg, der ausgefochten werden muss, und einem Krieger, der nicht kämpfen will.

Dieser Konflikt ist nicht nur ein Streit um Land und Macht. In der Tat wird das Schlachtfeld in den ersten Zeilen als *dharmakshetra* bezeichnet, was „Ort des *dharma*" bedeutet. Dieser Bezug ist kein Zufall, denn er umreißt eines der zentralen Themen der Gita. Die Schlacht von Kurukshetra ist eine Schlacht von *dharma* gegen *adharma*, dieser uralte Konflikt von Recht und Unrecht.

Arjuna ist ein *kshatriya*, ein Angehöriger der Kriegerkaste, deren geschworene Pflicht es ist, Dharma bzw. Rechtschaffenheit zu schützen. Diejenigen, die gegen Dharma verstoßen, wie Arjunas Feind Duryodhana, müssen aufgehalten werden. Dharma muss immer über Adharma triumphieren, sonst wird die Gesellschaft zerstört.

Der Weg, Adharma zu stoppen, besteht darin, ihn zunächst mit gewaltlosen Mitteln herauszufordern, zu verhandeln und zu versuchen, eine friedliche Lösung zu finden. Sollte dies scheitern, müssen die Gesetzeshüter der Gesellschaft eingreifen. Krieg ist etwas, das immer vermieden werden sollte. Manchmal jedoch, wenn alle anderen Möglichkeiten ausgeschöpft sind, muss für den Frieden gekämpft werden.

Als Verteidiger von Dharma hat Arjuna eine Pflicht zu erfüllen, doch es ist ein Konflikt entstanden zwischen dem, was er tun will und dem, was er tun muss. Als er sieht, dass der grausame Duryodhana seine eigenen Familienmitglieder, Lehrer und Freunde um sich gesammelt hat, um gegen ihn zu kämpfen, bröckelt seine Entschlossenheit. Er schwankt, nicht aus Angst, sondern aus Mitgefühl. Sein Denkvermögen ist beeinträchtigt, sodass der edle Prinz seine Pflicht nicht mehr erfüllen kann.

Wie bereits in der Einleitung erwähnt, hat die Schlacht in der Gita eine weitgehend metaphorische Komponente. Auf einer Ebene repräsentiert sie Dharma und Adharma, aber sie ist auch ein Symbol für den psychologischen und spirituellen Kampf jedes Menschen. In Wirklichkeit repräsentiert Arjunas Kummer Samsara, das grundlegende Übel der Menschheit.

Während sich glücklicherweise die wenigsten von uns jemals in einer so extremen Situation wie Arjuna befinden werden, ist die leidvolle Erfahrung von Samsara für jeden gültig, unabhängig von den persönlichen Umständen. Auch wenn sich für den Einzelnen Samsara unterschiedlich manifestiert, so hat es doch immer seine Wurzel in fehlerhaftem Denken, in einer durch Unwissenheit verursachten falschen Identifikation, die die Ursache für übermäßigen Kummer und Leid ist.

Dharma

Um die Gita zu verstehen, ist es unerlässlich, ein Verständnis von Dharma zu haben. Dharma ist ein breit gefächertes Thema. Das Wort selbst, das keine direkte englische (oder deutsche, Anm. des Übers.) Entsprechung hat, leitet sich von der Wurzel *dhr*, „halten, erhalten und unterstützen" und *dharman* ab, was „Träger oder Unterstützer" bedeutet.

Dharma ist also das Naturgesetz, das der Schöpfung zugrunde liegt; der unsichtbare Faden, der den Lebensteppich zusammenhält und dafür sorgt, dass alle Bestandteile zusammenarbeiten, wodurch das Universum mit Zusammenhalt und Integrität funktionieren kann.

Im Zusammenhang mit der Gita wird Dharma als „richtiges Handeln" (dem Dharma entsprechend) verstanden, im Gegensatz zu Adharma, das „falsches Handeln" bedeutet. Dharma bezieht sich auf Verhalten, Handlung und Benehmen in Übereinstimmung mit der natürlichen Ordnung des Lebens. Während sich Werte von Kultur zu Kultur unterscheiden, genauso wie persönliche Vorlieben, bleibt Dharma universell und konstant. Man könnte sagen, er ist als ungeschriebener Schöpfungscode in die Struktur des Lebens eingebaut.

So steht in der Yajur-Upanishad:

Nichts ist höher als Dharma.
Wahrhaftig, das, was Dharma ist, ist Wahrheit.

Dharma treibt die gesamte Schöpfung an und ist untrennbar mit dem Funktionieren der Gesellschaft und dem Schicksal der Welt verbunden. Daher ist die Aufrechterhaltung von Dharma eine Angelegenheit höchster Wichtigkeit. Deshalb wird gesagt, dass eine Person bereit sein sollte, alles zu opfern, um Dharma aufrechtzuerhalten.

Drei Arten von Dharma

Dharma kann in Form von drei grundlegenden Kategorien betrachtet werden: universeller, situativer und persönlicher Dharma.

1. Universeller Dharma

Universeller Dharma, Sanskrit: *samanya-dharma*, bezieht sich auf universelle Werte, von denen das Nicht-Verletzen der grundlegendste ist. Dies ist nichts, was uns beigebracht werden muss. Wir alle haben ein angeborenes Verständnis von Nicht-Verletzen auf Grundlage unserer gemeinsamen Werte und gegenseitiger Erwartung. Schließlich erwartest du, dass du aus dem Haus treten kannst, ohne dass jemand aus einer Ecke hervorspringt und dir gleich deine Brieftasche klaut.

Kein Lebewesen will verletzt werden, daher ist Nicht-Verletzen der wichtigste Aspekt universellen Dharmas. Wir alle wollen mit Freundlichkeit, Sympathie und Mitgefühl behandelt werden. Die vorsätzliche Verletzung eines anderen verletzt Dharma auf grobe Weise und hat immer unglückliche karmische Auswirkungen.

Wahrheit ist ein weiterer Schlüsselaspekt von Dharma. Jeder weiß, dass es falsch ist zu lügen, denn niemand mag es, belogen zu werden. Reinheit und Selbstbeherrschung sind weitere dharmische Schlüsselwerte. Es ist sinnvoll, in Bezug auf Körper, Ernährung, Gedanken, Wort und Tat so rein wie möglich zu leben, um unser eigenes Wohlbefinden, unsere Gesundheit und unseren Seelenfrieden zu erhalten. In ähnlicher Weise verhindert Selbstbeherrschung, dass wir den kleinlichen Launen und Impulsen unseres Geistes zum Opfer fallen, die oft zu nichts anderem als Ärger führen.

Es ist beachtenswert, dass selbst Menschen, die routinemäßig gegen Dharma verstoßen, wie Diebe und Lügner, immer noch ein instinktives Wissen bezüglich richtig und falsch haben. Wir erkennen es daran, dass sie ihrerseits nicht bestohlen oder belogen werden wollen. Deshalb wird ein Dieb seine Beute immer verstecken. Es ist also nicht so, dass diese Leute Dharma nicht verstehen, sondern dass sie sich aus unterschiedlichen Gründen entscheiden, ihm nicht zu folgen.

Die Verletzung von Dharma hat jedoch immer einen Preis. Wir müssen uns nicht nur mit den äußeren Folgen auseinandersetzen, sondern auch mit den inneren Auswirkungen in Form von seelischen Konflikten, Schuldgefühlen, Angst und Kummer.

2. Situativer Dharma

Eine Gesellschaft schafft Gesetze, um sicherzustellen, dass Dharma aufrechterhalten wird. Im Gegensatz zu Dharma sind Gesetze jedoch nicht universell. Einige können sogar adharmisch sein, je nachdem, wer die Gesellschaft anführt. Außerdem sind Gesetze veränderbar. Sie können zu bestimmten Zeiten gelten, zu anderen jedoch nicht. Mord zum Beispiel gilt als das schlimmste aller Verbrechen. In Kriegszeiten wird aber von den Soldaten auf dem Schlachtfeld erwartet, dass sie auf Befehl töten. Während also ein Zivilist im Gefängnis landen wird, weil er jemanden getötet hat, könnte ein Soldat im Gefängnis landen, weil er sich weigert zu töten.

Dharma hat also eine situationsbedingte Komponente, die wir *vishesha-dharma* nennen. Jede Situation hat ihren entsprechenden Dharma, spezifische Regeln, die beachtet und nicht gebrochen werden sollten. Wenn man zum Lebensmittelgeschäft geht, muss man Schlange stehen, um seine Einkäufe zu bezahlen. Wenn du ins Kino gehst, wird von dir erwartet, dass du auf deinem Platz sitzen bleibst und dich während der Vorführung ruhig verhältst. Wenn du Auto fährst, wird von dir erwartet, dass du auf der entsprechenden Straßenseite bleibst. Jeder muss sich an diese Regeln halten, sonst bricht Chaos aus.

Auf individueller Ebene haben wir bestimmte Arten von Dharma in Bezug auf unsere Rollen als Eltern, Kinder, Lehrer, Studenten, Arbeitgeber, Arbeitnehmer, Bürger, spirituelle Sucher und so weiter. Diese Art Dharma wird sich zuweilen je nach unseren Umständen, Rollen und Lebensabschnitten ändern.

3. Persönlicher Dharma

Es ist wichtig zu verstehen, dass alles, was existiert, auch seinen eigenen *svadharma* oder persönlichen Dharma hat. Dieser ist in der essenziellen Natur des jeweiligen Objekts oder Lebewesens eingebaut und verwurzelt. Zum Beispiel ist es der Dharma der

Sonne zu scheinen, des Wassers zu fließen, der Vögel zu fliegen, der Blumen zu blühen und der Bienen Honig zu produzieren.

Auch der Mensch hat seinen eigenen Dharma, der sich als universell auftretender Archetyp einer Persönlichkeit manifestiert. Dieser Dharma ist nicht selbst gewählt. Er ist unserem innersten Wesen eingepflanzt.

Je nach ihrem Svadharma haben einige Menschen eine natürliche Neigung, Künstler, Heiler oder Mathematiker zu sein, während sich andere zu Wissenschaft, Strafverfolgung, Wirtschaft oder Politik hingezogen fühlen.

Alle Wesen müssen ihrer Natur folgen und entsprechend ihrem Dharma handeln. Auf diese Weise leistet jeder von uns einen angemessenen Beitrag zum Leben und unterstützt die Gesamtheit der Schöpfung.

Dharma verletzt man nur auf eigene Gefahr

Dharma zu folgen fühlt sich gut an. Unabhängig vom Ergebnis deiner Handlungen erlebst du ein Gefühl der Harmonie und Zufriedenheit, wenn du das Richtige tust und deiner Natur treu bleibst. Wenn du ein glückliches und weitgehend störungsfreies Leben führen willst, musst du dich nur dazu verpflichten, Dharma ohne Wenn und Aber zu folgen.

Die Verletzung von Dharma hingegen bringt immer Schuldgefühle und innere Konflikte mit sich. Selbst ein Mensch mit gestörtem Sozialverhalten weiß, wann er die Grenze überschritten hat und wird sich schlecht fühlen, und sei es nur wegen der Auswirkungen seines Handelns, denen er sich wird stellen müssen.

Wann immer du gegen Dharma verstößt, kannst du sicher sein, dass Konsequenzen unvermeidlich sind. Manchmal sind die Auswirkungen unmittelbar. Wenn du mich schlägst, könnte es sein, dass ich doppelt so hart zurückschlage. Manchmal kann es länger dauern, bis sich die Konsequenzen zeigen. Vielleicht gehe ich zur Polizei, erstatte Anzeige, und am nächsten Morgen klopft ein Polizeibeamter an deine Tür. So oder so, selbst die geringste Übertretung von Dharma hat Auswirkungen.

Im Gegensatz zu Menschen folgen Tiere und Pflanzen auf natürliche Weise ihrem Dharma. Sie haben in dieser Angelegenheit keine Wahl. Ein Vogel wird sich immer wie ein Vogel verhalten. Er wird sich nicht eines Tages entscheiden, ins Wasser zu springen, um ein Fisch zu werden. Ein Apfelbaum wird immer Äpfel und keine Birnen tragen. Zucker wird immer süß sein und Feuer immer heiß. Dharma ist angeboren. Ohne ihn wäre Leben in einem fortwährenden Zustand des Chaos. Aufgrund der sich ständig verändernden Variablen könnten keine sinnvollen Handlungen stattfinden. Wir leben also in einem nach Gesetzen funktionierenden Universum, in einem Dharma-Feld.

Der Mensch steht jedoch oft im Widerspruch zu seiner eigenen Natur. Ausgestattet mit der Fähigkeit zur Selbstreflexion und Selbstbestimmung sind wir die einzige Spezies, die in der Lage ist, gegen Dharma zu verstoßen. So wie das Schlachtfeld der Gita Austragungsort eines Konflikts zwischen Dharma und Adharma ist, so ist es auch der menschliche Geist.

Der Kern dieses Konflikts ist ein Aufeinanderprallen von dem, was wir begehren und wertschätzen, und dem, von dem wir wissen, dass es richtig ist.

Ein reifer Mensch versteht, wie wichtig es ist, unabhängig von seinen persönlichen Wünschen und Vorlieben das Richtige zu tun. Eine solche Person weiß, dass der Zweck niemals die Mittel heiligt, und ist sich des Preises bewusst, wenn Dharma verletzt wird. Dementsprechend kann sie zwischen dem unterscheiden, was getan und was nicht getan werden sollte.

Einer unreifen Person fehlt diese entscheidende Urteilskraft. Ihre Begierden sind so stark, dass sie nichts Falsches daran findet, Abkürzungen zu nehmen, das Gesetz zu brechen oder andere zu verletzen, um das zu bekommen, was sie will.

Ein adharmisches Leben ist ein kostspieliges Leben, das fortwährend Konflikte und Vergeltung verursacht. Es lässt einen ertrinken in Samsara, dem Strudel des Leidens.

Das Rad von Samsara

Die Grundlage von Samsara ist immer ein Gefühl des Mangels. Diejenigen, die sich in sich selbst vollkommen und vollständig fühlen, haben nur wenige Wünsche. Was gibt es schließlich zu wünschen, wenn man weiß, dass man selbst die Quelle seines eigenen Glücks ist?

Das grundlegende menschliche Problem besteht darin, dass wir zwar alle wissen, dass wir *sind*, aber nicht wissen, *wer* wir sind. Wir alle wissen, dass wir existieren, haben aber einen grundlegenden Mangel an Wissen über unsere wahre Natur und Identität.

Dies ist ein universelles Problem, unabhängig von Alter, Geschlecht, Nationalität oder sozialem Status. Es ist auch nicht etwas, das auf unsere heutige Zeit beschränkt ist. Es war auch zu Arjunas Zeiten vor Tausenden von Jahren ein Problem und wird so lange bestehen bleiben, wie unsere Spezies den Planeten bewohnt.

Das Problem von Samsara ist einfach. Weil du Erscheinungen für real und dich selbst für eine begrenzte Körper-Geist-Wesen hältst, hast du ein starkes Gefühl der Unvollständigkeit und des Mangels. Dieses Gefühl des Mangels wird *dukkha* genannt, was „Unzufriedenheit" bedeutet.

Unabhängig davon, ob deine persönlichen Umstände gut oder schlecht sind, sind Körper, Geist und Ego von Natur aus immer begrenzt und ständig vom eigenen unvermeidlichen Untergang bedroht.

Als Folge dieses grundlegenden Gefühls des Mangels, der Einschränkung und Unzulänglichkeit, versuchst du verzweifelt, dein Leben so gut es geht zu kontrollieren. Der Verstand wird zu einem brodelnden Kessel von Mangel und Verlangen. Deine gesamte Psyche wird von einer endlosen Reihe von Vorlieben und Abneigungen, Begierden und Aversionen angetrieben. Ein Mensch kann nur das wollen, von dem er das Gefühl hat, es fehle ihm. Je größer also dein Gefühl der Begrenztheit ist, desto stärker sind deine Wünsche.

Das Problem ist, egal wie sehr man sich bemüht und wie viel man bekommt, dass es nie genug ist. Es reicht nie aus, um dieses grundlegende Gefühl der Unvollständigkeit im Kern deines Wesens ganz aufzulösen.

Solange man sich nicht mit der Wurzel des Problems befasst – Dukkha, und dem Glauben oder der Annahme, dass man ein Mangel leidendes, begrenztes Ego ist – ist es unmöglich, Samsara, dem Strudel des Leidens, zu entkommen. Man wird immer wieder nach unten gezogen, immer und immer wieder.

Der Teufelskreis von Samsara

Aus diesem Gefühl der Selbstbegrenzung ergeben sich drei spezifische Faktoren, die zusammen den Samsara-Kreislauf bilden.

1. Bindendes Verlangen/ Anhaftung (*Raga*)

Raga wird aus einem Gefühl der Unvollständigkeit geboren. Da es dein innigster Wunsch ist, vollkommen und vollständig zu sein, suchst du aktiv nach Objekten und Umständen, von denen du glaubst, sie würden dich vervollständigen.

„Verlangen" ist als Übersetzung für Raga nicht stark genug. Raga bezieht sich auf jene hartnäckigen, bindenden Wünsche, welche die Grundlage für emotionale Bindungen und Abhängigkeiten bilden. Es ist mehr als nur ein Verlangen, es ist eine psychische Abhängigkeit.

Diese Anhaftungen sind immer Ich-bezogen. Wenn du von Raga getrieben wirst, geht es dir in erster Linie darum, deine eigenen emotionalen Bedürfnisse zu erfüllen. Du bist entschlossen, alles aus den Menschen, Beziehungen oder Situationen herauszuholen, was du als notwendig für dein Glück erachtest. Oft ist es dir egal, wem du auf dem Weg dorthin auf die Zehen treten musst und ob du gegen Dharma verstößt.

2. Kummer (*Shoka*)

Raga führt unweigerlich zu *shoka*, oder Kummer.

Du kannst niemals frei sein, solange du emotional von irgendeinem äußeren Faktor für dein Glück abhängig bleibst. Wer sich zum Gehen auf Krücken stützt, mag sich vielleicht sicher fühlen, aber es ist eine falsche Sicherheit. Sobald diese Krücken weggenommen werden, ist ein Sturz unvermeidlich.

Der Verlust einer psychischen Krücke, sei es eine Beziehung, ein Job oder ein geliebter Besitz, verursacht schlimmes Leid. Egal ob es sich als Wut, Bitterkeit, Depression oder Trauer manifestiert, je stärker die Bindung, desto größer das Leid.

3. Täuschung (*Moha*)

Kummer und Wut führen mit der Zeit zu Verblendung. Wenn dein Geist von Anhaftung überwältigt wird, kannst du nicht klar sehen. Du kannst nicht mehr zwischen richtig und falsch unterscheiden, zwischen dem, was du tun solltest und dem, was du nicht tun solltest. Bevor du es merkst, führst du ein adharmisches Leben. Je adharmischer du wirst, desto mehr leidest du und desto mehr Leid fügst du anderen zu.

Das verstärkt natürlich nur noch mehr das grundlegende Gefühl der Unzulänglichkeit, das den samsarischen Kreislauf ausgelöst hat.

Dieser Kreislauf ist ein Kreislauf ständiger Frustration und ständigen Leidens. Du erlebst, dass du fortwährend Handlungen ausführst, von denen du glaubst, sie würden dir Glück und Vollständigkeit bringen. Leider ist nichts auf dieser Welt in der Lage, dauerhaftes Glück zu bringen. Selbst die Erfüllung eines Verlangens wird sich schließlich in Leid verwandeln, denn da sich alles in dieser Welt in einem Zustand ständiger Veränderung befindet, sind Objekte nicht in der Lage, dauerhaftes Glück zu bewirken.

Doch aufgrund von Unwissenheit und der Eigendynamik vergangener Handlungen zwingen dich die Vasanas (subtile Tendenzen oder psychologische Zwänge) dazu, immer wieder den Regenbögen hinterherzujagen, in der Hoffnung, schließlich deinen Topf mit Gold zu finden.

Trauriger Weise hält dich das nur in immer größeren Spiralen von Anhaftung, Kummer und Verblendung gefangen. Wenn sich das Rad von Samsara erst einmal dreht, wird es nahezu unmöglich, es wieder zu verlassen.

Umerziehung des Geistes

Wir neigen immer zu der Annahme, dass die äußeren Umstände die Ursache unseres Leidens sind, obwohl die eigentliche Ursache viel näher liegt.

Ein Problem kann nur gelöst werden, wenn man es auf der Ebene des Problems angeht. Der Versuch, Samsara zu entkommen, indem man die äußeren Umstände seines Lebens umgestaltet, wird keinerlei Wirkung haben. Es geht und ging immer nur um fehlerhaftes Denken, insbesondere um diese falsche Vorstellung davon, wer du zu sein glaubst und was du zu brauchen glaubst, um glücklich und vollständig zu sein. Weil das Problem im Intellekt entsteht, ist das der einzige Ort, an dem es gelöst werden kann. Der Ausweg aus Samsara besteht also darin, den Geist umzuerziehen.

Und genau das ist Krishnas Rolle in der Gita. Erinnere dich, das Schlachtfeld von Kurukshetra symbolisiert die menschliche Psyche. Arjuna repräsentiert den Geist, der in

Samsara gefangen ist, und Krishna repräsentiert den höheren Geist, das immer freie *Selbst*.

In Anlehnung an eine Analogie in der Katha-Upanishad ist der Streitwagen, in dem Arjuna und Krishna fahren, die perfekte Metapher für das menschliche Wesen. Der Wagen selbst repräsentiert den physischen Körper, die Pferde sind die Sinnesorgane, die Zügel sind der Geist, der Herr des Wagens ist das Ego, während der Wagenlenker den Intellekt darstellt.

Auf den ersten Blick mag es seltsam erscheinen, dass Arjuna der Gebieter des Wagens ist, während Krishna als Wagenlenker unterhalb von ihm sitzt. Aber es ist kein Irrtum, dass Krishna den Streitwagen lenkt. Schließlich sollte der eigene Wagen, das eigene Leben, immer von einem höheren Prinzip geleitet werden – und was ist höher als Gott?

Ohne einen unterscheidungsfähigen Intellekt, ohne die Kraft, klar zu denken und richtige Entscheidungen zu treffen, laufen die Sinne Amok, während das Ego blind versucht, seine niederen Triebe zu befriedigen, unabhängig vom Dharma. Ohne einen fähigen Wagenlenker an den Zügeln werden die Pferde unkontrolliert galoppieren oder sich vielleicht gar nicht bewegen.

Gezieltes Handeln ist nur möglich, wenn die Sinne und der Geist durch den Intellekt unter Kontrolle gehalten werden. Das bereits festgestellte Problem ist, dass ein samsarischer Geist ein unfähiger Geist ist.

Hier beginnt die Gita mit dem in den Wirren von Samsara verlorenen Arjuna. Sein durch Zweifel und Verwirrung gelähmter Geist kann nicht mehr handeln, obwohl er seine Pflicht kennt.

Fast jeder Mensch wird irgendwann einmal einen solchen Krisenpunkt erleben, und dieser kann den Menschen entweder entscheidend prägen oder brechen. Verzweiflung kann den einen Menschen zum Trinken, zu Drogenkonsum oder sogar zum Selbstmord treiben, ein anderer fängt an, sein Leben zu hinterfragen. Er oder sie beginnt dann, Dinge in Frage zu stellen: Ist das wirklich alles, was es im Leben gibt? Was sehe ich nicht? Wie habe ich zu meinen eigenen Problemen beigetragen und was kann ich dagegen tun?

Arjuna hat den Kampf aufgegeben, bevor er überhaupt begonnen hat. Aber er ist nicht allein. Der göttliche Krishna steht an seiner Seite, und, wie wir sehen werden, hat Krishna viel zu sagen.

KAPITEL ZWEI

Die Macht des Wissens

1. Arjuna saß reglos da, auf das Schlachtfeld starrend, verschwamm sein Blick hinter einem Tränenschleier.

2-3. Krishna beugte sich zu ihm hinunter, und sprach mit von leidenschaftlicher Entschlossenheit erfüllter Stimme: „Arjuna, die Stunde des Kampfes ist gekommen. Schiebe deine Verzweiflung und Selbstzweifel beiseite. Sich so gehen zu lassen ziemt sich für einen edlen Krieger wie dich nicht. Es wird dir weder helfen diese Krise zu meistern, noch wird es zur Erleuchtung führen. Steh auf, Arjuna, und kämpfe!"

4-5. „Krishna, wie kann ich gegen diese Männer kämpfen?" sagte Arjuna. „Dies sind große Seelen, die meiner Hingabe würdig sind. Ich würde lieber auf der Straße betteln, als gegen meine Lehrer und Freunde die Waffen zu erheben. Wenn ich sie töten würde, wäre jeder Sieg mit ihrem Blut befleckt.

6. „Selbst wenn ich damit das wohlhabendste Königreich auf Erden gewinnen würde, wie könnte ich jemals Freude darüber empfinden? Wie könnte ich mit mir selbst leben, wissend, wen ich getötet habe? Außerdem, wie können wir überhaupt mit Sicherheit sagen, wer diesen Krieg gewinnen soll? Wer sagt, dass wir siegreich sein sollten und nicht sie?"

7-9. Der Prinz schüttelte den Kopf. „Ich weiß nicht, was ich tun soll. Mein Geist ist in Finsternis. Ich sehe keinen Ausweg. Ich bin dein Schüler, oh Krishna. Ich suche Zuflucht bei dir. Bitte lehre mich. Teile deine Weisheit mit mir. Denn ich werde nicht kämpfen." Damit verstummte Arjuna.

10-11. Krishnas Gesicht wurde weicher, und er sagte: „Du sprichst aus Mitgefühl, Arjuna, aber dein Kummer ist unangebracht. Die Weisen trauern weder um die Lebenden noch um die Toten.

12. „Es gab nie eine Zeit, in der es mich oder dich oder einen der hier versammelten Könige nicht gab. Es wird auch nie eine Zeit in der Zukunft geben, in der wir aufhören zu existieren.

13. „So wie der Bewohner des Körpers Kindheit, Jugend und Alter erlebt, so wird er auch nach dem Tod einfach einen anderen Körper erhalten. Dies wissend, trauern die Weisen nicht.

14-15. „Auch wenn die Sinne Wärme und Kälte, Vergnügen und Schmerz entstehen lassen, sind diese Erfahrungen doch flüchtig, denn sie kommen und gehen und müssen ertragen werden. Diejenigen, die sowohl in Vergnügen als auch in Schmerz gleichmütig bleiben, besitzen wahres Unterscheidungsvermögen und sind geeignet, Befreiung zu erlangen.

16-17. „Höre gut zu, Arjuna, denn dies ist das Wissen, das zur Freiheit führt. Das Unwirkliche existiert nicht, und das Wirkliche hört nie auf zu existieren. Die Weisen verstehen dies, denn sie wissen, dass Das, was dieses ganze Universum durchdringt, unzerstörbar ist. Man kann Das, was sich nie ändert, nicht zerstören.

18-19. „Während unsere Körper der Veränderung und dem Tod unterworfen sind, ist das ewige *Selbst*, das sich als Bewusstsein im Menschen widerspiegelt, der Zerstörung gegenüber unempfindlich. Jeder, der glaubt, dass das *Selbst* töten oder getötet werden könnte, ist sich seiner eigenen essenziellen Natur nicht bewusst.

20-22. „Dieses *Selbst* wird nie geboren, also kann es auch nie sterben. Es ist allgegenwärtig und unveränderlich, es ist ohne Anfang und Ende. Wenn der Körper stirbt, bleibt das *Selbst* bestehen. So wie abgenutzte alte Kleider weggeworfen werden, so wirft dieses innewohnende Bewusstsein abgenutzte Körper weg und ersetzt sie durch neue.

23. „Das *Selbst* kann weder von Waffen durchbohrt noch vom Feuer verbrannt werden. Wasser kann es nicht nass machen und Wind kann es nicht austrocknen.

24-25. „Unberührbar von allem in dieser Welt, ist das *Selbst* allgegenwärtig, unbeweglich und ewig. Da es nicht manifestiert ist, kann es von den Sinnen nicht erreicht werden und ist frei von allen Veränderungen.

26-27. „Selbst wenn du glaubst, dass das *Selbst* Geburt und Tod unterworfen ist, ist dein Kummer unangebracht. Der Tod ist für die Lebenden unvermeidlich, und die Wiedergeburt ist für die Toten unvermeidlich. Deshalb solltest du nicht über das Unvermeidliche trauern.

28. „Alle Wesen entstehen aus dem Nicht-Manifesten. Bei der Geburt nehmen sie eine manifeste Form an, bevor sie im Tod wieder in das Nicht-Manifeste zurückkehren. Gibt es da wirklich etwas zu trauern, Arjuna?

29. „Manche betrachten das *Ewige Selbst* als ein Wunder. Andere hören davon und sprechen von ihm als Wunder. Doch nur wenige verstehen es wirklich.

30. „Noch einmal, Arjuna: Dieses *Selbst*, das Körper und Geist aller Lebewesen beseelt, ist unvergänglich. Es kann nicht verloren gehen. Wenn das *Selbst*, die innerste Essenz aller Lebewesen, niemals verloren gehen kann, welchen Grund gibt es dann noch zu trauern?"

31-32. Da Krishna spürte, dass Arjuna noch nicht überzeugt war, appellierte er an seine Eitelkeit. „Du musst dies auch vom Standpunkt deiner Pflicht aus betrachten, Arjuna. Für einen Krieger gibt es keine größere Tugend als den Kampf für eine gerechte Sache. Es ist deine Pflicht, Unrecht zu bekämpfen, und du wirst entsprechend belohnt werden. Dies ist deine Mission und deine Berufung, es ist dein Dharma.

33-36. „Wenn du dich weigerst, deiner Pflicht nachzukommen, zieht dies Konsequenzen nach sich. Du wirst deine Ehre verlieren und in Schande fallen. Andere werden in dir einen Feigling sehen, einen Verräter, der angesichts der Schlacht geflohen ist. Sie werden auf Generationen hinaus schlecht über dich reden. Was könnte für einen edlen Mann, der seine Ehre würdigt schmerzhafter sein als eine solche Schande?

37-38. „Wenn du auf diesem Schlachtfeld stirbst, wirst du den Himmel erlangen. Wenn du gewinnst, wirst du die Früchte deines Sieges hier auf Erden genießen. So sage ich dir Arjuna, erhebe dich und entschließe dich deine Pflicht zu tun! In der Gewissheit, dass Freude und Schmerz, Gewinn und Verlust, Sieg und Niederlage ein und dasselbe sind, musst du dich auf den Kampf vorbereiten. Wenn du dies tust, kannst du nur siegreich sein."

39. Ein Moment des Schweigens setzte ein, während Krishnas Worte einsanken. Die Welt um sie herum schien still zu stehen und Krishna fuhr fort: „Ich habe dir die wahre Natur des *Selbst* erklärt. Höre jetzt zu, während ich die alte Weisheit von Karma-Yoga mit dir teile. Dieser Yoga wird dich von den Fesseln des Handelns und dem inneren Aufruhr befreien, der deine Seele bedrückt.

40. „Mit seiner Anwendung geht keine Anstrengung jemals verloren, und es können auch keine unerwünschten Resultate eintreten. Bereits die geringste Anwendung wird dich von großer Angst befreien.

41-44. „Diejenigen, die Mich allein suchen, besitzen wahres Unterscheidungsvermögen und sie erreichen ihr Ziel mit klarer Absicht. Diejenigen, denen es an Unterscheidungsvermögen mangelt, lassen ihren Geist in alle Richtungen wandern, verloren in einem Meer von Ablenkungen. Selbstsüchtig und eitel sind ihre Herzen und voller Verlangen. Obwohl sie behaupten, tugendhaft zu sein, handeln sie nur zu ihrem eigenen Vergnügen und für ihre eigene Macht. Blind im Herzen und im Verstand, sind sie unfähig, Befreiung zu erlangen.

45. „Die Weisen sind jedoch fähig, ihren eigenen Verstand zu beherrschen. Mit ruhigem Herzen sind sie frei von den Ängsten, die aus dem Bedürfnis entstehen, Dinge zu erwerben und anzuhäufen. Das ist wahre Macht!

46. „Für die *Selbst*-verwirklichte Seele, die die Natur der Wirklichkeit bereits versteht, sind die Schriften so nützlich wie eine Pfütze, wenn das Land überflutet ist.

47. „Höre jetzt die Essenz des Karma-Yoga: Es liegt in deiner Hand zu handeln, aber die Resultate deiner Handlung liegen nicht in deiner Hand. Die Ergebnisse des Handelns stehen niemals unter deiner Kontrolle. Das Verlangen nach den Früchten deiner Arbeit sollte niemals deine einzige Motivation sein. Ebenso wenig solltest du zur Untätigkeit neigen.

48. „Verweile unerschütterlich im Geist des Karma-Yoga, Arjuna. Führe jede Handlung ohne Bindung an das Resultat aus und akzeptiere mit Würde was kommt, sei es Erfolg oder Misserfolg. Auf diese Weise wirst du inmitten von Handlungen inneren Frieden erlangen. Diese Ausgeglichenheit des Geistes ist die Essenz des Yoga.

49. „Man erlangt Erfolg, wenn man seine Pflicht mit Karma-Yoga-Haltung erfüllt. Handlungen, ausgelöst von Verlangen und in

banger Erwartung der Ergebnisse, werden immer Leid verursachen.

50-51. „Suche deshalb Zuflucht in diesem Wissen. Gib dich dem *Selbst* hin, lasse jede Handlung eine Form freudiger Anbetung sein und gib jede Sorge um das Ergebnis auf. Wenn du dies tust, befreist du dich selbst von den Fesseln des Handelns und dein Geist wird leicht Befreiung erlangen.

52-53. „Ein Leben mit Karma-Yoga schafft ein ruhiges Herz und vertreibt die Verblendungen des Geistes. Man wird leidenschaftslos gegenüber den Dingen dieser Welt, die alle von selbst kommen und gehen. Man ist nicht mehr auf die Sinnesobjekte fixiert, der Geist wird heiter und beständig und kommt in der Kontemplation des eigenen *Selbst* zur Ruhe. In *Selbst*-Erkenntnis verankert zu sein, ist das Tor zur Befreiung".

54. Arjuna war tief in sich versunken, hörte fasziniert zu und hatte viele Fragen. „Krishna, erzähle mir mehr über einen Menschen, der solche Weisheit besitzt, einen Menschen, der sich von den Dingen dieser Welt nicht beunruhigen lässt und dessen Geist im *Selbst* wohnt!"

55-56. Krishna lächelte. „Ein solcher Mensch entsagt allen Wünschen, sobald sie im Verstand erscheinen, denn er ist alleine mit sich selbst zufrieden. Unerschüttert von Widrigkeiten und nicht mehr nach Glück verlangend, ist er frei von Sehnsüchten, Angst und Zorn.

57. „Dieser Mensch, dessen Verstand vom glückseligen Glanz der *Selbst*-Erkenntnis erleuchtet ist, ist wahrhaftig unterscheidungsfähig. Gleichmütig in allen Situationen, ist er nicht an Ergebnisse gebunden. Weder frohlockt er über das Angenehme, noch sorgt er sich, wenn ihm Unangenehmes widerfährt.

58-61. „So wie die Schildkröte ihre Gliedmaßen in den Panzer zurückzieht, so zieht der Weise seine Sinnesorgane aus der

Außenwelt zurück und erfreut sich an der Kontemplation des *Selbst*. Indem er das unerbittliche Streben nach Sinnenfreuden aufgibt, wird der Geist auf natürliche Weise nach innen gezogen. Weltliches Verlangen endet, wenn der Mensch die Ganzheit seiner eigenen essenziellen Natur kennen lernt. Nur diejenigen, die den Verstand zähmen und die stürmischen Meere des Verlangens stillen, können in Kontemplation des *Selbst* verweilen, denn ihr Verstand ist immer in Mir versunken.

62-63. „Sinnesobjekten Aufmerksamkeit zu geben schafft Anhaftung. Aus Anhaftung wird Verlangen geboren. Wenn das Verlangen ungestillt bleibt, führt es zu Wut. Wut täuscht den Verstand, vernebelt das Urteilsvermögen und lässt die eigene wahre Natur und das höchste Ziel in Vergessenheit geraten. Die Urteilskraft geht dann verloren, und der Geist wird unfähig, Entscheidungen zu treffen. Wenn der Verstand seine Eignung für Befreiung verliert, ist das eigene Leben so gut wie verloren.

64-65. „Diejenigen jedoch, die Verstand und Sinne beherrschen, leben frei von Anhaftung und Abneigung; ihr Verstand ist immer klar und ruhig. In einem solchen Intellekt ist *Selbst*-Erkenntnis leicht zu erlangen, und diese *Selbst*-Erkenntnis beendet jeden Kummer.

66-67. „Ohne einen friedvollen, stabilen Geist ist die Kontemplation über das *Selbst* unmöglich. Wenn einem die Fähigkeit zur Kontemplation fehlt, gibt es keinen Frieden. Wie kann es ohne Frieden Glückseligkeit geben? Ein Geist, der wahllos den Impulsen der umherschweifenden Sinne folgt, ist wie ein vom Kurs abgekommenes Schiff. Eine steuerlos dahintreibende Seele kann niemals Befreiung erlangen.

68. „Darum, Arjuna, sei Herr deines Geistes und deiner Sinne! Benutze dein Unterscheidungsvermögen, und richte deinen Geist auf dein wahres Ziel. Nur die vollkommene Erkenntnis des *Selbst* wird dich befreien.

69. „Die Weisen sehen Licht inmitten der dunklen Nacht der Weltlichen und das, was die Welt „Tag" nennt, ist für die Erleuchteten nur eine Nacht der Unwissenheit.

70. „So wie alle Flüsse in den bereits vollen Ozean fließen und den Ozean unverändert lassen, so entstehen weltliche Objekte im Geist der Weisen und lassen ihn unverändert. Bei denen, deren Wünsche sie zwingen, ständig den Sinnesobjekten hinterherzulaufen, ist das nicht so. Ein solcher Geist kann niemals Frieden finden.

71. „Wer alle bindenden Wünsche aufgibt und sich ohne Sehnsüchte durch die Welt bewegt und jeden Sinn für „ich", „mir" und „mein" ablegt, gewinnt Frieden.

72. „Das *Selbst* wird dann als die eigene wahre Natur erkannt. Im Wissen, dass dieses *Selbst* grenzenlos, unsterblich und frei ist, wird die Täuschung besiegt und die Seele von den Fesseln an die Dinge dieser Welt befreit. Dies, Arjuna, ist Erleuchtung."

KOMMENTAR KAPITEL ZWEI

Wenn jemand nur ein einziges Kapitel der Bhagavad Gita lesen würde, würde ich dieses zweite Kapitel empfehlen. Die gesamte Essenz der Gita ist in diesen zweiundsiebzig Versen zusammengefasst und deckt alles ab, von der Natur des *Selbst*, Geburt, Tod und Realität, über Pflicht, Karma-Yoga, Geist und Emotionen und, was am wichtigsten ist, wie *Selbst*-Erkenntnis zur Erleuchtung führt. Während das erste Kapitel den Rahmen absteckt und das Grundproblem von Samsara präsentiert, enthüllt das zweite Kapitel die Lösung. Die sechzehn folgenden Kapitel sind weitgehend eine Ausarbeitung dessen, was hier dargelegt wird.

Das grundlegende Problem

Das erste Kapitel endete mit der überwältigenden Sorge und Verzweiflung Arjunas. Unfähig, einen Ausweg aus seiner misslichen Lage zu sehen, und nicht bereit, seine eigenen Angehörigen zu töten, weigert sich der Krieger-Fürst für sein Königreich zu kämpfen. Für ihn war die Schlacht vorbei, bevor sie überhaupt begonnen hatte. Als er seinen Bogen beiseite legte und zu Boden sank, wandte er sich an Krishna und bat um dessen Führung.

Krishnas erste Reaktion ist vielleicht nicht wie erwartet. Er tadelt Arjuna und drängt ihn, seine Emotionalität zu überwinden und seine Pflicht zu erfüllen: „Steh auf Arjuna, und kämpfe!"

Sich wahrscheinlich fragend, ob Krishna ihn wirklich richtig verstanden hat, wiederholt er seine Zweifel. Wie kann er diese großen Männer töten, die seine Lehrer, Onkel und Cousins sind? Welche Befriedigung würde ein solcher Sieg bringen? Arjunas Verstand ist dermaßen von Zweifeln geplagt, dass er sich sogar die Frage stellt, welche Seite den Krieg eigentlich gewinnen sollte.

Obwohl er erklärt hat, dass er nicht kämpfen wird, hat Arjuna eine wichtige Bitte. Er fleht Krishna an, ihn als seinen Schüler anzunehmen. „Ich suche Zuflucht bei dir", sagt er. „Bitte lehre mich. Teile deine Weisheit mit mir."

Krishna hat Arjuna bereits seinen Rat erteilt, aber Arjuna hat ihn nicht angenommen. Arjuna wünscht sich noch mehr von Krishna. Er sucht keine Ratschläge für den Kampf. Arjuna sucht nach einem Ausweg aus Samsara. Er ist auf der Suche nach Freiheit.

Es ist diese Suche nach Freiheit, die alle Wesen antreibt. Unsere äußeren Probleme, die man als aktuelle Probleme bezeichnen könnte, sind zufällig. Sie kommen und gehen. Wie das Leben aber nun mal so ist, stellt sich gleich, nachdem man ein Problem gelöst hat, das nächste ein. Auch Arjunas vordergründige Problematik hat eine tieferliegende ans Tageslicht gebracht: die der Anhaftung und des Kummers.

Während sich aktuelle Probleme von Mensch zu Mensch unterscheiden, ist das Samsara zugrunde liegende Problem bei allen Menschen grundsätzlich dasselbe. Dieses universelle Problem bringt eine universelle Lösung mit sich. Im Gegensatz zu den aktuellen Problemen des Lebens gibt es für Samsara eine „Einheitslösung, die für jeden passt".

Die Ursache für dieses universelle Problem ist *Selbst*-Ignoranz, die Fehleinschätzung der Natur des *Selbst*. Wie wir gesehen haben, manifestiert sich diese Ignoranz als ein grundlegendes Gefühl von Mangel und Einschränkung. Das Wesen, für das man sich selbst hält, ist kein vollkommenes, vollständiges Selbst. Vielmehr ist es ein unvollständiges, bedürftiges, mangelhaftes Selbst. Da niemand mit einem solchen Selbst glücklich sein kann, entsteht ein Kreislauf von Verlangen, Anhaftung, Kummer und Verblendung.

Es ist wichtig zu verstehen, dass Ignoranz oder Unwissenheit nicht durch Handeln beseitigt werden kann. Obwohl die

Gita und andere vedantische Texte Yoga, Meditation, Mantras und Übungen der Hingabe verschreiben, wirken diese nur als Linderung. Sie beseitigen nicht das Grundproblem, obwohl sie helfen, den Geist auf die ultimative Heil-Behandlung vorzubereiten: *jnana-yoga*, den Yoga der *Selbst*-Erkenntnis.

Du bist das Problem und die Lösung

Es gibt vier Stufen, um ein Problem zu lösen. Zunächst muss man sich des Problems bewusst sein. Hast du seine Ursache erkannt, wirst du höchstwahrscheinlich versuchen, es selbst zu lösen.

In den meisten Fällen wird dies jedoch nicht funktionieren. Dein Verstand neigt auf natürliche Weise zu der Annahme, dass seine Probleme durch externe Faktoren verursacht werden. Also machst du dich sogleich daran, die äußeren Bedingungen deines Lebens neu zu ordnen. Du könntest versuchen, eine neue Arbeit, ein neues Haus oder einen neuen Partner zu finden. Du änderst deine Frisur, trägst neue Kleidung, buchst vielleicht einen Urlaub oder schreibst dich an der Universität ein.

Das Grundproblem bleibt jedoch bestehen, egal wie sehr du dich bemühst, die äußeren Bedingungen deines Lebens umzugestalten. Du kannst allen Reichtum, Gesundheit und Erfolg in der Welt haben und dich dennoch innerlich leer und elend fühlen.

Wenn das der Fall ist, musst du dir schließlich eingestehen, dass „dein Leben" nicht das Problem ist. Das Problem bist du. Niemand gibt gerne zu, dass er die Quelle seiner eigenen Probleme ist. Andererseits aber, wenn du das Problem bist, dann bist du auch die Lösung.

Wenn das eigentliche Problem entdeckt worden ist und du erkennst, dass du es nicht allein lösen kannst, besteht der nächste Schritt darin, deine Hilflosigkeit einzugestehen und jemanden zu finden, der helfen kann. Dies erfordert ein gewisses Maß an Selbst-Aufrichtigkeit und Demut.

Dieses Stadium hat Arjuna zu Beginn des zweiten Kapitels erreicht. Er steht vor einem scheinbar unüberwindlichen Problem. Unfähig, einen Ausweg zu sehen, wendet er sich an seinen Freund und Mentor Krishna, der zufällig der Lehrer aller Lehrer ist. Der letzte Schritt ist dann die Anwendung der Lösung. In diesem Fall ist das Heilmittel, wie Krishna offenbart, *Selbst*-Erkenntnis.

Jetzt, da Lehrer und Schüler sich gefunden haben, beginnt die Gita. Die Beziehung zwischen Lehrer und Schüler ist eine wichtige Beziehung in der vedantischen Tradition. *Selbst*-Erkenntnis kann nur mit der Hilfe eines Lehrers erlangt werden. Unabhängige Versuche scheitern ausnahmslos an der immensen verschleiernden Kraft der Unwissenheit. Solange dein Intellekt von *Selbst*-Ignoranz geplagt ist, werden die Lehren durch die trübe Linse der Unwissenheit betrachtet und (falsch) interpretiert. Deshalb wird von einem qualifizierten Lehrer verlangt, diese Unwissenheit mit der Klinge der Unterscheidung zu durchtrennen.

An diesem Punkt ist Krishna nicht mehr Arjunas Wagenlenker. Er ist jetzt sein *guru* (ein Wort aus dem Sanskrit, das wörtlich „Vertreiber der Dunkelheit" bedeutet). Die Unterweisung beginnt im elften Vers, wo auch Shankaras Kommentar beginnt.

Ist Kummer deine Natur?

Arjunas Kummer ist der Kummer aller Menschen, die in Samsara gefangen sind. Aktuelle Probleme sind von Mensch zu Mensch verschieden, aber wie bereits erwähnt, das grundlegende Leiden ist bei allen gleich.

Doch woher kommt dieses Leiden? Wenn du im Leben Kummer hast und leidest, bedeutet das, dass du ein kummervoller Mensch bist? Kommt dieser Kummer von dir selbst oder kommt er von etwas anderem? Wenn das Leiden deinem Selbst innewohnt, gibt es keine Lösungsmöglichkeit, denn die Natur einer Sache kann nicht verändert werden. Wenn Kummer deine Natur ist, solltest du dich besser daran gewöhnen, denn dieser Kummer wird für immer bei dir sein!

Kummer und Sorge können aber nicht deine Natur sein. Wenn sie für dich natürlich wären, wären sie kein Problem. Du würdest sie sogar mit Freude annehmen. Nur wenn etwas für uns unnatürlich ist, versuchen wir, uns davon zu befreien. So wie der physische Körper versucht, Giftstoffe und Fremdkörper auszuscheiden, so wollen wir auch alles, was für uns unnatürlich ist, beseitigen.

Kurz gesagt, wenn dieser Kummer in deiner Natur läge, würdest du ihn nicht beseitigen wollen. Du kannst also nicht die Quelle deines Kummers sein.

Die zwei Kategorien der Existenz

Vedanta unterscheidet zwei Kategorien der Existenz: *atma* (das *Selbst*) und *anatma*[4] (das, was nicht das *Selbst* ist). Mit anderen Worten, es gibt Gewahrsein, den Wissenden bzw. Erkennenden, und das Erkannte, d.h. die verschiedenen Objekte, die in Gewahrsein erscheinen.

Diese beiden Ordnungen der Wirklichkeit zu unterscheiden ist die Essenz der Lehrmethodik des Vedanta und der Schlüssel zur Befreiung. Arjunas Kernproblem, und das Problem aller Menschen, ist die Unfähigkeit, zwischen beiden zu unterscheiden.

Wenn das *Selbst*, Gewahrsein, nicht die Quelle deines Kummers ist, dann muss es wohl die Welt der Objekte sein, die

---

[4] Tatsächlich wird anatma später negiert und gezeigt, dass atma alles ist was existiert, sonst wäre Vedanta eine dualistische Philosophie. Diese vorläufige Annahme einer Subjekt/Objekt-Dualität ist aber ein notwendiger Teil der Lehre.

in Gewahrsein erscheint?

Krishna erklärt Arjuna, dass sein Kummer fehl am Platz ist. Im Original heißt es wörtlich übersetzt: „Du trauerst um das, was keine Trauer verdient." Krishna sagt, dass Arjunas Trauer nicht berechtigt sei. Sein Problem sei nicht die bestehende Situation.

Ein Problem kann nur gelöst werden, wenn es ein berechtigtes Problem ist. Wenn ich irrtümlich glaube, dass ich eine bestimmte Krankheit habe, kann ich davon nicht geheilt werden, weil ich sie gar nicht habe! Alles, was ich habe, ist ein Irrglaube. Ich schreibe meinem Körper einen Zustand zu, den er eigentlich gar nicht hat. Das wird „Überlagerung" genannt.

Ein Heilmittel kann nur dann funktionieren, wenn es in der gleichen Ordnung der Realität existiert wie das Problem. Wenn ich ein physisches Problem habe, wird ein imaginäres Heilmittel nicht helfen. Dasselbe gilt, wenn ich ein imaginäres Problem habe, wird ein physisches Heilmittel nicht helfen. Ich kann meine imaginäre Krankheit nur heilen, indem ich die Überlagerung, von der sie verursacht wurde, entferne.

Krishna zeigt, dass Arjuna ein ähnliches Problem hat. Das *Selbst* wird vom Kummer überlagert und der Grund ist Unwissenheit, das Nicht-Erkennen der wahren Natur des *Selbst*.

Wenn dieser Kummer nur auf unsere Verwirrung und das Nicht-Erkennen unserer wahren Natur zurückzuführen ist, dann wird er nicht durch Objekte oder durch Erfahrungen verursacht. So wie mein eingebildeter Gesundheitszustand werden mein Kummer und meine Trauer nur durch Unwissenheit verursacht. Der einzige Weg, Unwissenheit zu heilen, ist die Anwendung von Wissen.

Selbst-Ignoranz

Der Mensch wird unwissend geboren. Bei der Geburt kannst du deine Finger nicht von deinen Zehen unterscheiden. Du weißt nichts von der Welt, deiner Umwelt oder von dir selbst.

Wenn sich Verstand, Sinne und Intellekt entwickeln, beginnst du Informationen aufzusaugen, wie ein Schwamm. Nach und nach wird das Betriebssystem deiner Persönlichkeit installiert. Du beginnst, bestimmte Rollen anzunehmen: Sohn oder Tochter, Bruder oder Schwester, Schüler, Student, Freund oder was auch immer. Damit einhergehend entwickelt sich ein Gefühl von Ego, das Gefühl, ein separates, klar definiertes „Ich" zu sein.

Obwohl sich dieses Selbstgefühl solide und real anfühlt, ist es doch eine völlig willkürliche, scheinbar passende Ansammlung sich ständig verändernder Variablen. Zu diesen Variablen gehören verschiedene Erinnerungen, Eindrücke, Gedanken, Überzeugungen, Vorlieben und Abneigungen sowie umfangreiche kulturelle und soziale Konditionierungen.

Dein Selbstverständnis basiert auf bestimmten Annahmen. Diese Annahmen werden selten, wenn überhaupt, in Frage gestellt. Während du im Laufe deines Heranwachsens alles über die Welt und Umwelt lernst, lernst du nie etwas über *dich* selbst – das du, das sieht, hört, denkt, fühlt und tut – das du, welches hinter der Abfolge von Rollen und Masken steht, die du annimmst.

Du bist per Definition unwissend und kennst dein *Selbst* nicht. Durch einen Prozess der Überlagerung nimmst du an, etwas zu sein was du nicht bist und dies, so erklärt die Gita, ist die Quelle deines Leidens. Dieses Problem kann nur gelöst werden, wenn man die Wahrheit darüber erfährt, wer man ist.

Wer bist du?

Als Mittel zur *Selbst*-Erforschung wendet Vedanta einen gründlichen, schrittweisen Prozess der Logik an, um alle nicht-wesentlichen Variablen zu eliminieren und unsere vielen Schichten der falschen Selbst-Identifikation zu entfernen. Wir finden heraus was wahr ist, indem wir negieren, was falsch ist.

1. Bist du der Körper?

Da wir uns zu allererst mit dem physischen Körper identifizieren, sollte die Vorstellung „Ich bin der Körper" als Erstes untersucht werden.

Für die meisten Menschen scheint dies eine sichere Annahme zu sein. Intuitiv fühlt sie sich richtig an. Der Körper ist das erste, was uns als scheinbar „unser" bewusst wird. Ich kann meinen Arm bewegen und nicht deinen, deshalb muss der Arm mir gehören, und damit „ich" sein. Es scheint uns auch, dass unser Körper immer anwesend ist, als ob er die ganze Zeit da ist.

Die Mandukya-Upanishad widerspricht dem, denn sie sagt, dass der physische Körper nur in einem der drei Zustände erfahren wird, die wir täglich erleben. Er ist nur im Wachzustand präsent. Aber wenn du träumst, kannst du jeden Körper annehmen, den dein Geist träumen möchte. Du kannst jung oder alt sein, ein Mann oder eine Frau, eine winzige Maus oder ein Vogel, der über den Himmel schwebt. Und im traumlosen Schlaf erfährst du weder einen Körper noch Objekte.

Obwohl du den physischen Körper nur in einem dieser drei Zustände erlebst, identifiziert sich der Verstand automatisch mit ihm. Du sagst nie: „Mein Körper ist dick", „Mein Körper ist groß", „Mein Körper ist alt" oder „Mein Körper ist hungrig". Stattdessen sagst du: „Ich bin dick", „Ich bin groß", „Ich bin alt", „Ich bin hungrig". Der Körper ist mit einem Gefühl des „Ich-Empfindens" ausgestattet. Du *wirst* zum Körper.

Dies ist jedoch eine Überlagerung vom Subjekt auf ein Objekt. Da dir der Körper bekannt ist – mit anderen Worten, als Objekt wahrnehmbar – kann er nicht das Subjekt sein, er kann nicht „du" sein. Es ist wichtig, sich daran zu erinnern, dass sich der Erkennende immer vom Erkannten unterscheidet.

Der Körper wird als ein Objekt der Wahrnehmung erlebt. Auch wenn es eindeutig eine Verbindung zu diesem bestimmten Körper gibt, bleibt er ein Objekt der Wahrnehmung. Darüber hinaus ist der Körper wie alle weltlichen Objekte, einem ständigen Wandel unterworfen und hat keine unabhängige Existenz, wie wir später sehen werden.

2. Bist du der Verstand?

Der nächste Schritt der Untersuchung besteht darin, deine Identifikation mit dem Verstand, deinem Geist, dem Intellekt und Ego zu untersuchen.

Zusammen bilden sie das, was Vedanta den „Feinstofflichen Körper" nennt (ausführlich besprochen im Kommentar zu Kapitel Vier). Der Bezugspunkt deiner Identität ist nicht nur an deinen physischen Körper geknüpft, sondern auch an deine Gedanken, Überzeugungen, Interpretationen und Emotionen. Manche Menschen haben eine stärkere Identifikation mit ihrem feinstofflichen Körper als mit ihrem grobstofflichen Körper.

Die gleiche Logik der Negierung gilt jedoch auch für den feinstofflichen Körper. So wie der physische Körper ein Objekt ist, dessen du, das Subjekt, dir bewusst bist, so sind es auch der Verstand, der Intellekt und das Ego.

Deine Gedanken, Überzeugungen und dein Identitätsgefühl sind nicht greifbar, sie sind willkürlich konstruiert und verändern sich ständig. Dennoch erscheinen sie dir so wirklich, dass du dich sehr stark mit ihnen identifizierst, ja sogar sagst, dass sie „dir gehören". Es sind „meine Gedanken", „meine Überzeugungen".

In unseren Köpfen erschaffen wir eine komplette subjektive Welt, die wir dann der objektiven Welt überlagern und mit der Realität verwechseln. Die meisten Menschen sind nicht in der Lage, die objektive Welt von ihrer subjektiven Interpretation der objektiven Welt zu trennen. Deshalb kann die Identifikation mit dem Verstand und den Gedanken noch schwieriger zu durchbrechen sein als die Identifikation mit dem Körper.

3. Bist du das Ego?

Die Identifikation mit dem Gefühl, ein „Macher", ein Handelnder zu sein – was wir *ahamkara* oder Ego nennen – ist am schwersten zu durchbrechen. Doch die Gita tut genau das, wie wir im Kommentar zu Kapitel Vier sehen werden. An dieser Stelle reicht es zu sagen, dass du, um der Handelnde zu sein, jeden einzelnen Faktor, der dein Denken und Handeln bestimmt, kennen und kontrollieren können müsstest. Das ist völlig unmöglich.

Die unausweichliche Schlussfolgerung ist, dass Verstand, Intellekt und Ego dir alle als feinstoffliche Objekte der Wahrnehmung bekannt sind. Weil du deinen Verstand kennst, kannst du nicht dein Verstand sein. Weil du deine Gedanken und Gefühle kennst, kannst du nicht deine Gedanken und Gefühle sein. Und schließlich, weil du den Teil von dir kennst, der sich selbst als „Macher", als Ausführender von Handlungen versteht, kannst du nicht dieser Macher sein.

Wenn alle Objekte negiert werden, weil sie uns bekannt sind, bleibst nur du übrig: der Wissende, der reines Gewahrsein ist. Dies ist das Gewahrsein, in welchem dein Körper, dein Geist, deine Gedanken und dein Ego erscheinen, das Licht, durch das alle Dinge erkennbar werden und bekannt sind.

Das Selbst

Die Upanishaden, die Quelltexte des Vedanta, neigen dazu, vom *Selbst* in poetischen, grandiosen Ausdrücken zu sprechen. Das kann das *Selbst* wie etwas überirdisch Kosmisches und Transzendentes erscheinen lassen, wie etwas, das weit entfernt ist von der normalen kleinen Person, mit der wir alle vertraut sind. In Wirklichkeit ist das *Selbst* dein gewöhnliches, alltägliches Gewahrsein. Es ist dasselbe Gewahrsein, das dein ganzes Leben lang aus deinen Augen geschaut hat und in dem jeder einzelne Anblick, jedes Geräusch, jedes Objekt, jeder Gedanke, jede Emotion, jeder Wunsch und jede Angst erlebt wird. Das *Selbst* ist das allgegenwärtige Gewahrsein, in welchem die Welt der Objekte einschließlich des grob- und feinstofflichen Körpers, als Objekt der Wahrnehmung existiert.

Im alltäglichen Sprachgebrauch wird das Wort „Gewahrsein" häufig im Sinne von sich einer Sache gewahr oder bewusst zu sein verwendet. Du könntest sagen: „Ich bin mir des Baumes bewusst, oder gewahr", oder „Ich bin mir dessen bewusst, was gestern bei der Arbeit passiert ist". Dies impliziert, dass Gewahrsein inkonstant ist, dass es mal da ist und auch mal abwesend sein kann. Ein solches Gewahrsein könnte sogar als eine Rarität betrachtet werden, wenn man bedenkt, dass zum Beispiel Aktivisten davon sprechen, „Bewusstsein zu schaffen"!

Gewahrsein ist jedoch unabhängig vom Inhalt. Tatsächlich ist es der ewige Kontext, in dem alle Inhalte erscheinen. Unabhängig davon, wessen du dir *gewahr* bist oder nicht, Gewahrsein ist konstant. Es ist immer da. Es gibt keine Möglichkeit, dieses Gewahrsein zu erlangen oder zu verlieren.

Die Natur des Selbst

Das Herzstück der Lehre dieses Kapitels ist eine Meditation über die Natur des *Selbst*. Vedanta behauptet, das *Selbst*,

Gewahrsein, ist nicht vom Körper abhängig, vielmehr ist der Körper vom *Selbst* abhängig. Denn wie könnte der Körper ohne das *Selbst* erkannt werden? Dieses *Selbst* ist sowohl immanent als auch transzendent. Es ist sowohl persönlich, da es dir als die eigentliche Essenz dessen, was du bist, intim bekannt ist, als auch unpersönlich, da es universell ist. Es gibt in der Tat keinen Unterschied zwischen dem individuellen *Selbst* und dem universellen *Selbst*. Nur der Bezugspunkt unterscheidet sich.

Dieses *Selbst* kann nicht in Form von Attributen beschrieben werden, weil es keine hat. Wie es in den Brahma-Sutras heißt, gibt es keinen Unterschied zwischen dem individuellen und dem universellen *Selbst*:

> So wie formloses Licht aufgrund der Objekte, die es beleuchtet, verschiedene Formen anzunehmen scheint, so scheint das eigenschaftslose *Selbst* Eigenschaften anzunehmen.

Gewahrsein ist die Natur des *Selbst*, aber es kann niemals objektiviert oder konzeptualisiert werden. Deshalb können wir es auch nicht positiv beschreiben, sondern nur in Begriffen, die ausdrücken, was es nicht ist, d.h. ungeboren, unsterblich, zeitlos und grenzenlos.

Die einzige positive Aussage, die über das *Selbst* gemacht werden kann, ist, dass es offensichtlich und selbst-offenbarend ist. So wie die Sonne keine andere Lichtquelle benötigt, um sich zu offenbaren, so wird auch Gewahrsein durch sein eigenes Licht offenbart.

Krishna enthüllt Arjuna die Natur des *Selbst* auf folgende Weise:

1. Das *Selbst* hat keine Grenzen

„*(Brahman) Das Selbst ist Das, was grenzenlos, unvergänglich und unveränderlich ist. Es ist Das, was allen Wesen ihre Existenz gibt und in ihnen als ihre innerste Essenz wohnt.*" (Kap. 8/3)

Grenzenlos ist eine strenge Definition. Damit etwas als grenzenlos gelten kann, muss es zu jeder Zeit grenzenlos sein. Es kann nicht zeitweise grenzenlos und zu anderen Zeiten begrenzt sein.

Ein Objekt kann niemals grenzenlos sein. Um als Objekt zu existieren, ist Begrenzung notwendig (d.h., ein Objekt muss notwendigerweise Grenzen haben). Deshalb kann das *Selbst* kein Objekt sein. Es kann kein Objekt sein, weil es selbst das ewige Subjekt ist, dasjenige, aufgrund dessen uns alle Objekte bekannt sind.

Da es grenzenlos ist, ist es unmöglich, seinen Anfang oder sein Ende zu finden. Es gibt keinen Ort, an dem es nicht ist, kein Ding, das es nicht ist, und keine Zeit, in der es nicht ist.

Du kannst dies tatsächlich in deiner eigenen Erfahrung überprüfen. Schließe für einen Moment deine Augen und richte deine Aufmerksamkeit nach innen. Werde dir gewahr, dass du gewahr bist. Kannst du einen Anfang oder ein Ende deines Gewahrseins finden? Hat es eine Grenze oder enthält es alles? Ist es ein junges Gewahrsein oder ein altes Gewahrsein? Ist es ein männliches oder ein weibliches Gewahrsein?

Alles, was du über Gewahrsein sagen kannst, ist, dass es Gewahrsein ist und dass es keine erkennbare Grenze, Form oder Fähigkeit hat, durch die es in irgendeiner Weise objektiviert werden könnte.

„Dieses *Selbst* wird nie geboren, also kann es nie sterben", verrät Krishna. Weil das *Selbst* grenzenlos ist, ist es auch unsterblich. Der Tod kann nur ein begrenztes Wesen betreffen, das Veränderungen und Modifikationen unterworfen ist.

Wenn das *Selbst* grenzenlos ist, dann muss es die eigentliche Grundlage und Gesamtheit der Existenz sein. Zudem ist es für uns unmöglich, etwas anderes als das *Selbst* zu sein – denn auch das würde wiederum eine Begrenzung erfordern (d.h. wenn du nicht das *Selbst* wärst, würde das bedeuten, dass es etwas gibt, was das *Selbst* nicht ist, was es begrenzt machen würde).

2. Das *Selbst* ist jenseits der Zeit

„*Allgegenwärtig und unveränderlich, ist es ohne Anfang und Ende.*" (Kap. 2/20)

Zeit gilt nur für die Welt der Objekte. Um von der Zeit beeinflusst zu werden, müsste das *Selbst* sowohl ein Objekt als auch begrenzt sein. Krishna verneint dies. Er sagt zu Arjuna: „*Es gab nie eine Zeit, in der ich nicht existierte, und dasselbe gilt für dich oder irgendeinen dieser Könige. Es wird auch nie eine Zeit kommen, in der wir aufhören werden zu existieren.*" (Kap. 2/12)

Offensichtlich spricht er nicht über ihre Körper, denn Körper haben eine endliche Existenz. Daher muss das *Selbst* vom Körper verschieden sein.

Das *Selbst*, dessen Natur Gewahrsein/Bewusstsein ist, ist kein Teil, Produkt oder Eigentum des Körpers. Obwohl es vom Körper unabhängig ist, durchdringt und belebt es den Körper. Es ist nicht durch die Grenzen oder Dimensionen des Körpers limitiert. Darüber hinaus wird es weder „geboren", wenn der Körper erscheint, noch „stirbt" es, wenn der Körper verschwindet.

Wir alle haben die Vorstellung, dass wir zu einer bestimmten Zeit an einem bestimmten Ort geboren wurden und dass wir davor nicht existiert haben. Es stimmt zwar, dass der Körper zu einer bestimmten Zeit und an einem bestimmten Ort geboren wurde, du hast sogar eine Geburtsurkunde, um das zu beweisen, aber die Vorstellung, dass du vor diesem Körper nicht existiert hast, ist unbeweisbar. Sie ist nicht beweisbar, denn um sagen zu können, dass es eine Zeit gab, in der du nicht existiert hast, müsstest du dort sein (das heißt, du müsstest existieren!), um das zu wissen. Nicht-Existenz wird daher immer ein Konzept bleiben und sonst nichts.

3. Das *Selbst* ist nicht-dual

„Nichts in dieser Welt kann es berühren. Das Selbst ist alles durchdringend, unbeweglich und ewig." (Kap. 2/24)

Es gibt nur ein *Selbst*. Mehr als ein *Selbst* würde Einschränkung bedeuten. Gewahrsein ist ein unteilbares Ganzes. Es hat keine Unterteilungen. Während die Welt der Formen unseren Sinnen als eine Dualität von „diesem" und „jenem" erscheint, sind alle Objekte als Erscheinungen in einem einzigen Gewahrsein vereint.

Obwohl ohne Form, durchdringt Gewahrsein alle Formen. Wie Raum enthält es alle Dinge. So wie Raum eins ist, trotz der vielen Objekte, die in ihm erscheinen, so ist auch das *Selbst* eins.

Swami Dayananda sagt:

> Das *Selbst* kennt keine Mehrzahl; es gibt nur ein *Selbst*. Weil die Formen, *upadhis*, viele sind, gibt es viele Menschen, während das *Selbst* ein einziges komplettes, nicht an Zeit gebundenes Bewusstsein ist.

Während sich Körper und Geist der vielen Milliarden Menschen in der Welt voneinander unterscheiden und ein jeder scheinbar einzigartig ist, unterscheidet sich das *Selbst*, das deinen Körper und Geist belebt, nicht von dem *Selbst*, das meinen Körper und Geist belebt.

Eine gute Metapher ist die der Elektrizität. Elektrizität treibt zahllose Geräte an, und doch ist sie immer nur die eine

Elektrizität. Die Elektrizität, die meine Tischlampe versorgt, unterscheidet sich nicht von der Elektrizität, die meinen Computer versorgt.

Im obigen Zitat wurde das Wort *upadhi* eingeführt, ein wichtiger Begriff, der verstanden werden muss. Upadhi bedeutet „begrenzendes Attribut", ein Objekt, das seine Eigenschaften scheinbar etwas anderem verleiht und dieses Ding als etwas anderes erscheinen lässt, als es ist. Wenn zum Beispiel klares Wasser in einer roten Flasche aufbewahrt wird, erscheint das Wasser rot. Die Flasche ist ein Upadhi, das dem farblosen Wasser seine „rote" Farbeigenschaft verleiht.

Das Konzept des Upadhi erklärt, warum uns das *Selbst*, von dem Krishna sagt, es sei grenzenlos und ungebunden, als begrenzt und gebunden erscheint. Aufgrund des Upadhi des Körper-Geist-Sinnes-Komplexes nimmt das *Selbst* scheinbar die Eigenschaften von Körper und Geist an, die beide endlich, begrenzt und Geburt, Tod, Leiden und Verfall unterworfen sind. Aber diese Eigenschaften gehören zu Körper und Geist, nicht zum *Selbst*.

Es stimmt zwar, dass Körper und Geist sich ständig verändern und Schmerz und Leid ausgesetzt sind, aber das *Selbst* ist von Schmerz und Leid unbeeinflusst. Das liegt daran, dass das *Selbst* einer anderen Ordnung der Wirklichkeit angehört als der Körper-Geist-Sinnes-Komplex, so wie ein Spiegel einer anderen Ordnung der Wirklichkeit angehört als die in ihm reflektierten Objekte. Du kannst die Gegenstände im Raum nach Belieben verändern, dadurch ändert sich zwar die Reflexion im Spiegel, aber der Spiegel selbst verändert sich nicht.

4. Das Selbst handelt nicht

„Erkenne Mich (das Selbst) als jenseits von Handeln, immer unveränderlich und frei. Handlungen berühren Mich nicht. Ich habe weder den persönlichen Wunsch zu handeln, noch sehne ich mich nach

bestimmten Ergebnissen. *Derjenige, der das Selbst als nicht-handelnd kennt, ist nicht länger durch Karma gebunden." (Kap. 4/ 13, 14-15)*

Da das Selbst grenzenlos, nicht-dual und jenseits von Zeit ist, handelt es auch nicht. Gewahrsein ist kein Handelnder. Irgendetwas zu tun erfordert Bewegung, und Bewegung setzt Form, Begrenzung und Zeit voraus. Deshalb kann das Selbst, ebenso wenig wie Raum, eine Handlung ausführen. Raum ist bereits überall und in allem, wohin könnte er also gehen und was könnte er tun?

So wie die Sonne auf die Welt scheint und alles Leben existieren und Handlungen stattfinden lässt, während sie selbst nicht handelt, so ist das Selbst dasjenige, das alles Handeln ermöglicht, selbst aber nicht handelt.

Weil das Selbst nicht handelt und du das Selbst bist, bedeutet das, dass trotz anderen Anscheins auch du kein Handelnder bist. Es gibt einen weiteren Faktor, der für Handlung verantwortlich ist. Diesen werden wir im vierten Kapitel kennenlernen, wenn wir das Thema von Handeln und Nicht-Handeln untersuchen.

5. Das Selbst kann nicht als Objekt erfahren werden

„Da es nicht manifestiert ist, kann es von den Sinnen nicht erreicht werden und ist frei von allen Modifizierungen". (Kap. 2/ 24-25)

Das Selbst kann ebenso wenig als Objekt erlebt werden, wie das Auge sich selbst sehen oder eine Kamera ein Bild von sich selbst machen kann. Die Existenz sowohl des Auges als auch der Kamera ist jedoch aufgrund der Bilder, der Objekte, die sie zum Vorschein bringen, bekannt. Die Kamera kann kein Bild von sich selbst machen, aber die Tatsache, dass Bilder existieren, ist ein Beweis dafür, dass die Kamera existiert.

Die Existenz eines Objekts setzt die Existenz eines Subjekts voraus. Obwohl das Selbst, das subtiler als Körper, Geist und Intellekt ist, nicht als Objekt erfahren werden kann, existiert es eindeutig, denn es ist das, was allen Objekten Existenz verleiht.

6. Das *Selbst* ist offenkundig und sich selbst offenbarend

„*Das Selbst ist das, was allwissend, alles durchdringend, zeitlos ist. Es ist die Ursache und der Herrscher über alle Dinge, jenseits von Form, strahlend wie die Sonne, jenseits von Wissen und Nichtwissen.*" (Kap. 8/ 9-10)

Eine andere Metapher um das *Selbst* verständlich zu machen, ist eine Kinoleinwand. Das *Selbst* ist das Licht, das den Film auf der Leinwand zum Vorschein bringt. Wenn du den Film siehst, wirst du vollständig von den Bildern absorbiert, die sich auf der Leinwand bewegen. Wenn es ein guter Film ist, identifizierst du dich mit den Figuren und lässt dich von der Handlung mitreißen, die für die Dauer des Films vollkommen real erscheint. Dein Puls wird schneller, wenn sich das Drama entfaltet. Die traurigen Passagen füllen deine Augen mit Tränen, die lustigen Passagen bringen dich zum Lachen, und Momente des Grauens lassen dich zappeln oder zusammenzucken.

Doch was du die ganze Zeit erlebst, ist nichts weiter als Licht, das auf eine Leinwand projiziert wird. In dem Moment, in dem das Licht aufhört, verschwindet das Bild, und die imaginäre Welt des Films verblasst mit ihm.

Obwohl du wahrscheinlich so tief in die Projektion eingetaucht warst, dass du dir dessen nicht bewusst warst, war in Wirklichkeit das allgegenwärtige Licht die Essenz von allem, was du gesehen hast. Dennoch war dieses Licht unbeteiligt und unbeeinflusst von den Bildern auf der Leinwand.

In ähnlicher Weise ist das *Selbst* dasjenige, das der gesamten Schöpfung erlaubt, zu existieren und sich zu entfalten, während es nicht-handelnd und unbeeinflusst bleibt. Es liegt in der Natur von Gewahrsein, dass es offenkundig ist und sich selbst enthüllt. Wie die Sonne ist das Licht des Gewahrseins selbst-offenbarend und erfordert kein anderes Licht, um es sichtbar zu machen. Es ist das, durch das alle Dinge bekannt sind, und das, von dem ihre Existenz abhängt.

Existenz und geliehene Existenz

Vers sechzehn in diesem Kapitel enthält einen der wichtigsten Sätze der gesamten Gita: *„Das Unwirkliche existiert nicht, und das Wirkliche hört nie auf zu existieren."* (Kap. 2/ 16-17)

Die Fähigkeit, zwischen dem Wirklichen und dem Unwirklichen zu unterscheiden, ist der Schlüssel zur Befreiung. Aber zuerst brauchen wir eine Definition für beides.

Jedes Objekt hat zwei Komponenten: eine Essenz und eine Form. Die Essenz eines Objekts ist seine wirkliche Natur, das, was ihm eigen, dauerhaft und unabhängig existent ist. Die Essenz ist in ihrer Existenz von nichts anderem abhängig. Dies ist Vedantas Definition von „real", in Sanskrit: *satya*.

Im Gegensatz dazu existiert die Form eines Objekts, seine nebensächliche Natur, nicht unabhängig. Ihre Existenz ist Satya entliehen und ist zeitgebunden und Veränderungen und Verlust unterworfen. Jede Form ist nur vorübergehend, eine Gestalt, die nur für eine begrenzte Zeit existiert, wie eine Welle auf der Oberfläche des Ozeans. Anders als Satya sind daher alle Formen vergänglich und unbeständig. Der Begriff dafür ist *mithya*, was „unwirklich", oder „nicht-real", bedeutet.

Kurz gesagt, Satya ist die unabhängige Ursache und Mithya ist die abhängige Wirkung. Shankara verwendet die Analogie von Tonkrug und Ton. Während es auf den ersten Blick vernünftig erscheinen mag, zu sagen, dass „der Tonkrug existiert", hat er in Wirklichkeit keine eigene, ihm innewohnende Existenz. Wir überlagern dem Tonkrug eine „Ist-heit" und glauben das Objekt besäße eine eigene Existenz, d.h., dass es Satya, also real sei.

Doch der Tonkrug leiht sich seine Existenz vom Ton. „Tonkrug" ist nur ein Name und eine Form, die dem Ton gegeben wurde. Als solcher ist er zeitgebunden. Es gab eine Zeit, in der der Tonkrug nicht existierte, und wenn er zerbricht, wird es eine Zeit geben, in der er aufhört zu existieren. Der Ton wird bleiben, aber der Tonkrug wird verschwunden sein. Der Tonkrug ist also Mithya und der Ton ist Satya.

Mithya, das einfach eine Zusammenstellung von Name und Form ist, ist für seine Existenz immer auf Satya angewiesen. Die Fähigkeit, zwischen Satya und Mithya zu unterscheiden, ist für die Befreiung des Geistes entscheidend. Das ist es, was Krishna meint, wenn er sagt: „Das Unwirkliche existiert nicht, und das Wirkliche hört nie auf zu existieren".

Im Zusammenhang mit dieser Diskussion ist das *Selbst* allein Satya, das Reale, und die gesamte phänomenale Welt, einschließlich des grobstofflichen und feinstofflichen Körpers, ist Mithya, das nur scheinbar Reale.

Die Satya-Mithya-Verwechslung

Die Verwechslung von Satya und Mithya ist die Wurzel all unseres Kummers.

Durch einen Prozess gegenseitiger Überlagerung übertragen wir die Qualität von Satya (Existenz) auf ein Objekt und glauben, dass das Objekt als solches eine eigene Existenz besitzt und nicht nur eine vorübergehende, geliehene Existenz.

Gleichzeitig überlagern wir Satya mit den Qualitäten von Mithya. Deshalb nehmen wir an, die Eigenschaften von Körper und Geist gehören zum *Selbst*. Wie klares Wasser, das aufgrund seiner Nähe zur roten Glasflasche rot zu sein scheint, scheint das *Selbst* die Eigenschaften des Körpers und des Geistes zu besitzen. Deshalb sagen wir: „Ich bin glücklich", „Ich bin traurig", „Ich bin dick", „Ich bin dünn".

Dies ist ein durch Unwissenheit verursachter Fehler in der Wahrnehmung. Wie Krishna sagte, ist das *Selbst* frei von allen Eigenschaften, ohne Begrenzung und nicht objektivierbar. Wenn das *Selbst* grenzenlos und ohne Attribute ist, wie könnte es dann – wie könntest du – glücklich, traurig, dick oder dünn sein?

Solange du dich mit Körper oder Geist identifizierst, bist du deren Elend unterworfen. Aber in dem Moment, in dem du deine Identität von Mithya nach Satya, von Körper und Geist nach Gewahrsein verlagerst, bist du von jeder Begrenzung befreit.

Die ultimative Wahrheit in drei Worten

Vedanta lässt sich insgesamt in drei Worten zusammenfassen: „*Tat tvam asi*" – „Das Bist Du".

„Das" bezieht sich auf Brahman, was ein anderer Name für das *Selbst* ist, die Realität, die allem Existierenden zugrunde liegt. Brahman ist Satya, die innewohnende, alles durchdringende, unveränderliche Existenz, aus der alle phänomenalen Objekte ihre geliehene Existenz ableiten.

Alles, was existiert, ist Brahman. Brahman plus einem Namen und einer Form ist das, was wir als die phänomenale Welt wahrnehmen, so wie Tonerde plus Name und Form das ist, was wir als den Tonkrug wahrnehmen.

Das „Du" bezieht sich auf den Jiva, das Individuum, den Körper-Geist-Sinnes-Komplex, der *avidya* (Unwissenheit) unterworfen ist und sich als eine Person mit eigener innewohnender Existenz versteht.

Der letzte Teil der Gleichung, „Bist", verbindet die beiden.

Daher bedeutet sie: „Du bist Brahman".

Wäre dieses Wissen eine selbstverständliche Tatsache, gäbe es keine Notwendigkeit für die Existenz der Gita oder von Vedanta.

Würden Menschen ihre Identität als unveränderliches, allgegenwärtiges *Selbst* erkennen, wären sie nicht Samsara unterworfen. Samsara ist aus Unwissenheit über diese Tatsache entstanden. Wie der weise Nisargadatta Maharaj einmal sagte:

> Erscheinungen für die Wirklichkeit zu halten ist eine schwere Sünde und die Ursache allen Unglücks. Du bist das alles durchdringende, ewige und unendliche Gewahrsein/Bewusstsein. Alles andere ist ortsgebunden und vorübergehend. Vergiss nicht, was du bist.

Die Unfähigkeit, Satya von Mithya zu unterscheiden, schafft endloses Leid für den Jiva. Der ganze Zweck von Vedanta besteht darin, diese Verwirrung aufzulösen.

Durch die Erklärung: „Das bist Du", wird das „Du", der Jiva, im Wesentlichen negiert. Er wird als Mithya offenbart, er ist lediglich eine Erscheinung. Du bist „Das", das *Selbst*, die zugrunde liegende Realität, die Satya ist.

Shankara fasste die Essenz der vedantischen Lehre in einem einzigen Satz zusammen:

> Brahman allein ist Satya (wirklich), die Welt ist Mithya (unwirklich), und der Jiva unterscheidet sich nicht von Brahman.

Wir haben festgestellt, dass die Welt Mithya ist. Wie die Welle, die aus dem Ozean aufsteigt, sind alle wahrnehmbaren Objekte zeitgebunden, begrenzt und haben keine eigene, innewohnende Existenz. Sie sind in ihrer Existenz von einem anderen Faktor abhängig.

Denke an einen goldenen Ring. Obwohl wir ihn „Ring" nennen, hat der Ring keine eigenständige Existenz. Alles, was wir haben, ist Gold, sowie einen Namen und eine Form. Wenn man ihn einschmilzt, wird der Ring – Name und Form – zerstört, aber das Gold bleibt. War es überhaupt jemals wirklich ein „Ring"? Es war in Wirklichkeit immer nur Gold in Form eines Ringes.

Auf die gleiche Weise leiht sich die gesamte Mithya-Welt ihre vorübergehende Existenz von Satya, dem *Selbst*. Deshalb endet der Satz mit der Feststellung, dass der Jiva, obwohl Mithya, nicht vom *Selbst* getrennt ist.

Die Vorstellung, dass du ein der Zeit, dem Verfall und dem Tod unterworfener Körper und Geist bist, ist eine Vorstellung, die durch Unwissenheit geschaffen und dem *Selbst* überlagert wird. Swami Dayananda nennt dies „einen Fehler der *Selbst*-Identität, den nur die Lehre auflösen kann".

Der Kampf gilt der Unwissenheit

Krishna macht deutlich, dass das *Selbst* eins, unsterblich und ewig ist, obwohl die Welt der Formen eine Dualität mit unzähligen verschiedenen Körpern und Formen zu sein scheint. Während unsere Körper Schmerz und Tod unterworfen sind, kann das *Selbst* in keiner Weise verletzt werden oder zu Schaden kommen.

Krishna sagt, dass das *Selbst* weder töten noch getötet werden kann, und beschwört Arjuna, seine Pflicht zu erfüllen. Viele haben die Gita im Laufe der Jahre falsch interpretiert und glauben, sie sei eine Rechtfertigung für Mord und Totschlag. Vielleicht fürchten sie, man könnte die Gita vor Gericht als nützliche Verteidigungsstrategie für Mörder einsetzen!

Der Kontext der Gita, ein brutaler Krieg, ist extrem. Doch was Krishna wirklich sagt, wenn er Arjuna ermahnt, aufzustehen und zu kämpfen, ist: „Stehe auf und folge deinem Dharma." Was die Lehre der Gita betrifft, so ist das Schlachtfeld metaphorisch. Es stellt nicht nur Dharma dar, sondern ist eine Metapher für den menschlichen Geist. Der Krieg, den wir führen müssen, ist der größte aller Kriege – der Krieg gegen die *Selbst*-Ignoranz.

Nachdem wir das Problem als Unwissenheit identifiziert haben, ist die einzige Lösung Wissen. Wissen zerstört Unwissenheit, so wie die Sonne die Dunkelheit der Nacht vertreibt.

Um Wissen zu erlangen, brauchst du nur die geeigneten Mittel des Wissens zu finden und zu nutzen. Dieses Mittel des Wissens ist Jnana-Yoga, der Yoga der *Selbst*-Erkenntnis, auch Vedanta genannt. Dieses Wissen, das seine Wurzeln in den alten Veden hat, ist das Herzstück von Krishnas Lehre.

Vedanta verfügt über eine Reihe von Lehren, um Unwissenheit systematisch zu beseitigen. Wir werden diese in den folgenden Kapiteln untersuchen. Vedanta ist so ähnlich wie die Deinstallation eines alten und die Installation eines neuen Betriebssystems. Das alte Betriebssystem, das auf Unwissenheit beruhte, führte dazu, dass du dich irrtümlich mit dem Körper-Geist-Sinnes-Komplex und all seinen Leiden identifiziert hast. Das neue Betriebssystem richtet deine Identität neu auf Gewahrsein aus. Alles, was du tun musst, ist, deinen Geist konsequent der Lehre auszusetzen, alle Zweifel durchzuarbeiten und dann dieses Wissen beharrlich auf den Geist anzuwenden (der Kommentar in Kapitel sechs untersucht diese drei Stufen von Vedanta im Detail).

Ein qualifizierter Geist

Wenn du es zunächst einmal schwer findest, diese Sicht der Nicht-Dualität zu begreifen, bist du nicht allein. In gewisser Weise springt Krishna gleich ins tiefe Wasser, wenn er wortgewandt die letzte Wahrheit der Existenz offenbart. Besäße der Schüler einen entsprechend qualifizierten Geist und könnte er diese Lehre sofort erfassen und verinnerlichen, wäre das vermutlich alles, was er benötigte.

Solche Schüler sind jedoch selten und Arjuna gehört nicht zu ihnen. Wäre er es gewesen, hätte es keinen Bedarf gegeben die Lehre weiter zu entfalten und die Gita wäre an diesem Punkt zu Ende gewesen.

Es sei darauf hingewiesen, dass die große Mehrheit der Menschen Zeit braucht, um diese Lehre vollständig zu verstehen, zu verinnerlichen und zu integrieren. Unwissenheit wird selten mit einem einzigen Axthieb gefällt. Deshalb musst du so lange an der Lehre festhalten, bis sie allmählich klar wird und deine Zweifel systematisch ausgeräumt sind. Wie bei den meisten Dingen im Leben ist Beharrlichkeit der Schlüssel.

Was machst du also, wenn du die höchste aller Lehren erhalten hast und sie dich nicht unmittelbar vom Leiden befreit hat?

Innerhalb eines einzigen Absatzes geht Krishna von der Darlegung der letztendlichen Natur der Wirklichkeit zu einem Appell an Arjunas Pflichtgefühl und Eitelkeit über. Obwohl er Arjunas wahres Wesen und die Essenz aller Wesen als das grenzenlose *Selbst* enthüllt hat, bleibt das begrenzte scheinbare Selbst, der Jiva, immer noch bestehen. Und wie alle Dinge in der relativen Welt hat er einen Dharma, dem es zu folgen gilt (siehe Kommentar zu Kapitel 1).

Dem Dharma zu folgen ist die Voraussetzung dafür, den Geist auf die Befreiung vorzubereiten. Deshalb pendelt die Gita zwischen zwei Hauptthemen: Dharma und Moksha, richtiges Handeln in der Welt und Befreiung von weltlichen Anhaftungen.

Damit die *Selbst*-Erkenntnis funktionieren kann, musst du die Eigenschaft deines Geistes berücksichtigen. Wenn man nicht darauf geachtet hat, einen ruhigen, beständigen Geist zu kultivieren, wird der Geist immer wieder zu seinen Gewohnheiten zurückkehren. Für den Samsari ist dies ein Geist, den seine Begierden, Anhaftungen und Abneigungen unerbittlich fest im

Griff haben. Dies ist ein Geist, der daran gewöhnt ist, vergeblich nach Glück und Erfüllung in weltlichen Dingen zu suchen.

Einem solchen Geist wird es unmöglich sein, *Selbst*-Erkenntnis zu verinnerlichen. Deshalb wird diese Lehre den meisten Menschen nichts bedeuten. Man braucht einen reifen und kultivierten Geist, um dieses Wissen wertschätzen zu können, und mehr noch, um es zu verwirklichen.

Ursprünglich war Vedanta für Yogis gedacht, Menschen mit einem sehr disziplinierten, kultivierten und kristallklaren Geist. Wenn der Schüler einen entsprechend reinen, offenen Geist hat, kann es genügen, den Worten eines Lehrers zuzuhören, um ihn zu befreien. Wie wir gesehen haben, sind solche Menschen selten. Und heute, in unserer chaotischen Gesellschaft, in der Werte ständig unter Beschuss sind, mit all ihrem Stress, ihren Konflikten und Ablenkungen, ist es noch schwieriger, einen reinen, klaren Geist zu erlangen.

Zwar gibt es unzählige Erleuchtung Suchende, aber nur wenige werden ihr Ziel je erreichen. Ihr Erfolg oder Misserfolg ist nicht der launischen Hand des Schicksals geschuldet, sondern dem Ausmaß, in dem sie einen Geist kultiviert haben, der fruchtbar genug ist, dass die Samen der *Selbst*-Erkenntnis keimen können.

Damit *Selbst*-Erkenntnis Früchte tragen und den Geist von Samsara befreien kann, muss der Schüler/ die Schülerin bestimmte Qualifikationen, bestimmte geistige Eigenschaften haben. Es ist das Vorhandensein oder Fehlen dieser Qualifikationen, das bestimmt, ob du Moksha, Befreiung, erlangst oder nicht.

Für alles, was du im Leben erreichen willst, brauchst du Qualifikationen. Das sollte dir einleuchten. Wenn du eine bestimmte Fachrichtung an der Universität studieren möchtest, musst du zuerst die Zugangsvoraussetzungen erfüllen. Ohne die nötigen Grundkenntnisse in diesem Fach, würdest du nicht nur deine, sondern auch die Zeit aller anderen verschwenden. Wenn du einen Marathon laufen oder einen Berg besteigen möchtest, musst du zunächst einmal sicherstellen, dass du über die nötige Fitness und Ausdauer verfügst. Um diese Qualifikation zu erlangen, musst du dich zu regelmäßigem Ausdauertraining, Krafttraining, gesunder Ernährung usw. verpflichten.

Vedanta ist nicht anders. Damit die Lehre funktioniert, muss zunächst der Geist vorbereitet werden. Vedanta selbst ist eigentlich recht einfach. Du sitzt, hörst die Lehre, räumst mit Hilfe eines Lehrers alle Zweifel aus und wendest dann dieses Wissen auf den Geist an. Das Wissen entfaltet dann seine eigene Magie, so wie das Einschalten eines Lichts in einem abgedunkelten Raum automatisch die Dunkelheit beseitigt. Die Herausforderung besteht jedoch darin, sicherzustellen, dass der Verstand qualifiziert ist und bleibt.

Die vier Qualifikationen für Erleuchtung

In Tattva Bodha beschreibt Shankara vier Haupt-Qualifikationen. Diese sind:

1. Unterscheidungsfähigkeit

Unterscheidungsfähigkeit bedeutet die Fähigkeit, zwischen dem Realen und dem Nicht-Realen zu unterscheiden, ein gutes Urteilsvermögen zu haben und Entscheidungen auf der Grundlage gesunder Werte und eines klaren Verständnisses von Dharma zu treffen.

Mangel an Unterscheidungsfähigkeit hält dich an Samsara gebunden und lässt dich die wahre Natur des *Selbst* vergessen. Indem du Erscheinungen als real betrachtest, bleibst du das Opfer ungezügelter Vorlieben und Abneigungen deines Verstandes und unterwirfst dich seinen Konditionierungen und niedersten

Instinkten. Wie eine Marionette an einer Schnur, bleibst du im Kreislauf von Samsara gefangen – Begehren, Anhaftung und Leid – was, wie wir gesehen haben, den Verstand außer Gefecht setzt, Unterscheidungsfähigkeit unmöglich macht und so das Problem von Samsara fortbestehen lässt.

Swami Paramarthananda sagt:

> Unterscheidungsfähigkeit ermöglicht es uns zu erkennen, wie ungeeignet die Verfolgung weltlicher Ziele als Mittel sind, wenn es darum geht, Erfüllung zu finden. Stattdessen lässt sie uns die Notwendigkeit erkennen, nach Moksha zu streben. Mit Unterscheidungsfähigkeit können wir zwischen vorübergehenden weltlichen Vergnügungen und dauerhafter spiritueller Befreiung, zwischen Illusion und Wahrheit, zwischen Unwissenheit und Wissen unterscheiden. Unterscheidungsfähigkeit hält uns auf dem richtigen Weg und ermöglicht es uns, mit Klarheit zu sehen und unser wahres Ziel nicht aus den Augen zu verlieren.

2. Leidenschaftslosigkeit

Klare Unterscheidung führt auf natürliche Weise zu Leidenschaftslosigkeit in Bezug auf Sinnesobjekte. Wenn du verstehst, dass alle Objekte vergänglich und nicht in der Lage sind, uns dauerhaftes Glück zu bescheren, entwickelt sich ganz von selbst eine Haltung der Leidenschaftslosigkeit. Du klammerst dich nicht an Dinge, sondern gibst bindende Anhaftungen auf und lässt die Dinge ohne erkennbaren Stress und großer Trauer kommen und gehen.

Swami Paramarthananda erläutert dies so:

> Wenn wir erkennen, dass unser Anhaften an weltliche Objekte nur eine Form der Unfreiheit ist, hören wir auf, sie zur obersten Priorität unseres Lebens zu machen. Wir be-

nötigen nach wie vor bestimmte Dinge für unser Überleben, wie Geld, Nahrung und Obdach. Aber unser primäres Streben ist jetzt die Befreiung von der Abhängigkeit von Objekten, und dies wird nur durch *Selbst*-Erkenntnis erreicht, die zu Moksha führt.

Darin spiegeln sich auch die Worte Ramana Maharshis wieder, als er sagte: „Lass kommen, was kommt, und lass gehen, was geht. Siehe, was bleibt."

3. Der sechsfache innere Reichtum
Die dritte Qualifikation bezieht sich auf Disziplin und ist sechsfacher Natur:

I. Beherrschung des Geistes. Zuerst musst du lernen, den Verstand und die Sinne zu beherrschen. Solange du diese nicht gemeistert hast, bleibst du ihr Sklave. Anstatt dich blind von deinen Konditionierungen und Vasanas (der Neigung, vergangene Gedanken und Handlungen zu wiederholen) leiten zu lassen, musst du Stellung beziehen und die Kontrolle über deinen eigenen Geist behaupten.

Dies ist das Markenzeichen eines reifen Menschen. Wie Swami Paramarthananda anmerkt, geht es dabei nicht um Unterdrückung, sondern um Sublimation, indem „wir lernen, unsere Gedanken bewusst zu regulieren, zu kanalisieren und zu lenken, um Ängste, Stress und Depressionen zu vermeiden".

Der Geist ist dein Hauptinstrument und muss auf eine angemessen gesunde Art und Weise konditioniert und eingesetzt werden, eine, die immer im Einklang mit Dharma steht. Du allein entscheidest, worauf dein Geist verweilt. Du hast die Macht, Gedanken und Wünsche abzulehnen, die deinem spirituellen und psychischen Wohlbefinden schaden und deine wahren Ziele und höchsten Absichten verschleiern.

II. Beherrschung der Sinne. Wenn du den Verstand gemeistert hast, erlangst du auf natürliche Weise die Kontrolle über die Sinne. Das bedeutet, dass du nicht länger Opfer von zwanghaften Begierden und Süchten bist, ganz zu schweigen von dem Bedürfnis, deine Sinne ständig zu füttern. Stattdessen fungierst du als Torwächter deiner Sinne, anstatt sie wie wilde Gäule durchgehen zu lassen, was den Geist unweigerlich aufwühlt und auch stumpf macht. Die Beherrschung der Sinne bedeutet, dass du selbst entscheidest, wie du deine Sinne lenkst, sowohl in Bezug auf das, was in sie hineingeht, als auch auf das, was von ihnen ausgeht.

III. Rückzug von den Sinnesobjekten. Diese Qualifikation knüpft an die beiden vorhergehenden an. Die Fähigkeit, sich von Sinnesobjekten zurückzuziehen, ist ein wichtiger Teil der inneren Disziplin.

Ein Verstand, der ständig an weltlichen Objekten und Sinnenfreuden hängt, ist ein Verstand, der ständig nach außen gerichtet ist. Das kann ein großes Hindernis für das Streben nach *Selbst*-Erkenntnis sein. Du hast nie die nötige Zeit, Energie oder Motivation, um Moksha zu verfolgen, solange du auf weltliche Ziele, Wünsche und Vergnügungen fixiert bist.

Diese Qualifikation hängt mit Unterscheidungsfähigkeit und Leidenschaftslosigkeit zusammen. Wenn du eine objektive, leidenschaftslose Sicht in Bezug auf weltliches Vergnügen einnimmst und dir über dein wahres Ziel im Klaren bist, ist es einfacher, dich davon zu lösen und zu verhindern, dass der Geist von der Begierde nach Sinnesobjekten aufgezehrt wird. Indem du deinen Verstand und deine Sinne bewusst lenkst, ziehst du dich auf natürliche Weise von Sinnesobjekten zurück, so wie eine Schildkröte sich in ihren Panzer zurückzieht.

IV. Geduld. Geduld ist die Fähigkeit, die unvermeidlichen Stürme und Belastungen des Lebens zu überstehen. Wie Krishna sagt, sind die Gegensätze des Lebens – die Dualismen von Hitze und Kälte, Licht und Dunkelheit, Lust und Schmerz, Lob und Kritik – unvermeidlich und müssen mit Gleichmut ertragen werden. Der qualifizierte Suchende akzeptiert die „Nadelstiche des Lebens" ohne Klage und unnötiges Drama.

V. Fokus. Die Fähigkeit, den Geist zu fokussieren, ist essenziell. Ohne einen ruhigen Geist, der fähig ist, fortwährend über die Lehre nachzudenken, wird *Selbst*-Erkenntnis immer ein abstraktes Konzept bleiben. Der engagierte Suchende hat einen zielgerichteten Geist und ein klares Ziel vor Augen. Mit Standhaftigkeit kann ihn nichts von seinem Weg abbringen.

VI. Vertrauen. Die Lehre des Vedanta ist eine Herausforderung. Sie mag auf den ersten Blick kontra-intuitiv erscheinen. Sie mag gegen jede Annahme des „gesunden Menschenverstandes" verstoßen, die du jemals über dich und dein Leben hattest. Deshalb ist es notwendig, mit einem offenen, forschenden Geist vorzugehen und bereit zu sein, den Worten der Lehre und des Lehrers zu vertrauen.

Dies ist jedoch kein blindes Vertrauen. Es hat keinen Sinn, einfach die Worte einer äußeren Autorität zu akzeptieren, ohne die Möglichkeit, die Wahrheit dieser Worte für sich selbst zu überprüfen. Dies hat in der langen Geschichte der Menschheit zu enormen Katastrophen geführt. Im Fall von Vedanta ist dein Vertrauen vorläufig, in Erwartung der Ergebnisse deiner eigenen Untersuchungen und Erforschungen.

4. Der Wunsch nach Befreiung

Und nicht zuletzt kommt es auf den Wunsch nach Befreiung an. Dies ist das, was Krishna später als „das Verlangen, das Dharma nicht entgegengesetzt ist" bezeichnet.

Ohne den brennenden Wunsch frei zu sein, wirst du niemals die nötige Zeit und Energie dafür aufwenden, frei zu werden. Es wird immer etwas Verlockenderes in der Welt der Objekte geben. Wenn du den Wert der *Selbst*-Erkenntnis nicht erkennst, wirst du weiterhin unter den Qualen von Samsara leiden, während du endlos und vergeblich nach dauerhaftem Glück in der Welt der Vergänglichkeit suchst.

Nur wenn du erkennst, dass Freiheit niemals durch emotionale Abhängigkeit von der Welt der Objekte erlangt werden kann, wird dein Wunsch nach Befreiung die nötige Motivation für dein Engagement liefern, um Moksha zu erlangen.

Jede dieser Qualifikationen führt auf natürliche Weise zur nächsten. Als Erstes ist Unterscheidungsfähigkeit notwendig, denn sie lässt uns erkennen, dass, anders als endliche weltliche Ziele, nur Moksha dauerhafte Erfüllung bringen kann. Daraus erwächst Leidenschaftslosigkeit, welche die Bindungen der Anhaftung an materielle Objekte vermindert. Nur dann kultivieren wir ein ausreichendes Verlangen nach Befreiung. Dieser Wunsch liefert die nötige Motivation und das nötige Engagement, um mit der Lehre zu arbeiten, bis das Wissen verinnerlicht und der Geist vom Leiden befreit ist.

Karma-Yoga

All diese Faktoren müssen vorhanden sein, damit *Selbst*-Erkenntnis funktionieren kann. Es liegt auf der Hand, dass Arjuna in diesem Stadium einige Qualifikationen hat, ihm aber andere fehlen. Er hat Vertrauen in Krishna und den Wunsch, frei zu sein. Er ist ein kultivierter, gebildeter Mann, intelligent, diszipliniert und dem Dharma verpflichtet. Es ist jedoch klar, dass sein Urteilsvermögen und seine Leidenschaftslosigkeit in dieser Situation beeinträchtigt sind.

Wie also erreicht man diese Qualifikationen? Vedanta lässt dich nicht auf dem Trockenen sitzen. In diesem Kapitel enthüllt Krishna das wichtigste Mittel zur Ausbildung dieser Qualifikationen – Karma-Yoga.

Die Essenz von Karma-Yoga ist das Verständnis, dass du zwar das Recht hast, zu handeln, aber keine Kontrolle über die Früchte dieser Handlungen hast. In dem Moment, in dem du den Pfeil abschießt, hast du keine Möglichkeit mehr mitzubestimmen, ob er das beabsichtigte Ziel trifft.

Als Karma-Yogi ist es deine Verantwortung, dein Bestes zu geben, und alle deine Handlungen dem Göttlichen zu widmen, wobei du alle Ergebnisse als *prasada*, als göttliches Geschenk, annimmst.

Indem du Karma-Yoga praktizierst und die Anhaftung an die Ergebnisse deiner Handlungen aufgibst, kultivierst du einen beständigen, stabilen, ruhigen Geist, einen Geist, der zur *Selbst-Erforschung* fähig ist. Dein Glück hängt nicht mehr davon ab, deinen eigenen Willen durchzusetzen. Das ist auch gut so, denn wie wir alle wissen, ist es unmöglich, immer das zu bekommen, was wir wollen.

Die Ergebnisse von Handlungen sind immer unvorhersehbar. Sein Glück auf unvorhersehbare Faktoren zu gründen bedeutet, ein Leben in Furcht, Frustration und Leid zu führen. Ein materialistischer, am Ergebnis orientierter Geist, ist einer, der großen Ängsten, Stress und Anspannungen ausgesetzt ist. Aus diesem Grund definiert Swami Paramarthananda Erfolg als die Fähigkeit, den Erfolgen und Misserfolgen des Lebens, seinen Höhen und Tiefen, mit Gleichmut des Geistes zu begegnen.

Als Karma-Yogi wirst du nicht mehr nur von dem Wunsch getrieben, bestimmte materielle Ziele zu erreichen. Dein primäres Ziel ist Moksha, d.h. die Freiheit von emotionaler Abhängigkeit von weltlichen Objekten. Du handelst nicht nach deinen Wünschen und Abneigungen, sondern nach dem Dharma.

Ein Leben mit Dharma- und Karma-Yoga ist der ultimative Stresslöser. Trauer über die Vergangenheit und Angst vor der Zukunft schmelzen dahin, wenn du aufhörst, für die Launen deines Egos zu leben und jede deiner Handlungen zu einer Opfergabe für das göttliche *Selbst* machst. Allmählich werden deine Vasanas nicht-bindend, wodurch der psychische Druck von Wünschen und Abneigungen in der äußeren Welt verringert wird.

Für den nach Befreiung Suchenden ist diese Reinigung des Geistes ein entscheidender erster Schritt. Der Geist muss fit sein, damit *Selbst*-Erkenntnis Wurzeln schlagen kann, sonst wird die Lehre nie mehr als bloße Worte sein. Worte, die zwar inspirierend sind, aber keine dauerhafte Wirkung haben.

Wie Krishna sagt: *„Ohne einen friedlichen, stabilen Geist ist die Kontemplation über das Selbst unmöglich. Wenn dem Geist die Fähigkeit zur Kontemplation fehlt, gibt es keinen Frieden. Wie kann es ohne Frieden Glückseligkeit geben?"* (Kap. 2/ 66-67)

Die Gita bietet weitere Werkzeuge zur Zähmung des Geistes, wie Meditation, den Yoga der Hingabe und den Yoga der drei *gunas*. Diese werden in den folgenden Kapiteln dargelegt. Das primäre Mittel ist jedoch Karma-Yoga, das im nächsten Kapitel eingehender untersucht wird.

Erleuchtung ist keine Jagd nach Erfahrungen

Kapitel zwei endet damit, dass Arjuna Krishna bittet, die Merkmale einer selbst-verwirklichten Person zu beschreiben. Krishna hat bereits die Essenz der Lehre präsentiert und Karma-Yoga als Mittel zur Reinigung des Geistes vorgeschrieben. Da Arjuna jedoch ein praktischer und pragmatischer Mensch ist, möchte er genau wissen, welchen Nutzen das bringt.

Krishna kommt seiner Bitte nach und malt ein lebhaftes Bild von jemandem, der Moksha erlangt hat und dessen Geist von den Fesseln des Samsara befreit ist. Eine solche Person wird *jnani* („Kenner der Wahrheit") oder *jivan-mukta* („ein*e lebend Befreite*r") genannt.

Es sollte betont werden, dass es bei Moksha nicht darum geht, Erfahrungszuständen hinterherzujagen. Da der menschliche Geist erfahrungshungrig ist und ständig nach erfahrungsmäßigen Höhen strebt, werden viele aufrichtige spirituelle Sucher von dem fehlgeleiteten Glauben gefangen gehalten, dass es bei Erleuchtung darum geht, bestimmte Bewusstseins- oder Erfahrungszustände zu erreichen.

Das ist einer der Nachteile des Yoga-Ansatzes. Yoga stellt die Erleuchtung nur als eine weitere Erfahrung dar, eine bessere Erfahrung – die Erfahrung, mit der alle Erfahrungen enden!

Während der Materialist das Glück durch Manipulation der Objekte in der äußeren Welt sucht, sucht der Yogi das Glück durch Manipulation der Objekte seiner inneren Welt. Beide suchen nach erfahrungsmäßigen Zuständen des Vergnügens und der Freude.

Es ist wichtig, sich daran zu erinnern, dass alle Zustände und Erfahrungen, wie erhaben sie auch sein mögen, immer noch Mithya und, wie ein Traum, letztlich flüchtig und unwirklich sind. Genau wie die Objekte der grobstofflichen Welt ist auch die Welt der feinstofflichen Erfahrung begrenzt und der Zeit unterworfen. Selbst der höchste Zustand geistiger Verzückung kann, wie alle phänomenalen Dinge, niemals von Dauer sein.

Deshalb ist die Jagd nach spirituellen Erfahrungen ebenso wenig ein Mittel zur Erlangung von Befreiung wie die Jagd nach weltlichen Objekten. Sich an spirituelle „Gipfel- und Erleuchtungserfahrungen" zu binden, wird, wie jede Bindung, zu zwanghaftem Verlangen, Leid und Verblendung führen und so den Zyklus von Samsara fortsetzen.

Befreiung muss bedingungslos sein, sonst ist es überhaupt keine Befreiung. Deshalb definieren wir Moksha als Freiheit von der Abhängigkeit von Objekten oder Erfahrungen. In der Mithya-Welt ändern sich deine Erfahrungen von einem Augenblick zum nächsten, doch Moksha ist das feste Wissen, dass du, was auch immer du gerade erfährst, immer vollständig und vollkommen, immer Fülle bist.

Eine weitere Gefahr liegt darin, Erleuchtung zu einem Ideal zu machen. Ein Ideal davon zu schaffen, wie eine erleuchtete Person sein sollte und dann zu versuchen, diesem Ideal gerecht zu werden, wird nicht zur Befreiung führen. Du könntest dich aber in einem raffinierten und „vergeistigten" Selbstkonzept verlieren, einer Art spirituellem Über-Ich. Und wenn es etwas Schlimmeres als ein normales Ego gibt, dann ist es leider ein spirituelles Ego!

Es mag paradox erscheinen, aber Erleuchtung ist nicht etwas, das du dir aneignen oder dir selbst hinzufügen musst. Du kannst nichts **tun**, um frei zu „werden". Vedanta enthüllt, dass du bereits frei bist. Du bist bereits das *Selbst*, unsterblich, ewig und alles durchdringend. Dein Problem ist einfach mangelndes Wissen darüber, wer du bist.

Aus diesem Grund kann nur Wissen dich befreien, indem es die Unwissenheit beseitigt, die dich daran gehindert hat, die Vollständigkeit und Freiheit deiner Natur zu würdigen.

Die *Selbst*-verwirklichte Person

Krishna beschreibt eine *Selbst*-verwirklichte Person nicht, damit wir versuchen sie nachzuahmen oder zu verkörpern, sondern um uns zu bestärken, uns der Reinigung des Geistes und der *Selbst*-Erkenntnis zu verpflichten.

Er stellt fest, dass die *Selbst*-verwirklichte Person „allen Wünschen entsagt, sobald sie im Verstand entstehen". Dies verdeutlicht, dass Erleuchtung nicht irgendein übermenschlicher Zustand ist, in dem alle Gedanken, Wünsche und das Gefühl der Dualität völlig verschwinden. Der Jivan-Mukta besitzt immer noch einen Körper und einen Geist, und für die Dauer seines oder ihres Lebens werden dieser Körper und dieser Geist weiterhin so funktionieren, wie sie geschaffen wurden.

Verlangen kann entsprechend früherer Konditionierungen entstehen. Der Jnani, der Kenner des *Selbst*, ist jedoch für sein Glück nicht mehr von äußeren Faktoren abhängig. Daher ist Verlangen nicht mehr bindend. Es erzwingt nicht automatisch eine Handlung.

Vorbei ist der Zwang, weltlichen Objekten und Vergnügungen hinterherzujagen oder sie sich anzueignen, um sich vollständig zu fühlen. Der Jnani bezieht sein Glück und seine Freude allein aus dem *Selbst*. Warum solltest du weiterhin Liebe und Glück in der sich ständig verändernden und unvorhersehbaren Mithya-Welt suchen, wenn du weißt, dass es in dir eine grenzenlose Quelle der Liebe und des Glücks gibt?

Deshalb sagt Krishna: *„Das weltliche Verlangen endet, wenn ein Mensch die Ganzheit seiner eigenen essentiellen Natur erkennt."* (Kap. 2/ 56-61)

Der Geist des Jnani kennt auch keine Furcht. Furcht ist ein Nebenprodukt der Dualität, das Gefühl, von allem anderen getrennt zu sein. Mit dem Wegfall des Empfindens von Dualität beginnt sich die Angst im Licht der *Selbst*-Erkenntnis aufzulösen.

Der Geist des Jnani bleibt leidenschaftslos, ruhig und stabil. Eine solche Person ist, um einen christlichen Ausspruch zu verwenden, „in dieser Welt, aber nicht von dieser Welt". An diesem Punkt ist Karma-Yoga keine Praxis mehr, sondern eine natürliche Antwort auf die Welt. Der Jnani kann die Dinge von Natur aus unterscheiden und ist nicht an Ergebnisse gebunden. Jnanis nehmen das Gute wie das Schlechte an und schauen nicht mehr nach außen, um sich selbst zu vervollständigen.

Was ist Samsara anderes als eine verzweifelte Verstrickung mit (und emotionale Abhängigkeit von) weltlichen Objekten? Wenn du aufgrund von *Selbst*-Ignoranz nicht weißt, dass Ganzheit deine Natur ist, wird dich dieses Gefühl der Unvollständigkeit dazu zwingen, Erfüllung durch äußere Objekte zu suchen. Befreiung ist die Beseitigung dieses fehlgeleiteten Zwanges.

Spiritueller Selbstmord

Krishna betrachtet Samsara dann noch kurz unter dem Gesichtspunkt der Anhaftung. Das Verweilen auf Sinnesobjekten, sagt er uns, verursacht Anhaftung. Anhaftung führt unweigerlich zu Begehren.

Werbefachleute wissen nur zu gut, dass ein Kind, wenn es ein Spielzeug in der Werbung oft genug sieht, anfängt, dieses Spielzeug haben zu wollen. Mit der richtigen Werbung wird sich das, was als ein kleiner Funke des Begehrens begann, bald zu einer brennenden Flamme entzünden. Wenn alle anderen Kinder mit diesem coolen neuen Spielzeug in der Schule auftauchen, dann möge der Himmel den Eltern beistehen, denn du kannst sicher sein, dass sich dieses Begehren in ein infernalisches Verlangen verwandeln wird.

Verlangen kommt niemals allein. Viele Probleme folgen ihm, sowohl wenn es erfüllt wird, als auch wenn es unerfüllt bleibt. Krishna beleuchtet, was passiert, wenn das Verlangen nicht erfüllt wird.

Wenn deine Wünsche nicht erfüllt werden, wirst du wütend. Wenn du wütend bist, dann fast immer, weil du auf irgendeine Weise nicht bekommst, was du willst. Um auf unser Beispiel zurückzukommen: Das habgierige Kind wird wahrscheinlich einen Wutanfall bekommen, wenn seine Eltern ihm das Spielzeug verwehren.

Wut hat Konsequenzen. Ein durch Wut und Kummer aufgewühlter Geist verliert den Durchblick und die Fähigkeit zur Unterscheidung. Folglich vergisst du deine höhere Natur und deine Werte und Prioritäten geraten durcheinander. Als spiritueller Forscher wird dein Geist zu unruhig, um über die Lehre nachzudenken. Du verlierst das Unterscheidungsvermögen und beginnst vielleicht aus einem Impuls heraus zu handeln, du drückst deinen emotionalen Aufruhr häufig auf dysfunktionale Weise aus und verletzt Dharma auf alle möglichen Arten.

Das ist nichts weniger als spiritueller Selbstmord. Wenn du dich in einer materialistisch- emotionalen Reaktionsspirale verlierst, verstärkt das nur dein Grundgefühl von Mangel und Unvollständigkeit.

Die Kontemplation über das *Selbst* wird unmöglich und die Befreiung unerreichbar. Krishna verwendet die Metapher eines Schiffes, das vom Kurs abkommt, auf See verloren geht und hilflos von den krachenden Wellen Samsaras hin und her geworfen wird.

Die Lösung dieses Problems wird von Krishna in diesem Kapitel immer wieder aufgegriffen: *„Darum, Arjuna, sei Herr deines Geistes und deiner Sinne! Benutze dein Unterscheidungsvermögen und richte deinen Geist auf dein wahres Ziel. Nur die vollständige Kenntnis des Selbst wird dich befreien."* (Kap. 2/ 68)

KAPITEL DREI

Karma-Yoga

1-2. Arjuna sagte: „Aber Krishna, wenn Wissen dem Handeln vorzuziehen ist, warum sagst du mir dann, dass ich diesen schrecklichen Krieg führen soll? Deine scheinbar widersprüchlichen Worte verwirren mich. Sag mir, welches der bessere Weg ist, um Befreiung zu erlangen".

3. Krishna antwortete: „Es gibt zwei Pfade in dieser Welt: den Pfad des Wissens für Entsagende und den Pfad des Karma-Yoga für diejenigen, die in der Welt handeln.

4-5. „Ein Mensch erlangt nicht dadurch Befreiung, indem er sich einfach weigert, eine Handlung auszuführen. So etwas ist in der Tat unmöglich. Niemand ruht auch nur für eine Sekunde, ohne irgendeine Handlung auszuführen. Alle Wesen werden durch die Natur der Existenz und das Zusammenspiel der drei Gunas zur Handlung getrieben.

6-7. „Diejenigen, die sich der Handlung verweigern, deren Geist aber auf Sinnenfreuden und weltlichen Objekten verweilt, sind unaufrichtige und verblendete Suchende. Aber diejenigen, die, nachdem sie ihren Geist und ihre Sinne gemeistert haben, nicht an den Objekten anhaften und mit dem Geist des Karma-Yoga handeln, erlangen Freiheit.

8-9. „Tue deshalb, was zu tun ist, Arjuna. Handeln ist nur notwendig, um den Körper zu erhalten und am Leben zu bleiben. Erfülle deine Pflichten. Handle selbstlos, ohne Bindung an Ergebnisse. Selbstsüchtiges Handeln bindet dich an Karma. Selbstloses Handeln, ohne Gedanken an persönlichen Gewinn, befreit. Die Weisen handeln nicht für sich selbst, sondern als Gabe an das Göttliche.

10-13. „Alle Wesen sind erschaffen worden, und alle ihre Bedürfnisse werden von der Schöpferischen Intelligenz des Lebens erfüllt. Ehre das Leben und gib dieses Geschenk zurück, indem du deine Handlungen heiligst. Indem du deine Pflicht gegenüber dem Leben erfüllst, wirst du gedeihen, wie es die Schriften versprechen. Jeder, der die Früchte des Lebens genießt, ohne eine Gegenleistung zu erbringen, ist ein Dieb. Diejenigen, die essen, nachdem sie dem Herrn die Speise dargebracht haben, werden von den Fesseln befreit, während diejenigen, die die Speise nur für sich selbst zubereiten, nur Schuld auf sich laden.

14. „Lebewesen werden aus Nahrung geboren. Nahrung wird aus Regen geboren. Der Regen selbst wird aus Opfergaben geboren, und Opfergaben werden aus Handlungen geboren.

15. „Jede selbstlose Handlung wird aus Brahman geboren, der unvergänglichen und alles durchdringenden Quelle allen Seins. Daher bedeutet die Beibehaltung dieser Haltung des Gebens, in Harmonie mit dem *Selbst* zu leben.

16. „Diejenigen, denen es nicht gelingt, in Harmonie mit der kosmischen Ordnung zu leben, und die nur leben, um sich dem Sinnesvergnügen hinzugeben, haben ihr Leben verschwendet, Arjuna.

17-18. „Diejenigen aber, die das *Selbst* erkennen und mit dem *Selbst* allein zufrieden sind, genießen ewige Zufriedenheit. Solche Menschen, die die Quelle der Freude und Erfüllung im Inneren gefunden haben, suchen nicht mehr nach Glück oder Gewinn in der äußeren Welt. In sich selbst sicher und von keinerlei Objekten abhängig, haben sie nichts zu gewinnen oder zu verlieren durch irgendeine Handlung.

KAPITEL DREI

19-21. „Darum, Arjuna, tue, was zu tun ist, ohne Bindung, und du wirst das höchste Ziel des Lebens erreichen. Wenn du auf diese Weise handelst, wirst du Befreiung erlangen und andere dazu inspirieren, deinem Beispiel zu folgen.

22-24. „Für Mich gibt es nichts zu tun, Arjuna. Es gibt für Mich nichts zu gewinnen in dieser oder irgendeiner anderen Welt. Ich werde nicht von einem eigenen Bedürfnis getrieben, dennoch handle ich weiter. Wenn ich nicht handeln würde, würden andere meinem Beispiel folgen. Sie würden verwirrt und faul werden und die Gesellschaft würde sich auflösen.

25. „Die Unwissenden, die an den Ergebnissen ihrer Handlungen hängen, arbeiten nur zu ihrem eigenen Vorteil. Die Weisen, ungebunden an die Ergebnisse, arbeiten für das Wohl der Welt, ohne Rücksicht auf egoistische Belange.

26. „Die Weisen sollten die Unwissenden, die an den Ergebnissen ihrer Handlungen festhalten, nicht belehren. Stattdessen sollten sie sie ermutigen, all ihre Handlungen mit Mitgefühl und ohne Bindung an die Ergebnisse auszuführen.

27-28. „Alle Handlungen werden aus den Gunas der materiellen Existenz (*prakriti*) geboren, die Geist, Körper und Sinne beeinflussen. Getäuscht durch die Identifikation mit dem ‚Ich-Empfinden' denkt eine Person fälschlicherweise: ‚Ich bin der Handelnde'. Doch der die Wahrheit Kennende versteht, dass Körper, Geist und Sinne automatisch entsprechend dem Zusammenspiel der Gunas handeln.

29. „Vom Spiel der Prakriti getäuscht, identifizieren sich die Unwissenden mit dem Körper-Geist-Sinnes-Komplex und seinen Handlungen und werden an ihn gebunden. Diejenigen, die diese Wahrheit verstehen, sollten den Verstand der Unwissenden nicht verwirren.

30. „Widme alle Handlungen Mir und führe diesen Kampf (handle) mit einem unterscheidungsfähigen Geist, ohne jegliche Erwartungen, ohne ein Gefühl von ‚Mein', ohne Angst oder Frustration!

31. „Diejenigen, die dieser, meiner Lehre beständig und ohne Zweifel folgen, werden von ihrer Bindung an Handlungen und deren Ergebnisse befreit. Sie werden Befreiung erlangen.

32. „Diejenigen jedoch, die versuchen, Fehler an der Lehre zu finden, und die Meiner Vision nicht folgen, die getäuscht und ohne Unterscheidungsfähigkeit sind, werden keinen Fortschritt erzielen und selbst die Ursache ihres eigenen Leidens bleiben.

33. „Auch ein weiser Mensch muss in Übereinstimmung mit seiner eigenen Natur handeln. Da alle Wesen automatisch ihrer eigenen Natur folgen, was nützt es, sie kontrollieren zu wollen?

34. „Der Verstand und die Sinne sind darauf konditioniert, auf Sinnesobjekte mit Anziehung und Abneigung zu reagieren. Diese bindenden Zwänge müssen überwunden werden, denn sie behindern den Weg zur Freiheit.

35. „Es ist besser, den eigenen Dharma unvollkommen auszuführen, als im Dharma eines anderen erfolgreich zu sein. Ein Leben, das man damit verbringt, dem Dharma eines anderen zu folgen, führt nur zu Frustration und ist gefährlich."

36, Hier wagt Arjuna eine Frage. „Krishna, was treibt einen Menschen dazu, aus niederen Beweggründen selbsterniedrigende Handlungen zu begehen, obwohl er weiß, dass es falsch ist?"

37-39. Krishna antwortete: „Begierde ist dafür verantwortlich, und diese ruft Wut hervor. Aus *rajo-guna* geboren, ist diese unaufhörliche Gier und Anhaftung ein hartnäckiger Feind. So wie Feuer vom Rauch verdeckt wird, ein Spiegel von Staub bedeckt ist und ein Fötus im Mutterleib verborgen liegt, so wird das Wissen durch dieses bindende Verlangen verdunkelt. Das unersättliche Feuer der Begierde ist der ständige Feind der Weisen, Arjuna.

40-41. „Selbstsüchtiges Begehren manifestiert sich in den Sinnen, im Verstand und im Intellekt und macht blind für die Weisheit. Deshalb, Arjuna, hüte deine Sinne und besiege diesen inneren Feind, den Zerstörer von Wissen und Weisheit.

42-43 „Es heißt, dass die Sinnesorgane subtiler seien als der Körper, der Verstand subtiler als die Sinnesorgane und der Intellekt subtiler als der Verstand. Das subtilste von allen ist das *Selbst*. Wenn du das *Selbst* als das Höchste erkennst, beruhigst du deinen Geist und tötest den verborgenen Feind des egoistischen Verlangens."

KOMMENTAR KAPITEL DREI

Das dritte Kapitel beginnt mit einer Verwirrung. Krishna hatte Arjuna zuvor gesagt, dass nur Wissen das Leiden von Samsara beenden kann. Dann fährt er aber damit fort, den Pfad von Karma oder Handlung zu beschreiben. Wenn nur Wissen zur Befreiung führt, warum dann all das Gerede vom Handeln?

In Arjunas Denken schließen der Pfad des Wissens und der Pfad des Handelns einander aus und sind verschieden. Er denkt, dass man nur entweder das eine oder das andere machen könne. Entweder du bist aktiv an weltlichen Angelegenheiten beteiligt, oder du entsagst der Welt ganz und gar und wirst ein Asket.

Jetzt, am Rande einer bevorstehenden schrecklichen Schlacht, neigt Arjuna dazu, letzteres zu bevorzugen. Er befindet sich in einer düsteren Situation und sucht nach einem Ausweg. Deshalb scheint ihm plötzlich der Weg der Entsagung attraktiv zu sein.

Die vier Lebensphasen

Um Arjunas Verwirrung zu verstehen, ist es hilfreich, etwas über das vedische *ashrama*-System zu wissen. Die Veden umreißen vier spezifische Lebensphasen, jede mit einem bestimmten Schwerpunkt und Pflichten: die Stufe des Schülers und Studenten, die Stufe des Haushälters, die Stufe des Asketen oder des Rückzugs und schließlich die Stufe des Entsagenden.

Die erste Phase umfasst die ersten fünfundzwanzig Lebensjahre einer Person. Als *brahmacharyi* durchläuft der Student eine formale Ausbildung, die ihn auf seinen zukünftigen Beruf vorbereitet. Für manche bedeutet dies auch, mit einem Guru zu leben, um spirituelles Wissen zu erlangen.

Die zweite Stufe ist die Stufe des Haushälters (*grihastha*). Die Person ist gereift und es wird von ihr erwartet, einen Arbeitsplatz zu haben, einen Beitrag zur Gesellschaft zu leisten, zu heiraten und eine Familie zu gründen. Das Streben nach Wohlstand (Artha), Vergnügen (Kama) und Tugend (Dharma) stehen weitgehend im Mittelpunkt dieser Lebensphase.

Die Phase des Haushälters findet ihren natürlichen Abschluss, wenn die Kinder erwachsen geworden sind und ein eigenes Leben und eine eigene Familie gegründet haben. Zu diesem Zeitpunkt zieht sich das Individuum aus dem beruflichen und sozialen Leben zurück und tritt in das *vanaprastha*-Stadium ein. Man kann verheiratet bleiben, aber die Ehepartner werden nun eher als Freund denn als Liebhaber gesehen. Historisch gesehen wurde von einem Ruheständler erwartet, dass er sein Haus verlässt und im Wald lebt, um seine Zeit in Einsamkeit, Gebet und Kontemplation zu verbringen. Diese Phase, in der sich der Schwerpunkt von weltlichen Errungenschaften auf spirituelle Erkenntnis verlagert, führt zum letzten Ashrama: dem Stadium der Entsagung oder *sannyasa*-Stadium.

Der *sannyasi* widmet sich voll und ganz dem Streben nach *Selbst*-Erkenntnis und Moksha. Entsagung ist nicht mehr vorübergehend, sondern absolut. Sannyasis haben kein Zuhause, keinen Besitz und keine familiären Pflichten, Bindungen oder soziale Verpflichtungen. Sie rasieren sich die Haare und tragen nur ihre orangefarbene Kleidung. Sie leben als wandernde Asketen und widmen ihre ganze Aufmerksamkeit der *Selbst*-Erkenntnis.

Heutzutage treten nur noch wenige Menschen in die beiden letztgenannten Phasen ein. Verzicht hat nur wenig Reiz und wird in den meisten modernen Gesellschaften nicht mehr als erstrebenswerter Lebensweg angesehen. Die Schriften sind jedoch dahingehend eindeutig, dass alle menschlichen Errungenschaften in Moksha gipfeln sollten. Jedes Leben, das nicht zur *Selbst*-Erkenntnis führt, ist ein unvollständiges Leben.

In der indischen Gesellschaft kann ein Mensch unter Umständen die mittleren beiden Phasen überspringen und direkt in die Sannyasa-Phase eintreten und den Rest seines Lebens den weltlichen Dingen entsagen. Diese Option spricht nur diejenigen an, die einen intensiven Durst nach spirituellem Wissen und wenig Interesse am weltlichen Leben haben. Solche Sannyasis sind nicht in weltliche Angelegenheiten verwickelt. Sie haben keine Pflichten, keine Familien, keine Verantwortung und keinen Antrieb, Karma zu verfolgen.

Angesichts seiner schrecklichen Notlage ist es vielleicht keine Überraschung, dass Arjuna plötzlich ein Interesse daran hat, seine Pflichten aufzugeben und ein Leben der Entsagung zu führen. Er erkennt nicht, dass Wissen und Handeln nicht im Widerspruch zueinander stehen. Im Idealfall führt der Weg des Handelns schließlich zum Weg des Wissens und kann dazu benutzt werden, den Geist auf dieses Wissen vorzubereiten. Daher ist das ultimative Ziel beider dasselbe: Moksha.

Es gibt keine Abkürzungen

Krishna warnt uns, denn auf Handlungen zu verzichten, macht uns weder zu Sannyasis, noch führt es uns zur Befreiung. Wenn der Verstand nicht entsprechend vorbereitet ist, wird ein Leben der Entsagung nur zu Elend führen. Schlussendlich ist eine äußere Loslösung ohne eine entsprechende innere Loslösung nicht möglich.

Du kannst sicherlich versuchen, dich von der Welt zu isolieren. Du könntest sogar deine Habseligkeiten verkaufen und in einer Höhle im Himalaja leben. Aber solange dein Geist immer noch an Objekten hängt, wird deine Meditation nicht auf das *Selbst* gerichtet sein. Sie wird sich auf das konzentrieren, was du glaubst, in der Welt zu verpassen. Du wirst dich weiterhin fragen, was deine alten Freunde tun, und wie das Leben hätte sein können, wenn du eine Familie und weltlichen Erfolg gehabt hättest. Sei versichert, dein Verstand wird dich gnadenlos mit einer endlosen Flut von Zweifeln, Missgunst und Bedauern verschlingen.

Es gilt, was Krishna im zweiten Kapitel erklärt: Je mehr dein Geist auf einem bestimmten Objekt verweilt, desto mehr willst du es. Verlangen und Anhaftung, ob erfüllt oder unerfüllt, schaffen weitere Fesseln in Form von Wut, Depression, Gier oder Neid. Solche Eigenschaften führen zu Verblendung und machen den Geist unfähig zur *Selbst*-Erforschung.

Wie der Heilige Sri Ramakrishna zu sagen pflegte, ist das größte Hindernis für Erleuchtung die Anhaftung an „Frauen und Gold", also an Beziehungen und Geld. Es hat jedoch keinen Sinn, seine Wünsche und Zwänge einfach zu unterdrücken. Was immer unterdrückt wird, muss schließlich wieder an die Oberfläche zurückkehren, meist in verstärkter Form. Die einzige Lösung besteht darin, diese Wünsche durch Erforschung und Leidenschaftslosigkeit zu sublimieren, und das geht nur mit entsprechender Reife.

Krishna weiß, dass Arjuna für ein Leben der Entsagung ungeeignet ist. Der Pandava-Fürst sucht nach einem einfachen Ausweg, aber Pflichtversäumnis ist nicht die richtige Antwort. Der Weg des Verzichts funktioniert nur für jemanden mit einem leidenschaftslosen und kontemplativen Temperament, jemanden, der seine bindenden Wünsche und Anhaftungen gemeistert hat. Das setzt einen objektiven und reifen Geist voraus, und ein solcher Geist muss kultiviert werden.

Das Problem von Vorlieben und Abneigungen

Swami Dayananda meint, dass „die objektive Welt keine Probleme für dich verursacht. Die Probleme werden von einem Geist verursacht, der von Vorlieben und Abneigungen beherrscht wird".

Wie wir festgestellt haben, wird der samsarische Geist von einem Gefühl des Mangels und der Unzulänglichkeit angetrieben. Aufgrund von *Selbst*-Ignoranz hältst du dich für ein begrenztes Körper-Geist-Wesen. Dies verursacht ein tiefes Gefühl der existentiellen Begrenzung. Unfähig in dir selbst Vollkommenheit zu erfahren, suchst du sie stattdessen in der Welt der Objekte. Du stellst dir vor, dass du dann endlich dauerhaftes Glück erfahren würdest, wenn du die äußere Welt so gestalten könntest, wie du sie haben willst. Das ist die grundlegende Täuschung des menschlichen Geistes.

Aus diesem grundlegenden Gefühl des Mangels entsteht Verlangen. Du kannst immer nur das begehren, was dir zu fehlen scheint, sonst wäre das Begehren sinnlos. Während deines Heranwachsens, erwirbt der Verstand eine Vielzahl von Vorlieben und Abneigungen. Diese existieren in zwei Varianten: bindende und nicht-bindende.

Eine nicht-bindende Vorliebe oder Abneigung ist eher eine Präferenz als ein Zwang. Du ziehst vielleicht Schokoladeneis Vanilleeis oder Tee Kaffee vor. Du ziehst vielleicht ein Paar Schuhe einem anderen vor. Aber im Allgemeinen verursachen nicht-bindende Vorlieben und Abneigungen kein psychisches Problem. Du wirst zum Beispiel nicht gelähmt sein vor Kummer, wenn kein Schokoladeneis im Gefrierschrank liegt.

Wenn die Gita das Problem der Vorlieben und Abneigungen anspricht, bezieht sie sich nicht auf die nicht-bindende Form. Selbst Krishna hatte bestimmte Neigungen und Präferenzen, wie z. B. das Flötenspiel.

Bindende Vorlieben und Abneigungen sind der wahre Feind. Diese tief verwurzelten Zwänge treiben die gesamte Psyche eines Menschen an. All seine Handlungen und Reaktionen, sein Verhalten, seine Ziele, seine Überzeugungen und Vorurteile werden von diesen Vorlieben und Abneigungen bestimmt. Das Leben wird zu etwas, bei dem du versuchst, die äußeren Umstände mit deinem Gefühl von „wollen" und „nicht wollen" in Einklang zu bringen.

Ein solcher Verstand ist unfähig, objektiv zu sehen. Dementsprechend bewohnen wir alle, was Swami Dayananda unsere eigene „private Welt der Fantasie und Einbildung" nennt.

Die Welt wurde nicht erschaffen, um Dich glücklich zu machen

Wenn das Leben von Begierde und Abneigung bestimmt wird, ist das Glück immer ungewiss, denn es hängt von der erfolgreichen Erfüllung dieser Begierden ab.

Der Glaube, dass die Welt dazu da ist, dich glücklich zu machen, ist vielleicht die größte aller menschlichen Täuschungen. „Dich glücklich zu machen" bedeutet im Wesentlichen, dass die Welt sich deinen Wünschen anpassen sollte. Du versuchst die objektive Welt dazu zu zwingen, sich deinem subjektiven Ideal anzupassen.

Unzufriedenheit mit sich selbst und das Bedürfnis, mir etwas anzueignen und etwas zu erreichen, ist der Kern des samsarischen Geistes.

Vedanta enthüllt, dass Glück nicht im Erfüllen von Wünschen liegt. Glück ist die Abwesenheit von Begehren und Begehren selbst ist eine Manifestation von Mangel und Begrenzung.

Über die problematische Natur des Begehrens sagt Swami Dayananda:

> Wünsche erzeugen weitere Wünsche. Es liegt in der Natur des Begehrens, sich zu vermehren. So wie ein Feuer, das eine schwarze Spur verbrannter Erde hinterlässt, niemals sagt: „Genug! Gib mir keinen Brennstoff mehr! Ich habe schon genügend Häuser abgebrannt", so wird sich auch Begehren nie beklagen.

Ob erfüllt oder unerfüllt, Verlangen erzeugt weiteres Verlangen. Es liegt in der Natur des Lebens, dass deine Wünsche nicht immer erfüllt werden können: mal gewinnst du, mal verlierst du.

Wenn du nicht bekommst, was du willst, führt das zu Wut und Depressionen, was zu Verblendung und einer Beeinträchtigung von Geist und Intellekt führt. Da du nicht in der Lage bist, zu unterscheiden, und gleichzeitig unter der Herrschaft deiner Wünsche und Abneigungen stehst, siehst du dich vielleicht gezwungen, Handlungen auszuführen, die nicht immer im Einklang mit dem Dharma stehen.

Die Gita macht deutlich, dass Handlungen immer von Dharma und nicht von unseren persönlichen Vorlieben und Abneigungen bestimmt werden sollten. Vorlieben und Abneigungen sind nicht nur subjektiv und individuell, sondern auch unbeständig. Meistens wissen wir nicht einmal, was wir wollen. Oder was wir wollen, ändert sich je nach unserer Stimmung ständig.

Ein von Vorlieben und Abneigungen getriebener Geist, macht uns nicht nur für Adharma anfällig, sondern neigt auch zu Rastlosigkeit und Verzweiflung. Für einen solchen Geist ist Moksha unerreichbar, und als Folge wird ein ganzes Leben damit verschwendet, Schatten hinterher zu jagen.

Deshalb brauchen wir eine Möglichkeit, den Geist zu managen, damit wir nicht für immer sein Sklave bleiben.

Die Lösung ist Karma-Yoga

Wie wir im vorigen Kapitel gelernt haben, neutralisiert die stetige Anwendung von Karma-Yoga die bindenden Vorlieben und Abneigungen des Geistes und kultiviert einen ruhigen, beständigen Geist, wie er für die Verinnerlichung von *Selbst*-Erkenntnis notwendig ist.

Wie Krishna in Kap. 3. Vers 4 sagt: *„Ein Mensch erlangt nicht dadurch Befreiung, dass er sich einfach weigert, eine Handlung auszuführen. So etwas ist in der Tat unmöglich. Niemand ruht* *auch nur für eine Sekunde, ohne irgendeine Handlung auszuführen."*

Mit anderen Worten, das Leben ist Karma bzw. Handlung. Jedes Wesen hat eine ihm innewohnende Natur, die durch die drei Gunas bzw. Eigenschaften der Materie bestimmt wird (ein Thema, das in späteren Kapiteln eingehend behandelt wird). Es ist nicht möglich, sich dem Handeln zu entziehen. Die eigene Natur eines Menschen wird ihn zum Handeln zwingen, ob er will oder nicht.

Ein kürzlich durchgeführtes psychologisches Experiment ergab, dass die Teilnehmer sich lieber selbst Elektroschocks verabreichen, als allein in einem Raum zu sitzen und nichts zu tun. Der Druck ihrer Vasanas und psychische Zwänge machten es ihnen unmöglich, ruhig zu sitzen und nichts zu tun, ohne dabei erhebliches Unbehagen zu empfinden.

Da es uns unmöglich ist, uns dem Handeln zu entziehen, sollten unsere Handlungen zumindest in Einklang mit Dharma stehen und mit der richtigen Haltung erfolgen. Wie Swami Paramarthananda es ausdrückt, wird Arjuna deshalb empfohlen:

> Begebe dich auf den Weg des aktiven Dienens und trage zur Gesellschaft bei. Verfeinere dabei den Geist und entferne die schroffen Kanten der Persönlichkeit. So wie ein Messer auf einer rauen Oberfläche geschliffen wird, wird der Geist nur im rauen Leben reif und vorbereitet.

Karma-Yoga ist das Mittel dazu.

Eine beitragende Haltung

Beim Karma-Yoga kommen zwei Faktoren ins Spiel. Der erste ist die Handlung, und der zweite ist die Haltung, die man gegenüber der Handlung einnimmt.

Handlung sollte immer von Dharma bestimmt werden. Unser primäres Ziel ist nicht einfach zu tun, was wir wollen, sondern zu tun, was richtig ist.

Traurigerweise leben wir in einer Kultur, die eher auf Verlangen als auf Dharma gründet. Es ist nicht zu übersehen, dass unser materialistisches, egoistisches, ständig nach Neuem verlangendes Verhalten das gesamte soziale und ökologische System in Gefahr bringt. Vor allem persönliche Gier lässt die Menschheit heute so leben, als wäre sie die letzte Generation auf dem Planeten und gefährdet damit die Welt, von der wir und künftige Generationen abhängen.

Anstatt aus einer ausbeutenden Haltung heraus zu leben, bei der wir ständig versuchen, mehr aus dem Leben herauszuholen, spornt uns Karma-Yoga an, eine beitragende, umweltgerechte Haltung einzunehmen.

Das Leben schuldet uns nichts. Es hat uns bereits alles gegeben – alles, was wir haben, und alles, was wir jemals brauchen könnten. Wenn man ein Geschenk erhält, ist es ganz natürlich, sich zu revanchieren, indem man etwas als Gegenleistung anbietet.

Deshalb ist es angemessen, mit einer Haltung von Wertschätzung zu leben und mit dem Wunsch, der Welt mehr zu geben, als von ihr zu nehmen. Auf diese Weise wird unser Leben zu hingebungsvollem Dienen, zu einem Ausdruck von Dankbarkeit und Verehrung. Der Schwerpunkt unseres Lebens verlagert sich vom Nehmen zum Geben.

Von persönlichem Verlangen motiviertes Handeln wird immer von Angst erfüllt sein, weil unser Glück vom Erreichen bestimmter Ergebnisse abhängt. Auf der anderen Seite sind Handlungen, die dem Dharma entsprechend ausgeführt werden, frei von Zwang. Jede Handlung hat ihren eigenen Zweck, und die Angst vor den Ergebnissen und das Bedürfnis „etwas zurückzubekommen" verschwindet. Vedanta nennt dies *samatvam*, d.h. Ausgeglichenheit des Geistes.

Ein pragmatischer Ansatz

Eines der großen Probleme im Leben besteht darin, dass wir zwar die Wahl bezüglich unserer Handlungen haben, aber kein Mitspracherecht, was die Resultate dieser Handlungen betrifft.

Es stimmt, dass du bis zu einem gewissen Grad vorhersagen kannst, wie die Ergebnisse wahrscheinlich ausfallen werden. Wenn du regelmäßig ins Fitnessstudio gehst und schwere Gewichte hebst, kannst du mit Sicherheit davon ausgehen, dass du Muskeln aufbauen wirst. Ursache und Wirkung ist jedoch nicht immer so einfach wie $a^2 + b^2 = c^2$. Bei der Bestimmung des Ergebnisses einer Handlung spielen unendlich viele wahrnehmbare als auch nicht wahrnehmbare Faktoren eine Rolle.

Du hast vielleicht ein Auge auf einen netten Mann oder eine Frau aus dem Büro geworfen. Diese oder dieser hat aber vielleicht ihre/ seine Aufmerksamkeit auf jemand anderen gerichtet. Auch die anderen sind ihren eigenen persönlichen Vorlieben und Abneigungen unterworfen, ein weiterer bedeutender Faktor, über den du keine Kontrolle hast.

Wenn du nicht bekommst, was du willst, machst du dir vielleicht Vorwürfe und siehst dich als Versager. Da das Ergebnis jedoch nie in deinen Händen lag, ist jede Vorstellung von Versagen unangebracht. Die Ergebnisse wurden durch ein unveränderliches, von *Ishvara* gelenktes, universelles Gesetzeswerk bestimmt und geliefert. Das werden wir in Kürze untersuchen.

Auf einer Ebene ist Karma-Yoga einfach ein pragmatischer Ansatz für den Umgang mit dem Leben. Du unternimmst immer noch Handlungen mit dem Wunsch, ein bestimmtes Ergebnis zu erreichen. Denn wenn es keinen Wunsch nach einem Ergebnis gäbe, würdest du die Handlung gar nicht erst ausführen. Aber du erkennst an, dass du keine Kontrolle über dieses Ergebnis hast. Deine Aufgabe ist es, den Pfeil mit der dir zur Verfügung stehenden, größtmöglichen Zielgenauigkeit abzuschießen. Ob er das Ziel trifft oder nicht, hängt dann von Faktoren ab, die sich deiner Kontrolle entziehen.

An diesem Punkt könnte Stress aufkommen. Aber sich über die Resultate von Handlungen Sorgen zu machen, ist Energieverschwendung und erzeugt nichts als geistige und emotionale Unruhe. Die Ergebnisse liegen nun bei Ishvara, dem Herrscher über das Feld der Existenz.

Als Karma-Yogi akzeptierst du jedes Ergebnis, unabhängig von deinen persönlichen Vorlieben. Du empfängst die Früchte aller Handlungen als Prasada, als göttlichen Segen. Die Reaktion des Karma-Yogis ist immer die des dankbaren Annehmens. Wenn der Pfeil sein Ziel nicht trifft, kannst du davon ausgehen, dass er nicht dazu bestimmt war, sein Ziel zu treffen. Wäre es anders, hätte er es getan. Das bedeutet aber nicht unbedingt, dass du es nicht noch einmal versuchen solltest. Der Karma-Yogi ist nicht fatalistisch. Du tust immer noch deine Pflicht und folgst deinem Dharma, aber du akzeptierst alle Ergebnisse ohne übermäßigen Stress und Widerstand.

Das mag ein schwieriges Unterfangen für jemanden sein, in dem die Vorlieben und Abneigungen noch tief verwurzelt sind. Wenn du jedoch jedes Ergebnis als angemessen akzeptierst, auch wenn es nicht das beabsichtigte war, neutralisierst du die Vorlieben und Abneigungen des Geistes und beginnst, einen friedlichen, ausgeglichenen Geist zu kultivieren. Das ist das Hauptziel von Karma-Yoga.

Wer hat die Welt erschaffen?

Damit Karma-Yoga funktionieren kann, ist es notwendig, das zu verstehen, was wir Ishvara nennen. Denn wenn von dir erwartet wird, dass du die Ergebnisse deiner Handlungen aufgibst und alles, was kommt, als angemessen zu akzeptieren, musst du wissen, dass es eine dem Kosmos zugrunde liegende Ordnung gibt. Zu glauben, Leben sei willkürlicher Zufall und das Universum ein ungeordnetes Chaos, ist ein großes Hindernis für *Selbst*-Erkenntnis.

Im vorherigen Kapitel haben wir durch systematische Analyse festgestellt, dass du als das *Selbst* weder der Körper, noch der Verstand, die Sinne oder das Ego bist. Dies sind alles Objekte, die zur phänomenalen Welt aus Materie und Form gehören.

Das *Selbst* ist das Noumenon an der Wurzel aller Phänomene: eine ewige, unveränderliche Grundsubstanz der Existenz und seine Natur ist reines, bedingungsloses Gewahrsein/ Bewusstsein.

Das *Selbst* allein ist Satya, real, und die phänomenale Welt der Objekte ist Mithya, scheinbar real.

Alles, was objektivierbar ist, einschließlich deines Körpers, deiner Gedanken, der Außenwelt und des gesamten Universums, ist nur eine Erscheinung in der Grundsubstanz des Gewahrseins. Es hängt für seine Existenz vom *Selbst* ab, so wie ein Tonkrug vom Ton abhängt, aus dem er geformt wird.

Dann stellt sich jedoch eine wichtige Frage: Wenn ich das *Selbst* bin und das gesamte Universum in mir erscheint, wer ist dann für seine Entstehung verantwortlich?

Die Sterne, die Planeten, Bäume, Flüsse, Tiere und Menschen habe gewiss nicht ich erschaffen. Ich bin nicht verantwortlich für die Gesetze, die das Universum regieren: die Zyklen von Geburt und Tod, Schöpfung und Auflösung, Schwerkraft, Sauerstoff, Atmung.

Als Jiva, als Mensch, hatte ich eindeutig nichts damit zu tun – ich kann ja gerade mal die Batterien meiner Fernbedienung wechseln! Als *Selbst*, reines nicht-duales Gewahrsein, kann ich auch nicht meine Hand im Spiel gehabt haben. Das *Selbst*, grenzenlos und jenseits von Zeit und Verursachung, ist *akarta* – nicht handelnd. Es ist unfähig zu handeln, weil es nichts anderes als es gibt.

Woher kommt also diese Schöpfung? Wer oder was ist für dieses riesige, intelligente, miteinander verbundene Universum von Form und Erfahrung verantwortlich?

Der Gottesbegriff

Damit etwas existieren kann, muss es ein schöpferisches Prinzip mit dem Wissen, der Macht und dem Baustoff geben, es zu erschaffen.

Wenn ich dir meine Uhr zeige und dich frage: „Glaubst du, dass jemand diese Uhr gemacht hat?", müsstest du mit „Ja" antworten. Du hast nicht gesehen, wie der Uhrmacher die Uhr hergestellt hat. Du weißt nichts über ihn, weder sein Alter, noch wo er wohnt, oder wie er aussieht – nicht einmal, ob es ein Mann oder eine Frau war. Aber das ändert nichts an der Tatsache, dass der Uhrmacher eindeutig existiert haben muss. Es gibt keine Wirkung ohne Ursache. Allein die Tatsache, dass die Uhr existiert, setzt einen Schöpfer der Uhr voraus.

Dieselbe Logik gilt für die Welt. Die Welt existiert eindeutig, und die bloße Existenz einer Sache setzt ein schöpferisches Prinzip voraus.

Nun wird natürlich kein vernunftbegabtes Wesen auf der Erde den Anspruch erheben, ihr Schöpfer zu sein. Hier kommt die Idee von Gott ins Spiel. Viele Religionen behaupten, dass Gott der Schöpfer des Universums ist, dass er im Himmel lebt und nur durch Glauben erkannt werden kann. Diese Vorstellung wird von den meisten religiösen Menschen akzeptiert.

Für einen Forscher mit einem hinterfragenden Geist ist dies jedoch eine unzureichende Erklärung. Zunächst einmal wirft sie mehr Fragen auf, als sie beantwortet. Woher kommt dieser „Gott"? Gibt es eine Frau Gott? Wo ist der Himmel, wie hat Er die Welt geschaffen und was tut Er an Seinen freien Tagen?

Dementsprechend neigen diejenigen, die diese Idee unbefriedigend finden, dazu, den Gottesbegriff gänzlich abzulehnen. Deshalb ist das Thema Gott für viele Menschen, vor allem im Westen, ein heikles Thema. Das Wort „Gott" wurde von Religionen so viele Jahrhunderte missbraucht, dass viele es abstoßend finden.

Beim Versuch, das Wesen des Kosmos und seiner Schöpfung zu erklären, reicht blinder Glaube an eine theologische Lehre nicht aus. Eine der Haupt-Qualifikationen im Vedanta ist ein klarer, zur Unterscheidung fähiger Geist. Ein gewisses Maß an Glauben ist notwendig, aber das ist kein blinder Glaube. Glaube ist solange wichtig, bis das Ergebnis deiner eigenen Überprüfung vorliegt.

Sowohl Religion als auch Wissenschaft haben ihre Grenzen

Wir leben in einem wissenschaftlichen Zeitalter, in welchem die Naturwissenschaften uns geholfen haben, die Welt um uns herum in großer Tiefe zu verstehen. Wie alles hat sie jedoch ihre Grenzen.

Jahrzehntelang haben die brillantesten Wissenschaftler auf diesem Planeten darum gekämpft, eine „Theorie von Allem" zu entwickeln, einen Weg, alle Aspekte der Schöpfung zu verstehen. Doch leider wird deren Reichweite ihr Verständnis immer übersteigen.

Die Naturwissenschaft ist ein Erkenntnismittel zum Verständnis der physikalischen Welt, das auf Beobachtung und Schlussfolgerungen beruht. Sie ist jedoch kein Erkenntnismittel für etwas, das über den materiellen Aspekt der Existenz hinausgeht, was im Vedanta Prakriti genannt wird. Auch heute noch hat die Wissenschaft kein Verständnis von Bewusstsein/ Gewahrsein und kann nichts anderes anbieten als konkurrierende Theorien, die nur auf Annahmen beruhen.

Ein Erkenntnismittel ist immer spezifisch für ein bestimmtes Wissen. Zum Beispiel sind deine Augen nur ein Erkenntnismittel für visuelle Objekte. Du kannst deine Augen nicht nutzen, um Klang, Berührung oder Geschmack zu erkennen. Es wäre jedoch falsch anzunehmen, es gäbe einen gewissen Geruch nicht, nur weil deine Augen einen Gegenstand nicht riechen können und deine Nase verstopft ist.

In ähnlicher Weise ist die Wissenschaft ein gültiges Erkenntnismittel für das Physische und Manifeste, aber nicht für das Nicht-Physische und Nicht-Manifeste. Probleme entstehen, wenn die Wissenschaft in Wissenschaftlichkeit verfällt und behauptet, dass wenn etwas nicht durch unser gegenwärtiges wissenschaftliches Paradigma quantifiziert werden kann, es nicht existiert. Solch eine ironischerweise unwissenschaftliche Behauptung kann ein großes Hindernis für Erkenntnis sein.

Während Wissenschaft ihrer Natur nach nicht über das Phänomenale hinausgehen kann, bieten die meisten Religionen nichts anderes als leere und oft verzerrte Dogmen an, indem sie subjektive Symbole mit objektiven Fakten verwechseln.

Enttäuscht von der Unzulänglichkeit konventioneller Religion und der Unfähigkeit der Wissenschaft, sich mit etwas anderem als dem materiellen Aspekt der Existenz zu befassen, lehnen viele Menschen die Existenz Gottes gänzlich ab.

Glücklicherweise bietet Vedanta ein anderes, besseres und ganz und gar logisches Verständnis von Gott. Vedanta ist ein Mittel der Erkenntnis zum Verständnis der Gesamtheit der Schöpfung, sowohl des Phänomenalen als auch des Noumenalen, der manifesten Wirkung und der unsichtbaren Ursache.

Vedanta zufolge ist jede Debatte über die Existenz Gottes abwegig. Warum ist das so? Weil Gott alles ist, was existiert.

Die Welt erscheint in Dir

Das *Selbst*, formloses Gewahrsein, ist das Einzige, was tatsächlich existiert. Es ist Satya, der wirkliche Urgrund der Existenz. Ewig und nicht an Zeit gebunden, ist das *Selbst* nicht-dual. Es ist ein ungeteiltes Ganzes, das von nichts in der phänomenalen Welt beeinflusst wird.

Weil wir uns für den Körper halten und dieser Körper an einem bestimmten Ort und zu einer bestimmten Zeit geboren wird, nehmen wir intuitiv und mit unserem gesunden Menschenverstand an, dass wir in der Welt erscheinen. Aber wenn du deine Erfahrung genau untersuchst, wirst du erkennen, dass die Welt in Wirklichkeit in dir erscheint. Der einzige Ort, an dem du die Welt je erfahren kannst, ist dein Gewahrsein.

Gewahrsein ist deine Trägersubstanz der Wirklichkeit, dein Medium, um die Welt zu erfahren. Du wirst niemals etwas außerhalb von Gewahrsein erfahren. Alles, was du siehst und wahrnimmst, erscheint in diesem Gewahrsein – in dir, dem *Selbst*.

Dieses *Selbst* durchdringt alles, ist formlos und nicht-dual. Der Fachausdruck dafür ist *Nirguna Brahman*, was „das *Selbst* ohne Form oder Eigenschaften" bedeutet. Es ist das ewige Subjekt, die unveränderliche Grundsubstanz, aus der alle Objekte entstehen und in die sie sich auflösen.

Damit etwas gekannt werden kann, muss es ein unveränderliches Prinzip geben, durch das alles erfahren wird. Die Erfahrung ändert sich ständig, aber der Wissende der Erfahrung, das *Selbst*, bleibt unverändert. Wenn es sich ändern und sich jeder neuen Erfahrung anpassen würde, gäbe es keine Kontinuität zwischen den Erfahrungen.

Die ganze Formen-Welt ist nichts anderes als eine Erscheinung im *Selbst*. Sie erscheint kraft eines schöpferischen Prinzips namens *maya*. Maya verursacht eine scheinbare Subjekt-Objekt-

Spaltung und schafft aus der Nicht-Dualität eine Welt der Dualität.

Maya ist die Kraft, die nicht-handelndes, formloses, nicht-duales Gewahrsein scheinbar als ein ganzes Universum von grobstofflichen und feinstofflichen Formen erscheinen lässt. Avidya, *Selbst*-Ignoranz, bzw. die Unwissenheit über das *Selbst*, bewirkt dann, dass sich Gewahrsein mit diesen Formen identifiziert und so hältst du deinen Körper und Geist für dein Selbst.

Genau wie ein Traum

Diese Welt der Vielfalt wird in Gewahrsein genau so projiziert, wie die Traumwelt im Geist eines Träumers erscheint.

Wenn du nachts träumst, woher kommt dann diese Traumwelt? Du selbst hast sie nicht erschaffen. Eine Kraft in deinem Geist erzeugt den Traumzustand, und dein Bewusstsein scheint verschiedene Formen, Gestalten und Erfahrungen anzunehmen. Weder wirklich noch unwirklich gehört die Traumwelt einer anderen Realität an, als deine Welt im Wachzustand.

Deine Träume können dich auf die unglaublichsten Reisen mitnehmen. Du kannst allen möglichen wundersamen und schrecklichen Dingen begegnen und alle erdenklichen Emotionen erleben. Erst wenn du aufwachst, wird dir klar, dass der ganze Traum nur eine Erscheinung in deinem Bewusstsein war. Dein Geist diente sowohl als Ursache als auch als Wirkung des Traums, sowie als dessen Inhalt und eigentliche Substanz.

Wenn du träumst, welcher Teil des Traums ist dein Bewusstsein? Welcher Teil davon bist du?

Eigentlich durchdringt dein Bewusstsein den gesamten Traum. Der Traum erscheint in dir – und ist du – aber du bist nicht der Traum. Du bestehst abseits davon. Wenn du aufwachst, verschwindet der Traum, aber du bist immer noch da.

Auf die gleiche Weise erscheint dieses phänomenale Universum im *Selbst*, im Gewahrsein. Das *Selbst* durchdringt jeden

Aspekt dieser Schöpfung. So wie der Traum ohne das träumende Bewusstsein nicht existieren kann, kann das Universum nicht unabhängig vom *Selbst* existieren, weil es seine gesamte Existenz daraus bezieht.

Während das *Selbst* ohne Formen oder Attribute *Nirguna Brahman* genannt wird, wird das mit Formen und Attributen, also mit Maya verbundene *Selbst*, *Saguna Brahman* genannt. Ein anderer Name für Saguna Brahman ist *Ishvara* oder Gott.

Die Natur von Ishvara

Jede Schöpfung erfordert nicht nur eine Intelligenz, um sie zu erschaffen (die wirksame Ursache), sondern auch ein Material, aus dem sie gemacht ist (die materielle Ursache). Im Falle eines Tonkruges ist die materielle Ursache der Ton, und die wirksame Ursache, die Intelligenz, die zur Herstellung des Tonkruges erforderlich ist, der Töpfer.

Ishvara ist das *Selbst*, das auf makrokosmischer Ebene mit dem materiellen Universum verbunden ist. Du kannst dir Ishvara als den universellen Töpfer vorstellen, die unpersönliche kosmische Intelligenz, die mit der Kraft von Maya das gesamte Universum formt und aufrechterhält.

Allerdings stellt sich eine Frage. Woraus erschafft Ishvara das Universum? Wenn sich das Material von Ishvara unterscheidet, würde das etwas erfordern, was außerhalb von Ishvara existiert. Woher würde ein solches Material kommen? Wenn es Ishvara und zusätzlich ein Material gäbe, wer oder was wäre dann der eigentliche Schöpfer? Wir erhielten einen unendlichen Regress und wie bei den berühmten russischen Puppen eine unendliche Zahl von Ishvaras.

Aus diesem Grund postuliert Vedanta Ishvara sowohl als wirksame als auch materielle Ursache des objektiven Universums. Ishvara ist nicht nur die Intelligenz, die das Universum formt, sondern auch der Stoff, aus dem es gemacht ist.

Auf diese Weise steht Ishvara nicht abseits der Schöpfung. Ishvara ist die Schöpfung selbst: die Gesamtheit aller Dinge, sowohl der sichtbaren als auch der unsichtbaren.

Denke an eine Spinne. Eine Spinne erschafft nicht nur ihr Netz, sondern liefert auch die Substanz, aus der das Netz gesponnen wird. In ähnlicher Weise ist Ishvara das schöpferische Prinzip, das die Gesetze des Universums bildet und regelt, und auch das Material selbst, aus dem es gebildet wird.

Daher ist alles, was in der phänomenalen Realität existiert, Ishvara. Alles wird von Ishvara geregelt und alles gehört zu Ishvara. Wie Swami Dayananda es so schön ausgedrückt hat: „Einige Religionen sagen, dass es nur einen Gott gibt. Vedanta sagt, es gibt nur Gott".

Unbeeinflusst von der Schöpfung

Normalerweise verändert der Akt der Schöpfung die Substanz, aus der sie geschaffen wird. Zum Beispiel muss zur Herstellung von Käse Milch auf eine bestimmte Weise verarbeitet werden. Wenn du den Käse einmal hergestellt hast, kannst du daraus nie wieder die Milch zurückgewinnen.

Im Gegensatz dazu wirkt sich die schöpferische Kraft von Maya, wie sie von Ishvara zur Erschaffung des objektiven Universums eingesetzt wird, niemals auf das *Selbst* aus. Maya schafft den Anschein von Vielfältigkeit, aber das *Selbst* wird nie in irgendeiner Weise verändert.

Kraft der Upadhis kann das *Selbst* bestimmte Formen und Begrenzungen annehmen. Wir haben dies bereits auf der mikrokosmischen, individuellen Ebene erforscht. Wenn Gewahrsein mit dem Upadhi eines Körper-Geist-Sinnes-Komplexes verbunden ist, scheint es die Eigenschaften dieses Körpers und Geistes anzunehmen. Dank des Upadhi und Avidya (Unwissenheit) scheint das *Selbst* zu einem Jiva (Individuum) zu „werden". Daher „wird" das *Selbst* zu Michael, Sandra, dem Hund Fido, einer Kaulquappe oder einem Baum. Auf der makrokosmischen, universellen Ebene, wenn Gewahrsein mit dem Upadhi von Maya, mit der gesamten Schöpfung, verbunden ist, erscheint es als Ishvara, der Kontrolleur und Lenker von Maya.

Eine unpersönliche schöpferische Kraft

Die Schöpfung von Ishvara, das phänomenale Universum, ist in vielerlei Hinsicht einem Traum nicht unähnlich, aber es ist ein Traum, der im kosmischen Geist von Ishvara erscheint. Deshalb wird er von all den scheinbar getrennten Jivas, die in Wirklichkeit auch Teil von Ishvara sind, als derselbe Traum erlebt.

Aufgrund unserer von Natur aus nach außen gerichteten Sinne sind wir Jivas von Ishvaras Schöpfung fasziniert und begeistert. Wir machen sie zu unserer Realität, indem wir Satya auf das überlagern, was letztlich Mithya ist. Das heißt, wir halten etwas für real, obwohl es nur scheinbar real ist.

Ishvara und Maya sind im Wesentlichen dasselbe. Maya ist die Kraft zu erschaffen, und Ishvara ist das, was die Schöpfung aus seiner eigenen Form heraus formt. „Die Schöpfung ist", wie James Swartz sagt, „eine geordnete und intelligent gestaltete Matrix, ein Universum physikalischer, psychologischer und moralischer Gesetze. [...] Die gesamte Schöpfung wird aus Wissen erschaffen".

Ishvara ist die Wissensfabrik, welche die Schöpfung möglich macht. Formen werden gemäß bestimmter Vorlagen geschaffen. Zum Beispiel wenn du geboren wirst, müssen die Zellen deines Körpers nicht erst herausfinden, wie sie funktionieren. Die Intelligenz, die es ihnen ermöglicht perfekt zu funktionieren, ist bereits vorprogrammiert.

Das gesamte Universum funktioniert gemäß dieser eingebauten Intelligenz, die es ermöglicht, dass Sterne entstehen und vergehen, Planeten sich in ihrer Umlaufbahn drehen, Zellen sich teilen und Elektronen um ihren Kern kreisen.

Wenn eine beliebige Form entsteht, funktioniert sie nach der von Ishvara bereitgestellten vorcodierten Vorlage. Ishvara ist daher ein Wissensspeicher, ob es sich nun um Baum-Wissen, Tier-Wissen, Mensch-Wissen, Gedanken-Wissen oder Materie-Wissen handelt.

Ishvara erschafft aus sich selbst heraus und liefert die Intelligenz, damit alles Leben nach festgelegten Mustern gedeihen kann. Als das schöpferische Prinzip von Maya regelt und verwaltet Ishvara alles, indem er die Gesetze der Schöpfung aufstellt und aufrechterhält.

Diese Gesetze sind universell und unantastbar. Sie sind nicht verhandelbar. Ishvara ist eine unpersönliche schöpferische Kraft. So wie die Sonne auf alle Wesen gleichermaßen scheint, so gelten die Gesetze der Schöpfung für alle Wesen gleichermaßen und ohne einen Hauch von Vorbehalt. Wenn zwei Männer von einer Klippe fallen, der eine ein Heiliger und der andere ein Sünder, wird keiner der beiden von der Schwerkraft ausgenommen sein. Ishvara kennt keine Günstlingswirtschaft.

Wenn die Funktionsweise des Universums veränderlich wäre und der Wille von Ishvara launenhaft, könnte keine sinnvolle Handlung stattfinden. Was würde Feuer nützen, wenn es an manchen Tagen heiß und an anderen Tagen kalt wäre? Die Gesetze von Ishvara bleiben konstant, denn die Schöpfung ist ein geordnetes System und kein Chaos.

Gott personifizieren

Ishvara zu verstehen ist knifflig. Das erklärt, warum wir so viele verschiedene Vorstellungen von Gott haben. Der Kommentar in Kapitel neun untersucht die drei Arten, Gott zu verstehen. Das Verständnis eines Menschen ist rein von seinem Reifegrad, seinem Wissen und seiner intellektuellen Erkenntnisfähigkeit abhängig. Da es für den ungezähmten Geist schwer ist, die formlose, nicht-duale Natur des *Selbst* (Nirguna Brahman) zu überdenken oder Ishvara als die Gesamtheit der manifesten Schöpfung (Saguna Brahman) zu verstehen, schaffen Religionen Symbole und personifizieren Gott in verschiedenen Formen um es uns leichter zu machen.

Allein im Hinduismus soll es 33 Millionen Götter geben! All dies sind nur Facetten eines einzigen Gottes, verschiedene Gesichter von Ishvara, der nicht vom *Selbst* getrennt ist. Dieses Thema wird in den mittleren Kapiteln der Gita noch eingehender behandelt.

In der Gita erscheint Ishvara in der Form von Krishna, der ein Avatar bzw. eine göttliche Inkarnation ist. Wie viele der vedischen Schriften hat die Gita die Form eines Dialogs. Um dies zu ermöglichen, muss das Göttliche notwendigerweise als eine Form dargestellt werden, wodurch eine vorübergehende Dualität entsteht.

Natürlich ist es gefährlich, Symbole für Gott zu schaffen. Die Ironie besteht darin, dass, während Theologen sagen, Gott habe uns nach seinem Ebenbild erschaffen, wir im Wesentlichen Gott nach unserem Bilde erschaffen haben. Weil wir Menschen uns für die höchste Lebensform auf dem Planeten halten, stellen wir uns Gott als eine mächtigere Version von uns selbst vor, ausgestattet mit einer Persönlichkeit und menschlichen Zügen wie Wille, Zorn, Liebe und Rachsucht.

Diese vermenschlichte Gottesvorstellung kann zu Problemen führen, weil wir dann vielleicht zu der Aussage neigen, „unser Gott" sei besser als „euer Gott". So ist das menschliche Ego nun mal gestrickt.

Wir erkennen nicht, dass unser persönlicher Gott nur ein Symbol für das unpersönliche, universelle Bewusstsein ist, das Vedanta in Ermangelung eines besseren Wortes Ishvara nennt. Wenn Schriftgläubige auf der Ebene der Formen, der persönlichen Gottheiten, stecken bleiben, entsteht Sektierertum. Dies war von Anfang an ein Problem der Religionen. Es ist einfacher, einen persönlichen Gott zu verehren als einen unpersönlichen, formlosen Gott, aber der *Selbst*-Erforscher sollte nicht vergessen, dass alle Formen, ob weltlich oder göttlich, immer nur Mithya sind. Nur das formlose *Selbst* ist Satya, die letztendliche Realität.

Obwohl Ishvara die universelle schöpferische Kraft ist, die das gesamte Universum erscheinen lässt, ist Ishvara dennoch Mithya. So wie der Mond sein Licht von der Sonne leiht, so leiht Ishvara seine Existenz vom *Selbst*.

Das Böse ist ein Produkt der Unwissenheit

Vedanta macht deutlich, dass Ishvara sowohl die Intelligenz ist, die die Schöpfung formt, als auch die eigentliche Substanz der Schöpfung. Wenn du Gott erkennen willst, musst du dich nur umsehen. Alles ist Ishvara und alles gehört Ishvara.

Gott steckt also in jeder Form und in jedem Aspekt der Schöpfung. Es gibt keine Trennung. Du brauchst Gott nicht zu suchen. Du musst nur verstehen, dass alles Gott ist. Über „deinen" Gott und „meinen" Gott zu streiten ist absolut lächerlich, ebenso wie die Vorstellung, dass Gott nicht existiert, weil Gott alles Existierende ist. Gott zu leugnen bedeutet, seine eigene Existenz zu leugnen.

Die Vorstellung, dass Ishvara alles ist, kann für manche Menschen jedoch ein Problem darstellen. Es fällt Menschen leicht, Ishvara in erfreulichen Formen zu akzeptieren – als Sonnenuntergänge, Wasserfälle, funkelnde Sterne, Kätzchen und Schokoladenkuchen. Aber wenn Ishvara alles ist, dann schließt das zwingend die hässlicheren Dinge im Leben ein, wie Krankheit, Hungersnot, Gier, Hass und Gewalt. Wenn Gott fähig ist, böse zu sein, wie sollte man einen solchen Gott akzeptieren können?

Zunächst einmal: Dieses phänomenale Universum ist eine Dualität. Es kann niemals ein Oben ohne ein Unten, Hitze ohne Kälte, Vergnügen ohne Schmerz und Geburt ohne Tod geben. Ein gewisses Maß an Leiden ist unvermeidlich und unausweichlich, ebenso wie die Tatsache, dass alle Formen endlich und vergänglich sind.

Darüber hinaus steuert Ishvara das Universum durch eine Reihe von Naturgesetzen, darunter das Gesetz des Dharmas, das mit der Schöpfung verwoben ist. Dharma ist in Wirklichkeit das Wirken von Ishvara in einer Form.

Die größten Tragödien in der Geschichte der Menschheit (und leider auch heute noch) wie Kriege, Völkermord, Gewalt und Umweltzerstörung, werden nicht durch Ishvara verursacht, sondern durch Ignoranz/ Unwissenheit des menschlichen Geistes bezüglich Ishvara.

Da der Mensch die einzige Spezies auf Erden ist, die über einen freien Willen verfügt, ist er auch die einzige Spezies, die diesen freien Willen nutzen kann, um Dharma zu verletzen. Die Verletzung von Dharma, gewöhnlich um der Befriedigung persönlicher Wünsche und Abneigungen willen, führt immer zu Leiden.

Die Wurzel unseres Leidens auf persönlicher und globaler Ebene und die wahre Ursache für die Unmenschlichkeit des Menschen gegenüber seinesgleichen ist die Unkenntnis unserer wahren Natur und der Natur der Wirklichkeit.

Die zwei Kräfte von Maya

Maya hat zwei vorherrschende Kräfte: die Macht zu verhüllen und die Macht zu projizieren.

Die Macht des Verhüllens macht uns unfähig, die wahre Natur des *Selbst* zu begreifen. Der Verstand und die Sinne sind unsere primären Erkenntnismittel. Mayas Upadhi lässt es so erscheinen, als seien wir auf Fleisch und Knochen, sprich unseren Körper, sowie auf Gedanken und Wünsche, die durch unseren Verstand strömen, beschränkt. Solange wir nicht lernen, *Selbst*-Erforschung zu betreiben, neigen wir dazu, uns mit dem Körper-Geist-Sinnes-Komplex zu identifizieren.

Mayas Projektionskraft veranlasst uns, Objekten Bedeutung und Wert zu verleihen und die objektive Realität mit einer völlig subjektiven Interpretation zu überschreiben.

Mayas Macht zu täuschen, ist so gewaltig, dass *Selbst*-Ignoranz, Avidya, nahezu universell ist.

In den Upanishaden heißt es, dass in dem Moment, in dem wir Dualität wahrnehmen, Angst geboren wird. Aus Furcht erwächst das Bedürfnis, sich zu schützen und anzuhäufen, und so werden wir in den scheinbar unentrinnbaren Strudel des Leidens gezogen, Samsara. Furcht, Verlangen und eine endlose Flut von Vorlieben und Abneigungen werden zum Motor der Psyche des Jiva, und um unsere Wünsche zu erfüllen, sind wir bereit, gegen Dharma zu verstoßen. Das Böse wird daher nicht aus Ishvara geboren, sondern aus dem Nicht-verstehen von Ishvara.

Alles ist Ishvara

Wenn jeder wüsste, dass Dualität nur ein Trick von Maya ist – bzw. eine „optische Täuschung des Bewusstseins", wie Einstein es ausdrückte, dass wir alle dasselbe *Selbst* sind und dass Gott alles ist, was um uns herum existiert, würde sich die Menschheit von einem Augenblick zum nächsten verändern.

Mit diesem Wissen wird alles heilig. Diese ganze Schöpfung ist ein Segen, und alles in deinem Leben ist ein Geschenk von Ishvara.

KAPITEL DREI

Du hast einen Körper als Leihgabe erhalten, zusammen mit genügend Sauerstoff für ein ganzes Leben und allen Ressourcen, die du zum Überleben und Gedeihen brauchst. (Jede Knappheit dieser Ressourcen ist wiederum auf adharmisches Verhalten der Menschheit zurückzuführen, beruhend auf der irrigen Vorstellung von Trennung).

Du erkennst mit diesem Wissen, dass Ishvara dir nichts schuldet, denn dir ist alles gegeben worden.

Wenn du ein Geschenk erhältst, wäre die angemessene Antwort, Dankbarkeit auszudrücken und etwas zurückzugeben. Deshalb sollte alles im Leben als ein Segen betrachtet werden, und jede Handlung sollte eine Form der Verehrung sein.

Dieses Verständnis ist wesentlich, damit Karma-Yoga funktionieren kann. Erst wenn du weißt, dass alles göttlich ist, kannst du die Ergebnisse deiner Handlungen wirklich Ishvara übergeben.

Mit Würde akzeptierst du, was immer auf dich zukommt als richtig und angemessen, auch wenn es nicht mit deinen Vorlieben und Abneigungen übereinstimmt. Du weißt, dass es immer eine zu jeder Zeit wirkende höhere Ordnung gibt, eine Ordnung, die vielleicht das liefert, was du willst und vielleicht auch nicht. Aber sie liefert immer das, was letztlich für die Gesamtheit angemessen ist, basierend auf der Auswirkung von Karma.

Die Ergebnisse deiner Handlungen sind keine Produkte des Zufalls. Dies ist ein gesetzmäßiges Universum. Da Ishvara diese Naturgesetze kontrolliert und die Früchte aller Handlungen verteilt, ist es nur angemessen, eine Haltung der Hingabe und Verehrung gegenüber Ishvara einzunehmen.

Nur wenn du verstehst, dass dies eine intelligente und wohlwollende Schöpfung ist, kannst du dich entspannen und das Leben, wie es sich entfaltet, annehmen, während du deinem Dharma folgst und deine Rolle im Panorama der Schöpfung spielst.

KAPITEL VIER

Handlungsloses Handeln

1-3. Krishna sagte: „Ich habe diesen unvergänglichen Yoga seit Anbeginn der Zeit gelehrt. Von Generation zu Generation ist die Lehre an unzählige Weise und Könige weitergegeben worden. Aber mit der Zeit ist dieses Wissen in der Welt verloren gegangen. Heute teile ich dieses geheime Wissen mit dir, denn du bist mir ergeben, mein Schüler und Freund, Arjuna."

4. Arjuna war verblüfft. „Wie kannst du das seit Anbeginn der Zeit gelehrt haben?"

5. Krishna sagte: „Du und ich haben viele Geburten durchlebt, Arjuna. Ich erinnere mich an alle, während du sie vergessen hast.

6-8. „Ich bin das unveränderliche und ungeborene *Selbst*, der Herr, der im Herzen aller Lebewesen wohnt. Doch durch die Kraft meiner eigenen Maya scheine ich materielle Gestalt anzunehmen. In jedem Zeitalter, wann immer rechter Lebenswandel zurückgedrängt wird, komme ich ins Dasein, um Dharma wiederherzustellen, das Gute zu schützen und Adharma zu beseitigen.

9-10. „Wer Mich als sein eigenes göttliches *Selbst* erkennt, überwindet die körperliche Identifikation und Anhaftung und wird nicht in diese Welt wiedergeboren. Eine solche Seele ist mit Mir vereint. Frei von Begierde, Furcht und Zorn, völlig in Mir aufgelöst und durch *Selbst*-Erkenntnis gereinigt, haben viele die Einheit mit Meiner Natur erreicht.

11-12. „Menschen suchen Mich auf viele Arten. Auf welche Weise sie Mich auch immer verehren, Ich segne sie entsprechend.

Diejenigen, die sich nach Erfolg in weltlichen Dingen sehnen, beten die Welt an. Ihr Handeln in der Welt führt schnell zu Ergebnissen.

13. „Die scheinbaren Unterschiede zwischen den Menschen in Bezug auf soziale Zugehörigkeit, Temperament und Karma sind von Mir geschaffen. Und dennoch, wisse, dass Ich jenseits von Handeln bin, immer unveränderlich und frei.

14-15. „Handlungen berühren Mich nicht. Ich habe weder den persönlichen Wunsch zu handeln, noch sehne ich mich nach bestimmten Ergebnissen. Wer das *Selbst* als nicht-handelnd kennt, ist nicht mehr durch Karma gebunden. Mich auf diese Weise kennend, führten auch die Sucher in uralten Zeiten Handlungen aus. Darum, Arjuna, tue dasselbe und erfülle deine Pflichten, wie die Weisen in der alten Zeit die ihren erfüllten.

16-17. „Selbst den weisesten der Weisen kann die Unterscheidung zwischen Handeln und Nicht-Handeln verwirren. Ich werde dir nun das Geheimnis verraten, durch das du von den Fesseln Samsaras befreit wirst. Du musst die Natur von richtigem Handeln, unangemessenem Handeln und Nicht-Handeln verstehen.

18-19. „Die Weisen sehen Nicht-Handeln im Handeln und Handeln im Nicht-Handeln. Mit diesem Verständnis ist man ein Yogi und hat alles erreicht, was es zu erreichen gibt. Denjenigen, dessen Taten frei von selbstsüchtigem Verlangen sind, dessen Handlungen durch das Feuer des Wissens gereinigt werden, nennen die Weisen weise.

20. „Ihre Anhaftung an die Ergebnisse ihrer Handlungen loslassend, immer zufrieden und nicht mehr von äußerer Unterstützung abhängig, können sich die Weisen vollständig dem Handeln widmen, und sind dennoch frei von der Vorstellung, Handelnde zu sein.

21-22. „Frei von Erwartungen und jeglichem Besitzdenken tun solche Menschen, nachdem sie Körper, Geist und Sinne gemeistert haben, nur noch das, was zum Erhalt des Körpers notwendig ist. Sie sind glücklich mit allem, was ihnen zufällig begegnet. Unbeeindruckt von den Gegensätzen des Lebens, frei von Eifersucht und gleichgültig in Bezug auf Erfolg und Misserfolg, sind die Weisen nicht mehr an Handlungen und deren Ergebnisse gebunden.

23. „Sie sind frei und ohne Bindung, ihr Geist bleibt in der *Selbst*-Erkenntnis verankert. Das Karma der Befreiten, die Handlungen nur ausführen, um die Welt zu segnen, ist vollständig aufgelöst.

24. „Die Instrumente der Darbringung sind Brahman. Das Dargebrachte ist Brahman. Brahman bringt Brahman dem Opferfeuer dar, das ebenfalls Brahman ist. Brahman wird gewiss von denen erreicht, die den Einen in allen Dingen sehen.

25-31. „Nach weltlichen Dingen Strebende können materielle Opfer darbringen. Karma-Yogis bringen selbstloses Handeln dar. Entsagende bringen ihr Leben im Feuer der *Selbst*-Erkenntnis dar. Einige verzichten auf sinnliches Vergnügen durch Disziplin. Andere teilen ihren Reichtum mit anderen, führen täglich ihre Gebete aus, meditieren, praktizieren Yoga oder studieren die Schriften und praktizieren *Selbst*-Erkenntnis. Wieder andere praktizieren *pranayama*, indem sie jede Ein- und Ausatmung regulieren und so die Kontrolle über den Geist und die physiologischen Kräfte gewinnen. Wieder andere mäßigen ihre Nahrungsaufnahme. All jene, die die Natur des Dienens im Handeln verstehen, werden mit einem gereinigten Geist belohnt.

32. „Durch diesen Geist der Hingabe verwirklicht man das Ewige *Selbst*. Derjenige, dessen Handlungen allein durch egoistisches Begehren motiviert sind, gewinnt nichts in dieser Welt oder darüber hinaus. Alle Opfergaben werden aus Handlung geboren,

während das *Selbst* nicht-handelnd ist. Wenn du dies weißt, wirst du befreit werden.

33. „Die Disziplin der *Selbst*-Erkenntnis ist religiösen Ritualen oder materiellen Opfergaben überlegen. Alle Handlungen werden durch das Licht der *Selbst*-Erkenntnis aufgelöst.

34. „Suche immer einen Lehrer, der *Selbst*-Verwirklichung erlangt hat. Stelle andächtig und mit Hingabe die richtigen Fragen, dann wird diese weise Seele die Vision der Wahrheit mit dir teilen und dich das Erkennen des *Selbst* lehren.

35. „Dieses Wissen wird den Geist von Verblendung befreien, und du wirst alle Wesen in dir und in Mir sehen.

36-37. „Sogar der größte aller Übeltäter kann mit dem Floß des Wissens leicht alles Karma hinter sich lassen. So wie Holz durch Feuer zu Asche reduziert wird, so reduziert das Feuer der *Selbst*-Erkenntnis alles Karma zu Asche.

38. „In dieser Welt gibt es nichts, was reinigender wirkt als Erkenntnis. Nachdem der Geist durch die Praxis von Karma-Yoga vorbereitet wurde, führt die Kraft der Erkenntnis auf natürliche Weise zur *Selbst*-Verwirklichung.

39. „Wer Vertrauen in Lehre und Lehrer hat, wer sich der Erlangung von Erkenntnis verschrieben hat und wer Herr seiner Sinne ist, erreicht das höchste Ziel. Wenn man diese Erkenntnis erlangt, gewinnt man absoluten Frieden.

40. „Wer aber kein Unterscheidungsvermögen hat, wer kein Vertrauen in die Lehre hat und wessen Verstand unentschlossen und zweifelnd ist, vergeudet sein Leben und erlangt weder in dieser noch in einer anderen Welt Frieden.

41-42. „Diejenigen, die im *Selbst* verankert sind, sind nicht mehr durch Handlung, Anhaftung oder Zweifel gebunden. Darum, Arjuna, nimm das Schwert des Wissens und töte alle Unwissenheit oder Zweifel, die im Verstand auftauchen. Erhebe dich und handle mit dem Geist des Yoga!"

KOMMENTAR KAPITEL VIER

Das vierte Kapitel befasst sich mit einer Reihe wichtiger Themen, beginnend mit der Natur von Samsara, der Wiedergeburt und Krishnas Daseinszweck als *avatar*, bis hin zum Paradoxon von Handeln und Nicht-Handeln, und wie man Karma überwindet.

Krishna als Avatar

Krishnas einleitende Erklärung, Er habe dieses Wissen seit Anbeginn der Zeit gelehrt, verwirrt Arjuna natürlich. Der Krishna, den Arjuna kennt – sein Freund, Mentor und Vertrauter – ist ein Mann in einem bestimmten Alter, zu einer bestimmten Zeit und an einem bestimmten Ort geboren, was seine Aussage unmöglich erscheinen lässt.

Es ist notwendig zu verstehen, dass von nun an, wenn Krishna die Begriffe „Ich", „Mir" und „Mein" verwendet, er selten als Jiva (Krishna, das Individuum) spricht, sondern als eine Verkörperung von Ishvara.

Der Ausdruck hierfür ist Avatar – ein Wort, das vielen Leuten bekannt vorkommt, auch wenn der ursprüngliche Sinn nicht derselbe ist. Seine wörtliche Bedeutung ist „Verkörperung" genauer gesagt, die Verkörperung Gottes in physischer Form. Wie Krishna erklärt: *„Durch die Kraft meiner eigenen Maya scheine ich materielle Form anzunehmen. In jedem Zeitalter, wann immer rechter Lebenswandel zurückgedrängt wird, komme ich ins Dasein, um Dharma wiederherzustellen, das Gute zu schützen und Adharma zu beseitigen."* (Kap 4/ 6-8)

Ein Avatar ist Ishvara, mit bestimmtem Namen und bestimmter Form erscheinend – in diesem Fall als der edle Krishna. Während sterbliche Wesen aufgrund von Unwissenheit geboren werden, kommt der Avatar aus Mitgefühl auf diese Welt und bleibt frei von den Fesseln der *Selbst*-Ignoranz.

Der Zweck eines Avatars ist der Schutz von Dharma und die Zerstörung von Adharma. Alle natürlichen Systeme haben irgendeine Form des Schutzes oder der Verteidigung. Wenn zum Beispiel der Körper krank wird, wird ein Abwehrsystem aktiviert. Auf das Erkennen und Eliminieren fremder Mikroorganismen programmierte Lymphozyten werden durch den Blutkreislauf gepumpt. Dadurch wird der natürliche Dharma des Körpers (Gesundheit) durch Zerstörung von Adharma (Krankheit und Infektion) aufrechterhalten.

Auf der makrokosmischen Ebene arbeitet das Universum nach dem gleichen Prinzip. Die gesamte Schöpfung ist ein ganzheitliches, miteinander verbundenes System. Wann immer eine bedeutende Störung auftritt und die Gesetze von Dharma bedroht sind, ist es verständlich, dass die universelle Intelligenz in geeigneter Weise reagiert, um das Gleichgewicht wiederherzustellen. Genauso wie ein funktionierendes Immunsystem den Einzelnen gesund hält, hält Ishvara die Schöpfung mithilfe eines „Kosmischen Immunsystems" gesund.

Wenn Dharma verletzt wird, d.h., wenn ein System nicht mehr so funktioniert, wie es sollte, hat Ishvara Möglichkeiten zur Wiederherstellung des Gleichgewichts. Die Menschen verletzen Dharma aus Unwissenheit. Die Lösung kann daher nur Wissen sein, weshalb Ishvara uns Wissen in Form der Lehre an die Hand gegeben hat, in diesem Fall das „Göttliche Lied" wie es von Krishna gesungen wird.

Der Unterschied zwischen einem Avatar und einem Jiva

Manche fragen sich vielleicht, was der Unterschied zwischen einem Avatar und einem Jiva ist. Schließlich sind alle Wesen Ausdruck des einen universellen *Selbst*, wie kann also die Frage nach dem Unterschied beantwortet werden?

Zunächst einmal gibt es keinen wirklichen Unterschied zwischen Ishvara und Jiva. Swami Dayananda zufolge unterscheiden sich nur die Kostüme. Auf einer Theaterbühne könnte ein Schauspieler einen König und der andere einen Bettler spielen. Die eine Rolle fordert Respekt und Ehrerbietung, während die andere Rolle Mitleid hervorruft. In Wirklichkeit gibt es keinen Unterschied, denn beide sind nur Schauspieler und beide verdienen unabhängig von ihrer Rolle den gleichen Lohn.

Darüber hinaus sagt Swami Dayananda:

> Aufgrund unserer Kostüme scheinen wir uns voneinander zu unterscheiden. In Seiner Rolle als Ishvara ist der Körper des Herrn allgegenwärtig: Er ist alle Macht und alles Wissen. In deiner Rolle als Jiva bist du hinsichtlich Macht, Wissen und in jeder anderen Hinsicht begrenzt. Doch diese Erscheinungen stellen keine wirklichen Unterschiede dar.

Die Frage des Unterschieds ist eigentlich eine Frage von Wissen oder Nichtwissen. Ishvara, das *Selbst*, mit der Macht von Maya verbunden, hat vollständiges Wissen über die Schöpfung und sich selbst. Der Jiva, also das *Selbst* mit einem bestimmten Körper-Geist-Sinnes-Komplex verbunden, verfügt nur über ein begrenztes Wissen, das spezifisch für diesen Körper und Geist ist und wird in Unkenntnis seiner wahren *Selbst*-Natur geboren.

Daher ist Krishna als Avatar Ishvara, der in physischer Verkörperung mit voller Kenntnis seiner göttlichen Natur erscheint. Als Jiva ist Arjuna ebenfalls Ishvara in physischer Form, aber mit einem Geist, der Avidya (Unwissenheit) unterworfen ist.

KAPITEL VIER

Was ist ein Jiva?

Dank der Kraft von Maya scheint das formlose, unteilbare *Selbst* Gestalt und Grenzen anzunehmen. Und aus Nicht-Dualität wird scheinbar eine Welt der Dualität geschaffen.

Auf makrokosmischer Ebene lässt der Upadhi (Überlagerung) von Maya das *Selbst* als Ishvara erscheinen, als das gesamte Universum der grob- und feinstofflichen Formen. Auf der mikrokosmischen Ebene lässt der Upadhi eines individuellen Körpers/ Geistes das *Selbst* als Jiva erscheinen, als eine endliche Person samt Geburt und anschließendem Tod, in deren Zwischenzeit er allen möglichen Beschränkungen unterworfen ist. Der Jiva ist daher mit einem bestimmten Körper-Geist-Sinnes-Komplex verbundenes Gewahrsein.

In Wirklichkeit gibt es nur das *Selbst*, aber im Bann der Unwissenheit überlagern wir dem *Selbst* die Idee des Jiva-Daseins. Indem wir uns nur mit Name und Form identifizieren, sind wir wie der Ozean, der glaubt, eine einzige Welle zu sein, und auf diese Weise seine unermessliche Weite „verliert" und in einer begrenzten, zeitgebundenen Form gefangen scheint.

Solange *Selbst*-Ignoranz besteht, ist die Existenz des Jiva von einem Gefühl der Begrenzung und Angst geprägt. Da sie nicht zu unserer Natur gehört, ist diese Begrenzung für uns inakzeptabel, und so verbringen wir unser Leben mit dem Bestreben, sie zu überwinden. Indem wir uns selbst als Handelnde und Genießende betrachten, sind wir unentwegt in Aktion und glauben, unser Glück, unsere Vollständigkeit und unser Seelenfrieden hingen vom Erreichen oder Vermeiden bestimmter Ziele ab.

Wie Vidyaranya Swami in Panchadasi schreibt:

> Jivas handeln um der Resultate willen, von denen sie glauben, sie würden sie glücklich machen. So gehen sie von einer Geburt zur nächsten, wie Insekten, die geschlüpft und

in einen Fluss gefallen sind. Sie werden von den ruhelosen Strömungen in Samsara von einem Strudel zum nächsten geschwemmt, ohne jemals Frieden zu erlangen.

Der Klebstoff, der den Jiva an Samsara bindet, ist die Notwendigkeit, ständig Karma – Handlung – auszuführen, um in der äußeren Welt kleine Momente des Glücks zu finden und so sein existentielles Gefühl der Begrenzung und Angst zu beschwichtigen.

Solange man sich nicht dazu verpflichtet hat, Dharma über alles andere zu stellen, werden die Handlungen des Jiva weitgehend von seinen angesammelten Wünschen und Abneigungen bestimmt, die wiederum von der Triebkraft vergangener Handlungen bestimmt werden.

Diese Vorlieben und Abneigungen existieren in Form von Vasanas, sich selbst wiederholenden und fortlaufenden Einprägungen im Bewusstsein. Wann immer du eine bestimmte Handlung ausführst oder auch nur einen bestimmten Gedanken denkst, hinterlässt dies einen subtilen Abdruck im Geist. Je nach Ergebnis dieser Handlung erzeugt sie im Geist eine Tendenz, entweder sie zu wiederholen oder sie zu vermeiden. Je öfter dies geschieht, desto stärker wird diese Tendenz, bzw. Vasana.

Wenn du morgens aufwachst, musst du wahrscheinlich nicht einmal bewusst darüber nachdenken, was du tun wirst. Vielleicht taumelst du schlaftrunken ins Badezimmer, putzt dir die Zähne und kochst dann in der Küche deinen Kaffee. Die Eigendynamik deiner vergangenen Handlungen, die sich mit jedem Tag verstärkt, hat jene Vasanas geschaffen, die bestimmen, was du jeden Morgen tun wirst.

Diese Vasanas können positiv oder negativ, hilfreich oder schädlich sein. Automatisch und oft weitgehend unbewusst, treiben und zwingen sie zum Handeln und formen den Geist, die Reaktionen, das Verhalten, die Beziehungen und das ganze Leben einer Person.

Ein Rad in ständiger Bewegung

Samsara wird oft auch *samsara-chakra* genannt, was „Samsara-Rad" bedeutet. Wie ein Rad dreht es sich in fortwährender Bewegung, angetrieben von der Eigendynamik vergangener Handlungen, die wiederum noch mehr Handlungen erzeugen.

Man sollte wissen, dass dieser Zyklus die Spanne dieses einen Lebens überdauert. Wie Swami Dayananda es ausdrückte:

> Nichts in dieser Welt endet wirklich. Materie wird nicht zerstört, ebenso wenig wie Energie. Eine Form kann in eine andere umgewandelt werden, aber sie verschwindet nicht ganz. Es gibt keine logische Grundlage für die Annahme, dass das bewusste Wesen zu einem Ende kommt.

Laut Gita stirbt der Jiva nicht – das bewusste Wesen, das diesen speziellen Körper-Geist-Komplex benutzt – wenn der Körper stirbt. So wie physische Materie in neue Formen umgewandelt wird, so wird auch feinstoffliche Materie umgewandelt.

Der feinstoffliche Körper des Jiva könnte mit einem Reisenden verglichen werden, der sich von Körper zu Körper bewegt und von der hinterlassenen Spur seines Karmas geleitet wird. Wenn ein Körper stirbt, wird ein anderer angenommen. Tod bedeutet nur, dass die Verbindung des Jiva mit einem bestimmten grobstofflichen Körper beendet ist.

Was also hält einen Jiva in diesem Zyklus von Tod und Geburt, von Körper zu Körper ziehend, am Leben?

Wenn eine Handlung ausgeführt wird, entsteht Karma, das sowohl gute als auch schlechte Folgen hat. Dieses Karma fruchtet in Form von Vasanas, dem psychischen Druck, der den Jiva dazu zwingt, weiterhin Handlungen auszuführen.

Einige der Ergebnisse dieser Handlungen werden im gegenwärtigen Leben erfahren, aber die meisten müssen auf eine zukünftige Zeit verschoben werden. Dieses Karma bleibt sozusagen auf dem „Konto" des Jiva. Dementsprechend wird der Jiva wiedergeboren, um sein angesammeltes Karma zu erschöpfen.

Das Problem entsteht in dem Moment, in dem der feinstoffliche Körper mit einem neuen grobstofflichen Körper verbunden wird. Die Vasanas zwingen den „neuen" Jiva, weiter Handlungen auszuführen, wodurch er noch mehr Karma anhäuft und einen weiteren Körper annehmen muss. Und so dreht sich das Samsara-Rad immer weiter.

Im letzten Kapitel der Gita sagt Krishna: „Durch meine Maya bringe ich alle Wesen dazu sich zu drehen, als wären sie auf einem Rad befestigt."

Mit anderen Worten: Ishvara lässt die Jivas wie Marionetten tanzen, gedrängt und gezogen von ihren Vorlieben und Abneigungen in Form der Vasanas.

„Auf einem Rad befestigt" bedeutet laut Vidyaranya Swami, dass die Jivas denken, sie seien Macher. „Sich drehen" bedeutet, dass sie, getrieben von ihren Vasanas, immer wieder dieselben guten und schlechten Taten ausführen.

Ein aussichtsloses Spiel

Samsara ist ein Kreislauf ständiger Frustration und ständigen Leidens. Der Jiva wird dazu getrieben, immer wieder die Handlungen auszuführen, von denen er glaubt, dass sie Glück und Ganzheit bringen. Wie wir gesehen haben, ist leider nichts auf dieser Welt in der Lage, dauerhaftes Glück zu bringen. Und selbst wenn wir bekommen, was wir begehren, ist dies nur eine kurzzeitige Lösung, denn angesichts der Tatsache, dass alles in Maya in ständigem Wandel begriffen ist, sind Objekte nicht in der Lage, dauerhaftes Glück zu bringen.

Doch der ständige Jagdtrieb in Form der Vasanas ist im Jiva fest verankert und zwingt ihn dazu, sich ständig in neuen Körpern zu inkarnieren, um sein angesammeltes Karma zu erschöpfen.

Der Ausweg aus dieser Situation wird in dem obigen Zitat von Vidyaranya Swami aufgezeigt. Was den Jiva auf das Samsara-Rad gebunden hält, ist der Glaube „Ich bin der Handelnde".

Der Glaube, dass ich derjenige sei, der handelt und dass die Ergebnisse meiner Handlungen mir gehören würden, ist der grundlegende, auf Unkenntnis der eigenen Natur beruhende Irrtum.

Wie wir in Kapitel zwei untersucht haben, ist das *Selbst* von Natur aus nicht-handelnd. Ungeachtet des gegenteiligen Anscheins bist du das *Selbst*. Was könntest du sonst sein? Da das *Selbst* alles und überall ist – und damit per Definition grenzenlos sein muss – gibt es nichts, was du außer dem *Selbst* sein könntest. Wenn das *Selbst* nicht-handelnd ist, und du das *Selbst* bist, dann musst auch du nicht-handelnd sein.

Swami Dayananda sagt:

> Wenn du weißt, dass du nicht-handelnd bist, wie kannst du dann Handlungen ausführen und wie können die Ergebnisse jemals zu dir kommen? Wenn man erkennt, dass die eigene Natur nicht-handelnd ist, wird alles auf dem „Konto" stehende Karma gelöscht, denn es gibt keinen Täter mehr, der die Ergebnisse ernten könnte. Für den Weisen gibt es keine Wiedergeburt, denn es wird kein Karma weitergegeben und daher keinen Grund, einen Körper zu anzunehmen.

Der Ausweg aus Samsara liegt nicht im Versuch, das Spiel zu gewinnen. In einem Nullsummenspiel gibt es keine Gewinner. Für den Samsari bedeutet „Glück", mehr erfüllte als unerfüllte

Wünsche zu haben. Aber selbst wenn dies der Fall ist, bleibt das Grundproblem des Begehrens bestehen. Das wütende Inferno des Begehrens nimmt kein Ende. Je mehr man es nährt, desto mehr konsumiert es einen und desto mehr verstärkt es die Vasanas. Ein altes Sprichwort lautet sinngemäß: Selbst wenn du das Samsara-Rennen gewinnst, bist du immer noch ein Samsari. Deshalb bieten Handlungen keinen Ausweg aus Samsara. Samsara ist emotionale Abhängigkeit von äußeren Faktoren. Hier sagt Krishna, dass *Selbst*-Erkenntnis das größte Geheimnis ist. Es ist das größte Geheimnis, weil aufgrund der verbergenden Kraft von Maya und der Extrovertiertheit des Geistes niemand merkt, dass das was er sucht, bereits in ihm ist.

Die große Tragödie der Menschheit besteht darin, dass wir unser ganzes Leben damit verbringen, den Topf mit Gold am Ende des Regenbogens zu suchen und Glück und Sicherheit in Objekten zu erwarten, die nicht in der Lage sind, diese zu liefern.

Was wir wirklich suchen, ist unser eigenes *Selbst*, dessen Natur Ganzheit, Frieden und Zufriedenheit ist. Die Ironie ist, dass wir die ganze Zeit das *Selbst* sind. Was könnten wir sonst sein? Unser Problem war immer nur ein Problem der Unwissenheit.

Wie Krishna an dieser Stelle sagt: „Wer Mich als sein eigenes göttliches *Selbst* kennt, überwindet körperliche Identifikation und Bindung und wird nicht in diese Welt wiedergeboren." Der Schlüssel zur Befreiung ist daher die Kenntnis des *Selbst*.

Du bist die gesuchte Liebe und das gesuchte Glück

Vedanta beschreibt das *Selbst* als *sat chit ananda*. Das bedeutet, dass seine Natur Existenz, Bewusstsein und Glückseligkeit ist.

Aber wenn Glückseligkeit unsere Natur ist, so könnte man argumentieren, warum sollten wir sie dann suchen?

Wir suchen sie, wie der geistesabwesende Professor verzweifelt nach seinem Hut sucht, obwohl der Hut die ganze Zeit auf seinem Kopf war, wo er ihn selbst hingesetzt hat.

Die Suche nach etwas, was bereits da ist, kann nur von Unwissenheit verursacht sein. Weil wir uns nicht bewusst sind, dass Ganzheit unsere Natur ist, suchen wir sie in der äußeren Welt. Wenn wir auf ein unseren Vorlieben entsprechendes Objekt treffen, scheint dieses spezielle Objekt Glück zu bringen. Oder wenn wir ein gewisses Objekt loswerden, dem wir abgeneigt sind, scheint dies unser Unglück zu beseitigen.

Aber es ist nie das Objekt selbst, das Glück bringt. Der Wert, den wir dem Objekt beimessen, bestimmt unsere Reaktion darauf. Wenn wir bekommen, was wir wollen, lässt unser Verlangen vorübergehend nach. Befreit vom Zerren dieses Begehrens (Begehren selbst ist Leiden; ein Gefühl von Mangel und Begrenzung), kosten wir vorübergehend von der Glückseligkeit des *Selbst*, die sich in einem ruhigen, wunschlosen Geist widerspiegelt. In ähnlicher Weise werden wir, wenn wir ein uns missfallendes Objekt loswerden, vorübergehend von Angst oder Wut befreit, und wir erfahren wiederum die Fülle unseres eigenen *Selbst*.

Das *Selbst* ist unsere Quelle der Liebe, auch wenn wir uns dessen nicht bewusst sind. Wir alle wollen leben, uns schützen und Glück erfahren, weil wir uns selbst lieben. Wenn wir uns nicht selbst lieben würden, würden wir Glück gar nicht erst suchen.

Sogar lebensmüde Menschen lieben sich selbst. Wenn sie sich wirklich hassen würden, wären sie froh, weiter leiden zu können. Aber sie wollen sich vom Leiden befreien, weil sie sich selbst lieben und nicht länger leiden wollen. Wenn jemand behauptet, sich selbst zu hassen, dann hasst er in Wirklichkeit seine Gedanken über sich selbst, und diese beruhen auf Unwissenheit.

Die Brihadaranyaka-Upanishad macht deutlich, dass, was immer wir lieben, wir nicht dessentwillen lieben, sondern um des *Selbst* willen, unserer größten Liebe:

> Eine Frau liebt ihren Mann nicht um des Mannes willen, sondern um des *Selbst* willen.
> Ein Mann liebt seine Frau nicht um der Frau willen, sondern um des *Selbst* willen, unserer größten Liebe.
> Eltern lieben ihre Kinder nicht um der Kinder willen, sondern um des *Selbst* willen.
> Menschen lieben den Reichtum nicht um des Reichtums willen, sondern um des *Selbst* willen.
> Götter, Welten, die Wesen in der Welt und alles andere – sie werden nicht um ihrer selbst willen geliebt, sondern um des *Selbst* willen.

Wenn du ein Objekt um seiner selbst willen liebtest, dann würde deine Liebe so lange bestehen bleiben, wie dieses Objekt da ist. In dem Moment jedoch, in dem dein Mann, deine Frau, deine Freunde, deine Kinder, deine Arbeit oder irgendein anderes weltliches Objekt dir nicht mehr das einst vermittelte Glück bringt, beginnt deine Liebe zu versiegen. Die Flitterwochen enden. Wie ein einstmals geliebtes Auto, das anfängt auseinanderzufallen, wird dieses Objekt zum Problem, und du möchtest es vielleicht sogar loswerden. Deshalb hast du das Objekt nicht um seiner selbst willen geliebt, sondern wegen der Freude, die es dir gebracht hat. Wenn Glückseligkeit nicht mehr fließt, wird auch deine Liebe bald aufhören zu fließen.

Das beweist, dass die Liebe nicht in den Objekten liegt, sondern in uns selbst. Sie gilt allein dem Selbst. Alles, was du tust, alles, was du zu haben, zu werden oder zu erfahren suchst, dient nur dazu, dich auf die Glückseligkeit des *Selbst* auszurichten.

Solange du dir des *Selbst* als deiner ultimativen Quelle der Glückseligkeit nicht bewusst bist, wird deine Aufmerksamkeit nicht darauf gerichtet sein. Vielmehr wird dein Fokus auf die Welt der Objekte gerichtet bleiben.

Eine fehlgeleitete Suche

Da sich die meisten Menschen des *Selbst* als Quelle ihres Glücks überhaupt nicht bewusst sind, bleiben sie von Objekten emotional abhängig. Diese Objekte werden zum Mittelpunkt ihrer Verehrung.

Diejenigen, die ihr Glück im Reichtum und materiellen Gütern suchen, verehren Geld. Diese Verehrung kann sich in Form von Überstunden, Beförderungen oder auch in Form einer Nebenbeschäftigung zeigen. Andere suchen vielleicht Glück in körperlicher Schönheit und einem perfekten, Instagram-tauglichen Körper. Ihre Verehrung drückt sich wahrscheinlich in Form von aufwendigen Hautpflegeprogrammen und dem Stemmen von Gewichten im Fitnessstudio aus.

„Die Menschen suchen Mich [das Selbst] auf viele Arten", sagt Krishna. „Wie auch immer sie sich Mir nähern, Ich segne sie entsprechend." (Kap. 4/ 11-12)

Wenn du Geld anbetest und hart und viel arbeitest, bekommst du Geld. Wenn du Bauchmuskeln anbetest und im Fitnessstudio genug schwitzt, bekommst du deine Bauchmuskeln.

Wenn dein letztendliches Ziel jedoch im Erreichen der Fülle und Glückseligkeit des *Selbst* liegt, dann ist es verschwendete Zeit und Energie, diese in weltlichen Objekten zu suchen.

Das Streben nach Objekt-Glück ist ein unsicheres Unterfangen, weil das Objekt, für dessen Erreichen du so viel tust, jederzeit verloren gehen kann. Wenn du reich wirst, hast du Angst davor, dein Geld wieder zu verlieren. Wenn du endlich mit deinem Körper zufrieden bist, musst du hart arbeiten, um ihn in

Form zu halten. In beiden Fällen ist die anfängliche Freude nur von kurzer Dauer.

Ein Leben, in dem man nichts anderes als weltlichen Gewinn anstrebt, ist ein verschwendetes Leben. Selbst wenn du ein gewisses Maß an weltlichem Erfolg erreichst, sind bestimmte Misserfolge unvermeidlich. Und wenn dein Leben endet, beginnt mit der nächsten Geburt alles wieder von vorne.

Leider gibt es keine Lösung in Samsara. Eine auf dem Wunsch frei zu sein basierende Handlung, dem Zwang, Objekte zu suchen, zu erwerben und zu erreichen, kann niemals zur Freiheit führen, sondern führt einfach nur zu noch mehr Handlungen. Handlungen, die in aufeinander folgenden Leben fortgesetzt werden, während sie gleichzeitig die falsche Vorstellung vom Handelnden bekräftigen.

Die einzige Lösung für Samsara besteht darin, aus dem Kreislauf auszusteigen.

Anatomie eines Jiva

Das Hauptthema dieses Kapitels ist das Wesen von Handlung und Täterschaft. Aufgrund ihrer *Selbst*-Ignoranz gehen Menschen im Allgemeinen davon aus, sie seien sowohl Handelnde als auch Genießende der Ergebnisse ihrer Handlungen. Sich mit dieser falschen Vorstellung auseinanderzusetzen ist für die Befreiung von entscheidender Bedeutung.

Krishna gibt zu, dass dieses Thema „selbst die weisesten Menschen" verwirrt. Deshalb ist es hilfreich, von vorne zu beginnen und die Anatomie des Jiva zu untersuchen.

Ein Jiva besteht aus drei ineinandergreifenden Instrumenten: einem grobstofflichen (physischen) Körper, einem feinstofflichen Körper (bestehend aus Geist, Intellekt und Ego) und dem Kausalkörper (das Unbewusste), die alle durch das reflektierte Licht von Gewahrsein/ Bewusstsein, unsere innerste Essenz und unsere wahre Natur, belebt werden. Lass uns die Körper der Reihe nach erforschen.

1. Der physische Körper und die Sinne

Zunächst einmal versteht es sich von selbst, dass alle Menschen und Tiere einen grobstofflichen bzw. physischen Körper haben, der sich aus den fünf Elementen zusammensetzt.

Die Sinnesorgane wirken durch diesen Körper. Es gibt fünf Wahrnehmungsorgane (Sehen, Hören, Tasten, Schmecken und Riechen) und fünf aktive Organe (Sprache, Hände, Bewegung, Geschlecht und Ausscheidung betreffend).

Diese Sinnesorgane ermöglichen uns, unsere Umwelt wahrzunehmen und mit ihr zu interagieren. Sie funktionieren automatisch, indem sie sich ohne unser Zutun mit ihren jeweiligen Sinnesobjekten verbinden. Wenn du zum Beispiel morgens aufwachst, musst du nicht deine Augen einschalten, um zu sehen, oder deine Ohren, um zu hören. In dieser Hinsicht sind die Sinne wie offene Tore.

2. Der feinstoffliche Körper

I. Verstand/ Geist. Den Upanishaden zufolge steht der Geist über den Sinnen. Als Bestandteil des feinstofflichen Körpers verwaltet er die durch die fünf Wahrnehmungssinne einströmenden Daten und ordnet sie zu einer stimmigen Erfahrung an.

Die Sinne registrieren etwa elf Millionen Datenbits pro Sekunde, doch können wir nur etwa vierzig Bits pro Sekunde bewusst verarbeiten. Der Geist muss bestimmen, welche Bits relevant sind und welche herausgefiltert werden müssen.

Die zweite Funktion des Geistes besteht im Zweifeln und Beurteilen. Er muss die Informationen hinterfragen, die von den Sinnen übermittelt werden.

Nehmen wir an, du wanderst allein durch den Dschungel. Obwohl die Sinne dir deine Umgebung objektiv wiedergeben, musst du, was du wahrnimmst, verstehen und interpretieren. Der Dschungel sieht vielleicht sicher aus, aber der Verstand ist konditioniert das zu bezweifeln, die Dinge zu hinterfragen. Wer weiß, was unsichtbar im Schatten lauern könnte? Diese Funktion des Zweifelns hilft dir, dich in deiner Umgebung zurechtzufinden und Gefahren und Bedrohungen zu vermeiden.

Der Geist erzeugt auch Gefühle. Jedes Verhalten wird von Emotionen gesteuert. Es sind die Emotionen, die uns zum Handeln zwingen. Wenn der Geist feststellt, dass du in Gefahr bist, erzeugt er die entsprechende Emotion – in diesem Fall Furcht. Diese aktiviert die Handlungsorgane und ermöglicht dir, angemessen zu reagieren, d.h. zu rennen!

Der Geist ist von Natur aus formlos. Er verändert sich ständig gemäß den sensorischen Daten und nimmt die Form jedes einzelnen Gedankens an, den du denkst. In den *Yoga-Sutras* werden Gedanken als *vritti* bezeichnet, was soviel wie „Modifikationen des Geistes" bedeutet. Der Geist ändert ständig seine Gestalt entsprechend dieser Vrittis. Diese wiederum werden weitgehend von den Vasanas und dem Zusammenspiel der Gunas bestimmt, den drei Eigenschaften der Materie, die die Zusammensetzung des gesamten Universums bestimmen (in den folgenden Kapiteln werden die Gunas noch eingehender besprochen).

II. Ego. Ein weiterer Bestandteil des feinstofflichen Körpers ist das Ahamkara. Das Wort Ahamkara bedeutet wörtlich „Ich-Macher" und ist unser Ich-Empfinden, unser „Ich-Sein". Im Vedanta werden Begriffe mit exakter Genauigkeit verwendet, um mögliche Verwirrung zu vermeiden. Das Wort „Ego" hat je nach Kontext unterschiedliche Bedeutungen. In diesem Fall ist das Ego das „Ich-Empfinden", der Mittler, der Gedanken und Interpretationen des Geistes in Besitz nimmt und sie entsprechend ausführt.

James Swartz erklärt dies so:

> Das [Ego] identifiziert sich mit dem Körper-Geist-Sinnes-Komplex. Die Ohren hören, aber sie sagen nicht: „Ich höre". Derjenige, der sagt „Ich höre", ist das Ego (Ahamkara), der Teil des feinstofflichen Körpers, der sich als Täter der Handlungen sieht.

Um Handlungen einzuleiten und auszuführen, ist es für den Geist wichtig, das Gefühl zu erzeugen, der Ausführende zu sein. Aber auch das ist nur eine weitere Modifikation des Geistes. Das Ego basiert auf dem Gedanken „Ich sehe, höre, denke, handle". Was bis dahin einfach eine Ansammlung von unpersönlichen Mechanismen war, erhält plötzlich den Stempel „Mein". Die Dinge werden persönlich!

Ahamkara ist sowohl ein Segen als auch ein potenzieller Fluch. Wegen der Problematik der falschen *Selbst*-Identifikation hat dieser einfache Mechanismus das Potenzial, für den Jiva ganze Leidens-Welten zu erschaffen.

III. Intellekt. Es gibt noch einen weiteren Bereich des feinstofflichen Körpers, subtiler als Sinne, Verstand und Ego: den Intellekt. Der Intellekt ist der Teil von dir, der in der Lage ist, zu bewerten was du fühlst, denkst und erlebst. Nach Abwägung aller Variablen bestimmt der Intellekt die angemessene Handlungsweise.

Der Intellekt kann als Teil eines Kontroll- und Ausgleichssystems betrachtet werden. Anstatt blind auf Emotionen zu reagieren, wozu viele Menschen neigen, hilft dir der Intellekt, auf das Leben auf eine reifere Weise zu reagieren. Er ist in der Lage, das große Ganze zu sehen. Und es ist der Teil von dir, der aus früheren Erfahrungen lernen und dir helfen kann, dein Leben mit größerer Intelligenz, Geschicklichkeit und Vernunft zu meistern. Wenn er nicht trainiert wird, verkümmert er, wie ein Muskel. Wenn jemand allein aus Impulsen und Gefühlen heraus lebt, ist sein Intellekt höchstwahrscheinlich unterentwickelt und sein Leben von Chaos und Stress gekennzeichnet. Während die New-Age-Spiritualität dazu neigt, Geist und Intellekt als irgendwie „nicht spirituell" zu verunglimpfen, behauptet Vedanta, dass der Intellekt ausschlaggebend ist für die Fähigkeit, das Wahre vom Falschen zu unterscheiden. Ohne Unterscheidungsfähigkeit wirst du weiterhin blindlings deine Vasanas ausleben, für immer an Samsara gebunden.

Im Idealfall gibt der Intellekt, sobald er die von den Sinnen übermittelten Daten verstanden und die Zweifel des Geistes ausgeräumt hat, Anweisungen an den Ahamkara weiter. Das Ego – Gedanken, Gefühle und Handlungen in Besitz nehmend – führt dann die entsprechenden Handlungen aus.

3. Der Kausalkörper

Wir haben bereits über Vasanas gesprochen, die unbewussten Eindrücke, die im Geist entstehen, wenn wir eine Handlung ausführen. Sie erhöhen die Wahrscheinlichkeit, dass wir diese Handlung in Zukunft wiederholen oder vermeiden.

Diese psychologischen Tendenzen sind unsere Vorlieben und Abneigungen in verfestigter Gestalt. Sie werden im sogenannten Kausalkörper gespeichert. Der diesem in moderner Sprache vielleicht am nächsten kommende Ausdruck, ist das Unterbewusstsein. Er wird manchmal als das nicht manifestierte „Samenstadium" bezeichnet, weil er die sich selbst vermehrenden „Samen" enthält, die durch unsere vergangenen Gedanken und Handlungen ausgesät wurden. Diese Samen keimen später als spezifische Gedanken und Impulse im feinstofflichen Körper und schaffen die Veranlagung, auf bestimmte Weise zu handeln.

Die Vasanas des Kausalkörpers können entweder positiv oder negativ und bindend oder nicht-bindend sein. Zu den positiven Vasanas gehören Gedanken und Handlungen, die im Einklang mit unserer Natur stehen und unserem Wohlbefinden förderlich sind, wie z. B. die Gewohnheit, sich gesund zu ernähren, sich täglich zu bewegen und zu meditieren. Negative Gewohnheiten erzeugen entsprechende negative Vasanas, die uns ständig zu Handlungen zwingen, die für uns vielleicht nicht vorteilhaft sind, wie z. B. übermäßiges Essen, Rauchen, Trinken, Aufschieben von Tätigkeiten oder negatives Denken.

Ein nicht-bindendes Vasana drückt sich als Vorliebe oder Faible aus, während ein bindendes Vasana zu einem unkontrollierbaren Zwang oder einer Sucht wird.

Es ist unmöglich, psychische Freiheit zu genießen, solange bindende Vasanas den Geist bedrängen und an ihm zerren. Sie stören den Geist und wühlen ihn auf. Sie können dich jederzeit dazu bringen, Dharma zu verletzen, um das zu bekommen, wonach du dich sehnst. Deshalb ist es notwendig, alle bindenden Vasanas durch die ständige Praxis von Karma-Yoga in die nicht-bindende Variante umzuwandeln.

Die Glühbirnen-Metapher

Es gibt natürlich noch einen weiteren, letzten, Faktor in der Gleichung – der wichtigste von allen, das Mittel, durch das der Jiva-Apparat funktioniert.

Wir haben gerade den Körper-Geist-Sinnes-Komplex diskutiert, der aus dem grobstofflichen, dem feinstofflichen und dem kausalen Körper besteht. Als wahrnehmbare Objekte fallen diese in die Kategorie von Mithya, d. h. sie haben keine eigenständige Existenz. Sie sind auf einen anderen Faktor für ihre Existenz angewiesen. Mithya, die abhängige Wirkung, kann niemals ohne Satya, die unabhängige Ursache existieren – ohne das *Selbst* oder Bewusstsein/ Gewahrsein.

Materie allein, grobstofflich oder feinstofflich, ist leblos und nicht empfindungsfähig. Was sie zum Leben erweckt, ist das Licht des *Selbst*. Gewahrsein segnet diese Objekte mit Empfindungsfähigkeit, so wie die Sonne den Mond mit ihrem reflektierten Licht segnet. Körper und Geist funktionieren also mit dem reflektierten Bewusstsein des *Selbst*.

Swami Paramarthananda verwendet die Analogie einer Glühbirne. Stellen wir uns vor, dass Glühbirne und Glühfaden den grobstofflichen und den feinstofflichen Körper des Jiva repräsentieren. An sich sind diese Komponenten leblos und nicht in der Lage, Licht zu erzeugen. Ein weiterer Faktor ist erforderlich, und zwar das unsichtbare Prinzip, durch das die Glühbirne zu einer Lichtquelle wird: Elektrizität.

Wie bei Elektrizität gibt es einen unabhängigen Faktor, der den ansonsten leblosen Körper-Geist-Sinnes-Komplex durchdringt und ihm Leben verleiht. So wie Elektrizität auch dann weiter besteht, wenn die Glühbirne zerbrochen ist, so ist auch dieses belebende Prinzip unbeeinflusst vom Zustand oder Verlust des Körpers. Der Körper mag verschwunden sein, aber das *Selbst* kann nirgendwo hingehen. Es ist, wie wir festgestellt haben, grenzenlos und ohne Anfang oder Ende.

Auch wenn es Millionen von Glühbirnen geben mag, es gibt nur eine Elektrizität. In ähnlicher Weise gibt es nur ein *Selbst*, das die Milliarden von Jivas durchdringt, erleuchtet und ihnen Leben verleiht.

Einer der Kernpunkte dieses Kapitels ist, dass das *Selbst* nicht-handelnd ist. Es durchdringt alles, wie Raum. Was alles durchdringt, kann keine Handlung ausführen. Handlung erfordert Bewegung, sei es körperlich oder geistig, eine Entwicklung von einem Zustand zum anderen. Raum ist nicht-handelnd, weil er sich nicht von einem Ort zum anderen bewegen kann. Er ist bereits überall. Während Luft, Feuer, Wasser und sogar Erde sich bewegen können, kann sich Raum nicht bewegen.

Das *Selbst* durchdringt alle Dinge, so wie Raum. Es gibt nirgendwo etwas, was es nicht ist. Deshalb ist das *Selbst* immer frei von Handlung. Als das *Selbst* ist es dir unmöglich, dem Handeln zu entsagen oder es aufzugeben, denn es war nie wirklich deins.

Die drei Ordnungen der Wirklichkeit

Wenn das *Selbst* nicht handelt und du das *Selbst* bist, wie geschieht dann Handlung? Aus der Perspektive des Jiva erscheint es so, als würdest du handeln. Jeden Tag führst du zahlreiche Handlungen aus, beginnend mit dem Zähneputzen gleich morgens, der Fahrt zur Arbeit, dem Essen, dem Treffen von Entscheidungen und der Umsetzung verschiedener Ziele und Projekte.

Um das Wesen von Handeln und Nicht-Handeln zu verstehen, ist es notwendig zu betrachten, was Vedanta die drei Ordnungen der Wirklichkeit nennt. Die meiste Verwirrung um das Thema „Täterschaft" rührt von der Verwechslung dieser Ebenen her.

Diese drei Ordnungen der Realität sind die absolute, die objektive und die subjektive.

1. Die absolute Ordnung der Wirklichkeit (*Paramartika*)

Die absolute Realität, *paramartika*, ist Brahman, das *Selbst*. Es ist frei von Attributen, grenzenlos, unteilbar und jenseits von Geburt und Tod. Als der Urgrund der Existenz kann nichts ohne diese Realität existieren, einschließlich der beiden anderen Realitätsordnungen. Das Absolute allein ist Satya, während alles andere Mithya ist. Wenn wir über das *Selbst* sprechen, beziehen wir uns auf diese absolute Ordnung der Realität.

2. Die objektive/empirische Ordnung der Wirklichkeit (*Vyavaharika*)

Dank Maya erleben wir innerhalb des Absoluten das objektive, empirische Universum, die Welt der Formen und Erfahrung. Diese Ordnung der Wirklichkeit, *vyavaharika*, umfasst alle Elemente, die Sterne, Galaxien, Welten, Objekte, alle Jivas und alles, was mit den Sinnen wahrnehmbar ist.

Die Objekte der empirischen Ordnung der Wirklichkeit, Maya, existieren offensichtlich, sonst wären wir nicht in der Lage, sie zu erfahren. Sie können jedoch nicht als absolut „real" betrachtet werden, weil sie, wie wir gezeigt haben, Anfang und Ende haben und keine eigene unabhängige Existenz besitzen, so wie Tonkrüge nicht unabhängig vom Ton existieren. Als Effekt ist die objektive Realität immer völlig abhängig von ihrer Ursache – reinem Gewahrsein, dem *Selbst* bzw. der absoluten Ordnung der Realität.

3. Die subjektive Ordnung der Wirklichkeit (*Pratibhasika*)

Innerhalb der objektiven Ordnung der Wirklichkeit erscheint eine dritte Ordnung der Wirklichkeit, die subjektive oder *pratibhasika*-Welt genannt wird.

Dies ist die private Welt der Vorstellungen, Projektionen und Träume des Jivas. In unseren nächtlichen Träumen erleben wir alle möglichen Dinge, die keine empirische Existenz haben. Sie existieren jedoch auf einer persönlichen, subjektiven Ebene, weil wir sie offensichtlich erleben.

Wir erleben diese geträumte Welt nicht nur im Schlaf. Wir erleben sie auch während des Tages. Wann immer du tagträumst, dir etwas vorstellst oder phantasierst, bewohnst du Pratibhasika, die subjektive Realitätsordnung des Jiva, einen Ort, der nur dir zugänglich und bekannt ist.

Ängste, Projektionen und falsche Vorstellungen sind ebenfalls Pratibhasika. Vedanta benutzt bekanntlich die

Metapher von der Schlange und dem Seil. Eines späten Abends erreicht ein müder Reisender den Stadtrand eines Dorfes und hält bei einem Brunnen an. Gerade als er seinen Durst löschen möchte, bekommt er einen Riesenschreck. Am Rand des Brunnens sieht er eine Schlange, den Kopf erhoben und bereit, anzugreifen. Erst als sich ein anderer Mann mit einer Laterne nähert, wird dem Reisenden klar, dass es sich nicht um eine Schlange handelt. Es ist einfach ein Stück Seil, das neben einem Eimer aufgerollt liegt.

Bei Pratibhasika ist das, was du siehst, nicht wirklich da. Es ist ein Wahrnehmungsfehler, eine Projektion, die durch den Verstand verursacht wird. Aber, real oder nicht, du siehst und erlebst es trotzdem, so dass es in diesem Moment eine bestimmte, subjektive Realität besitzt.

Verwechslung der Ordnungen der Wirklichkeit

Im Laufe des Tages pendeln wir zwischen diesen beiden letztgenannten Realitätsordnungen hin und her. Wir interagieren mit der objektiven Realität und schaffen aus Urteilen, Unwissenheit und Projektionen alle möglichen subjektiven Interpretationen und alternative Realitäten.

Die subjektive Ordnung der Wirklichkeit wird durch den Geist des Jivas erschaffen. Es ist eine private Welt, die nur von diesem bestimmten Jiva wahrgenommen werden kann. Die objektive Ordnung der Wirklichkeit ist eine Schöpfung Ishvaras, die der innewohnenden kosmischen Intelligenz entspringt. Diese Realität ist nicht privat, denn sie wird von allen Jivas erfahren. Jedoch sind diese beiden Ordnungen der Realität Mithya. Sie entlehnen ihre Existenz der absoluten Ordnung der Wirklichkeit, Satya.

Um den Unterschied zwischen diesen beiden Realitätsebenen zu verstehen, ist es hilfreich, noch einmal das Träumen zu betrachten. Deine Träume finden auf einer Realitätsebene statt, wo du alle möglichen wundersamen und erschreckenden Dinge erleben kannst. Beim Aufwachen bist du jedoch völlig unverändert von dem, was in diesem Traum geschehen ist. In deinem Traum hast du vielleicht jemanden ermordet, aber wenn du aufwachst, gehst du nicht hin und stellst dich den Behörden.

Das liegt daran, dass das, was in einer bestimmten Ordnung der Realität geschieht, nur zu dieser Ordnung gehört. Es gibt keine Überschneidungen. Deine Träume werden nicht plötzlich auf deine Realität im Wachzustand übergreifen. Und weder deine Träume noch deine Wachrealität wirken sich in irgendeiner Weise auf die absolute Realität aus – auf den unveränderlichen Urgrund der Existenz: reines, undifferenziertes Gewahrsein/ Bewusstsein.

Bleiben wir beim Traum-Beispiel: Du kannst nicht sagen, dass der Traum nicht existiert hat, denn du hast ihn klar und deutlich erlebt. Aber Wissen negiert den Traum als nichts anderes als eine Projektion im Bewusstsein, von dem er seine begrenzte Existenz geliehen hat.

Was die Täterschaft betrifft, so entstand der Traum wegen dir, aber du kannst nicht sagen, dass du der Handelnde des Traums warst. Es war keine Täterschaft im Spiel. Der Traum war einfach eine Erscheinung im Bewusstsein. Seine Form und sein Inhalt wurden durch außerhalb deiner bewussten Kontrolle liegende Faktoren bestimmt.

Um die drei Ordnungen der Realität zusammenzufassen: Die subjektive Welt der Gedanken, Interpretationen und Träume des Jiva wird der objektiven/empirischen Welt von Ishvara überlagert. Tatsächlich ist der Jiva selbst ein Produkt von Ishvara und nicht von ihm getrennt. Diese beiden Ordnungen der Realität finden innerhalb der zugrunde liegenden absoluten Realität statt, dem *Selbst* – der Grundsubstanz, von der alle Dinge ihre Existenz ableiten.

Wie Handlung geschieht

Du fragst dich vielleicht, was dieses Gerede über Ordnungen der Wirklichkeit mit handeln und nicht-handeln zu tun hat. Kurz gesagt, auf der Ebene der absoluten Ordnung der Wirklichkeit ist das *Selbst* nicht-handelnd. In der objektiven Ordnung der Wirklichkeit, der Welt der Formen und Unterschiede, geschieht jedoch Handlung dank Maya.

Ähnlich wie die Sonne alles Leben ermöglicht, ohne selbst etwas anderes zu tun als zu scheinen, ist das *Selbst* das Prinzip, das die gesamte Schöpfung ermöglicht, wobei es selbst handlungslos bleibt.

Während das *Selbst* bewegungslos ist, befindet sich alles in der materiellen Schöpfung in ständiger Bewegung. Sogar scheinbar leblose Dinge wie Steine strotzen auf subatomarer Ebene vor Aktivität: ein frenetischer Tanz von Elektronen, Protonen und Neutronen, angetrieben von der innewohnenden organisierenden Intelligenz Ishvaras.

Der Jiva beansprucht zwar schnell das Eigentum an seinen Handlungen, aber alle Handlungen gehören letztendlich Ishvara, wie wir sehen werden. Schließlich hat Ishvara den gesamten Mechanismus eingerichtet, mittels dem der Jiva funktioniert.

Damit der Jiva eine Handlung ausführen kann, müssen fünf Faktoren vorhanden sein: der physische Körper, der feinstoffliche Körper, das physiologische System, das Ego und natürlich Ishvara.

Der physische Körper und die Sinne für Wahrnehmung und Handlung sind offensichtlich für die Durchführung jeder Handlung von wesentlicher Bedeutung. Ebenso wie natürlich die physiologischen Systeme (Atmung, Kreislauf und Verdauung) für das Funktionieren von Körper und Geist notwendig sind. Auch der feinstoffliche Körper mit Geist, Intellekt und Ego ist beteiligt.

Um es noch einmal zusammenzufassen: Unsere Sinne übermitteln Informationen an den Verstand, der die Daten anschließend filtert, hinterfragt und interpretiert. Der Intellekt wägt danach unsere Optionen ab und entscheidet auf Grundlage von Wissen und Erfahrung aus der Vergangenheit (und natürlich angetrieben durch die Vasanas des Kausalkörpers) über eine angemessene Reaktion. Der Verstand erzeugt Emotionen und diese zwingen zum Handeln. Und schließlich führt die Ich- oder Macher-Funktion, das Ahamkara, die Handlung mit Hilfe der Handlungsorgane aus.

Es ist wichtig anzumerken, dass das Ego, obwohl es sich selbst als einzige Autorität und alleinigen Akteur der Handlung betrachtet, eigentlich nur ein Faktor unter vielen ist.

Das Ego ist unser Gefühl eines eigenständigen Seins, d. h. das Gefühl, derjenige zu sein, der Handlungen initiiert und die Verantwortung für die Ergebnisse hat. Das Ego ist zwar ein wesentlicher Bestandteil des feinstofflichen Körpers, hat aber ein überhöhtes Gefühl für seine eigene Bedeutung. Es drückt allem seinen Stempel auf und nimmt im Nachhinein jeden Gedanken und jedes Gefühl in „seinen Besitz", obwohl es in Wirklichkeit nur die Spitze eines sehr großen Eisbergs ist.

Ishvara ist der Handelnde

Während sich das Ego als alleinigen Ausführenden der Handlung versteht, ist seine Handlungsmacht begrenzt. Schließlich hat der Jiva nicht einmal die Kontrolle über die Gedanken und Gefühle, die in seinem Geist entstehen. Diese erscheinen automatisch im feinstofflichen Körper, aus dem Kausalkörper aufsteigend, dem Unbewussten bzw. Ishvara.

Avidya (*Selbst*-Ignoranz) bewirkt, dass sich der Jiva mit diesen Gedanken und Gefühlen identifiziert. Das Ego verleiht ihnen das „Ich"-Empfinden, und so werden sie zu *meinen* Gedanken und Gefühlen. Da der Jiva Erscheinungen für real hält, glaubt er, ein begrenztes Wesen zu sein, das der Gnade eines getrennt von ihm existierenden Universums ausgeliefert ist.

Aus Unwissenheit entsteht eine Welt der Wünsche und Ängste, die den Jiva für Handlungen empfänglich machen. Mit jeder weiteren Handlung werden die Vasanas stärker und zwingen den Jiva, immer wieder zu handeln, während er sich immer mehr im Netz von Samsara verstrickt.

Der Irrtum des Jiva besteht darin, sich etwas anzueignen, was letztlich nicht zu ihm gehört. In Wirklichkeit ist der Jiva nicht der Handelnde. Er hat ein Gefühl des Handelns und Gestaltens, aber alles im gegenständlichen Bereich, in Maya, gehört zu Ishvara.

Die Gesamtheit der Schöpfung ist Ishvara – das gesamte manifestierte Universum. Obwohl sich das Ego selbst als alleinigen Urheber seiner Handlungen betrachtet, ist es nicht möglich Ishvara zu übergehen. Ishvara ist die Umgebung, in der die Handlung stattfindet und die Kraft, die in Form von Vasanas die Handlung überhaupt erst erzeugt.

Ungeachtet dessen, was uns die meisten persönlichen Selbstverbesserungs- und Motivationsprogramme glauben lassen wollen, ist der Jiva nicht der Kapitän des Schiffes. Ishvara schuf den grobstofflichen und den feinstofflichen Körper des Jiva sowie den Kausalkörper. Darüber hinaus wird die gesamte Schöpfung von Ishvaras Gesetzen kontrolliert. Alles geschieht nach diesen Gesetzen, einschließlich der Gedanken und Gefühle des Jiva, die durch die Gunas und Vasanas bestimmt werden.

Das Ego hört das nicht gerne. Es will schließlich nicht arbeitslos sein oder eine demütigende Degradierung erleiden. Seine Aufgabe ist es, all die Gedanken und Handlungen in Besitz zu nehmen. Es glaubt grundsätzlich für deren Ausführung verantwortlich zu sein.

Diese Vorstellung, der Handelnde zu sein, ist jedoch eine fest verankerte Illusion. Um der Handelnde, der einzige Verantwortliche für das Handeln zu sein, müsste der Jiva alle Faktoren kennen und unter Kontrolle haben, welche die Handlungen erzeugen und beeinflussen. Das ist selbstverständlich nicht möglich.

Wie Carl Sagan einmal sagte: „Wenn du einen Apfelkuchen von Grund auf neu erschaffen willst, musst du zuerst das ganze Universum neu erschaffen."

Weil Ishvara das gesamte Universum und die Gesetze, die das Universum regieren, einschließlich aller Jivas erschaffen hat, ist letztendlich Ishvara der Handelnde.

Die Frage des freien Willens

Bedeutet dies, dass der freie Wille nicht existiert?

Es ist schwierig, diese Frage einfach mit einem Ja oder Nein zu beantworten. Aus der Perspektive des *Selbst* gibt es keinen freien Willen, weil das *Selbst* überhaupt keinen Willen hat. Es hat keinen Willen, weil es nichts anderes als das *Selbst* gibt. Was könnte das *Selbst* möglicherweise wollen, wenn es bereits alles und überall ist?

Auch in Bezug auf Ishvara und die objektive Ordnung der Wirklichkeit ist die Frage des freien Willens irrelevant. Ishvara funktioniert nach universellen Gesetzen, deren Urheber und Umsetzer er zugleich ist. Es ist ein gesetzmäßiges Universum, und diese Gesetze bleiben konstant.

Als Verwalter von Maya verfügt Ishvara über Allmacht und Allwissen, daher ist es denkbar, dass Ishvara seinen Willen benutzen könnte, die Spielregeln zu ändern. Doch diese Schöpfung ist objektiv und unpersönlich. Auch nur einen Aspekt zu ändern – sagen wir, das Feuer kalt statt heiß zu machen – würde die gesamte Schöpfung in Unordnung und das Dharma-Feld durcheinander bringen. Der Wille von Ishvara ist Dharma. Indem der Jiva in Übereinstimmung mit dem Dharma lebt, lebt er in Übereinstimmung mit Gott.

KAPITEL VIER

Wenn es um den Jiva geht, gibt es einen scheinbar freien Willen. Im Gegensatz zu Pflanzen und Tieren, die ganz ihrer Natur entsprechend leben, haben Menschen einen gewissen Grad an Wahlfreiheit. Obwohl wir kein direktes Mitspracherecht über den Körper haben, der uns gegeben ist, können wir wählen, ob wir gesund essen und leben, wie wir unser Haar stylen und welche Art von Kleidung wir tragen. Ebenso haben wir zwar wenig Kontrolle über die Außenwelt, aber mit etwas Glück können wir entscheiden, wo wir leben wollen, wen wir in unserer Nähe haben wollen und welche Art von Umgebung wir um uns herum schaffen. Wir können wählen, ob wir Tee oder Kaffee, einen Apfel oder eine Orange haben wollen. Und mittlerweile kannst du sogar dein Geschlecht wählen, wenn du mit dem Geschlecht, mit dem du geboren wurdest, nicht glücklich bist!

Natürlich wird jede objektive Analyse der menschlichen Erfahrung zu dem Schluss kommen, dass die meisten von uns getroffenen Entscheidungen nicht willentlich, sondern vorherbestimmt sind. Unser Verhalten und unsere Entscheidungen werden weitgehend durch unsere Umwelt und unsere Konditionierung in Form von Vasanas und Gunas bestimmt. Deshalb ist es richtig zu sagen, dass es in Wirklichkeit Ishvara ist, der diese ganze Show dirigiert.

Der scheinbar freie Wille des Jiva ist jedoch ein wesentlicher Bestandteil unseres Lebens. Anstatt eine fatalistische Haltung einzunehmen und uns zu weigern, vom Sofa aufzustehen, ist es unerlässlich, dass wir unseren freien Willen ausüben. Das Leben ist ein Tanz, ein Schauspiel, und es ist wichtig, dass wir bei diesem Schauspiel „mitmachen".

Was den Jiva betrifft, so wird er oder sie immer eine Sache einer anderen vorziehen. Dharma zu folgen ist zweifellos die beste Option, denn Adharma ist mit unerwünschten Auswirkungen verbunden.

Natürlich kann eine Person aufgrund ihres Wesens oder ihrer Erziehung dazu neigen, adharmische Handlungen auszuführen. Deshalb sollte immer der Intellekt eingesetzt werden, um festzustellen, ob unsere Handlungen richtig und angemessen sind.

Kurz gesagt sollten wir bewusst und nicht unbewusst leben. Unsere Handlungen sollten von einem unterscheidenden Intellekt und nicht von blinden, reaktiven Emotionen und Impulsen geleitet sein.

Die sich ergänzenden Prinzipien von Dharma- und Karma-Yoga liefern eine solide Vorlage für unseren Austausch mit der Welt. Dadurch wird nicht nur sichergestellt, dass unsere Handlungen in Harmonie mit Ishvara stehen, sondern es wird auch mühelos Stress abgebaut, der dadurch verursacht wird, dass wir glauben, die Handelnden zu sein.

Der Jnani, dessen Geist durch das Licht der vollkommen verinnerlichten *Selbst*-Erkenntnis gesegnet ist, hat das Gefühl, der Handelnde zu sein, vollkommen negiert. Handlung und Wille gehören ausschließlich zu Mithya, der empirischen Welt der Sinne. Das *Selbst*, als Satya, bleibt immer frei, selbst wenn das phänomenale Universum seinen ewigen Tanz fortsetzt.

Löschen des Karma-Kontos

„Die Weisen sehen Nicht-Handeln im Handeln" bedeutet, dass sich der Jnani selbst inmitten einer Aktion bewusst ist, dass das *Selbst* nicht der Handelnde ist. Das *Selbst* ist dasjenige, durch das Handlung geschieht, während es selbst aber immer frei von Handlung bleibt.

Wenn du wirklich der Handelnde wärst, gäbe es kein Entkommen aus Samsara, denn die eigentliche Grundlage von Samsara ist die Anhaftung an Handlungen und deren Ergebnisse. Der einzige Ausweg ist die Untersuchung und Negierung der gesamten Vorstellung, der Urheber der Handlung zu sein.

Swami Dayananda sagt dazu:

Die Vernichtung von etwas zu einer bestimmten Ordnung der Realität gehörendem, kann nur durch Wechsel in eine höhere Ordnung der Realität herbeigeführt werden. Wenn beispielsweise der Träumer aufwacht, ist alles vernichtet, was im Traum geschehen ist. Deshalb kann die Vernichtung nur durch Widerlegung stattfinden. Zu widerlegen was falsch ist, ist Wissen.

Wenn das eigene Handeln in seiner Gesamtheit als zu Mithya und nicht zu Satya, zur empirischen Realität und nicht zum Absoluten gehörend betrachtet wird, ist die Auffassung vom *Selbst* als Handelndem negiert.

Das Ego ist ein Hindernis für *Selbst*-Erkenntnis, weil es allem, mit dem es in Berührung kommt, einen Stempel der „Ichheit" aufdrückt. Es ist ein Hochstapler-Selbst, das deine *Selbst*-Identifikation untergräbt, und dich an die Vorstellung gebunden hält, dass du ein begrenztes, zeitgebundenes Wesen bist.

Im Gegensatz zu dem, was einige spirituelle Lehren behaupten, kann das Ego nicht zerstört werden und das muss es auch nicht. Es muss einfach als das verstanden werden, was es ist. Das Ego ist nicht das *Selbst*, obwohl es glaubt, das *Selbst* zu sein. Als ein beobachtbarer Bestandteil des feinstofflichen Körpers ist es Mithya und für seine Existenz auf das *Selbst*, Bewusstsein, angewiesen.

Im Bereich der Maya findet ständig Handlung statt, aber diese Handlung ist spezifisch für die empirische Ordnung der Wirklichkeit. Das *Selbst*, das Absolute, bleibt frei von jeder Handlung.

Selbst wenn du dich immer noch für einen Jiva hältst, macht die obige Analyse deutlich, dass das Tun zu Ishvara gehört, also weder zum Jiva noch zum *Selbst*. Also bist du so oder so fein raus – du bist frei von der Urheberschaft des Handelns. Wenn Karma nicht zu dir gehört, dann gehören auch die Ergebnisse des Karmas nicht dir. Das Handeln und seine Ergebnisse gehören allein zu Ishvara.

Wenn du dich nicht mehr als Jiva identifizierst, gibt es niemanden mehr, der die Ergebnisse des Handelns für sich beansprucht. Dein „Karma-Konto" wird sozusagen aus dem System gelöscht.

Auch wenn sich *prarabdha-karma* – Karma, das in diesem Leben Früchte trägt – weiterhin ausspielen muss, wird es durch *Selbst*-Erkenntnis so gut wie neutralisiert. Als Jnani, als befreite Seele, bist du von diesem Karma abgeschirmt, weil dein Geist, egal unter welchen Bedingungen, gleich bleibt. Es kann kein neues Karma entstehen, weil es keinen „Adressaten" mehr gibt.

Unbelastet von der Fehlvorstellung des Egos, Urheber von Handlungen zu sein, und von der falschen *Selbst*-Identifikation, erkennst du dich als vollkommen, vollständig und unendlich zufrieden in dir allein. Du musst nicht mehr die Außenwelt manipulieren und Objekten hinterherlaufen, um glücklich zu sein. Warum solltest du das tun, wenn du eine unbegrenzte Quelle des Glücks in dir hast?

Handlung für den Erleuchteten

Wer das *Selbst* kennt, hat das höchste Ziel des Lebens erreicht und erstrebt nichts mehr in der Welt. Beim Unwissenden entsteht Handeln aus dem Bedürfnis, „jemand zu werden" und Fülle, Glückseligkeit und Vollständigkeit zu erlangen. Aber da der Jnani weiß, dass er bereits vollständig ist, hat er nichts zu gewinnen oder zu beweisen. Die Handlungen der Jnanis stimmen spontan mit Dharma überein, weil sie keinen Grund haben, ihn zu verletzen.

Ein erleuchteter Geist hält sich nicht länger für ein vergängliches Wesen, das in einem feindseligen Umfeld erschienen ist und den Beschränkungen dieser Welt unterliegt. Alles wird als das *Selbst* gesehen. Jnanis betrachten die ganze Welt als Erscheinung in Bewusstsein, so wie die Traumwelt nachts in Bewusstsein erscheint.

Nicht mehr in endloser Grübelei über sich selbst verloren, nicht mehr von zwanghaften Wünschen und fieberhaften Projektionen über Vergangenheit und Zukunft gepackt, leben die Befreiten im gegenwärtigen Augenblick, genießen das Leben, wie es ist, frei von der Notwendigkeit, es zu begreifen und zu kontrollieren.

Während ein Samsari handelt **um** Freude zu finden, handelt der Jnani **aus** der Freude heraus. Während ein Samsari **für** seine Erfüllung arbeitet, arbeitet der Jnani erfüllt. Was immer ein Samsari sucht, hat der Jnani bereits gefunden.

Ohne egoistisches Begehren oder Wollen handeln Befreite um die Welt zu segnen, anstatt um etwas von der Welt zu bekommen.

Vedanta definiert Erfolg als die Fähigkeit, sowohl die Erfolge als auch die Misserfolge des Lebens mit gleicher Würde zu bewältigen. Schließlich ist es unmöglich, das eine ohne das andere zu haben. Gleich im Glück und im Unglück und frei von emotionaler Abhängigkeit von Objekten, ist nur der Jnani in der Lage, das Spiel des Lebens wirklich zu genießen. Solche Seelen betrachten das Leben als *lila*, als Spiel oder Sport.

Selbst-Erkenntnis verschiebt den Punkt unserer Identität vom Jiva zum *Selbst*, von Mithya zu Satya. Natürlich bleiben Körper, Geist, Intellekt und Ego für die zugeteilte Lebensspanne erhalten. Das Leben setzt seinen fröhlichen Tanz fort. Der Jiva muss morgens immer noch aufstehen, das Bett machen und den Tag beginnen. Das Handeln geht also entsprechend unserem Karma weiter wie bisher.

Die Weisen entsagen also nicht dem Handeln, indem sie sich des Handelns enthalten – was schlussendlich gar nicht möglich ist. Stattdessen entsagen sie dem Handeln durch Wissen. Sie fahren fort zu handeln, identifizieren sich aber nicht mehr als Urheber dieser Handlungen.

Swami Paramarthananda vergleicht dies mit dem Verkauf eines Hauses, in dem man aber weiterhin wohnt. Alles mag gleich erscheinen und das Leben geht weiter wie bisher, aber die Handlungen wurden Ishvara ausgehändigt (der in Wirklichkeit schon immer der Besitzer war). Statt mit einem Gefühl von Besitz und Anspruch zu leben, leben die Weisen als Treuhänder, mit dem Wissen, dass alles auf dieser Welt vorübergehend von Ishvara geliehen ist.

Als derjenige, der die gesamte Schöpfung bewerkstelligt und unterhält, hat Ishvara das Haus – insbesondere unseren Körper und unsere Umwelt – zur Verfügung gestellt und kümmert sich um den größten Teil des Unterhalts. Als Gegenleistung für die Vermietung wird von uns erwartet, dass wir Dharma folgen und alles gesund, sauber und in Ordnung halten. Auch wenn die letztendliche Verantwortung beim Vermieter liegt, müssen wir uns dennoch gut um das Eigentum des Vermieters kümmern. Schließlich läuft jeder Mieter, der dem Vermieter zu viele Probleme bereitet, Gefahr, gekündigt zu werden!

Das Leben als Opfergabe

Es ist nur angemessen, in Dankbarkeit und Hingabe zu leben. Krishna spricht davon, ein Leben voller Andacht, ein Leben der Hingabe und Aufopferung zu führen. Uns wurde alles von Ishvara gegeben und deshalb haben wir eine Schuld zu begleichen.

Krishna zeichnet verschiedene Wege, wie wir Opfergaben, *yajnas*, darreichen können. Dazu gehört es, anderen zu helfen, sei es in Form von Zeit, Mühe oder Geld, Mäßigung in Ernährung und Lebensstil zu üben und Yoga zur Reinigung von Körper und Geist zu praktizieren.

Die höchste Form der Opfergabe ist jedoch das Streben nach und die Praxis von *Selbst*-Erkenntnis, die den Jiva von der Knechtschaft des Handelns und Samsara befreit. Deshalb empfiehlt Krishna, einen qualifizierten Lehrer zu finden, der die Vision des Vedanta entfalten und eventuell auftretende Zweifel oder Verwirrung auflösen kann.

Damit die Unterweisung funktioniert, musst du sicherstellen, dass du ein entsprechend qualifizierter Schüler bist. Deshalb musst du einen beständigen, ruhigen Geist kultivieren, einen Geist, der in der Lage ist, die Lehre mit zielgerichteter Hingabe zu hören und über sie nachzudenken. Du brauchst sowohl Vertrauen in die Lehre und den Lehrer als auch die Aufrichtigkeit und das Engagement, um das zu schaffen. Auch Disziplin der Sinne ist wichtig, sonst galoppiert dein Geist, wie ein wildes Pferd, in alle Richtungen.

Die größten Hindernisse für Erkenntnis sind Unwissenheit, mangelndes Vertrauen und Zweifel. Die Lösung besteht im Praktizieren von Karma-Yoga, um die Extrovertiertheit des Geistes und seine fest verwurzelten Vorlieben und Abneigungen zu neutralisieren. Nur dann bist du fit für Jnana-Yoga, den Yoga der *Selbst*-Erkenntnis.

Diese *Selbst*-Erkenntnis zerstört die Vorstellung von der Urheberschaft des Handelns. Das tut sie, indem sie eine „klare Sicht" verschafft, wie Shankara es nennt, die unerschütterliche Unterscheidungsfähigkeit zwischen Satya und Mithya, dem Realen und dem Nicht-Realen. Jede Handlung, einschließlich des Urhebers, des Zwecks und des Mittels der Handlung, sowie die Handlung selbst, wird als Mithya verstanden – als nur scheinbar real.

Wenn sich Kummer, Verblendung und Leid im Licht der Wahrheit auflösen, erlangst du den absoluten Frieden deiner eigenen Natur als das immer freie, immer leuchtende *Selbst*.

KAPITEL FÜNF

Verzicht

1. Arjuna war verwirrt. „Krishna, du hast sowohl das Ausführen von Handlungen als auch den Verzicht auf Handlungen empfohlen. Sag mir, was das eindeutig bessere ist."

2. Krishna sagte: „Sowohl der Verzicht auf Handlung als auch das Handeln im Geiste von Karma-Yoga führen schließlich zur Befreiung. Aber der Weg des Handelns ist für die meisten Suchenden besser geeignet.

3. „Ein Mensch, der etwas weder hasst noch sich nach etwas sehnt, wird Entsagender genannt. Eine solche Seele, frei von jeglichem Gefühl der Dualität und frei von persönlichen Vorlieben und Abneigungen, befreit sich mühelos von allen Fesseln.

4-5. „Die Unwissenden glauben, es gäbe einen Unterschied zwischen dem Pfad der Erkenntnis und dem Pfad des Karma-Yoga. Aber ein Mensch, der sich auf einen Pfad festgelegt hat, wird die Früchte von beiden ernten. Beide führen schließlich zum gleichen Ergebnis, so dass die Weisen den Pfad der Erkenntnis und den Pfad des Yoga als eine Einheit betrachten.

6. „Es ist schwierig, auf Handlungen zu verzichten, ohne zuerst Karma-Yoga gemeistert zu haben. Aber derjenige, der sich einem Leben des Yoga verschrieben hat und einen gereinigten und unterscheidungsfähigen Geist hat, wird ohne Mühe Brahman (das *Selbst*) erkennen.

7. „Nachdem er den Körper und die Sinnesorgane gemeistert und erkannt hat, dass er das *Selbst* in allen Wesen ist, bleibt er unberührt, selbst wenn er Handlungen ausführt.

8-9. „Wer die Wahrheit kennt, weiß: Ich bin nicht der Handelnde. Auch beim Sehen, Hören, Berühren, Riechen, Essen, Gehen, Schlafen, Atmen, Sprechen, Loslassen, Erfassen und Öffnen oder Schließen der Augen weiß er, dass dies nur die Handlungen der mit ihren jeweiligen Objekten verbundenen Sinnesorgane sind.

10-11. „Wer ohne Anhaftung handelt und seine Handlung Brahman darbringt, bleibt von Karma unberührt, so wie das Lotusblatt selbst im Wasser trocken bleibt. Der Karma-Yogi ist nicht mehr von egoistischem Verlangen oder Anhaftung an Ergebnisse getrieben, sondern sein einziges Ziel bei der Ausführung von Handlungen ist die Reinigung des Geistes.

12. „Wenn der Karma-Yogi die Anhaftung an die Ergebnisse seiner Handlungen aufgegeben hat, entwickelt er einen friedlichen, gelassenen Geist, der frei von Unruhe ist. Wer es versäumt, Karma-Yoga zu praktizieren und wessen Handlungen von Verlangen und der Anhaftung an die Ergebnisse getrieben sind, bleibt an Handlungen gebunden und leidet entsprechend.

13. „Jene, die selbstbeherrscht sind und aufgrund von Erkenntnis mental den Handlungen entsagen, leben glücklich in ihrem Körper, weder getrieben von dem Wunsch zu handeln, noch von dem Wunsch andere zum Handeln zu bewegen.

14-15. „Das *Selbst* erzeugt weder das Gefühl, der Handelnde zu sein, noch die Handlung selbst und auch nicht die aus der Handlung resultierende Ursache und Wirkung. Sie alle entstehen aus der eigenen Natur als Teil des Feldes. Das *Selbst* bleibt von den Vorteilen oder Nachteilen, die durch Handlungen entstehen, unberührt. Da Unwissenheit das Wissen über das *Selbst* und die Natur der Wirklichkeit verschleiert, halten sich die Menschen selbst für die Handelnden.

16. „Unwissenheit wird jedoch durch *Selbst*-Erkenntnis zerstört. Das Licht dieses Wissens, das wie die Sonne scheint, enthüllt die Natur von Brahman als das *Selbst* in allen Wesen.

17. „Jene, deren Intellekt von der Wahrheit erleuchtet ist, die im *Selbst* absorbiert bleiben und sich verpflichten, die *Selbst*-Erkenntnis zu integrieren, werden von Unreinheiten gereinigt und nicht in die Welt der Vielheit wiedergeboren.

18. „Sie sehen das *Selbst* in allen Wesen, vom größten spirituellen Meister bis hin zu einem Elefanten, einer Kuh oder einem Hund.

19-21. „Solche Seelen haben den Zyklus von Geburt und Tod durchbrochen. Sie verweilen im *Selbst* als das *Selbst*, das grenzenlos, unveränderlich und frei von Fehlern ist. Sie freuen sich weder über weltlichen Gewinn, noch grollen sie über den Verlust. Ohne von äußeren Stützen abhängig zu sein und gefestigt in unerschütterlicher *Selbst*-Erkenntnis, gewinnen sie grenzenlosen Frieden.

22. „Weltliche Vergnügungen haben einen Anfang und ein Ende und verursachen unweigerlich Schmerz. Deshalb suchen die Weisen nicht das Glück in ihnen.

23-24. „Wer aber die Impulse von Lust und Wut beherrschen lernt, bevor er sich vom Körper löst (d. h. stirbt), erlangt Glück. Im Licht des *Selbst* badend, findet er im Inneren Erfüllung und erlangt die Freiheit, die das Ewige *Selbst* ist.

25-26. „Mit einem reinen Geist, ohne innere Konflikte, erlangen die Weisen, die Selbstbeherrschung erlangt haben und für das Wohl aller Wesen arbeiten, Freiheit. Ein Geist, der frei von Begierde und Groll ist, wird sowohl hier als auch im Jenseits befreit.

27-28. „Indem er die Augen schließt, die äußeren Objekte außen (nicht in den Geist) lässt, den Atem beruhigt und seine Aufmerksamkeit auf Gewahrsein richtet, beherrscht ein kontemplativer Mensch seine Sinne durch Meditation. Sein letztendliches Ziel ist die Befreiung. Sich als das unvergängliche *Selbst* zu erkennen, den Herrn aller Welten, bedeutet ewigen Frieden zu erlangen.

KOMMENTAR KAPITEL FÜNF

Kapitel fünf beginnt mit einer Art Déjàvu. Noch immer verwirrt bezüglich des Weges des Handelns und des Weges des Verzichts, bittet Arjuna Krishna nochmals um Klarstellung, welcher der bessere Weg sei.

Als Antwort darauf fasst Krishna die Lehren der letzten drei Kapitel zusammen. Daher ist Kapitel fünf so etwas wie ein „Best of" des ersten Abschnitts der Gita. Die abschließenden Verse führen in die Thematik der Meditation ein, die dann im nächsten Kapitel vertieft wird.

Klarstellung bezüglich Handlung und Verzicht

Krishna antwortet auf Arjunas Frage zunächst, indem er den Unterschied zwischen dem Pfad des Handelns (Karma) und dem Pfad des Verzichts (Sannyasa) noch einmal erklärt. In der Gita wird dieses Thema häufig und ausführlich besprochen.

In den Veden werden zwei Arten von Lebensstil vorgeschrieben. Die erste, *pravritti*, besteht aus einem aktiven Leben in der Gesellschaft mit Arbeit und Familie. Die zweite, *nivritti*, besteht aus einem Leben der Abgeschiedenheit und des Rückzugs aus der Gesellschaft. In der vedischen Kultur wird letzteres, der Weg des Sannyasa, als das letzte Lebensstadium, Ashrama, angesehen. Wenn die weltlichen Pflichten erfüllt sind, kann sich eine Person von Arbeit und gesellschaftlichem Leben zurückziehen und ihre letzten Jahre dem Streben nach *Selbst*-Erkenntnis und Moksha widmen.

Diejenigen mit einer natürlich kontemplativen Veranlagung, die wenig Verlangen nach weltlichen Errungenschaften haben, haben die Möglichkeit, auf das Stadium des Haushälters ganz zu verzichten und in jungen Jahren Sannyasis zu werden. Dabei entsagen sie allen sozialen und familiären Verpflichtungen und widmen ihr ganzes Leben dem Streben nach Erleuchtung. Dies wäre in der westlichen Gesellschaft vergleichbar mit der Entscheidung ein Leben als Mönch oder Nonne zu führen.

Tatsächlich entschieden sich selbst im alten Indien relativ wenige Menschen für Sannyasa. Obwohl als höchstes Lebensziel angesehen, hat nie mehr als eine kleine Minderheit jemals mit klarer Absicht Moksha verfolgt. Warum? Schließlich offenbart Vedanta, dass alle unsere Lebensziele vom grundlegenden Wunsch angetrieben werden, frei von Beschränkungen zu sein, und nur Moksha bietet dauerhafte Freiheit.

Nun, der Reiz des weltlichen Lebens ist für die meisten einfach zu groß. Weil Geist und Sinne natürlicherweise nach außen gerichtet sind und aufgrund der verhüllenden, verschleiernden Kraft Mayas sind menschliche Wesen darauf fixiert, ihr Glück allein in der Welt der Objekte zu suchen.

Der psychische Druck der Vasanas, der sich in Form unserer scheinbar unlösbaren Wünsche und Abneigungen manifestiert, hält uns im Kreislauf von Samsara gefangen. Die weltliche Verstrickung hält sich ganz von selbst aufrecht, solange wir uns als Handelnde und Nutznießer unserer Handlungen betrachten. Auf den meisten Menschen lastet ihr jeweiliges Karma so schwer, dass sie überhaupt kein Interesse an spirituellen Dingen haben.

Der Wunsch nach spiritueller Befreiung ist nicht etwas, das man herstellen kann. Bei den meisten weltlichen Menschen ist es das Allerletzte, was ihnen durch den Kopf geht.

Selbst viele Sucher, die sich für „spirituell" halten, sind einfach Samsaris, deren Wunsch nach materieller Befriedigung in spirituelle Kleider gehüllt ist. Solche Menschen beschäftigen sich häufig mit dem „Gesetz der Anziehung", dem „Manifestieren von Wünschen und Zielen" oder dergleichen, und versuchen, das Universum so zu manipulieren, dass es ihnen gibt, was sie haben möchten. Insofern unterscheiden sie sich nicht von weltlichen Menschen, denn ihr Leben wird immer noch von ihren Vorlieben und Abneigungen bestimmt, und ihr Glück hängt vollkommen von der Erfüllung ihrer Wünsche ab.

Für einen solchen Geist ist Moksha unerreichbar. Samsara kann als „von Objekten abhängige Zufriedenheit" definiert werden, und Moksha ist die Freiheit von dieser Abhängigkeit.

Ein echtes Interesse an Spiritualität, d. h. die Sehnsucht, die Wahrheit über das Leben, über sich selbst und Gott zu verstehen, und der brennende Wunsch, sich von Samsara zu befreien, sind das Ergebnis von gutem Karma aus verdienstvollen Handlungen. Es entsteht ein Riss in der Fassade des Egos, und durch diesen Riss scheint ein Licht, das nicht lange ignoriert werden kann.

Je mehr du deinen Geist durch Dharma-konforme Lebensführung, Karma-Yoga und Upasana-Yoga (der im Mittelteil der Gita erklärt wird) reinigst, desto stärker wird der spirituelle Impuls, bis er schließlich zur treibenden Kraft in deinem Leben wird. Der Geist wechselt die Richtung seiner Aufmerksamkeit von außen nach innen. Anstatt Glück in dem zu suchen, was du **hast**, erkennst du, dass Glück aus dem kommt, was du **bist**. Nur dann ist spiritueller Fortschritt möglich, und wird Befreiung durch *Selbst*-Erkenntnis erreichbar.

Die Mehrheit der Menschen, ob Suchende oder nicht, ist noch nicht an diesem Punkt angelangt. Sie sind von Natur aus keine Sannyasis, denn sie weisen noch eine Menge Karma in der Welt auf. Unzählige Vasanas – tiefsitzende Zwänge, Wünsche und Abneigungen – binden sie an Handlungen und deren Ergebnisse.

Bis auf die wenigen vollendeten Yogis, die viel Zeit und Mühe für die Reinigung von Geist, Körper und Lebensweise aufgewendet haben, fühlen sich die meisten mehr oder weniger stark an die Welt des Karmas gebunden.

Arjuna ist ein solcher Mensch. Er ist weder von seinem Temperament her noch durch seine Verpflichtung ein Sannyasi.

Deshalb hält Krishna ihn davon ab, vom Schlachtfeld zu fliehen und als Mönch in den Wald zu gehen. Erstens wäre das gegen seinen Dharma und zweitens wäre sein Geist für eine solche Lebensweise ungeeignet. Solange der Geist durch Neutralisierung der bindenden Vasanas nicht ausreichend gereinigt wurde, ist echte Entsagung unmöglich. Entsagung wäre für einen weltlichen Menschen sogar eher eine Art Folter als ein Weg, der zu Moksha zu führt.

Reife lässt sich nicht erzwingen

Ein kontemplatives Temperament muss entwickelt werden. Swami Dayananda macht einen wesentlichen Unterschied zwischen dem Aufgeben von Dingen und dem Herauswachsen aus Dingen. Als du ein Kind warst, gab es bestimmte Dinge, die du geliebt hast und ohne die du nicht leben konntest, zum Beispiel Teddybären, Spielfiguren, Barbie-Puppen oder Trickfilme im Fernsehen. Ein paar Jahre später interessierte dich das, was einst die Welt für dich bedeutet hat, wahrscheinlich überhaupt nicht mehr. Es ist nicht so, dass du es aufgegeben hättest, du bist einfach heraus gewachsen.

Wenn du etwas aufgibst, bleibt eine Bindung bestehen. Solange du eine bestimmte Sache noch wertschätzt, bleibt auch der Wunsch danach bestehen.

Es ist leicht, etwas aufzugeben, wenn du keinen Wert darauf legst, wie zum Beispiel den Müll von letzter Woche. In dem Moment, in dem der Müll geleert wurde, denkst du nie wieder daran, weil er keinen Wert für dich hat. Viel schwieriger ist der Versuch, die Dinge aufzugeben, die du liebst und denen du einen Wert beimisst, wie Geld, Status, Beziehungen, Autos oder Urlaub. Wie Swami Dayananda sagt:

> Solange es Dinge gibt, ohne die du nicht leben kannst, kannst du dich nicht als Sannyasi bezeichnen, denn es gibt

Dinge, die dich binden und von denen du für dein Wohlergehen abhängig bist.

Deshalb darfst du dich nicht Hals über Kopf in den Verzicht stürzen. Solange du für dein Glück auf irgendetwas Weltliches angewiesen bist, bleibst du daran gebunden. Du kannst sicher sein, dass deine Vasanas dich begleiten werden, wohin du auch gehst. Bevor du auf deinem Weg voranschreiten kannst, musst du erst lernen, den Geist zu zähmen und zu managen. Und das erfordert Reife.

Was die Gita in der vedantischen Literatur besonders bedeutend macht, ist, dass sie sich an ein allgemeines Publikum wendet. Sie wendet sich an diejenigen, die noch Karma in der Welt haben und entweder nicht geeignet oder noch nicht bereit für eine entsagende Lebensweise sind.

Die Upanishaden scheinen generell den Weg des Asketen zu befürworten, ja sie rühmen ihn regelrecht. Sie richten sich an hochentwickelte Seelen, deren Geist gereinigt und auf das Wissen vorbereitet wurde.

Das hat viele zu der Annahme veranlasst, Moksha sei ausschließlich für Sannyasis und man habe nur Hoffnung, Befreiung zu erlangen, wenn man allem Handeln entsagt und Asket wird. Krishna sagt, dem sei nicht so. Er befürwortet den Weg des Handelns in der Welt als die bessere Option für die meisten Suchenden, einschließlich Arjuna.

Beide Pfade, der Pfad von Karma-Yoga und der Pfad von Jnana-Yoga, führen zum gleichen Ziel: Befreiung durch *Selbst*-Erkenntnis. Während Sannyasis bereit sind, direkt in Jnana-Yoga einzutauchen, müssen Karma-Yogis den längeren Weg wählen, denn sie müssen zuerst den Geist verfeinern, um ihn für *Selbst*-Erforschung fit zu machen.

Doch nur Jnana-Yoga, *Selbst*-Erkenntnis, führt zur Befreiung. Karma-Yoga führt nicht direkt zur Befreiung, sondern bereitet den Geist im Wesentlichen auf Jnana-Yoga vor. Auch wenn es der längere Weg sein mag, solange der Geist nicht vom Einfluss bindender Vorlieben und Abneigungen befreit ist, muss Karma-Yoga notwendigerweise praktiziert werden und kann nicht übersprungen werden.

Der Karma-Yogi

Als Karma-Yogi bist du nicht aufgerufen, allen weltlichen und materiellen Bestrebungen abzuschwören. Im Gegenteil, solche Bestrebungen werden wahrscheinlich notwendig und deinem Lebensabschnitt angemessen sein. Was sich ändert, ist deine Haltung ihnen gegenüber.

Weltliche Ziele sind kein Selbstzweck mehr. Du strebst nicht mehr nach Reichtum um des Reichtums willen, nach Vergnügen um des Vergnügens willen oder nach Tugend um der Tugend willen.

Mit anderen Worten, du bist nicht länger ein Samsari, jemand, der sein Glück in weltlichen Objekten sucht. Dein Ziel ist jetzt dasselbe wie das des Entsagenden: Freiheit durch *Selbst*-Erkenntnis. Mit Moksha als Ziel, wirst du, was wir einen *mumukshu* nennen: ein nach Befreiung Suchender.

Als Karma-Yogi ändern sich nicht so sehr deine Handlungen, sondern vielmehr deine Einstellung zum Handeln, und hier beginnt die spirituelle Reise erst richtig.

Das Hauptziel von Karma-Yoga ist ein reiner Geist. Gemäß der Gita lassen sich die Unreinheiten des Geistes alle auf *raga-dvesas* reduzieren, auf deine Vorlieben und Abneigungen. Wenn die Gita über Vorlieben und Abneigungen spricht, ist nicht gemeint, ob du Tee oder Kaffee bevorzugst. Raga-Dvesas sind die bindenden Wünsche und Abneigungen, die deine gesamte Lebenserfahrung filtern und dich zu Handlungen zwingen, ob sie mit Dharma im Einklang stehen oder nicht.

Diese bindenden Vorlieben und Abneigungen treten in Form von Vasanas auf, den Fäden, durch die der Jiva wie eine Marionette zum Tanzen gebracht wird. Diese Konditionierung diktiert jeden Aspekt im Leben eines Menschen, und bis sie neutralisiert ist, bleibt der Verstand von ihr gefesselt.

Du kannst dir die Vasanas als die Zahnräder vorstellen, die das Rad von Samsara in Bewegung halten. Sie binden den Jiva an die Handlung und deren Ergebnisse. Sie halten den Geist auf Mithya fixiert, so bleibt er abhängig von Objekten als Quelle des Glücks.

Ein dermaßen aufgewühlter Geist ist für *Selbst*-Erforschung ungeeignet. Daher wird das Streben nach *Selbst*-Erkenntnis nicht die gewünschte Wirkung haben, solange die Vasanas nicht unter Kontrolle sind.

Auch aus pragmatischer Sicht ist es sinnvoll, seine Wünsche und Abneigungen zu beherrschen, anstatt sich von ihnen kontrollieren zu lassen. Wenn du die Allwissenheit von Ishvara hättest, wäre es kein Problem. Du hättest die Macht, dafür zu sorgen, dass alle deine Wünsche erfüllt und all deine Abneigungen vermieden werden. Als Jiva fehlt dir jedoch diese Fähigkeit, sodass deine Vorlieben und Abneigungen leider allzu oft nicht erfüllt werden. Wann immer dies geschieht, leidest du.

Ein Leben, das von Wünschen und Abneigungen angetrieben wird, ist ein Leben in ständigem Auf und Ab und ständig wiederkehrender Frustration, Wut und Trauer. Das Problem mit einem auf Wünschen basierenden Leben besteht darin, dass hinter jedem Wunsch das Erwarten und Anhaften am Erreichen eines bestimmten Ergebnisses steht.

Krishna stellt klar, dass unerfüllte Erwartung und Anhaftung zu Wut führen. Wut ist eine psychische Unruhe, die den Verstand vernebelt und täuscht. Verloren im Reich von Projektion und Subjektivität wird es unmöglich, objektiv zu denken und zu handeln, geschweige denn, sich in *Selbst*-Erforschung zu üben. Ein solch konfliktgeladener Verstand verstrickt sich immer tiefer in Samsara. Deshalb konzentriert sich die gesamte Psychologie der Gita auf den Umgang mit deinen Vorlieben und Abneigungen, die als die Wurzel aller psychischen Störungen angesehen werden. Die Bewältigung dieser psychischen Zwänge ist keine einmalige Angelegenheit. Wie Swami Chinmayananda oft sagte, „Ewige Wachsamkeit ist der Preis der Freiheit".

Karma-Yoga hilft dir, mit deinen Vorlieben und Abneigungen umzugehen, bis der Geist nach und nach stabil, gefestigt und zur *Selbst*-Erforschung fähig wird.

Wenn die Abhängigkeit von Objekten abnimmt, wirst du feststellen, dass die Trauer über die Vergangenheit und die Angst vor der Zukunft zu schmelzen beginnen. Wenn du ein Leben im Geiste des Karma-Yoga lebst, nimmst du das, was geschieht, als göttliches Geschenk an, als Prasada. Da dein Handeln nicht mehr durch deine Vorlieben und Abneigungen motiviert ist, kannst du jede Situation akzeptieren, ob das erhoffte Ergebnis eingetroffen ist oder nicht. Schließlich ist die Kultivierung eines friedvollen und reinen Geistes deine vorrangige Absicht als Mumukshu.

Du vertraust jetzt darauf, dass Ishvara das angemessene Ergebnis bringt, entsprechend dem größeren Wohl des Ganzen. Deine bisher engstirnige Sicht des Lebens verlagert sich von vollständiger Subjektivität zu Objektivität. Du stellst auch fest, dass dein Geist ganz automatisch unterscheidungsfähiger und leidenschaftsloser wird. Das sind die beiden Schlüsselqualifikationen, damit *Selbst*-Erforschung Früchte tragen kann.

Dharma ist Ishvara

Damit Karma-Yoga Wirkung zeigt, ist es notwendig, dem Leben mit einer hingebungsvollen Einstellung zu begegnen. Anstatt Handlungen nur für die Befriedigung deiner Vorlieben und

Abneigungen auszuführen, wird jede Handlung als eine Gabe an Ishvara ausgeführt.

Selbstverständlich willst du Ishvara nur Handlungen darbringen, die seiner würdig sind, und dies geschieht durch ein Leben in strikter Befolgung von Dharma. Du wirst zum Beispiel keine Banken ausrauben oder alte Damen überfallen und behaupten, du tätest es für Ishvara!

Statt einer lästigen Pflicht oder Unannehmlichkeit ist Dharma eigentlich dein größter Freund. Tatsächlich bezeichnen ihn die Schriften als einen „Beschützer". Dies hier ist ein gesetzmäßiges Universum, ein Dharma-Feld. Und indem du in Harmonie mit diesen Gesetzen lebst, lebst du in Harmonie mit Ishvara.

Der Karma-Yogi versteht, dass Dharma Ishvara ist. Der Maya beherrschende Ishvara ist das Prinzip, das die universellen Gesetze der Schöpfung bestimmt, festlegt und aufrechterhält.

Wenn du dich an die Regeln hältst und dem Dharma in Bezug auf deinen Körper, deinen Geist und deine Umgebung angemessen folgst, erhältst du im Allgemeinen positive Ergebnisse. Das Leben fließt, du vermeidest ein Übermaß an Unheil und du kultivierst einen friedvollen und beständigen Geist, der für die erfolgreiche *Selbst*-Erforschung notwendig ist. Dein Leben wird zu einem Tanz des Dharma, und als solcher wird jede Handlung zu einem Akt der Hingabe an Ishvara.

Swami Dayananda sagt:

> Wenn du von Vorlieben und Abneigungen getrieben wirst, handelst du um deinetwillen. Wenn du dagegen deine Vorlieben und Abneigungen opferst und Handlungen im Bewusstsein von Dharma ausführst, dann tust du sie um Ishvaras willen.

Das ist natürlich einfach, wenn Dharma in einer Situation zufällig mit deinen Wünschen übereinstimmt. Wenn er jedoch mit deinen Vorlieben und Abneigungen in Konflikt gerät, bist du vielleicht weniger geneigt, richtig zu handeln. Als unreifer, an deinen Wünschen orientierter Mensch verstößt du vielleicht ungeachtet der Konsequenzen gegen Dharma, um zu bekommen, was du willst.

Die Verletzung von Dharma selbst auf die subtilste und scheinbar unbedeutendste Weise, erzeugt Wellen. Es wühlt den Geist auf, weil du dich schuldig fühlst und weil du instinktiv weißt, dass Ishvara sich revanchieren wird, wenn du dich mit ihm anlegst. Du wirst ständig nach hinten über die Schulter schauen und befürchten, dass dein Fehltritt dich irgendwann einholen wird.

Als Karma-Yogi hältst du dich immer an Dharma, auch wenn dir die Handlung nicht gefällt.

Wir alle müssen im Leben Dinge tun, die uns nicht gefallen oder die wir nicht unbedingt genießen, aber wir tun sie, weil wir wissen, dass sie getan werden müssen. Genau so werden die Handlungen für Ishvara, für die Gesamtheit, und nicht für unsere eigenen persönlichen Vorlieben getan.

Solange dein Handeln durch dein Eigeninteresse motiviert ist, bleibt die Bindung in Form von Erwartungen, Frustration, Wut und Trauer bestehen. Aber wenn dein Handeln durch Dharma motiviert ist, bleibst du in Harmonie mit Ishvara.

Wie Swami Dayananda erklärt:

> [Deshalb] gibt es immer ein Gefühl der Erleichterung, wenn du etwas Richtiges tust. Es gibt dir Zufriedenheit, weil du nicht gegen das Gesetz verstößt. Es gibt keinen Konflikt. Die Abwesenheit von Konflikt ist *shanti* (Frieden).

Obwohl das *Selbst* nicht handelt, ist der Jiva als Teil der Schöpfung von Natur aus zum Handeln gezwungen und es wird von ihm erwartet, in irgendeiner Weise zur Schöpfung beizutragen. Ein gewisses Maß an Beteiligung ist unumgänglich. Deshalb haben wir nicht nur Wahrnehmungs-, sondern auch Handlungsorgane bekommen. Diese Mitwirkung erfolgt in der Form, dass wir tun, was zu tun ist, wann es zu tun ist – mit anderen Worten, indem wir Dharma folgen.

Dharma und Karma-Yoga zu überspringen funktioniert nicht

Moderne spirituelle Lehrer neigen dazu, die vorbereitende Arbeit zu überspringen. Du wirst in den meisten spirituellen Texten wenig bis gar nichts über Dharma oder Karma-Yoga finden, weil es für den durchschnittlichen Suchenden keine verlockende Vorstellung ist.

Dementsprechend picken clevere spirituelle Unternehmer nur die Rosinen der Lehre heraus, um ihre Bücher und Workshops zu verkaufen. Die Leute wollen im Allgemeinen nicht hören, dass Qualifikationen notwendig sind und dass sie sich zumindest etwas anstrengen müssen, damit die Lehre funktioniert. In der heutigen Gesellschaft wollen und erwarten wir alle sofortige Erfüllung.

Leider funktioniert es bei Vedanta nicht, vom „Anfang" direkt zum „Ende" zu springen. Es könnte funktionieren, wäre der Geist schon vom Start weg sehr rein, aber solche Seelen sind selten. Wer in der heutigen konfusen und verwirrenden Welt, mit ihren endlosen Ablenkungen, Smartphones, Gadgets, sozialen Medien, Netflix und Pornos lebt, kann mit Sicherheit davon ausgehen, dass er noch nicht den ruhigen, verfeinerten Geist eines Yogis besitzt.

Deshalb sollte jeder von vorne beginnen, indem er die Haltung von Karma-Yoga annimmt und Dharma folgt, um die den Geist nach außen richtenden Vasanas zu neutralisieren.

Woran merkst du, ob Karma-Yoga wirkt? Wie bei allem im Leben gilt: „Probieren geht über Studieren". Du wirst wissen, wann Karma-Yoga wirkt, weil du dich eines zunehmend kontemplativen Geistes erfreuen wirst, der „nichts hasst und sich nach nichts sehnt", wie Krishna erklärt.
Swami Chinmayananda sagt:

> Wenn der Geist von seinen ständig anbrandenden Wünschen gereinigt ist, muss er notwendigerweise immer ruhiger und friedlicher werden. Wenn der Intellekt gereinigt ist (d. h. immun gemacht gegen Störungen durch Wünsche), kann auch der Geist, der den Zustand des Intellekts widerspiegelt, keine Störungen haben. Bezüglich Stimmungen und Emotionen wird das Leben desjenigen, der die Schleusen der Begierden unter Kontrolle hat, automatisch friedlich und gleichmütig.

Die Unreinheiten aus Verlangen und Abneigung schmelzen weg, wenn du dich auf ein Leben von Selbstbeherrschung und Hingabe einlässt. Durch Karma-Yoga werden deine Handlungen Ishvara geweiht und im Sinne von Dharma zum Wohle des Ganzen ausgeführt und nicht zum persönlichen Vorteil. Du akzeptierst alle von Ishvara kommenden Ergebnisse mit Gleichmut, weil dein wahres Ziel die Kultivierung eines friedvollen und reinen Geistes ist.

Dein von der Alchemie der *Selbst*-Erkenntnis erleuchteter Geist, ist für das eigene Glück nicht länger abhängig von weltlichen Objekten. Er ist nun ausschließlich vom *Selbst* abhängig, weil du dich als eins mit der gesamten Schöpfung erkennst.

Eine Verschiebung der Perspektive

Krishna verweist ein weiteres Mal auf die Illusion der Urheberschaft des Handelns, als er zu Arjuna sagt: *„Das Selbst erzeugt* *weder das Gefühl der Handelnde zu sein, noch die Handlung, noch die aus Handlungen resultierende Ursache und Wirkung. Diese entstehen aus der Natur des Feldes."* (Kap. 5/ 14-15)

Mit anderen Worten, Handlung gehört zum Feld der Materie, das die Gita Prakriti nennt (ein Begriff aus der Samkhya-Philosophie, der in Kapitel sieben erläutert wird). Im Kommentar des vorhergehenden Kapitels haben wir sehr ausführlich untersucht, dass trotz des Gefühls von Handlungsfähigkeit und Täterschaft, das vom Ahamkara („Ich-Gedanke" oder Ego) auferlegt wird, weder der Jiva noch das *Selbst* wirklich der Handelnde ist.

Handlung geschieht als Ergebnis einer Kombination von Faktoren, die alle mit der materiellen Welt zu tun haben. Obwohl du nicht wirklich der Handelnde bist, scheint Handlung in dir und um dich herum stattzufinden. Unter dem Bann der Unwissenheit legt das Ego ein irrtümliches Gefühl der Täterschaft über die Handlung (Überlagerung), indem es sich die Handlung zu Eigen macht.

Swami Chinmayananda benutzte eine Analogie, um dies zu veranschaulichen: Stell dir vor, du stehst vollkommen still an einem Flussufer. Du selbst bewegst dich zwar nicht, aber wenn sich das Wasser bewegt, scheint sich dein Spiegelbild zu bewegen, es wackelt und zittert. Wenn du weißt, dass es sich nur um eine Reflexion handelt, erkennst du, dass die Erscheinung der Bewegung nur eine Illusion ist, die durch das reflektierende Medium verursacht wird und du davon unbeeinflusst bist.

Wenn du erkennst, dass du das *Selbst* bist, erkennst du, dass Handlungen nichts mit dir zu tun haben, und deshalb die Ergebnisse der Handlungen auch nichts mit dir zu tun haben.

Deshalb lebt die befreite Person, der Jnani, glücklich in der materiellen Welt, während er ungebunden und unbeeindruckt von allem in dieser Welt bleibt. Während Geist und Materie Veränderungen und Verwandlungen unterworfen sind, bleibt das *Selbst* unverändert.

So wie der Fluss und die Spiegelungen in ihm, ist auch die Körper-Geist-Maschine lediglich ein reflektierendes Medium für Bewusstsein. Das *Selbst* belebt die ansonsten leblosen grobstofflichen und feinstofflichen Körper, bleibt jedoch unabhängig von ihnen. Da das *Selbst* grenzenlos und alles durchdringend wie Raum ist, kann es unmöglich Handlungen ausführen. Handlung erfordert Begrenzung und Bewegung.

Indem du deine Identifikation vom Körper-Geist-Ego auf das *Selbst*, Gewahrsein, verlagerst, erkennst du dich selbst als Nicht-Handelnden, als das nicht-handelnde Licht, in dem alle Dinge geschehen. Das Ahamkara, das Gefühl, ein separates, autonomes Ego zu sein, ist nicht mehr die gesamte Grundlage deiner Identität, sondern nur noch ein weiteres Objekt, das im Bewusstsein erscheint.

Noch einmal mit den Worten von Swami Chinmayananda:

> So wie der Ozean, wenn er bewusst wäre, seine eigenen Wellen sehen und beobachten könnte, wie sie auf seiner Oberfläche auf- und abtauchen und seine Herrlichkeit loben, so beobachtet auch der Jnani aus den unendlichen Tiefen seiner eigenen Persönlichkeit die Handlungen der verschiedenen Schichten der Materie in ihm.

Dieser einfache und doch radikale Perspektivwechsel verändert deine gesamte Lebenserfahrung in einem einzigen Augenblick. Wenn dein Identifikationsgefühl vom Ego zum *Selbst* wechselt, erscheinen Probleme auf einmal als unbedeutend, die vorher unüberwindbar schienen, wie zum Beispiel Alter, Krankheit, Beziehungs- oder Geldprobleme, ähnlich wie ein Alptraum nach dem Aufwachen als bedeutungslos verblasst.

Die Wurzel für alle deine Probleme liegt in der Unkenntnis deiner wahren Natur. Die Lösung liegt darin, deine Identifikation von Mithya auf Satya zu verlagern. Das bedeutet zwar nicht zwangsläufig, dass deine materiellen Probleme verschwinden werden, aber es beraubt sie ihrer alles verzehrenden Bedeutung. Indem du dem Leben gegenüber eine objektive Sicht annimmst, wirst du emotional unabhängig von der Welt der Objekte. Darin liegt die Frucht von Moksha: in der Fähigkeit, die unvermeidlichen Stürme des Lebens zu überstehen und glücklich zu sein, unabhängig davon, ob die Welt den Erwartungen und Anforderungen des Geistes entspricht oder nicht.

Glück liegt allein im Selbst

Im Wissen, dass das *Selbst* die Essenz der Gesamtheit ist, sucht der Jnani nicht länger in der sich ständig verändernden Welt der Objekte Erfüllung. Es wäre dumm, dies weiter zu tun, denn objektbezogenes Glück birgt immer Gefahren in sich.

Da Mithya ein sich ständig ändernder Tanz ist, sind weltliche Vergnügungen von Natur aus endlich. Krishna warnt, dass all diese Vergnügungen „einen Anfang und ein Ende haben und unweigerlich Schmerz verursachen". Weltliche Freuden mögen dich wie eine Rose mit ihrer Schönheit verführen, aber sie tragen immer Dornen.

Der Freude durch Objekt-Glück stehen drei Arten von Schmerz gegenüber: der Schmerz, das Objekt zu erlangen, der Schmerz, es dann bewahren zu müssen, und der letztendliche Schmerz, es zu verlieren. Jeder Schmerz ist schlimmer als der vorherige und macht alle weltlichen Freuden bestenfalls bittersüß. Vorübergehende Freude oder von Trauer gefolgte Freude ist überhaupt keine echte Freude.

Weil sie wissen, dass Objekte ebenso viel Schmerz wie Freude bringen, versuchen manche Menschen, sich ganz von Objekten fernzuhalten. Aber das kann seine ganz eigene Art von Leiden mit sich bringen. Das bewusste Vermeiden von Beziehungen kann vielleicht den Schmerz von Anhaftung und Herzschmerz verhindern, aber ein solches Vermeiden kann dafür andere Arten von Schmerz verursachen, wie Einsamkeit, Bedauern und Depression.

Es führt kein Weg an der Tatsache vorbei, dass das Leben ein Nullsummenspiel ist. Die Suche nach Freude und Glück in der von Natur aus unsicheren und unberechenbaren Welt der Dualität ist eindeutig keine vernünftige Strategie.

Die Lösung besteht also darin, Glück und Vollkommenheit im eigenen *Selbst* zu finden, das ohne Grenzen, ohne Makel, immer frei und immer sicher ist.

Wenn du weißt, dass du vollständig und vollkommen bist, bist du für deine Erfüllung nicht mehr von der Welt der Objekte abhängig, genauso wenig wie die Fülle des Ozeans von Flüssen abhängig ist. Flüsse können nur Wasser in den Ozean leiten, das schon immer ihm gehörte, und ob die Flüsse nun fließen oder nicht, der Ozean bleibt voll. Genauso wird die essenzielle Ganzheit des *Selbst* nicht vermindert, obwohl weltliche Erfahrungen kommen und gehen.

Mit einem unterscheidungsfähigen Verstand verstehst du die Grenzen von objektbezogenem Glück und suchst daher Glück, das nicht schwindet.

Deinen Geist beherrschend, wirst du dir der Fülle bewusst, die der Natur des *Selbst* entspricht. Nur im *Selbst* findest du unbegrenzte Ganzheit, Glückseligkeit bzw. vollständige Befriedigung ohne Anfang oder Ende. Indem du vom objektbezogenen Glück zum Glück im *Selbst* wechselst, erlangst du Freiheit von der Abhängigkeit von der Welt der Formen.

Das Selbst ist alles

Solange *Selbst*-Erkenntnis nicht vollständig verinnerlicht ist, bleibt dein Identifikationsgefühl auf die Welt der Formen gerichtet: fälschlicherweise auf Körper, Geist, Intellekt, sowie deine Erinnerungen, Gedanken, Wünsche, Ängste, Nationalität, Alter, Geschlecht, Sexualität, Reichtum, Bildung und jede Menge anderer Faktoren fixiert.

Diese werden zu dir. Du erschaffst eine Geschichte darüber, wer du denkst zu sein: eine willkürliche Ansammlung von Rollen, eine Prozession oft widersprüchlicher Identitäten, durch Wünsche, Sehnsüchte, Ängste und Ziele miteinander verbunden, alle um geistige Aufmerksamkeit konkurrierend. Wenn ich frage, wer du bist, erwiderst du: „Ich bin ein heterosexueller republikanischer Arzt mittleren Alters aus Utah."

Der auf Mithya fixierte Geist ist ständig mit Gefühlen der Unzulänglichkeit, Mangel und Begrenztheit belastet. Das „Ich" hat sich selbst begrenzt, indem es sich mit Formen und Gedanken identifiziert, und ein begrenztes *Selbst* ist unerträglich für uns.

In unserem Innersten verspüren wir ein tiefes, brennendes Verlangen, vollständig und vollkommen zu sein. Wir wollen Bestätigung, wollen von anderen akzeptiert werden und dadurch für uns selbst annehmbar sein. Das ist der fundamentale „Juckreiz" von Samsara. Seine Ursache ist unsere Unwissenheit darüber, dass wir bereits vollständig und vollkommen sind und ohne Einschränkung annehmbar, so wie wir sind.

In Maya herumzustochern und nach Reichtum, Sicherheit und Vergnügen zu streben, kann niemals ein dauerhaftes Gefühl der Vollständigkeit vermitteln. Denn, wie wir gesehen haben, wird das Glück, das wir durch Objekte erlangen können, von Natur aus durch Unzufriedenheit und Schmerz getrübt.

Nur das Wissen darum, wer wir wirklich sind, kann dauerhaft Vollständigkeit und Frieden bringen. Auch hier geht es nicht darum, uns etwas hinzuzufügen. Alles, was hinzugefügt werden kann, kann auch wieder verloren gehen.

Freiheit ist das Wiedererkennen der Vollständigkeit und des Glücks, die als unsere innerste Natur immer da sind, aber zuvor durch Unwissenheit verborgen waren.

Swami Dayananda sagt: „Für die Weisen gibt es kein anderes Ziel als Brahman (das *Selbst*), das sie bereits sind."

Die Weisen erlangen Befreiung nicht dadurch, dass sie die Maya-Welt gemäß ihren Vorlieben manipulieren, sondern durch die Verlagerung ihrer Identifikation vom begrenzten Jiva auf das grenzenlose *Selbst*. Obwohl eine solche Seele noch in der Welt lebt und wirkt, ist die Dualität durch Negierung, durch Erkenntnis, zerstört.

Der Jnani weiß, dass alles Existierende nur das *Selbst* ist – nur Bewusstsein. Er sieht das *Selbst* überall, in allen Dingen, als **Das**! **Das**, was makellos rein ist, ewig leuchtet und von allem in dieser Welt unberührt bleibt.

Es ist erwähnenswert, dass die Weisen zwar in allem das *Selbst* sehen, aber nicht alles gleich behandeln. In seinem klassischen Text *Aparokshanubhuti* sagt Shankara, dass die Weisen keinen Unterschied zwischen einem Klumpen Gold und den Exkrementen einer Krähe sehen. Beide sind in Bewusstsein erscheinende Objekte und beide leiten ihre Existenz vom *Selbst* ab. Das bedeutet jedoch nicht, dass ein Jnani beide Objekte gleich behandeln würde. Ein erleuchteter Mensch würde nicht versuchen, einen Klumpen Krähenkot in einer Bank gegen Geld einzutauschen. So etwas würde sicher nur ein Narr tun!

Der Jnani verliert nicht die Fähigkeit, mit der materiellen Welt in Austausch zu treten. Solange sein Körper erhalten bleibt, muss er noch immer nach den Regeln der auf Erfahrung beruhenden Realität spielen. Wie alle anderen müssen die Weisen essen, schlafen, den Körper versorgen und vielleicht arbeiten oder andere weltliche Aufgaben erledigen.

Sie wissen jedoch, dass es nur ein scheinbares Handeln ist. Obwohl das *Selbst*, dank Maya, als ein Universum scheinbar getrennter Formen erscheint, ist es frei von Beschränkungen. Da das *Selbst* einer anderen Ordnung der Wirklichkeit angehört, ist es unbeeinflusst von der Welt der Materie und den subtilen Kräften, die die Handlungen und Erfahrungen bilden.

Der samsarischen Empfindung beraubt, etwas zu tun und zu besitzen, wissen die Erleuchteten, dass Karma und dessen Folgen nur Geist und Körper betreffen, niemals aber das *Selbst*.

Weil der Jnani dieses Wissen besitzt und sich selbst in allen Wesen sieht, ist er von Einschränkungen befreit. Selbst inmitten der Welt der Vielheit sieht er nichts anderes als das eine universelle Bewusstsein.

Befreit von der Identifikation mit Formen, gibt es letztlich überhaupt keinen Jiva, sondern nur das *Selbst*, und das ist die höchste Befreiung. So wie die Welle durch das Wissen befreit wird, nichts anderes als der mächtige Ozean zu sein, so wird der Jiva durch das Wissen von *Aham Brahmasmi* befreit: „Ich bin das unsterbliche, ewige Selbst."

KAPITEL SECHS

Meditation

1-2. „Der Karma-Yogi führt Handlungen aus, ohne eine Belohnung zu erwarten", fuhr Krishna fort. „Diejenigen, die sich für Entsagung entschieden haben, aber immer noch vom Wunsch nach Ergebnissen getrieben werden, sind weder Entsagende (Sannyasis) noch Karma-Yogis.

3-4. „Die Praxis des Yoga entwickelt jene kontemplative Geisteshaltung, die für Meditation und das Erlangen von *Selbst*-Erkenntnis Voraussetzung ist. Wer weder an Sinnesobjekten noch an den Ergebnissen von Handlungen hängt, erlangt leicht Befreiung.

5-7. „Um erfolgreich zu sein, erhebe dich durch dich selbst. Der Verstand kann dein größter Freund oder dein schlimmster Feind sein. Indem du Selbstbeherrschung kultivierst, stellst du sicher, dass dein Verstand für und nicht gegen dich arbeitet. Ein solcher Verstand bleibt ruhig und gelassen, sowohl in Freude als auch in Schmerz, in Licht und in Dunkelheit, bei Lob und bei Kritik. Für denjenigen, dem es an Selbstbeherrschung mangelt, bleibt der Verstand ein großer Feind.

8-9. „Jemand, dessen Geist zufrieden in der Erkenntnis des *Selbst* ruht, der unter allen Umständen Gleichmut bewahrt, der die Sinne beherrscht und für den ein Klumpen Erde, ein Stein und Gold dasselbe sind, kann als Yogi bezeichnet werden. Ein solcher Mensch sieht alle Wesen als das *Selbst*, sei es ein Freund, ein Feind, ein Bekannter, ein Heiliger oder ein Sünder.

10. „Der Meditierende, dessen Körper und Geist entspannt sind und der frei von Verlangen und Anhaftung ist, sollte an einem

ruhigen Ort sitzen und seinen Geist ständig mit dem Objekt der Meditation vereinen.

11-12. „Alleine sitzend, sollte sein Fokus auf das eine Ziel ausgerichtet sein, seinen Geist und seine Sinne sollte er zurückhalten, die Anhaftung an materielle Besitztümer aufgeben und die Meditation als Werkzeug zur Reinigung des Geistes einsetzen.

13-14. „Die Körperhaltung sollte aufrecht sein. Körper, Nacken und Kopf sollten nicht starr aber in einer geraden Linie gehalten werden. Die Augen sollten sanft fokussiert sein, als ob man auf die Nasenspitze blickt. Mit ruhigem Geist und offenem Herzen kontempliert der Meditierende über das *Selbst*. Das allein ist sein Ziel, während er den Geist von allem anderen abwendet.

15. „Indem der Meditierende den Geist ständig auf diese Weise verbindet, gewinnt er Frieden, während sein Geist in Mir aufgeht. Dies ist die endgültige Befreiung.

16. „Meditation ist nichts für diejenigen, denen es nicht gelingt, im täglichen Leben Zurückhaltung und Mäßigung zu üben. Sie ist nichts für Vielfraße und auch nichts für diejenigen, die sich selbst kasteien. Sie wird auch nicht denen helfen, die den ganzen Tag schlafen, oder jenen, die sich selbst des Schlafes berauben.

17. „Für diejenigen, die in der Lage sind, mit Verstand und Mäßigung zu leben, wird Meditation den größten Kummer und das größte Leiden heilen.

18. „Wenn der Geist gelassen ist und freudig auf das *Selbst* fokussiert bleibt und wenn man frei von Sehnsucht in Bezug auf Sinnesobjekte ist, dann hat man das Ziel der Meditation erreicht.

19. „So wie eine vor dem Wind geschützte Kerze nicht flackert, so bleibt auch der Geist des vollendet Meditierenden still und unbewegt.

KAPITEL SECHS

20-23. „Ein Geist, der durch Meditation gebändigt ist, um im *Selbst* zu verweilen und sich allein über das *Selbst* zu freuen, findet absolute Zufriedenheit, ein Glück jenseits von Geist und Sinnen. Wenn man dort verwurzelt ist, verliert man nie das befreiende Licht der *Selbst*-Erkenntnis. Wenn man das Ziel aller Ziele erreicht hat, werden diejenigen, die im *Selbst* als das *Selbst* etabliert sind, weder von weltlichem Glück noch von Kummer erschüttert.

24-26. „Indem man alles Begehren aufgibt und die Sinne von den Sinnesobjekten abzieht, fährt man mit großer Entschlossenheit fort, seinen Geist mit dem *Selbst* zu vereinen. Ein Verstand, der allein im *Selbst* verweilt, ist frei von allen anderen Gedanken. Wann immer der Verstand wandert, bringt man ihn einfach zurück zur Ruhe im *Selbst*.

27. „Bleibende Freude erfährt der Meditierende, dessen Geist ruhig ist, frei von selbstbeschränkenden Gedanken, und der durch die Verinnerlichung von Wissen seine Einheit mit Brahman verwirklicht.

28-29. „Die Freude dieser Erkenntnis erhellt den Geist derer, die jene inneren Konflikte losgelassen haben, welche durch unangemessenes Denken und Verhalten entstanden sind. Sie kontemplieren fortwährend ihre Natur als Brahman. Mit einem Verständnis des Eins-Seins sehen sie das *Selbst* in allen Wesen und alle Wesen im *Selbst*.

30-32. „Ich bin immer gegenwärtig für diejenigen, die Mein Leuchten in allen Dingen sehen. Da der Yogi alle Existenz als eine Manifestation Meines Seins sieht, bleibt er immer in Mir, und alle seine Handlungen gehen von Mir aus. Wenn man alle Dinge mit den Augen des Gleichmuts sieht, sind Vergnügen und Schmerz das Gleiche, ob von einem selbst oder einem anderen erfahren."

33-34. Arjuna schüttelte den Kopf und sagte: „Krishna, diese Worte vom göttlichen Eins-Sein übersteigen meine Fähigkeit zu begreifen. Mein Geist ist unruhig und aufgewühlt, wie ein unbeugsamer Tyrann. Ich kann die Turbulenzen meines Geistes ebenso wenig steuern wie den Wind".

35-36. Krishna antwortete: „Ohne Zweifel ist der Verstand von Natur aus unruhig und schwer zu zähmen. Aber er lässt sich durch ständige Übung und Objektivität beherrschen. Neben Selbstbeherrschung sind Übung und Objektivität wesentlich für den eigenen Fortschritt."

37-39. Arjuna hatte noch eine weitere Frage: „Was geschieht mit denen, die Vertrauen in die Lehre haben, denen es aber an Anstrengung und Selbstbeherrschung mangelt und die vom Weg der *Selbst*-Erkenntnis abkommen? Wenn ein nach Freiheit Strebender in den Bann der Verblendung gerät und seinen Weg verliert, was wird dann aus ihm? Wenn er stirbt, stirbt dann seine Anstrengung mit ihm wie eine Wolke, die sich über den Himmel verstreut? Niemand anders als du kann meine Zweifel beseitigen."

40-41. Krishna antwortete: „Arjuna, niemand, der gute Taten vollbringt, erreicht je ein böses Ende. Solche Menschen werden sich anderer Sphären erfreuen, wo sie vielleicht für unzählige Jahre verweilen werden. Sie werden dann durch das Verdienst ihrer früheren Bemühungen in eine Familie wiedergeboren werden, die rein, rechtschaffen und dem Dharma verpflichtet ist.

42-45. „Oder sie werden in eine Familie von weisen Yogis geboren. Eine edle Geburt wie diese ist in dieser Welt schwer zu erreichen. Aber eine solche Seele wird sich an Lebensumständen erfreuen, die ihrem spirituellem Fortschritt förderlich sind. Die in früheren Geburten erworbene Weisheit wird erwachen und ihr Streben nach *Selbst*-Verwirklichung wieder aufflammen lassen. Durch fortwährende Anstrengung über viele Lebenszeiten hinweg bereinigt man die Hindernisse des Verstandes und des Herzens und erlangt im Laufe der Zeit Freiheit.

46-47. „Der Yogi, der spirituelles Wissen durch ein Leben in Meditation integriert, gilt als überlegen gegenüber bloßen Gelehrten oder solchen, die nur Handlungen ausführen. Sei deshalb ein Yogi, Arjuna! Derjenige, der Vertrauen hat und dessen Geist in mich vertieft ist, den sehe ich als erhabensten aller Yogis. Dies ist meine Vision."

KOMMENTAR KAPITEL SECHS

Meditation muss man nicht mehr vorstellen. Das, was einst das Hoheitsgebiet von Mönchen, Yogis und spirituellen Suchern war, hat sich heute als eine Milliardenindustrie etabliert und Wissenschaftler, Ärzte und Psychologen heben die vielen Vorteile von Meditation hervor.

Unzählige Studien haben gezeigt, dass Meditation Stress und Ängste verringert, den Blutdruck senkt, das Gedächtnis und das emotionale Wohlbefinden verbessert, Schmerzen lindert, die kognitiven Funktionen fördert und sogar das Altern verlangsamt. Dementsprechend verwendet die Mehrheit der Meditierenden die Meditation vor allem wegen dieser physischen und mental-emotionalen Vorteile.

Interessanterweise bespricht Krishna das Thema erst in der Mitte der Gita. Sein ursprünglicher Rat an Arjuna lautet nicht, sich hinzusetzen, die Augen zu schließen und zu meditieren. Wie wir sehen werden, muss jemandes Lebensweise bestimmte Faktoren aufweisen, damit Meditation Früchte tragen kann. Diese Früchte gehen weit über den einfachen physiologischen Nutzen hinaus.

Erhebe dich selbst durch dich selbst

Vor dem näheren Beleuchten der Meditation werden in diesem Kapitel zunächst die Notwendigkeit und der Nutzen von Karma-Yoga bekräftigt. Als Befreiung Suchender ist dein Ziel nicht einfach nur ein gesünderer Körper und ein ruhigerer Geist – dein Ziel ist nichts Geringeres als die Befreiung aus Samsara.

Wie die menschliche Natur nun einmal ist, sehen wir die Ursache unserer Probleme meistens in anderen Menschen, den Umständen, dem Zustand der Welt oder auch in Schicksalsmächten. Dabei lauert der wahre Feind immer vor der eigenen Haustür.

Obwohl es so scheint, als lägen unsere Probleme in der äußeren Welt, ist Samsara kein äußerer Kampf. Krishna macht deutlich, dass es ein Krieg gegen die Unwissenheit ist und der menschliche Geist das Schlachtfeld ist: „*Der Verstand kann dein größter Freund oder dein schlimmster Feind sein.*" (Verse 5-7)

Deshalb liegt der Schlüssel zur Freiheit in der Beherrschung des Geistes. Es ist wichtig, dass du lernst, deinen Verstand für und nicht gegen dich arbeiten zu lassen. Um dies zu tun, musst du „dich selbst durch dich selbst erheben", um es mit Krishnas Worten auszudrücken.

Einige spirituelle Sucher neigen bedauerlicherweise dazu woanders nach ihrer Befreiung zu suchen, vielleicht bei einem charismatischen Guru oder Prediger, in Verschwörungstheorien, oder in einer Kirche, Gemeinschaft oder Sekte.

Da sie zu Faulheit und magischem Denken neigen, wollen viele Suchende nicht in die Minen hinabsteigen und die notwendige harte Schufterei auf sich nehmen, um Lebenszeiten ignoranten Denkens zu überwinden. Tatsächlich wollen sie überhaupt nicht selbst denken und unterscheiden müssen.

Solch eine Person wird sich jemand anderen suchen, der für sie denkt (diese*r andere muss nur selbstbewusst und charismatisch genug sein). Wie ein Baby, das sicher in den Armen seiner Mutter liegen möchte, machen sie ihr Wohlergehen und ihre Befreiung ganz von einem solchen Guru abhängig.

Dies führt nie zur Befreiung, sondern nur zu größerer Unfreiheit. Niemand anderer kann dich befreien. Krishna macht deutlich, dass du allein die Verantwortung für deine eigene Befreiung übernehmen musst. Wenn es dir nicht gelingt, die Herrschaft über dein Körper-Geist-Ego zu erlangen, bleibst du für immer seine Geisel. Der wahre Feind liegt innen, und solange der ungezähmte Geist nicht unterworfen worden ist, ist Moksha unmöglich.

Karma-Yoga ist die Grundlage

Der erste Schritt zur Befreiung besteht in der Sicherstellung eines angemessen qualifizierten Geistes. Das primäre Mittel, dies zu erreichen, ist Karma-Yoga. Es ist sinnlos, sich hinzusetzen und ein- oder zweimal am Tag zu meditieren in der vergeblichen Hoffnung, frei zu werden. Dein ganzes Leben muss neu ausgerichtet werden, und Karma-Yoga ist das Mittel, womit dies geschieht.

Der Samsari, der sein Glück in äußeren Objekten und Erfahrungen sucht, lässt seine Handlungen von seinen Vorlieben und Abneigungen bestimmen und führt sie mit Anhaftung an die Ergebnisse aus. Der Karma-Yogi hingegen wird nicht mehr von dem Wunsch getrieben, bestimmte materielle Ziele zu erreichen.

Als Karma-Yogi ist dein primäres Ziel Moksha, Freiheit von emotionaler Abhängigkeit von Objekten. Du handelst nicht nach deinen Vorlieben und Abneigungen, sondern folgst dem Dharma. Du tust, was zu tun ist, wann es zu tun ist, und du widmest Ishvara jede Handlung mit Dankbarkeit und Hingabe. Indem du Ishvara als den Geber der Ergebnisse deines Handelns anerkennst, akzeptierst du jedes Ergebnis als angemessen und richtig. Du nimmst jedes Ergebnis als Prasada an, als göttliches Geschenk.

Es gibt nichts, was Stress so erfolgreich abbaut wie Dharma- und Karma-Yoga, wenn sie zusammen praktiziert werden. Trauer über die Vergangenheit und Angst vor der Zukunft schmelzen dahin, wenn du dein Leben nicht ausschließlich für dich selbst lebst, sondern als Gabe an Ishvara.

Als nach Befreiung Suchender, ist dies deine primäre *sadhana*, deine spirituelle Praxis. Wenn du in Übereinstimmung mit dem Dharma und der Geisteshaltung von Karma-Yoga handelst, werden Vasanas nach und nach nicht-bindend. Das reinigt den Geist und macht ihn fit für die Befreiung durch die Anwendung von *Selbst*-Erkenntnis.

Ein Gefühl von Unzulänglichkeit

Es lohnt sich daran zu denken, dass es nicht das Handeln selbst ist, das dich bindet. Was dich in Samsara gefangen hält, ist die Vorstellung, der Macher zu sein, und das Bedürfnis, das zu kompensieren, was du als mangelhaftes, begrenztes Ich-Gefühl wahrnimmst.

Als Folge der Unwissenheit in Bezug auf das *Selbst* erlebst du ein fundamentales Mangelgefühl. Du glaubst, um dich selbst gut, vollständig und sicher zu fühlen, musst du verschiedene Objekte und weltliche Ziele verfolgen.

Dieses Gefühl von Selbst-Unzulänglichkeit lässt sich immer bis in die frühe Kindheit zurückverfolgen. Wenn du dir als Kleinkind zum ersten Mal deiner selbst bewusst wirst, erlebst du dich als das Epizentrum des Universums, als vollständig, uneingeschränkt und vollkommen zulänglich, so wie du bist. Für die meisten Eltern kann ein kleines Baby nichts falsch machen. Jedes noch so zarte Lächeln, Gurren oder Rülpsen ruft Entzücken hervor.

Wenn du heranwächst, beginnen sich die Dinge jedoch zu ändern. Oft mit großer Erniedrigung und Demütigung verbunden, wird dir klar, dass du doch nicht der Mittelpunkt des Universums bist. Mit Schrecken stellst du fest, dass du nicht das einzige Ego bist, das existiert, und dass du dich mit den anderen Egos auseinandersetzen musst. Die bedingungslose Liebe, die du als Baby erfahren hast, wird nun durch eine Liebe mit Vorbehalt ersetzt. Du lernst, dass es Regeln gibt und dass du diese Regeln befolgen musst, um Liebe und Anerkennung zu bekommen.

Du erlebst ein wachsendes Gefühl von Selbstbegrenztheit, wenn du erkennst, dass du nicht die/ der Klügste in der Klasse oder die/ der Beliebteste bist, dass du nicht im größten Haus wohnst oder nicht das meiste Spielzeug hast. Während du dich durchs Leben bewegst, wirst du auf tausend subtile und weniger subtile Arten kritisiert und verurteilt – zuerst in der Schule, dann bei der Arbeit, in der Familie und vielleicht allgemein in der Gesellschaft.

All deine Bestrebungen und Handlungen werden von dem Bedürfnis angetrieben, dieses Gefühl der Begrenztheit zu überwinden. Selbst prahlerische, arrogante Menschen versuchen einfach nur, ihr Gefühl von Unzulänglichkeit in ihren eigenen und in den Augen anderer zu kompensieren.

Das Tao Te King stellt fest: „Je mehr du dich um die Meinung anderer kümmerst, desto mehr wirst du zu ihrem Gefangenen." Es ist eine Tatsache, dass du nie wirklich weißt, was andere Menschen von dir denken. Die meisten Menschen sind eigentlich zu sehr mit sich selbst beschäftigt, um viel an dich oder andere zu denken. Doch wie leicht lässt du dich kontrollieren, von der Tyrannei dessen „was andere denken"?

Swami Dayananda sagt dazu:

> Nach Akzeptanz von anderen zu streben ist nichts anderes als Selbstakzeptanz durch andere. Warum sollen dich andere akzeptieren? Damit du dich selbst akzeptieren kannst. Deshalb kann das Streben nach der Akzeptanz anderer immer auf Selbstakzeptanz reduziert werden.

Das eigentliche Problem ist nicht, was andere über dich denken. Das Problem ist, was du über dich selbst denkst. Das ist es, worauf du achten musst.

Samsara basiert auf diesem Gefühl der Selbstbegrenztheit und Unzulänglichkeit. Es ist eine Krankheit, die durch ein falsches *Selbst*-Konzept verursacht wird. Trotz ihrer pandemischen Ausmaße und der Schwierigkeit, sie aufzulösen, ist sie heilbar. Das Traurige daran ist, dass sich fast niemand für die Heilung interessiert. Aufgrund der Extrovertiertheit unseres Geistes und unserer Sinne neigen wir dazu, Lösungen nur in äußeren Objekten und Zuständen zu suchen. Aber zu versuchen, die Welt dazu zu bringen, sich unseren Vorlieben und Launen anzupassen, ist keine Lösung. Es gibt wohl kein vergeblicheres Unterfangen. Dieser innere Mangel, diese Begrenztheit und Selbstverurteilung ist die wahre Krankheit, und das ist es, was geheilt werden muss.

Der Wert von Werten

Der Wert von Werten darf nicht unterschätzt werden. Mangelnde Klarheit in Bezug auf deine Werte führt unweigerlich zu verworrenen oder unangemessenen Prioritäten – einem der größten Hindernisse für Erleuchtung.

Wenn du nicht an Moksha, deinem Ticket zur Freiheit, als höchstem aller Werte festhältst, wird es nie viel mehr als ein Nebengedanke oder eine Nebensache sein. Stattdessen wirst du deine Zeit und Energie weiterhin dem Streben nach Glück und Sicherheit durch samsarische weltliche Bestrebungen widmen.

Swami Dayananda erklärt dazu:

> Als Samsari geboren worden zu sein, ist an sich schon destruktiv. Wenn dein Verstand nicht richtig funktioniert, wenn deine Werte konfus sind, dann wird nicht nur dein gesamtes Leben, sondern auch das Leben der Menschen um dich herum konfus sein.

Indem du die kulturelle Konditionierung bedingungslos akzeptierst, die dir vom Moment deiner Geburt an auferlegt wurde, übernimmst du eine falsche Werte-Ordnung. Dann legst du unangemessenen Wert auf weltlichen Erfolg, Geld, Macht, Prestige und Kontrolle über andere. Vielleicht siehst du dich in erster Linie als

Konsumenten, als jemanden, der so viel Reichtum wie möglich anhäufen muss, um die Güter und Dinge zu erwerben, die du für dein Glück und Wohlergehen zu benötigen glaubst.

Ein verdrehtes Wertesystem führt zu ähnlich verdrehten Wünschen, Zielen und Handlungen. Wenn du Reichtum über alles andere schätzt, wirst du dein ganzes Leben damit verbringen, unerbittlich nach Geld zu streben, nur um herauszufinden, dass genug nie genug ist. Dein Streben nach Reichtum, Ruhm und Macht kann auch dazu verführen gegen Dharma zu verstoßen, nur um zu bekommen, was du willst.

Wer ein solches Wertesystem hat, wird wenig Interesse an Meditation, Karma-Yoga oder spiritueller Befreiung haben.

Erst wenn du die Grenzen von auf Objekten basierendem Glück objektiv analysierst, wirst du erkennen, dass alles, was Objekte an Freude bringen, von Natur aus flüchtig ist und immer durch Schmerz und Frustration aufgewogen wird. Du erkennst, dass du dein ganzes Leben damit verbracht hast, Glück in Objekten zu suchen, die nicht in der Lage dazu sind. Welch ein selbstauferlegtes Elend!

Ein Mensch schätzt nur das, wovon er glaubt, dass es ihm Glück bringt. In dem Moment, in dem du erkennst, dass Geld, Macht und Besitztümer nur begrenztes, vorübergehendes Glück bringen können, wird sich dein Wertesystem auf ganz natürliche Weise neu ausrichten.

Du erkennst, dass du eigentlich die ganze Zeit nach Freiheit von Begrenztheit gesucht hast. Dank Vedanta lernst du, dass Moksha das einzige Streben ist, das dauerhafte Freiheit und Glück bringen kann.

Wenn sich deine Werte ändern, ändern sich auch deine Prioritäten. Nur dann wirst du den notwendigen Antrieb und die Entschlossenheit finden, dich mit ganzem Herzen auf deinen spirituellen Weg einzulassen. Du verstehst die Bedeutung eines reinen, leidenschaftslosen und unterscheidungsfähigen

Geistes und beginnst, Karma-Yoga, Dharma und die Erkenntnismethode von Vedanta ernsthaft zu praktizieren. Indem du dich voll und ganz Moksha verpflichtest, wirst du schließlich selbst dein bester Freund, anstatt dein schlimmster Feind zu sein.

Die Kunst der Disziplin

Selbstbeherrschung erfordert Disziplin des Geistes und der Sinne, darauf verweist die Gita immer wieder. Im Vedanta werden vier Arten von Disziplin hervorgehoben:

1. Körperliche Disziplin

Menschen haben oft ein Klischee von Yogis im Kopf, als extreme Asketen, die ihren Körper ignorieren oder absichtlich schädigen. Einige Yogis tun dies vielleicht. Die Gita kritisiert jedoch diese Art der Selbstgeißelung und macht deutlich, dass Mäßigung zu jeder Zeit und bezüglich aller Dinge geübt werden sollte.

Da der physische Körper dein Hauptinstrument ist um mit der Welt in Austausch zu treten, muss er gesund und in gutem Zustand gehalten werden. Ein schlechter Gesundheitszustand kann deiner Fähigkeit hinderlich sein, effektiv *Selbst*-Erforschung und Kontemplation zu betreiben. Deshalb sollte Dharma stets befolgt werden, wenn es um die Bedürfnisse und Anforderungen des Körpers geht.

Du solltest es jedoch vermeiden, die Gelüste des Körpers zu befriedigen. In diesem Kapitel macht Krishna deutlich, dass Mäßigung und Zurückhaltung wesentlich sind für jemanden, der *Selbst*-Erforschung betreibt. Er empfiehlt sowohl in Bezug auf Menge und Qualität der Nahrung, als auch beim Schlaf eine disziplinierte Herangehensweise. Schlafmangel wirkt sich genauso nachteilig auf Körper und Geist aus wie zu viel Schlaf. Deshalb sollte ein vernünftiges Gleichgewicht zwischen Aktivität und Ruhe gewahrt werden.

2. Disziplin der Sprache

Heutzutage halten die Menschen Offenheit oft für eine Tugend: „Ich nenne die Dinge beim Namen." Laut und rechthaberisch zu sein, ist jedoch weniger eine Tugend, als vielmehr Treibstoff für das Ego und die niedere Natur. Wie kleine Kinder, die sich nicht zurückhalten können, platzen Menschen mit unüberlegten Meinungen, Kommentaren und „Ratschlägen" heraus und müssen sich dann, als Folge ihrer losen Zunge, mit dem schlechten Karma auseinandersetzen.

Aus diesem Grund verordnet Krishna dem *Selbst*-Erforscher sprachliche Disziplin. Du solltest immer nachdenken, bevor du sprichst. Und alles, was du sagst, sollte zuerst durch die „drei Tore der Sprache" gefiltert werden:

Ist es wahr? Ist es freundlich? Ist es nötig? Wenn die Antwort auf irgendeine dieser Fragen „Nein" lautet, solltest du am besten schweigen.

Unnötige Wortwechsel sollten genauso vermieden werden wie leeres Geschwätz und Klatsch. Das spart eine Menge Zeit und Energie, die dann dem Studium, der Analyse und der Meditation gewidmet werden kann.

Übermäßiges Sprechen über Vergangenheit und Zukunft kann zu sinnlosem Grübeln führen, was viel Stress und Unzufriedenheit nach sich zieht. Als Karma-Yogi überlässt du die Vergangenheit Ishvara, indem du die Gesetze bezüglich Karma anerkennst. Du lernst die Vergangenheit zu akzeptieren, wenn du erkennst, dass jede Erfahrung, ob bitter oder süß, eine Gelegenheit ist, inneres Wachstum zu fördern. Eine der größten Tragödien im Leben besteht darin, zu sehr in der Vergangenheit oder der Zukunft zu leben und sich selbst der Fähigkeit zu berauben, die Gegenwart voll und ganz zu würdigen.

3. Disziplin der Sinne

Wie du dich vielleicht erinnerst, vergleicht die *Katha-Upanishad* den Körper-Geist-Sinnes-Komplex mit einem Streitwagen, wobei die Sinne die Pferde sind. Wenn du nicht die Kontrolle über deinen Wagen behältst, besteht die Gefahr, dass die Pferde durchgehen. Wenn du die Kontrolle über sie verlierst, gelangst du nicht dorthin, wo du hin möchtest und dein Schicksal ist nicht mehr von dir bestimmt.

Die Sinne sind von Natur aus erlebnishungrig. Wie ein flammendes Inferno erreichen sie nie einen Punkt, an dem sie sagen: „Genug!". Wie wir alle wissen, können Erfahrungen in hohem Maße süchtig machen. Es liegt daher an dir, deine Sinne zu beherrschen, unmäßige Tendenzen zu zügeln und so deinen Geist vor unnötiger Erregung und Extrovertiertheit zu schützen.

Wenn es einem Menschen an grundlegender Sinnes-Disziplin mangelt, wird Meditation für ihn unmöglich funktionieren. Er wird nicht in der Lage sein, länger als ein paar Minuten zu sitzen, ohne durch den psychischen Druck der Vasanas gezwungen zu sein, die Sinne zu füttern. Seine Sinne werden wie die monströse Pflanze in „Der kleine Horrorladen" ständig schreien: „Füttere mich!"

4. Mentale Disziplin

Die letzte und vielleicht wichtigste zu kultivierende Eigenschaft ist mentale Disziplin. Mit deinem Geist erlebst du die Welt – und aus deinem Geist kommen die Gedanken, Worte, Wünsche und Taten, die dein Leben und dein Schicksal bestimmen.

Der Knackpunkt von Vedanta besteht darin, deine Identifikation von Körper, Geist und Sinnen zu lösen und auf das Gewahrsein zu verlagern, durch das diese erfahren werden. Das erfordert einen ruhigen und beständigen Geist, einen Geist, der durch Disziplin und Unterscheidungsvermögen gemäßigt wird. Wie wir festgestellt haben, ist ein aufgewühlter, extrovertierter und von Wünschen getriebener Geist kein fruchtbarer Boden, um die Samen der *Selbst*-Erkenntnis gedeihen zu lassen.

Dem Dharma zu folgen und Karma-Yoga zu praktizieren, erzeugt einen reifen, edlen und leidenschaftslosen Geist. Ein solcher Geist hat die Fähigkeit, sich zu konzentrieren, zu unterscheiden und sich dem Erreichen und der vollkommenen Verwirklichung von *Selbst*-Erkenntnis zu widmen.

Ein auf richtige Weise kultivierter Geist ist ein mächtiges Werkzeug mit drei bedeutenden Kräften:

1. Der Macht zu denken, sich etwas vorzustellen, zu wissen und sich zu erinnern.
2. Der Macht zu wünschen und zu wollen.
3. Der Macht zu handeln, zu machen oder zu tun.

Einige spirituelle Lehren behaupten, Erleuchtung sei ein Zustand der Gedankenlosigkeit, bzw. einen blanken und leeren Geist zu haben. Ein solcher Zustand, *samadhi* genannt, kann durch konsequente Meditation und Yoga erreicht werden und ist sicherlich vorteilhaft für die Reinigung des Geistes und das Verbrennen von Vasanas. Aber Erleuchtung ist nicht die Abwesenheit von Gedanken. Denken ist nicht der Feind. Der Feind ist *Selbst*-Ignoranz und das damit zusammenhängende Gefühl von Mangel und Begrenztheit.

Der Versuch, den Geist von Gedanken zu leeren, gleicht dem Versuch, den Ozean zu leeren. Es liegt in der Natur des Geistes, zu denken. Das Einzige, was sich ändern muss, sind die Denkfehler, die dem Jiva eine Welt von Leiden und Begrenzung beschert haben.

Erleuchtung ist ganz einfach die Verneinung und De-Konditionierung von übereinander geschichteten Lagen von Unwissenheit. Vedanta versucht nicht, den Geist und die Gedanken auszulöschen. Vielmehr werden sie genutzt, um Gedanken der Unwissenheit durch Gedanken der Wahrheit zu ersetzen. Ein Geist, der auf das Streben nach *Selbst*-Erkenntnis und deren Verwirklichung ausgerichtet ist, ist dein Vehikel zur Freiheit.

Die zweite Kraft eines kultivierten Geistes ist die Fähigkeit, zu wünschen und zu wollen. Das kann zu einiger Verwirrung führen, weil Begehren oft als der tödlichste Feind des spirituellen Suchers angesehen wird.

Begehren selbst ist nur in Bezug auf die Qualität dieses Begehrens gut oder schlecht. Was die Qualität betrifft, so haben wir höherwertige Wünsche und minderwertige Wünsche. Die Schriften warnen uns vor letzteren. Es sind die unaufhörlichen Begierden nach Sinnesbefriedigung, die so leicht in Besessenheit und Sucht ausarten und den Verstand seiner Fähigkeit zu Vernunft und Unterscheidung berauben.

Krishna sagt, als das *Selbst* sprechend: „Ich bin der Wunsch, der nicht im Gegensatz zu Dharma steht." Mit anderen Worten: Wenn niedere Wünsche zum Wunsch nach Befreiung durch *Selbst*-Erkenntnis sublimiert werden, wird diese mächtige Kraft zu einer unschätzbaren Hilfe auf deinem Weg.

Tatsächlich hättest du ohne den Wunsch nach Freiheit gar nicht die nötige Motivation, Moksha anzustreben. Verlangen veranlasst zum Handeln. Deswegen wird Erleuchtung nur dadurch möglich, dass Verlangen nach vergänglichen weltlichen Vergnügungen zu einem allumfassenden Verlangen nach Freiheit sublimiert wird.

Wofür sich Meditation nicht eignet

Wir alle wissen um die Vorteile von Meditation in Bezug auf die Psyche und die Physis. In Bezug auf Moksha sieht das etwas anders aus. Um zu verstehen, was Meditation ist, hilft es, zunächst zu betrachten, was sie nicht ist.

Erstens ist Meditation kein Mittel zur Befreiung. Einige Schulen des Yoga und des Buddhismus glauben, dass Meditation der Schlüssel zur Befreiung sei, und dass du, wenn du lange genug sitzt, Erleuchtung erlangst, indem du immer höhere Bewusstseinszustände erreichst.

Vedanta stimmt dem nicht zu. Zunächst einmal ist Befreiung nicht etwas, das durch Handeln erlangt werden kann. Befreiung liegt in deiner Natur. Das *Selbst* ist bereits da, uneingeschränkt existent. Es ist weder etwas Neues, noch ist es etwas, was dir auf irgendeine Weise hinzugefügt werden könnte. Es ist ähnlich wie mit dem geistesabwesenden Professor, der überall nach seinem Hut sucht, obwohl er ihn bereits auf dem Kopf trägt. Wie sehr du dich auch anstrengst, Handlung kann nicht etwas bereits Vorhandenes erschaffen.

Nehmen wir an, du wachst eines Tages auf und glaubst aus irgendeinem Grund, dass du keine Nase hast. Vielleicht betest du voller Inbrunst zu Ishvara, dir eine Nase zu geben. Aber auch wenn Ishvara alles Mögliche tun kann als die allmächtige Kraft, die ganze Welten, Galaxien und Universen erschafft – er kann dir keine Nase geben. Es ist unmöglich, dir etwas zu geben, was du bereits hast.

Das *Selbst* kann dir nicht gegeben werden, weil es bereits eine erreichte Tatsache ist. Was fehlt, ist allein korrektes Wissen in Bezug auf das *Selbst*, und das kann nur durch Beseitigung der Unwissenheit erreicht werden.

Das führt uns zum zweiten Punkt. Meditation allein wird dir kein Wissen in Bezug auf das *Selbst* geben. Das *Selbst* steht nicht im Gegensatz zu Unwissenheit. Gewahrsein beleuchtet einen unwissenden Geist mit derselben Freude wie einen erleuchteten Geist. Meditation hat viele Vorteile, aber sie ist kein Mittel zur Erkenntnis, sonst wäre jeder, der meditiert, erleuchtet, was eindeutig nicht der Fall ist.

Zu guter Letzt ist Meditation auch nicht als Vehikel für mystische Erfahrungen gedacht. Es stimmt, dass der Meditierende andersartige Bewusstseinszustände und vielleicht sogar mystische Visionen und kosmische Offenbarungen erfahren kann, wenn der Geist ruhiger und subtiler wird.

Für einen nach Befreiung Suchenden können diese Erfahrungen jedoch genauso hinderlich sein wie alles andere. Meditierende dürsten oft nach solchen Erfahrungen, die dann leicht zum Ziel der Meditation werden, anstatt ein erfreulicher Nebeneffekt zu sein.

Solche Erfahrungen, egal wie tiefgreifend oder glückselig sie auch sein mögen, sollten immer mit Leidenschaftslosigkeit und Unterscheidungskraft betrachtet werden. Alle Erfahrungen, ob grobstoffliche, weltliche Erfahrungen oder die subtilsten Zustände des Samadhi – einschließlich des *nirvikalpa-samadhi* (ein Zustand ohne Gedanken oder Empfindungen) – gehören zum Feld der Objekte. Selbst die größte spirituelle Vision ist nur ein Objekt in Bewusstsein. Sie gehört zu Mithya und hat, wie alle phänomenalen Dinge, einen Anfang, eine Mitte und ein unvermeidliches Ende.

Deshalb sollten erhöhte Bewusstseinszustände und spirituelle Visionen niemals als Selbstzweck betrachtet werden. Das Streben nach spirituellen Erfahrungen hält den Geist auf die Welt der Formen und Erfahrungen (Maya) fixiert und nicht auf das ewige Subjekt, das *Selbst*.

Erfahrung und Wissen

Das Verstehen der Unterscheidung zwischen Wissen und Erfahrung ist wichtig für alle *Selbst*-Erforscher. Das *Selbst* ist grenzenlos. Grenzenlosigkeit kann nicht durch eine begrenzte Handlung erreicht werden – und alle Handlungen sind von Natur aus begrenzt. Eine endliche Handlung kann niemals ein unendliches Ergebnis hervorbringen.

James Swartz schreibt:

Die Idee, dass Erleuchtung durch Handlungen erlangt werden kann – die auf Erfahrung basierende Idee von Erleuchtung – funktioniert nicht, weil sie der unwiderlegbaren nicht-dualen Natur der Wirklichkeit widerspricht. Sie basiert auf dem Schein der Dinge, nicht auf der Wirklichkeit der Dinge. Und Erscheinungen sind nicht von Dauer, sodass eine Erleuchtung, die ich durch Handeln erlangen kann, nicht von Dauer sein wird.

Aufgrund von Avidya (*Selbst*-Ignoranz) haben Menschen die Veranlagung, Ganzheit und Erfüllung in äußeren Objekten und Erfahrungen zu suchen. Deshalb neigen spirituelle Sucher dazu zu glauben, dass es bei der Erleuchtung darum geht, dieser einen ultimativen Erfahrung hinterherzujagen, die sie sich als eine Art endlose kosmische Glückseligkeit vorstellen.

Das *Selbst* ist jedoch kein erfahrbares Objekt. Jedes Objekt der Erfahrung ist endlich und der Zeit unterworfen. Kurz gesagt, wenn es gewonnen werden kann, kann und wird es im Laufe der Zeit auch wieder verloren gehen. Selbst die größte kosmische Verzückung kann durch etwas so Einfaches wie eine Fliege, die auf der Nase landet, zerstört werden.

Das *Selbst*, das kein Objekt der Erfahrung ist, ist das allgegenwärtige Subjekt aller Erfahrungen. Es kann nicht erreicht werden und es kann nicht verloren gehen. Was fehlt, ist nur das Wissen in Bezug auf dieses *Selbst*. Wissen fügt nichts zu dem hinzu, was bereits vorhanden ist. Es ist einfach die Beseitigung der Unwissenheit. Deshalb solltest du dir als *Selbst*-Erforscher im Klaren darüber sein, dass es Wissen ist, was du suchst. Erfahrung fesselt, während Erkenntnis befreit.

Erfahrung ist als Erkenntnismittel nicht verlässlich, denn Erfahrung kann trügerisch sein. Jeden Tag sehe ich die Sonne im Osten aufgehen und den Himmel überqueren. Allein aus der Erfahrung könnte ich den Schluss ziehen, dass die Sonne um eine stationäre Erde kreist. Das Wissen jedoch stellt meine Erfahrung in einen Kontext, und daher weiß ich, dass die Erde in Wirklichkeit die Sonne umkreist.

KAPITEL SECHS

Natürlich ist es nicht so einfach, die Rolle von Erfahrung im menschlichen Leben abzutun. Der Verstand wird durch Erfahrung angetrieben, und in unserem Hunger nach größeren, besseren und befriedigenderen Erfahrungen verfolgen wir bestimmte Ziele und Zwecke, die zweifellos Momente der Freude, des Glücks und der Fülle bringen.

Daraus könnte man den Schluss ziehen, dass das Geheimnis von Glück und Freiheit einfach darin besteht, so viele positive Erfahrungen wie möglich zu machen. Schließlich gehen wir natürlich davon aus, dass das Glück mit bestimmten Objekten und Erfahrungen verbunden ist, denn wenn wir sie haben, erleben wir Freude.

Tatsächlich lässt, wenn du das Objekt deines Herzenswunsches bekommst, dein vorheriges Gefühl von Mangel und Verlangen vorübergehend nach und du schmeckst die Freiheit und Glückseligkeit, die deinem Wesen als grenzenloses Gewahrsein innewohnen.

Wenn man sich auf Objekte, Ziele und Erfahrungen verlässt, um Glück zu erlangen, hat man das Problem, dass diese alle endlich sind und der Vergänglichkeit unterliegen. Aufgrund des Schmerzes, den man fühlt, wenn die Dinge vergehen, ist das zeitlich begrenzte Glück in gewisser Weise schlimmer als gar kein Glück.

Hinzu kommt, dass, egal wie erfreulich eine Erfahrung auch sein mag, Erfahrungen allein uns wahrscheinlich nicht das Wissen vermitteln werden, dass unsere Natur reines Gewahrsein ist.

Swami Dayananda erklärt:

> Die Fülle, die in dieser Erfahrung erlangt wird, ist nicht auf irgendein Objekt oder eine Situation zurückzuführen. Du selbst bist es, frei von dem unermüdlich fordernden, begehrenden und wollenden Geist. Leider erkennst du nicht,

dass Fülle dein eigentliches Wesen ist. Erfahrung liefert dir kein Wissen. Sie liefert dir nur einen Höhepunkt, auf dem du bleiben willst, und du kannst dich nicht mit weniger zufriedengeben. Um zu erkennen, dass du selbst die Fülle bist, brauchst du Wissen, und um dieses Wissen zu erlangen, ist Unterweisung notwendig.

Wofür sich Meditation eignet

Meditation hat im Vedanta zwei wichtige Funktionen. Erstens dient sie der Vorbereitung und Reinigung des Geistes, und zweitens ermöglicht sie die vollständige Verinnerlichung der Lehre.

Wenn Karma-Yoga das äußere Mittel zur Reinigung des Geistes ist, ist Meditation das innere Mittel. Sie wird praktiziert, um den unruhigen, von Wünschen getriebenen Geist zu zähmen und den leidenschaftslosen, gleichmütigen Geist zu erschaffen, der für die *Selbst*-Erforschung nötig ist.

Vedanta lehrt uns, unsere Aufmerksamkeit von Geist, Körper und Sinnen auf das unveränderliche Gewahrsein zu lenken, das sie durchdringt und beleuchtet. Unser Fokus verschiebt sich von Mithya zu Satya, von der flüchtigen Welt der phänomenalen Objekte zum ewigen, unveränderlichen *Selbst*.

Dies ist nur mit einem ruhigen und stabilen Geist möglich. Diese Verschiebung der Identität von der Welt der Objekte zum *Selbst* ist der Schlüssel zu Moksha.

Die Praxis der Meditation

Krishna gibt klare und knappe Anweisungen für die Meditation. Er betont zunächst die Wichtigkeit eines ruhigen und leidenschaftslosen Geistes, frei von Sehnsucht und Anhaftung. Ein solcher Geist entsteht nicht einfach von alleine, sondern entsteht durch die stetige und beständige Praxis des Karma-Yoga. Aus diesem Grund präsentiert die Gita Karma-Yoga, bevor sie über Meditation spricht.

Die in der Gita vorgegebenen wichtigsten Punkte hinsichtlich der Meditation sind:

1. **Finde eine geeignete Umgebung.** Der Ort, an dem du meditierst, sollte sauber, ruhig und abgelegen sein, um Unterbrechungen zu vermeiden. Im Idealfall sollte er spirituelle Gedanken und ein Gefühl der Ruhe hervorrufen. Eine Art Altar kann in dieser Hinsicht hilfreich sein, ist aber nicht unbedingt erforderlich.

2. **Meditiere zu einer geeigneten Zeit.** Meditiere zu einem Zeitpunkt, an dem es unwahrscheinlich ist, gestört zu werden und zu dem dein Geist einigermaßen ruhig und in der Lage ist, sich für eine Weile von weltlichen Angelegenheiten zurückzuziehen. Der frühe Morgen nach dem Aufstehen ist oft eine gute Zeit zum Meditieren.

3. **Setze dich richtig hin.** Suche nach einem bequemen, stützenden Sitz, der eine stabile, aufrechte, aber nicht starre Haltung erlaubt. In dieser Haltung zu sitzen hilft dir, entspannt und doch wach zu bleiben. Vergewissere dich, dass dein Körper entspannt ist, indem du dir einen Moment Zeit nimmst, um Verspannungen oder Verkrampfungen in den Muskeln zu lösen.

4. **Ziehe die Sinnesorgane zurück.** Wende deine Aufmerksamkeit langsam von der Welt der Sinne ab. Krishna schlägt vor, deine Augen sanft zu fokussieren, „als ob du auf die Nasenspitze schaust". Das bedeutet, dass dein Fokus sanft auf einen Punkt gerichtet werden sollte, anstatt die Augen umherwandern zu lassen.

5. Lasse den Atem zur Ruhe kommen. Ein gleichmäßiger, ruhiger Atem wirkt ausgleichend auf Körper und Geist und erzeugt ein Gefühl von erholsamer Stabilität und Harmonie. Es kann hilfreich sein, deine Meditation anfangs für einige Zeit auf den Atem zu konzentrieren. Statt zu versuchen, den Atem zu kontrollieren, beobachte einfach jede Ein- und Ausatmung. Um die Praxis zu vertiefen, richte deine Aufmerksamkeit nicht nur auf das Ein- und Ausatmen, sondern auch auf die subtilen Räume oder Pausen zwischen den einzelnen Atemzügen.

6. Mentaler Fokus. Erlaube dem Geist, sich zu beruhigen. Erlaube allen Sorgen, Zielen, Wünschen, Ängsten und Schwierigkeiten wegzufallen, während du deine Aufmerksamkeit von der materiellen Welt zurückziehst. Wann immer du bemerkst, dass der Verstand nach den Dingen greift – in Form von Gedanken, Erinnerungen, Gefühlen, etc. – lass einfach diese Tendenz zuzugreifen los und richte deinen Fokus wieder auf den gegenwärtigen Augenblick und das stetige Ein- und Ausströmen des Atems.

7. Verbinde deinen Geist mit dem *Selbst*. Diese vorbereitenden Schritte werden einen ruhigen, friedvollen und reflektierenden Geisteszustand erschaffen. Es gibt jetzt zwei Möglichkeiten mit deiner Meditation fortzufahren. Du kannst entweder in der inneren Stille baden, oder du kannst deinen Geist bewusst auf Gedanken über das *Selbst* lenken.

Die in der Meditation erlebte Stille ist in Wirklichkeit das Licht des *Selbst*, das auf das reflektierende Medium eines ruhigen, *sattvigen* Geistes scheint. Wenn der Geist subtiler und ruhiger wird, genießt du ein immer tieferes Gefühl der Stille. In dieser Weite der Stille kannst du das Bedürfnis loslassen, etwas zu sein, zu haben oder zu tun. Du erlaubst dir einfach, in Gewahrsein als Gewahrsein zu ruhen.

Krishna macht deutlich, dass das einzige Ziel des Meditierenden darin besteht, den Geist ununterbrochen mit dem *Selbst* zu verbinden. Jedes Mal, wenn dein Geist zu wandern beginnt, lenkst du einfach deine Aufmerksamkeit zurück auf die Kontemplation deiner Natur als reines Bewusstsein/ Gewahrsein oder erlaubst ihm, in der Stille zu ruhen.

Die drei Bewegungen der Meditation, wie sie in Patanjalis Yoga-Sutras ausführlich beschrieben werden, sind: erstens, den Geist von der äußeren Welt abzuwenden, zweitens, den Geist auf das Objekt der Meditation zu fixieren und drittens, die stetige Versenkung in das Objekt der Meditation.

Wie Krishna zu Arjuna sagt: *„Indem der Meditierende den Geist ständig auf diese Weise verbindet, gewinnt er Frieden, da sein Geist in Mir absorbiert wird. Dies ist die endgültige Befreiung."* (Kap. 6/ 15)

Über das Selbst meditieren

Den ganzen Tag meditieren wir über das Selbst oder vielmehr über den Jiva, den wir bis zum Heraufdämmern der *Selbst*-Erkenntnis für unser *Selbst* halten. Wir sind ständig mit den Wünschen, Bedürfnissen, Meinungen, Projektionen und Annahmen des Jiva beschäftigt. Der gesamte Vedanta verlagert unsere Aufmerksamkeit von diesem Phantom, dem Pseudo-Selbst, auf das wirkliche *Selbst*, die ewige Grundsubstanz der Existenz, das Bewusstseinsprinzip, das alle Wahrnehmungen und Erfahrungen sichtbar macht.

Vedantische Meditation ist die Kunst, den Geist neu zu konditionieren, um sich mit dem wahren *Selbst* – reinem Gewahrsein oder Bewusstsein – zu identifizieren. Indem wir unsere Aufmerksamkeit auf unsere Natur als Gewahrsein fixiert halten, richten wir den Geist ohne Anstrengung wieder auf seinen natürlichen Zustand des Friedens und der Ganzheit aus.

In Panchadasi sagt Vidyaranya Swami: „Man sollte wiederholt über die Idee ‚Ich bin Bewusstsein' meditieren."

Im Einklang damit erklärt der Yoga Vasistha:

Dies ist die höchste Meditation, die höchste Verehrung: das kontinuierliche und ununterbrochene Gewahrsein der innewohnenden Präsenz, des inneren Lichtes bzw. Bewusstseins.

Visualisierungen und Mantras

Die Aufmerksamkeit auf das eigene Bewusstsein zu lenken und es dort zu halten, erfordert einen sehr subtilen und verfeinerten Geist. Obwohl das *Selbst* gemäß Krishna formlos, grenzenlos und ohne Eigenschaften ist, fällt es dem *Selbst*-Erforscher anfangs vielleicht leichter, sich bei der Meditation auf ein Symbol des *Selbst* zu konzentrieren.

Deshalb könnte es hilfreich sein, eine persönliche Gottheit wie Krishna, Shiva, Ganesha, Parvati oder eines der vielen anderen Symbole für das Göttliche zu visualisieren. Du solltest jedoch im Kopf behalten, dass du von dieser Gottheit nicht getrennt bist. Du, der Verehrer und das Objekt der Verehrung sind eins als das eine, grenzenlose *Selbst*, so wie alle Wellen als Ozean eins sind.

Eine andere Technik, um deinen Geist auf das *Selbst* fixiert zu halten, ist die Verwendung eines Mantras. Ein Mantra ist ein ausgezeichnetes Werkzeug für die Meditation, denn es beschäftigt den Geist und verhindert, dass die Gedanken wandern. Und jedes Mantra repräsentiert für sich das universelle Bewusstsein, das *Selbst*.

Die Schriften bieten eine Reihe von Mantras, beginnend mit dem Omkara (der Wiederholung des Aum) über das Om Namah Shivaya, das Om Namo Narayana, das Gayatri-Mantra, bis hin zum Mahamantra und unzähligen anderen. Suche dir ein Mantra, das dich anspricht, und schlage unbedingt die Übersetzung nach, damit du dir über die Bedeutung der Wörter klar bist.

Vielleicht ist es hilfreich, eine Mala oder Gebetsperlen zu verwenden, wenn du dein Mantra rezitierst. Dabei konzentrierst du dich nicht nur auf den Klang und den Rhythmus der Worte, sondern kontemplierst auch über ihre Bedeutung. Beim Rezitieren vergrößerst du allmählich den Abstand zwischen den einzelnen Wiederholungen. Mit zunehmendem Abstand zwischen den Silben lässt du deinen Geist in dieser Stille ruhen.

Eine weitere Möglichkeit, deinen Geist auf das *Selbst* fixiert zu halten, besteht darin, über Schlüsselaussagen aus der Gita oder den Upanishaden nachzusinnen. Die Mahavakyas (große Weisheitssprüche) werden Identitätsmantras genannt. Es sind Aussagen darüber, wer du in Wahrheit bist.

Zwei der besten für die Meditation sind *Tat tvam asi* und *Aham Brahmasmi*. *Tat tvam asi* bedeutet „Das bist du" (Je nach Perspektive kann es auch mit „Das bin Ich" übersetzt werden). „Das" bezieht sich auf das grenzenlose *Selbst* und „du" auf das begrenzte Selbst, den Jiva. *Aham Brahmasmi* ist sogar noch direkter. Er bedeutet wörtlich „Ich bin Brahman (das *Selbst*)".

Die drei Stufen der Lehre

Vedanta ist im Wesentlichen ein Werkzeug zum Erlangen und Verinnerlichen des Wissens: „Ich bin Gewahrsein". Es funktioniert durch einen systematischen dreistufigen Prozess. Keine dieser Phasen kann übersprungen werden. Jede muss aufeinanderfolgend durchlaufen werden.

1. Zuhören (*Shravana*)

Die erste Stufe wird *shravana* genannt, was „Hören" bedeutet. Nachdem du deinen Geist mithilfe von Karma-Yoga schrittweise qualifiziert hast, besteht die nächste Stufe darin, einen qualifizierten Vedanta-Lehrer zu finden und deinen Geist konsequent dem Wissen auszusetzen. Dies geschieht, indem du deinen Geist von vorgefassten Ideen und Vorurteilen befreist und dem Lehrer einfach zuhörst, während er oder sie die Lehre von Anfang bis Ende entfaltet.

2. Reflexion (*Manana*)

Es reicht nicht aus, die Lehre nur zu hören. Selbst ein Papagei kann zuhören und Worte wiederholen. Damit Vedanta funktioniert, musst du die Lehre auf allen Ebenen vollständig verstehen und integrieren. Dazu ist es notwendig, alle auftretenden Zweifel, Verwirrungen und Missverständnisse mit Hilfe des Lehrers zu klären.

3. Integration (*Nididhyasana*)

Die erste Stufe besteht aus Worten. In der zweiten Stufe werden diese Worte in Wissen umgewandelt. In der dritten Stufe wird dieses Wissen in Überzeugung umgewandelt. *Nididhyasana* besteht aus anhaltender Kontemplation und Reflexion über die Lehre. Damit *Selbst*-Erkenntnis in Moksha umgesetzt werden kann, musst du dir zu eigen machen, wer du bist, indem du das Wissen „Ich bin Bewusstsein" vollständig verinnerlichst.

Das ist der Zweck der vedantischen Meditation, und deshalb erklärt Krishna wiederholt, dass das wahre Ziel der Meditation darin besteht, den Geist auf das *Selbst* fixiert zu halten.

Auch wenn du in der ersten Phase ein intellektuelles Verständnis der Lehre erlangen kannst, indem du dem Lehrer einfach zuhörst, besteht doch ein Unterschied zwischen bloßem Verstehen und verinnerlichtem Wissen. Es reicht nicht aus, einfach nur über das *Selbst* Bescheid zu wissen. Solange dieses Wissen nicht in jeden Aspekt der Psyche integriert ist, werden deine früheren emotionalen und psychologischen Probleme bestehen bleiben.

Die Früchte der *Selbst*-Erkenntnis reifen selten sofort. Schließlich hast du es mit einem Geist zu tun, der jahrzehntelang und sogar Lebenszeiten der Unwissenheit unterworfen war.

Die Auswirkungen dieser Unwissenheit – die sich als deine Gedanken der Selbstbegrenzung und Selbst-Ablehnung sowie als Verlangen, Wut, Frustration und Kummer manifestieren – werden nicht über Nacht verschwinden. Bis das Wissen, dass du das *Selbst* bist, vollständig integriert ist, bis es für dich zu einer lebendigen, atmenden Realität wird, bleiben diese „Knoten des Herzens" bestehen.

Um in den Genuss der Vorteile der *Selbst*-Erkenntnis zu kommen – insbesondere eines Gefühls von Freiheit, Frieden und Glück, unabhängig von der Welt der Objekte – musst du dich daher dem Nididhyasana in Form fortwährender Meditation über deine Natur als das *Selbst* widmen.

Der Mann, der dachte, er sei ein Wurm

Es gibt eine Geschichte, die die Bedeutung von Nididhyasana perfekt veranschaulicht. Es geht um einen Mann, der dachte, er sei ein Wurm!

Dieser ansonsten ganz gewöhnliche Kerl ging mit dem Glauben durchs Leben, er sei allen anderen unterlegen. Die Vorstellung, er sei ein mickriger Wurm, verursachte nicht nur schreckliche Probleme mit seinem Selbstwertgefühl, sondern führte auch zu einer überwältigenden Angst vor Vögeln. Schließlich fressen Vögel Würmer. Wann immer er vor die Tür ging, reichte die bloße Andeutung eines Vogelgezwitschers aus, um ihm Todesangst einzujagen.

Eines Tages beschloss ein besorgter Freund, es reiche jetzt. Er sagte dem Mann, dass er so nicht weitermachen könne und sich Hilfe suchen müsse. Der Freund machte einige Anrufe, zog ein paar Strippen und sorgte dafür, dass der Mann in eine renommierte psychiatrische Klinik aufgenommen wurde.

Dort wurde der Mann hervorragend versorgt. Jeden Tag traf er sich mit einem erfahrenen Psychologen, der ihn schließlich davon überzeugen konnte, kein Wurm zu sein, sondern ein Mensch wie jeder andere.

Es dauerte einige Zeit, bis der Mann das akzeptieren konnte. Schließlich hatte er ein Leben lang unter seinem Wahn gelitten. Doch als die Wahrheit langsam einsickerte, überkam ihn ein gewaltiges Gefühl der Erleichterung und Befreiung. Wenn er wirklich ein Mensch wie alle anderen war, dann hätte er nichts zu befürchten und könnte sein Leben tatsächlich genießen!

Am letzten Morgen seines Aufenthalts dankte er seinem Arzt mit Tränen der Dankbarkeit in den Augen ausgiebig. Dann verließ er die Klinik und trat vor die Tür, bereit, es mit der Welt aufzunehmen. Das heißt solange, bis er einen Vogel erblickte, der in einem nahen Baum saß – eine große schwarze Krähe, die ihn schweigend anblickte.

Von Panik ergriffen stürzte er zurück ins Krankenhaus und rannte den ganzen Weg bis zum Büro seines Psychologen. Er schrie, als er gegen die Tür trommelte, sein Herz raste und seine Haut war mit kaltem Schweiß bedeckt. Der Arzt kam heraus und fragte erstaunt: „Was ist denn los?"

KAPITEL SECHS

„Da draußen ist ein Vogel!" Der Mann weinte und sein ganzer Körper zitterte. „Er hat mich angeschaut!"

Der Arzt runzelte die Stirn. „Aber wir haben das immer und immer wieder durchgesprochen. Sie müssen sich jetzt keine Sorgen mehr um Vögel machen. Sie sind kein Wurm – sie sind ein Mensch!"

„Das wissen *Sie*", sagte der Mann, „und *ich* weiß das auch – aber der Vogel weiß das nicht!"

Die Moral der Geschichte ist einfach. Wenn du dich ein ganzes Leben lang auf eine bestimmte Art und Weise betrachtet hast, wird es Zeit und Mühe kosten, diese Denkweise zu überwinden. Gewohnte Denkmuster ändern sich selten über Nacht. Selbst wenn du eine Illusion als solche erkannt hast, können die Nachwirkungen von Angst und Leid noch einige Zeit bestehen bleiben.

Hier ist eine weitere Analogie. Stell dir vor, ein Bettler findet ein Lotterielos im Müll und stellt überrascht fest, dass er mit diesem Los gewonnen hat. Er hat vielleicht jahrelang auf der Straße gelebt, aber plötzlich hat er genug Geld, um sich ein großes Haus, ein schickes Auto und jeden Luxus zu leisten, von dem er zu träumen wagt.

Obwohl sich seine äußeren Umstände geändert haben, kann es noch einige Zeit dauern, bis er seine alten Denkweisen überwunden hat. Innerlich sieht er sich vielleicht immer noch als Bettler, als jemand, der sich Sorgen machen muss, wo die nächste Mahlzeit herkommt.

Um dieses Gefühl der Einschränkung zu überwinden, muss er sich seinen neuen Status zu Eigen machen, indem er sich klarmacht, ein reicher Mann und kein Bettler zu sein.

Dasselbe gilt auch für *Selbst*-Erkenntnis. Wenn dein Geist nicht schon vor der ersten Stufe, dem Hören, in hohem Maße qualifiziert ist, wirst du nicht sofort alle Vorteile der *Selbst*-Erkenntnis genießen können. Aller Wahrscheinlichkeit nach werden dich noch gewisse Blockaden und Stolpersteine hindern, deine Natur als grenzenloses, immer freies Bewusstsein zu genießen. Aufgrund deines früheren Denkens wirst du dich vielleicht immer noch erbärmlich fühlen, obwohl *Selbst*-Erkenntnis dich als König der Könige oder Königin der Königinnen offenbart hat.

Wie man Nididhyasana praktiziert

Aus diesem Grund ist Nididhyasana ein wichtiger Schritt, der nicht ausgelassen werden kann. Während die ersten beiden Stufen der Lehre eine bestimmte Zeit dauern, je nach Schüler entweder Monate oder Jahre, hat die letzte Stufe, die Verinnerlichung und Integration der Lehre, keine festgelegte Zeitspanne. Genau genommen solltest du Nididhyasana für den Rest des Lebens praktizierten. Dadurch wird verhindert, dass sich alte gewohnheitsmäßige Denkmuster wieder durchsetzen und das Wissen verdecken, dass du *sat-chit-ananda* bist: Existenz, Bewusstsein, Glückseligkeit.

Ein wesentlicher Punkt von Nididhyasana besteht darin, zu lernen, dein Leben im Licht der *Selbst*-Erkenntnis zu bewerten. Deine alten Gewohnheiten, Denkmuster, Werte, Beziehungen, Aktivitäten und die Art und Weise, wie du mit anderen und der Welt umgehst, müssen im Licht der Wahrheit neu bewertet werden. Alles, was dir nicht mehr dienlich ist oder nicht mit deiner Identität als das *Selbst* übereinstimmt – einschließlich der adharmischen Gewohnheiten, die deinen Geist, Körper oder deine Sinne unnötig erregen – sollte aussortiert werden.

Die Art und Weise, wie du lebst, sollte möglichst genau widerspiegeln, wer du wirklich bist. Wenn du deine Identität als das *Selbst* erkennst, wirst du vielleicht feststellen, dass vieles von dem, was früher für dich wichtig war – vorrangige Ambitionen, Ziele und das zwanghafte Bedürfnis, etwas zu erreichen und erwerben – von selbst wegfällt. Warum solltest du weiterhin Erfüllung in der Welt suchen, wenn du doch die Fülle in dir selbst gefunden hast? Ein erleuchteter Mensch fühlt sich in sich selbst glücklich, und zwar nicht aufgrund äußerer Faktoren, sondern vielmehr trotz dieser Faktoren.

Die zweite Komponente von Nididhyasana ist das Praktizieren von vedantischer Meditation. Swami Paramarthananda nennt dies „Meditation zur Änderung der *Selbst*-Sicht".

Wenn du zu Vedanta kommst, fühlst du dich wie ein kleiner Jiva, der den Zwängen und Leiden von Samsara ausgeliefert ist. Vedanta enthüllt dann, dass dies nur eine Überlagerung ist, eine irrige Annahme, die durch Maya hervorgerufen wird und deine wahre Identität als das *Selbst* verschleiert. Mit der Zeit erlebst du eine Identitätsverschiebung. Während du dich zuvor mit dem Körper-Geist-Ego-System identifiziert hast, weißt du jetzt, dass du reines Gewahrsein bist, immer frei von den Begrenzungen von Namen und Formen.

Wie wir festgestellt haben, wird es jedoch wahrscheinlich noch einige Zeit dauern, bis diese Neuorientierung deiner Identität für dich so selbstverständlich wird wie deinen Namen auszusprechen, wenn dich jemand fragt, wer du bist. Bis es soweit ist, musst du *Selbst*-Erforschung bewusst auf jeden selbstbeschränkenden Gedanken, jede negative Selbsteinschätzung und jede Fehl-Identifikation anwenden, sobald sie im Verstand auftauchen.

Wann immer du dich als Jiva identifizierst, als unzulängliches, habgieriges Ego, musst du dieser Unwissenheit auf den Grund gehen und sie durch einen wahrheitsgetreuen Gedanken, einen Gedanken an das *Selbst,* ersetzen.

Vedantische Meditation richtet deine Aufmerksamkeit auf das Objekt der Meditation – dein eigenes *Selbst*. Du fixierst deinen Geist immer und immer wieder auf die Lehre, bis die *Selbst*-Erkenntnis zu einer festen Überzeugung wird. Die fortgesetzte und anhaltende Reflexion über deine Identität als das *Selbst*, als das Gewahrsein, in dem alle Objekte und Erfahrungen erscheinen, verschiebt deine Identität allmählich vom endlichen Jiva zum unendlichen *Selbst*.

Der Nutzen von Meditation

Krishna sagt zu Arjuna: *„Ein Geist, der durch Meditation gebändigt ist, um im Selbst zu verweilen und sich allein über das Selbst zu freuen, findet absolute Zufriedenheit, ein Glück jenseits von Geist und Sinnen. .... Wenn man das Ziel aller Ziele erreicht hat, werden diejenigen, die im Selbst als das Selbst etabliert sind, weder von weltlichem Glück noch von Kummer erschüttert."* (Kap. 6/ 20-23)

Ein im *Selbst* aufgegangener Geist verliert jegliches Empfinden von Trennung und damit auch jegliches Empfinden von Sehnsucht. Verlangen beruht doch gerade auf der Unkenntnis deiner angeborenen Ganzheit. So wie es keinen Sinn hat, einem bereits vollen Ozean Wasser hinzuzufügen, so gibt es auch nichts, was du deinem *Selbst* hinzufügen kannst. Daher kennt ein mit dem *Selbst* vereinter Geist weder Anhaftung noch Sehnsucht.

Wie Swami Dayananda es ausdrückt:

> Die Wahrheit seiner selbst ist absolutes Glück, Ananda, während jedes andere Glück immer von einem Geisteszustand abhängt. Gewöhnliche Vergnügungen hängen von den äußeren Umständen und der mentalen Verfassung ab. Ein äußeres Objekt muss in einer Situation in erstrebenswerter Form verfügbar sein.

Selbst-Erkenntnis befreit dich von der Notwendigkeit, dass äußere Objekte und Umstände in bestimmter Weise vorhanden sein müssen, damit du glücklich sein kannst. Durch das fortwährende Kontemplieren deiner Natur als das *Selbst* entwickelst du das, was Krishna die „Vision der Einheit" nennt.

Mit der Sicht von Gleichheit siehst du dich in allen Wesen und alle Wesen in dir selbst. Namen und Formen werden durch das Verstehen negiert, dass es zwar zahlreiche Tonkrüge und goldene Schmuckstücke gibt, der Ton und das Gold aber in all diesen Formen gleich sind. In ähnlicher Weise verstehen die Erleuchteten, dass alle Namen und Formen in der materiellen Welt nur die Auswirkungen einer einzigen Ursache sind: des *Selbst*.

„Ich bin immer gegenwärtig für diejenigen, die Mein Leuchten in allen Dingen sehen", sagt Krishna.

Deshalb sehen die Weisen das *Selbst*, wohin sie auch blicken. Das *Selbst* ist in jedem und allem, es durchdringt alle Körper, den Geist und alle Formen, so wie der Raum das Universum durchdringt. Diese Sicht der Gleichheit, die das *Selbst* in allen Dingen und alle Dinge im *Selbst* sieht, ist sowohl die höchste Weisheit als auch die größte Hingabe.

Swami Chinmayananda fasst es so zusammen:

> Dem Unendlichen in uns zu begegnen bedeutet, dem Ewigen überall zu begegnen. Der Yogi erkennt die göttliche Präsenz, die allen Dingen immanent ist. Für ihn gibt es keine andere Erfahrung als die des Göttlichen.

Der unbeugsame Tyrann

Arjuna ist mit Krishnas Worten jedoch nicht zufrieden. Solches Gerede sei schön und gut, sagt er, aber was nütze es einem Geist, der aufgewühlt und außer Kontrolle ist, einem „unbeugsamen Tyrannen", wie er es nennt?

Krishna stimmt zu, dass die Zähmung des Geistes keine leichte Aufgabe ist. Es ist jedoch eine wesentliche, denn wie Vidyaranya Swami in Panchadasi sagt: „Das eigene *Selbst* als Gewahrsein zu erkennen, gelingt jenen nicht, deren Geist unbeständig und aufgewühlt ist."

Wenn du deinen Geist beobachtest, wirst du feststellen, dass er dazu neigt, in ständiger Bewegung zu sein, dass er ständig von einer Sache zur nächsten wandert. Das ist eigentlich eine gute Sache. Würde er sich nicht ständig an neue Eindrücke anpassen, würde er ewig auf demselben Gedanken verharren.

Der Verstand wird von Natur aus von Objekten der Liebe oder Objekten des Schmerzes angezogen. Erstere verlocken den Geist, letztere irritieren ihn. Da die Aufmerksamkeit im Allgemeinen zwischen beiden hin und her schwankt, zwischen Verlangen und Angst, kann es schwierig sein, nachhaltigen Geistesfrieden zu erlangen.

Krishna hat eine zweigeteilte Lösung parat: Praxis und Objektivität.

Die vergangenen fünf Kapitel der Gita haben sich mit der Praxis befasst und Karma-Yoga als Mittel zur Neutralisierung von bindenden Vorlieben und Abneigungen vorgestellt. Dadurch werden auch die Vasanas gemanagt, die sonst den Geist dazu zwingen, wie eine durchgeknallte Puppe zu tanzen. Dieses Kapitel empfiehlt vor allem Meditation als Praxis zur Neuausrichtung des Geistes, damit er seine letztendliche Natur als Gewahrsein anerkennen kann. Die verbleibenden Kapitel präsentieren Upasana-Yoga und das Managen der Gunas als weitere wichtige Werkzeuge zur Kultivierung eines ruhigen und beständigen Geistes. Sobald der Geist fit für *Selbst*-Erforschung ist, besteht deine primäre Praxis darin, *Selbst*-Erkenntnis auf den Geist anzuwenden und Unwissenheit an der Wurzel abzuschneiden.

Die Macht der Objektivität

Krishnas zweite Empfehlung, Objektivität, ist besonders hilfreich für den Umgang mit der Anhaftung an Genuss-Objekten.

Warum suchen wir überhaupt nach Objekten, die uns glücklich machen?

Objekte selbst haben keinen innewohnenden Wert. Sie haben nur den Wert, den wir ihnen zuschreiben. Indem wir weltlichen Objekten bestimmte Qualitäten und Werte zuschreiben, glauben wir, dass sie uns mehr schenken würden, als sie zu schenken imstande sind. Wir denken, dass wir durch den Erwerb des einen oder anderen Objektes irgendwie glücklicher und sicherer werden – und dass wir „endlich jemand werden"!

Diese Überlagerungen geschehen selten auf einer bewussten Ebene. Von klein auf übernehmen wir Werte, Schlussfolgerungen und Urteile unserer Kultur. Deshalb wird unser Sinn für das, was wichtig und erstrebenswert ist, weitgehend von der gesellschaftlichen Ordnung geprägt.

Da Geld der Gott der Moderne ist, bist du wahrscheinlich in dem Glauben aufgewachsen, dass dein Wert durch deinen Kontostand oder dein soziales Ansehen bestimmt wird. Wenn du Reichtum, ein großes Haus oder Heirat und Kinder für deine Eintrittskarte zu dauerhaftem Glück hältst, dann überlagerst du in Wirklichkeit die Eigenschaft des Glücklichseins auf diese Objekte.

Je mehr du dich auf ein Objekt fokussierst, desto mehr wächst dein Verlangen und desto stärker wird deine Anhaftung. Das Problem ist, dass deine Sicht durch Subjektivität getrübt ist. Du siehst nicht das Objekt selbst, sondern nur das, was du auf das Objekt projizierst.

Objektivität ist einfach die Fähigkeit, deine subjektiven Empfindungen beiseite zu lassen und ein Objekt auf seinen eigenen Stellenwert zu reduzieren.

Um problematische Anhaftungen an Objekte zu überwinden, insbesondere an Objekte, die wir lieben und begehren, schlägt Shankara vor, tief über die Begrenztheit dieser Objekte nachzudenken. Es lohnt, sich daran zu erinnern, dass alles in der Dualität Vor- und Nachteile hat. Nichts in der phänomenalen Welt ist in der Lage, dauerhaftes Vergnügen und Fülle zu liefern.

Wer etwas anderes erwartet, lädt Frustration und Kummer in sein Leben ein.

Deshalb ist es wichtig, Anhaftung zu neutralisieren, indem man anhaltend über die Schattenseiten des jeweiligen Objekts nachdenkt. Wenn du dich in Objektivität übst, siehst du das Objekt so, wie es tatsächlich ist: weder völlig gut noch völlig schlecht. Nachdem du die subjektive Blase, durch die du die Welt betrachtest, durchstoßen hast, wirst du feststellen, dass die Welt nicht mehr den gleichen Einfluss auf dich hat.

Es ist wichtig zu erkennen, dass es nie das Objekt deiner Begierde ist, nach dem du wirklich strebst. Was auch immer du liebst, du liebst es nicht um seiner selbst willen, sondern um deiner selbst willen. Du liebst die Pizza nicht um der Pizza willen. Du liebst Pizza, weil du glaubst, dass sie dir Freude bringt.

Wie wir festgestellt haben, liegt das Glück niemals in den Objekten selbst. Es liegt in dir. Alle Objekte sind lediglich Stellvertreter. Es fühlt sich gut an, wenn wir uns einen Wunsch erfüllen, aber nicht wegen des begehrten Objekts selbst, sondern weil das Erlangen des Objekts den Geist vorübergehend von der Begierde befreit, welche selbst schmerzhaft ist.

Ein wunschloser Geist ist ein ruhiger Geist, und ein ruhiger Geist ermöglicht es uns, die Glückseligkeit unserer eigenen grenzenlosen Natur zu genießen. Wie James Swartz es ausdrückt: „Glück ist das *Selbst*, das sich selbst erfährt."

In Panchadasi sagt Vidyaranya Swami:

> Die Liebe zum *Selbst* ist unendlich. Die Liebe zu einem Objekt ändert sich immer, weil ein Objekt nur für eine begrenzte Zeit Glück schenken kann. Danach ist ein neues Objekt erforderlich, um scheinbar Glück zu erzeugen.

In Anbetracht der Tatsache, dass aus Objekten gewonnenes Glück endlich ist und Veränderung und Verlust unterliegt, und das *Selbst* unendlich und unveränderlich ist, kann wahres und dauerhaftes Glück nur gefunden werden, indem man Geist und Herz auf das *Selbst* fixiert.

Keine Anstrengung ist vergebens

Das Kapitel endet damit, dass Arjuna sich immer noch in einer pessimistischen Stimmung befindet. Was ist, fragt er, wenn wir trotz unserer besten Bemühungen die Befreiung in diesem Leben nicht erlangen? Ist dann all die Mühe umsonst gewesen?

Krishna versichert ihm, dass solche Bemühungen nicht vergebens sind. Ein Leben ist nur ein Flackern in der großen Spanne der Ewigkeit, und jeder Fortschritt, den man in Richtung Befreiung macht, wird in die nächste Geburt mitgenommen.

Nichts ist jemals verloren. Selbst der Tod, der von den meisten als das endgültige Ende angesehen wird, ist nur das Ablegen eines spezifischen grobstofflichen Körpers. Der feinstoffliche Körper, der aus feineren Elementen besteht, stirbt nicht mit ihm. Er besteht aus den verschiedenen Vasanas, die Temperament, Wünsche und Ängste des Individuums ausmachen, und verbindet sich einfach mit einem neuen grobstofflichen Körper, und das grandiose Schauspiel geht weiter.

Welche Fortschritte du in der Spiritualität auch machst, welche Praktiken du ausübst und welches Wissen du erlangst, alles verändert die Struktur des feinstofflichen Körpers. Karma-Yoga und Meditation neutralisieren die weltlichen Vasanas und die alchemistische Kraft der *Selbst*-Erkenntnis richtet allmählich dein gesamtes Identitätsgefühl neu aus.

Kein Fortschritt, der gemacht wird, ist vergeblich. Krishna geht sogar so weit zu sagen, dass selbst wenn du in diesem Leben Moksha nicht erlangst, du dich bei deiner Wiedergeburt in Umständen wiederfinden wirst, die dem weiteren Streben nach Befreiung förderlich sind.

Vedanta schenkt aber im Allgemeinen dem Thema Wiedergeburt keine große Aufmerksamkeit. Worauf es ankommt, ist in diesem Leben sein Bestes zu geben, sich zu einer Lebensweise der *Selbst*-Erforschung zu verpflichten und das Streben nach Moksha zu seinem höchsten Wert zu machen. Krishna versichert uns, dass diejenigen, deren Vision klar ist und deren Geist und Herz auf das *Selbst* fixiert sind, Freiheit in diesem Leben erlangen können.

KAPITEL SIEBEN

Direktes und indirektes Wissen

1. „Arjuna", sagte Krishna, „um Mich vollkommen und jenseits aller Zweifel zu erkennen, halte deinen Geist auf Mich gerichtet und nimm Zuflucht im Yoga.

2. „Ich werde dich sowohl indirektes als auch direktes Wissen lehren. Im Lichte dieses Wissens bleibt nichts anderes mehr zu wissen übrig.

3. „Unter vielen Tausenden von Menschen ist jene Seele selten, die Befreiung durch Erleuchtung sucht. Und selbst unter diesen Suchenden erreichen nur wenige das Ziel und erkennen Mich tatsächlich.

4. „Diese Meine Prakriti, das phänomenale Universum, ist achtfach geteilt in Erde, Wasser, Feuer, Luft, Raum (Äther), Gemüt, Intellekt und Ego (das Gefühl, ein Handelnder zu sein).

5. „Jenseits dieser niederen Prakriti befindet sich die höhere Prakriti, welche die essenzielle Natur des Individuums ist, die Quelle und Stütze dieses ganzen Universums.

6-7. „Die Vereinigung dieser beiden Aspekte Meiner Natur ist der Schoß der gesamten Schöpfung. Ich bin der Eine, aus dem dieses phänomenale Universum geboren wird, und in Mir löst es sich auf. Es gibt keine andere Quelle als Mich und nichts, was von Mir getrennt ist. Alle Welten sind in Mir aufgereiht wie Perlen an einer Halskette.

8-9. „Ich bin der Geschmack reinen Wassers. Ich bin das Licht der Sonne und des Mondes. Ich bin das heilige Wort der Veden.

Ich bin der Klang, der im Raum schwingt und die innerste Kraft aller Menschenwesen. Ich bin der süße Duft der Erde und das Leuchten und die Wärme des Feuers. Ich bin das wirkliche Leben in allen Wesen und der spirituelle Impuls des hingebungsvollen Suchenden.

10-11. „Verstehe mich, Arjuna, als den ewigen Samen in allen Wesen. Ich bin die Intelligenz in einem unterscheidungsfähigen Intellekt und die Brillanz in einem brillanten Verstand. In den Starken bin ich die Stärke, die frei von Verlangen und Anhaftung ist. In allen Wesen bin ich der Wunsch, der nicht im Gegensatz zu Dharma steht.

12. „Die wechselnden Qualitäten von *sattva*, *rajas* und *tamas* gestalten die Dinge dieser Welt, aber ich bleibe von ihnen unbeeinflusst. Diese Qualitäten der Schöpfung existieren in Mir, aber Ich bin nicht in ihnen.

13-14. „Diese drei *gunas* täuschen die ganze Welt. Unfähig, über die Welt der sich verändernden Erscheinungen hinaus wahrzunehmen, versäumen die Menschen es Mich als die unveränderliche Essenz zu sehen. Diese Maya, die zu Mir gehört und die die Veränderung dieser wechselnden Qualitäten bewirkt, ist in der Tat schwer zu überwinden. Nur diejenigen, die in Mir Zuflucht suchen, finden ihren Weg zur Freiheit.

15. „Die von Maya hilflos getäuschten, die niederträchtige Handlungen begehen, sind von niedriger Gesinnung und haben keinen Impuls, Mich zu suchen. Da sie die Unterscheidungsfähigkeit verloren haben, folgen solche Seelen nur noch den Impulsen ihrer niederen Natur.

16. „Diejenigen, die Mich verehren, tun dies aus unterschiedlichen Gründen. Manche leiden und suchen einen Ausweg aus ihrer Bedrängnis. Manche suchen Mich als Mittel, um Sicherheit und Vergnügen in dieser Welt oder im Jenseits zu erlangen.

Andere versuchen, Mich zu erkennen und den Sinn des Lebens zu verstehen. Und einige wenige haben Meine Natur bereits erkannt.

17-18. „Unter diesen ist der Jnani, der Kenner des *Selbst*, der erhabenste. Solche Seelen sind unerschütterlich in ihrer Hingabe und sind im Geist und im Herzen immer mit Mir vereint. Sie alle sind erhaben, doch der in Mir aufgegangene Jnani ist von Mir nicht getrennt und hat das höchste Ziel des Lebens erreicht, über das hinaus nichts mehr zu erreichen ist.

19. „Auch wenn es viele Geburten braucht, der durch *Selbst*-Erkenntnis Befreite sieht Mich in allen Dingen und erlangt Einheit mit Mir. Eine solche Seele ist selten.

20-22. „Diejenigen, deren Unterscheidungsvermögen durch ihre niedere Natur verdunkelt ist, werden von ihren bindenden Wünschen getrieben, andere Götter zu verehren, einschließlich Geld, Status oder Sinnenfreuden. In welcher Form und durch welche Handlungen auch immer du Mich verehrst, Ich erfülle deine Gebete und stärke deinen Glauben. Die Person, deren Glaube und Entschlossenheit unerschütterlich ist, wird das Objekt ihrer Hingabe erlangen, aber durch Mich allein wird jeder Wunsch erfüllt.

23-24. „Diejenigen mit begrenztem Verständnis fixieren sich auf weltliche und materielle Ziele, während diejenigen, die die Glückseligkeit der Ewigkeit suchen, zu Mir kommen. Diejenigen, die nicht verstehen und nicht unterscheidungsfähig sind, sind sich über Meine grenzenlose und nicht-manifeste Natur nicht im Klaren und glauben, dass Ich in einer speziellen Form existiere.

25. „Nur wenige sind in der Lage, den Schleier von Maya zu durchdringen und die wahre Natur der Existenz zu erkennen. Von der Welt der phänomenalen Erscheinungen getäuscht, ge-

lingt es den Menschen nicht, Mich als die ungeborene, unveränderliche und unvergängliche Quelle und Essenz der Existenz zu begreifen.

26. „Ich allein kenne alles, was geschehen ist, alles, was geschieht, und alles, was in der Zukunft geschehen wird. Aber fast niemand kennt Mich."

27. „Angetrieben von den Kräften der Dualität, des Begehrens und der Abneigung werden alle Wesen in Verblendung geboren, Arjuna."

28-29. „Aber diejenigen, die sich von Fehlverhalten befreien und ihre bindenden Wünsche überwinden, werden unerschütterlich in ihrer Hingabe, die Befreiung durch Mich zu suchen. Indem sie bei Mir Zuflucht nehmen, transzendieren sie die Begrenzungen von Form und Zeit und verstehen das Wesen des Handelns, indem sie sich als Brahman, als unvergängliches *Selbst* erkennen.

30. „Diejenigen, die mich in der physischen Welt, in der Natur und im Kosmos verkörpert sehen, die ihren Geist in Mich vertieft halten, auch zum Zeitpunkt des Todes, auch sie erkennen Mich.

KOMMENTAR KAPITEL SIEBEN

Nachdem er zu Beginn dieses Kapitels festgestellt hat, dass Arjunas Ziel darin bestehen muss, das *Selbst* zu erkennen und seinen Geist durch Yoga auf das *Selbst* zu fixieren, verspricht Krishna, Arjuna nun sowohl indirektes als auch direktes Wissen zu lehren. „Im Lichte dieses Wissens", sagt Krishna, „bleibt nichts anderes mehr zu wissen".

Der Unterschied zwischen direktem und indirektem Wissen

Die erste Stufe der Unterweisung vermittelt indirektes Wissen. Du bekommst einen Einblick in die Natur des *Selbst* als wirkliche Grundlage und Grundsubstanz der Existenz, als das, was alle Dinge durchdringt und was ihnen Existenz verleiht. In diesem Stadium gibt es jedoch eine Gespaltenheit, eine scheinbare Dualität zwischen dem Wissenden und dem Objekt des Wissens, zwischen dir und dem *Selbst*.

Um Moksha zu erreichen, muss dieses indirekte Wissen in direktes Wissen umgewandelt werden. Indem du das Wissen *Tat tvam asi* (Das bin ich) verinnerlichst, kommst du zu der Erkenntnis, dass du das *Selbst* bist. Das *Selbst* ist für dich nicht länger ein Objekt des Wissens, sondern du siehst es als die eigentliche Essenz deines Seins.

Die Gita präsentiert sowohl indirektes als auch direktes Wissen, oft gleichzeitig, was verwirrend sein kann, wenn es nicht richtig verstanden wird.

In Kapitel Sieben findet ein Themenwechsel statt, indem Krishna vom Endlichen zum Unendlichen wechselt, von der Natur des Jiva zur Natur von Ishvara als Ursache der Schöpfung. Dies ist in erster Linie indirektes Wissen und beinhaltet eine besondere Betonung von *bhakti* bzw. Hingabe an den Herrn, was eine scheinbare Dualität erkennen lässt (den sich Hingebenden und das Objekt der Hingabe).

Doch selbst wenn Krishna von Seiner göttlichen Herrlichkeit spricht, offeriert Er auch Aussagen wie: „Diejenigen, deren Geist für *Selbst*-Erforschung geeignet ist, erkennen sich selbst als nicht getrennt von Mir."

Der letzte Teil der Gleichung besteht also darin, indirektes Wissen in direktes Wissen umzuwandeln. Es reicht nicht aus, zu wissen, dass das *Selbst* existiert. Du musst deine Identität *als* das *Selbst* geltend machen.

Sein Selbst zu kennen bedeutet, alles zu kennen

Das Wort „Vedanta" leitet sich von den Sanskritwörtern *Veda* und *anta* ab, die zusammen das „Ende des Wissens" bedeuten. Vedanta ist das Wissen, das die Notwendigkeit allen weiteren Wissens beendet. Es enthüllt das, wodurch alle Dinge gewusst werden.

Swami Dayananda sagt: „Es gibt kein anderes Wissen, das diesen Anspruch erheben kann. Jede andere Form von Wissen besteht nur bezüglich einer bestimmten Sache und ist immer Mithya".

Dies bedenkend brauchst du nicht alle Flüsse, Seen, Pfützen und Regentropfen auf der Welt zu kennen, um zu wissen, was Wasser ist. Genauso brauchst du nicht alle Objekte zu kennen, um die Essenz dieser Objekte zu kennen.

Dies wird in der Chandogya-Upanishad deutlich:

> Wenn wir einen Klumpen Ton kennen, mein Lieber,
> Kennen wir alle Dinge, die aus Ton gemacht sind,
> Sie unterscheiden sich nur in Name und Form,
> Während der Stoff, aus dem alle gemacht sind, Ton ist.
> Wenn wir einen Klumpen Gold kennen, mein Lieber,
> Kennen wir alle Dinge, die aus Gold gemacht sind,

Sie unterscheiden sich nur in Name und Form,
Während der Stoff, aus dem alle gemacht sind, Gold ist.

Das Wissen von den Phänomenen dieser Welt ist Mithya-Wissen. Dieses Wissen hat kein Ende, denn die Mithya-Welt enthält unzählbar viele Objekte.

Aber wenn du alle Dinge wissen willst, musst du einfach nur das Wesen dieser Dinge erforschen. Ein Töpfer kann viele Töpfe herstellen, aber der Ton, aus dem sie hergestellt werden, ist derselbe. Wenn du also einen Klumpen Ton untersuchst, dann kennst du das Wesen aller Töpfe.

Erinnere dich, dass Mithya eine abhängige Wirkung ist, die von Satya, der unabhängigen Ursache, abgeleitet ist. Satya ist die innewohnende und alles durchdringende Grundsubstanz der Existenz, von der alle phänomenalen Objekte ihre begrenzte Existenz leihen. Satya, bzw. *sat* („Sein"), ist die grundlegende Natur des *Selbst*, das durch die Macht von Maya dem Universum der Formen Existenz verleiht.

Alle Formen leihen ihre Existenz vom *Selbst*, so wie alle Tontöpfe ihre Existenz vom Ton leihen und alle Wellen ihre Existenz vom Ozean erhalten. Durch das Wissen um Satya (die Ursache), kennst du die Gesamtheit von Mithya (die Wirkung) in ihrer Essenz.

Du bist das gesamte Universum

Die Puranas Indiens enthalten eine wunderbare Geschichte, um dies zu veranschaulichen. In der puranischen Mythologie sind Ganesha und sein Bruder Subrahmanya die Söhne von Shiva und Parvati. Um die üblichen brüderlichen Zankereien beizulegen, stellte Shiva die Jungen auf die Probe. Er sagte ihnen, sie sollten das gesamte Universum umkreisen, und wer zuerst zurück käme, würde zum Sieger gekrönt werden.

Subrahmanya war sicher, dass er den Wettbewerb gewinnen würde. Schließlich war er stark und athletisch, und sein Gefährt war ein prächtiger Pfau, während der pummelige Ganesha nur eine kleine Maus hatte, auf der er sich fortbewegen konnte.

Selbstbewusst und entschlossen machte sich Subrahmanya auf den Weg, bereiste das gesamte Universum und raste zurück zu seinen göttlichen Eltern. Bei seiner Rückkehr sah er mit Bestürzung, dass Ganesha ihm zuvorgekommen war und siegreich bei Shiva und Parvati stand.

„Wie konnte er vor mir hier sein?" jammerte Subrahmanya.

Shiva lächelte. „Ich habe euch aufgetragen, das ganze Universum zu umkreisen. Ganesha tat dies, indem er mich und Parvati umkreiste."

Subrahmanya war sprachlos. Der bescheidene Ganesha senkte den Kopf und sagte: „Du hast mir aufgetragen, das ganze Universum zu umkreisen, Vater. Und ich weiß, dass du das ganze Universum bist."

Du brauchst nicht von einer Seite des Kosmos zur anderen zu reisen, um die Natur aller Dinge zu kennen. Wenn du den Ursprung und die Essenz der Formen kennst, was einzig und allein das *Selbst* ist, dann kennst du alles in der Schöpfung.

Ein Selbst, viele Gesichter

Du erinnerst dich vielleicht daran, dass Krishna in Kapitel Zwei das *Selbst* als ewig, unendlich und ohne Form oder Begrenzung beschrieb. Dieses *Selbst* erschafft nicht. Wie sollte es auch, wenn es das nicht-handelnde, unveränderliche Absolute ist? Handlung erfordert Form, Bewegung und Zeit. Dies sind Begrenzungen, die für reines Gewahrsein nicht gelten.

Doch obwohl das *Selbst* nicht erschafft, ist es doch das, wodurch die Schöpfung geschieht. Seine in Maya liegende Macht ermöglicht es, dass das Universum der Formen erscheint, erhalten wird und sich schließlich wieder ins Nicht-Manifeste auflöst.

Maya ermöglicht als Upadhi, d.h. als begrenzendes Attribut, dass das *Selbst*, reines Gewahrsein, scheinbar die Eigenschaften von Formen und Vielheit annehmen kann. Auf diese Weise scheint das Eine Viele zu werden, während es in Wirklichkeit unverändert bleibt.

Die Shvetashvatara-Upanishad sagt:

> Aus Seiner göttlichen Kraft entspringt diese ganze
> Magische Schau von Namen und Formen, von dir Und mir,
> Die den Zauber von Schmerz und Vergnügen auslöst.
> Nur wenn wir diesen magischen Schleier durchstoßen,
> Sehen wir den Einen, der als Viele erscheint.

Obwohl Maya im *Selbst* erscheint, bleibt das *Selbst* von der Schöpfung unberührt. Man könnte sagen, dass *Selbst* und Schöpfung verschiedene Ordnungen der Wirklichkeit bewohnen, so wie der Wachende und der Träumer verschiedene Ordnungen der Wirklichkeit bewohnen.

Doch die Upadhis lassen das *Selbst* anders erscheinen, als es ist. Avidya, *Selbst*-Ignoranz, ist die Identifikation mit irgendeiner Form. Aufgrund der umfassenden Macht von Maya ist diese Unwissenheit (Ignoranz) nahezu universell.

Mit dem Upadhi eines bestimmten Körpers und Geistes identifiziertes Gewahrsein wird als Jiva, als Individuum, bezeichnet. Mit allen Körpern und dem dazugehörigen Geist und der Gesamtheit der Schöpfung auf der makrokosmischen Ebene verbundenes Gewahrsein wird Ishvara oder Gott genannt.

Der Schlüsselgedanke besteht darin, dass weder Ishvara noch Jiva unabhängig vom *Selbst* existieren. Beide hängen in ihrer Existenz vollständig vom *Selbst* ab, so wie der Topf vom Ton und der Ring vom Gold abhängen.

Das bedeutet, dass sowohl Ishvara als auch Jiva Mithya sind. Gott existiert nicht unabhängig vom *Selbst*, und auch das Individuum existiert nicht unabhängig vom *Selbst*. Beide sind nur das *Selbst*, das durch Maya als verschiedene Namen und Formen erscheint. Dies zu verstehen, ist der Schlüssel zur Befreiung.

Alle Objekte in der phänomenalen Realität – alle Körper, Gedanken, Pflanzen, Tiere, Planeten, Sterne und Galaxien – sind Mithya. Sie erfreuen sich nur einer begrenzten, zeitgebundenen Existenz und sind völlig abhängig von der Substanz und der Intelligenz, die sie erschaffen hat. Schließlich kann ein Effekt niemals getrennt oder unabhängig von seiner Ursache sein.

Letzten Endes ist allein das *Selbst* Satya, real. Alles andere ist nur Schein, eine Ausgestaltung von Namen und Formen, die dem *Selbst* überlagert sind. Existenz ist allein dem *Selbst* vorbehalten, und du bist dieses *Selbst*.

Die Vermählung von Bewusstsein und Materie

In diesem Kapitel erläutert Krishna Mayas Schöpfung als die Vereinigung zweier Arten von Prakriti. Der Begriff Prakriti stammt aus dem Samkhya, einer der ältesten philosophischen Schulen Indiens. Samkhya, von dem sich die Gita bestimmte Schlüsselbegriffe leiht, versteht das Universum als Kombination von zwei Elementen: *prakriti* und *purusha*.

Prakriti wird manchmal mit „Natur" übersetzt und bezieht sich auf die materielle Ebene bzw. Materie in ihrer Keim-Form. Prakriti ist ein Produkt von Maya und setzt sich aus den drei Gunas – Sattva, Rajas und Tamas – zusammen, den Kräften von Intelligenz, Dynamik und Festigkeit. Mehr über die Gunas wird in Kapitel Vierzehn gesprochen.

Krishna definiert Prakriti als die grobstofflichen und feinstofflichen Elemente, die den Jiva ausmachen, insbesondere

Geist, Intellekt und Ego. Daher ist Prakriti, hier als „niedere Prakriti" bezeichnet, das Materie-Prinzip. Materie selbst ist leblos. Sie erfordert für ihr Funktionieren ein weiteres Prinzip, ähnlich wie eine Glühbirne Elektrizität für ihre Funktion benötigt. Krishna bezeichnet das zweite Prinzip als „höhere Prakriti" oder Purusha. Purusha ist das Prinzip von Bewusstsein bzw. Empfindungsfähigkeit, was die essenzielle Natur des *Selbst* ist. Während Materie, die ein Produkt von Maya ist, in ihrer Existenz vom *Selbst* abhängt, existiert Bewusstsein unabhängig. Es kann weder erschaffen noch zerstört werden, und im Gegensatz zu allem auf der materiellen Ebene, kann es nicht als Objekt erkannt werden.

Manche Menschen denken, das *Selbst* sei reine Energie. Energie ist jedoch auch ein Produkt von Maya und unterliegt wie Materie Veränderung und Umwandlung. Materie, ob grob- oder feinstofflich, ist immer in Bewegung und Veränderungen unterworfen. Da das *Selbst* jedoch ungeteilt und formlos ist, bewegt es sich nicht, noch verändert es sich.

Ohne Purusha, oder Bewusstsein, würde Prakriti latent und leblos bleiben. Nur aufgrund von Bewusstsein erhält das Materie-Feld Leben, Bewegung und Empfindungsfähigkeit, durch das reflektierte Licht des *Selbst*. Purusha ist also die „Elektrizität", welche die materielle Schöpfung antreibt.

Aus dieser Vermählung von Purusha und Prakriti, Bewusstsein und Materie, entsteht Ishvara – Substanz und Träger der gesamten Schöpfung. Als die intelligente und wirkkräftige Ursache der Schöpfung lenkt Ishvara Maya, um ein Universum von scheinbarer Vielfalt zu erschaffen. So wie unser träumender Verstand allein aus Bewusstsein eine Traumwelt formt, so erschafft Ishvara (das *Selbst*, das mit dem gesamten Feld von Maya identifiziert ist) ein Universum aus grobstofflichen und feinstofflichen Formen.

Innerhalb dieses Schöpfungsfeldes erscheinen Milliarden von Jivas (ein Jiva ist das *Selbst*, das mit einer spezifischen grobstofflichen/ feinstofflichen Form identifiziert ist).

Obwohl das *Selbst* die Schöpfung durchdringt, ähnlich wie Fäden einen Wandteppich durchziehen, wird es durch die verhüllende Kraft von Maya unkenntlich gemacht, weshalb Jivas der *Selbst*-Ignoranz durch Avidya unterliegen. Da du nicht in der Lage bist, das *Selbst* als dein innerstes Wesen zu begreifen, wirst du hilflos durch die magische Schau Mayas getäuscht. Das unteilbare, alles durchdringende Gewahrsein, das du bist, hält sich selbst irrtümlicherweise für ein begrenztes, endliches Wesen, eines unter Milliarden, jedes einzelne scheinbar getrennt und dem Lauf von Zeit und Schicksal unterworfen.

Der Bann von Maya

Dadurch, dass du dich selbst für ein endliches Wesen hältst, für eine armselige Mischung aus grobstofflicher und feinstofflicher Materie, erleidest du all den Schmerz, der mit einer solchen Beschränkung verbunden ist. Die Grundlage von Samsara bildet dieses fundamental falsche Selbstverständnis, das dadurch entsteht, dass man den Schein für Realität hält.

James Swartz erklärt:

> Dieser Glaube, dass Objekte unabhängig vom *Selbst* existieren, und dass ihnen Glück innewohnt, schafft ein großes Problem. Er veranlasst Individuen, Objekten hinterherzujagen, um sich zu vervollkommnen, obwohl sie bereits vollkommen sind. Dieser Glaube schafft auch Bindung an Objekte. Solange [diese Unwissenheit] nicht beseitigt wird, besteht Samsara weiter.

Krishna beklagt, dass trotz der universellen Natur dieses Problems diejenigen selten sind, die wahre Freiheit suchen. Und unter diesen wenigen Suchern sind diejenigen noch seltener, die wirklich Befreiung erlangen. Es ist eine traurige Tatsache, dass die meisten Wesen zu tief in den Bann von Maya geraten.

Die Bausteine von Maya sind die drei Gunas von Prakriti, auf die in späteren Kapiteln sehr ausführlich eingegangen wird. Über die Erschaffung des materiellen Universums sagt Krishna: *„Die wechselnden Qualitäten von Sattva, Rajas und Tamas prägen die Dinge dieser Welt, aber Ich bleibe von ihnen unbeeinflusst. Diese Qualitäten der Schöpfung existieren in Mir, aber Ich bin nicht in ihnen."* (Kap 7/ 12)

Da alle Dinge in Maya aus dem *Selbst* geboren werden und ihre Existenz vom *Selbst* beziehen, ist die Welt der Objekte für ihre Existenz völlig vom *Selbst* abhängig. Wenn du die Ursache wegnimmst, verschwindet mit ihr auch die Wirkung. Das *Selbst* jedoch, grenzenlos und ewig und Quelle aller Dinge, hängt von nichts anderem ab. Obwohl Maya es anders erscheinen lässt, ist das *Selbst* das Eine ohne ein Zweites, unteilbar und vollständig, aus sich selbst heraus existierend und sich selbst erhaltend.

Unseligerweise wirkt Maya auf uns wie Scheuklappen, die unsere Sicht verdunkeln. Wir können unsere wahre Natur als das *Selbst* nicht mehr erkennen, und so wird, wie Krishna sagt, die ganze Welt durch das Spiel der Gunas irregeführt. Swami Dayananda fügt hinzu: „In ihrer Verblendung sind die Menschen damit beschäftigt, ihre Wünsche zu erfüllen und beklagen sich derweil über die eigene Unzulänglichkeit."

Samsara ist ein Fall falscher Erwartungen und Bestrebungen. Die Menschen suchen von Natur aus nach Sicherheit, Beständigkeit, Erfüllung und Glück. Das Problem entsteht, wenn wir dies in der Welt des Vergänglichen suchen und nicht erkennen, dass all dies allein zum *Selbst* gehört. So sucht der Samsari Beständigkeit in der Welt des Nicht-Beständigen, Erfüllung im Begrenzten und Glück in dem, was immer ein gleiches Maß an Kummer nach sich zieht.

Krishna gibt zu, dass der Bann von Maya schwer zu brechen ist. Es gibt keine Lösung für Maya innerhalb von Maya, denn alles innerhalb von Maya ist auf Maya beschränkt. Daher besteht die einzige Lösung darin, das *Selbst* zu suchen, die der Realität zugrunde liegende Essenz, die von der Welt der Unwissenheit und Vielfalt immer unberührt bleibt.

Mohini, die Verführerin

In der indischen Mythologie wird Maya von der Göttin Mohini symbolisiert, deren Name „diejenige, die verzaubert und täuscht" bedeutet und uns so von unserer Bestimmung abbringt.

In den puranischen Überlieferungen wurde Shiva zur Zielscheibe von Bhasmasura, einem *asura* bzw. Dämon, der entschlossen war, ihn zu zerstören. Dieser Asura hatte Shiva zuvor durch einen Trick dazu gebracht, ihm die Macht zu geben, jeden durch bloße Berührung des Kopfes in Asche zu verwandeln.

Als Shiva nun erkannte, dass sein Leben in Gefahr war, bedauerte er es, dem Asura eine solche Macht zugestanden zu haben! Er floh um sein Leben und reiste durchs Universum von einem Ort zum nächsten, bevor er schließlich die Hilfe von Vishnu suchte, der dafür bekannt war, Menschen in schwierigen Situationen zu helfen.

Vishnu war bereit zu helfen und nahm die Gestalt von Mohini an, einer bezaubernden Göttin, deren Schönheit alle blendete, die sie erblickten. Diese Illusion, die für die magische Show von Maya steht, war so verlockend, dass Bhasmasura, als er ihr begegnete, auf der Stelle innehielt. Der von Liebe vollkommen verzauberte Dämon und Shiva völlig vergessend, flehte Mohini an, seine Frau zu werden. Mohini willigte unter der Bedingung ein, dass Bhasmasura ihr folgen und ihren göttlichen Tanz Bewegung für Bewegung nachahmen solle.

Mohini tanzte durch den Kosmos und Bhasmasura folgte ihr, jede ihrer Bewegungen nachahmend. Im Tanz berührte Mohini schließlich ihren Kopf mit ihrer Hand und brachte damit auch den Asura dazu, seinen eigenen Kopf zu berühren. Da seine bloße Berührung eine Person in Asche verwandelte, ging der Dämon in Flammen auf und es blieb nur ein Häufchen Asche zurück.

Wie alle puranischen Erzählungen ist dies eine Geschichte voller Symbolik. Der Asura repräsentiert den nicht geläuterten Sucher, der zunächst Gott, in diesem Fall Shiva, sucht. Ihn in Verzückung und Täuschung haltend, lenkt ihn die Illusion von Maya jedoch von seinem Weg ab und lässt ihn sein ursprüngliches Ziel vergessen. Indem er dem Zauber Mohinis verfällt, vergisst er alles, auch seine eigene Macht, die ihn letztlich zerstört.

Mohini, die ultimative Verführerin und Blenderin, tritt im Leben in verschiedenen Formen in Erscheinung, wie der Verlockung durch Geld, Macht, Ruhm und Wollust, von denen jede einzelne in der Lage ist, uns von unserem wahren Ziel abzulenken – Freiheit.

Wie ein Asura veranlagt ist

Die von Maya hilflos in die Irre Geführten, so warnt Krishna, sind anfällig dafür, „niederträchtige Handlungen" zu begehen. Solche Menschen sind „von geringer spiritueller Größe und spüren keinen Drang, Mich zu suchen".

Die Gita verwendet den Begriff Asura, um solche Seelen zu beschreiben. Obwohl der Begriff Asura im Allgemeinen für einen „Dämon" verwendet wird, bedeutet er wortwörtlich eigentlich „sonnenlos". Insbesondere sind jene mit dunkler Gesinnung gemeint, die sich vom Licht abgewandt haben, d.h. vom Guten. Ohne Licht werden wir blind, ein weiteres Synonym für Unwissenheit.

Ein Asura, im Bann von Maya gefangen, ist jemand, der seine Fähigkeit zur Unterscheidung verloren hat. Er lebt nur, um die Wünsche und Launen seiner niederen Natur zu befriedigen und bleibt blind für die Wahrheit seiner höheren Natur. Wie Swami Chinmayananda schreibt:

> Wenn sich das Ego mit Maya identifiziert, wird es durch seine Beschäftigung mit der äußeren Welt und mit seinen nutzlosen Vorstellungen unfähig, seine eigene wahre Natur zu erkennen, missversteht sich selbst als Masse aus Fleisch und Blut und giert ständig nach Selbstbefriedigung durch die Sinne.

Diese grundlegende Verblendung treibt einen Menschen dazu, Adharma und alle Arten von selbsterniedrigenden Handlungen zu begehen.

Shankara nennt drei Basistypen von Menschen: den erhabenen, den durchschnittlichen und den niederen. Der Asura ist der niedrigste unter den Menschen. Es sind jene, die nur leben, um ihre Sinne, Wünsche und Gier zu befriedigen, ungeachtet des Preises den sie selbst und andere dafür zu bezahlen haben. Ein solches Verhalten ist nicht unbedingt ein Hinweis auf einen von Natur aus schlechten Menschen. Es entspringt einem Mangel an Wissen und Unterscheidungsfähigkeit, was ihnen beides durch den verführerischen Zauber von Maya geraubt wurde.

Solche Menschen tappen blind im Dunkeln ihrer eigenen Unwissenheit, gebunden an die Begierden und Abneigungen ihres Geistes, was sie noch zusätzlich in ihre eigene private Welt der Verblendung verstrickt. Das Leben wird zu einem ständigen Versuch, die Realität so zu manipulieren, dass sie zu ihren Vorlieben und Abneigungen passt.

Diese Vorlieben und Abneigungen ändern sich ständig und sind trotzdem stark genug, um Verstand und Intellekt einer Person völlig zu deformieren. Spirituell blinde Menschen verlieren den Kontakt zur objektiven Realität und versinken in eine vom Verstand geschaffene, subjektive Welt, eine Art mentale

Überlagerung, die über die objektive Welt gelegt und mit der Wirklichkeit verwechselt wird. Von einem Schleier der Verblendung überwältigt, ist ein solch unfähig gewordener Verstand nur noch mit dem beschäftigt, wonach ihm verlangt, ohne Rücksicht auf Recht und Unrecht. Dies meint die Gita, wenn sie von einem asurischen Temperament spricht.

Das alles entspringt der grundlegenden falschen Verortung der eigenen Identität. Auch wenn das *Selbst* immer da ist, als das, wodurch jede Erfahrung erkennbar wird, sind die Verblendeten nicht in der Lage, dieses *Selbst* als das zu erkennen, was es ist.

Das Wissen „Ich bin" ist schließlich selbstverständlich, denn wir alle wissen, dass wir sind. Der Fehler entsteht dadurch, das Wissen „Ich bin" mit dem zu verbinden, was ich nicht bin. Indem wir uns fälschlicherweise mit den Attributen von Körper, Geist und Ego identifizieren, erzeugen wir sehr viel Leid, das auf falschen Annahmen über sich selbst beruht. Da wir nicht in der Lage sind, irgendetwas klar zu sehen, graben wir uns am Ende ein immer tieferes Loch, denn solange die „Erbsünde" (*Selbst*-Ignoranz) nicht gelöst ist, werden die daraus resultierenden Sünden nie enden.

Eine hingebungsvolle Haltung

Krishna fasst Maya mit diesen Worten zusammen: *„Von der Welt der phänomenalen Erscheinung getäuscht, gelingt es den Menschen nicht, Mich als die ungeborene, unveränderliche und unvergängliche Quelle und Essenz der Existenz zu begreifen."* (Kap 7/ 25)

Die Lösung, sagt Krishna, bestehe darin, Ihn zu suchen – d.h. das *Selbst* zu suchen, die Wahrheit, den Sinn und die Gesamtheit aller Existenz.

In diesem Teil der Gita, werden oft die Sprache und der Stil eines *bhakta,* eines Gottgläubigen, verwendet. Der Wechsel zwischen Aussagen über unterscheidende *Selbst*-Erkenntnis (sich selbst als Gott kennen) und Aussagen über Hingabe (Gott verehren) kann Verwirrung stiften. Deshalb muss das Thema Bhakti, Hingabe, im richtigen Kontext verstanden werden.

Diese mittleren Kapitel der Gita beschreiben die Natur des *Selbst* als die erschaffende und erhaltende kosmische Kraft des Universums. Eine eher oberflächliche, exoterische Interpretation dieser Verse könnte zu der Schlussfolgerung führen, dass Krishna, die Person, sich selbst allein als den „einen wahren Gott" verkündet. Eine solche dualistische Interpretation würde jedoch viel vom Rest der Gita außer Acht lassen, die zu Beginn die nicht-duale Natur des *Selbst* und der Wirklichkeit betont hat.

Im Zentrum der meisten Religionen befindet sich eine Gottesfigur, die über allem stehend angebetet werden muss, und diese Anbetung allein wird als Mittel zur Erlösung angesehen. Dies gilt auch für bestimmte Zweige des Hinduismus, wie z.B. den Vaishnavismus, der Krishna als die „höchste Persönlichkeit Gottes" betrachtet. Diese auf Hingabe basierende Tradition beruht auf einer dualistischen Auslegung der Schriften und erkennt Moksha nicht als zu Lebzeiten erreichbar an. Vaishnaviten glauben, dass das Beste, worauf wir hoffen können, die Verehrung Krishnas und das Erzeugen von verdienstvollem Karma sei, das man brauche, um in den Himmel zu gelangen. Dort, so glauben sie, sei die Seele frei, um auf ewig mit Krishna zu tanzen und hier würde sie schlussendlich Befreiung erlangen.

Man muss sich jedoch fragen, ob es möglich ist, Maya mit den Mitteln von Maya zu entkommen? Selbst die feinstofflichsten aller himmlischen Sphären sind immer noch Mithya und damit entsprechenden Grenzen unterworfen. Wenn unsere Bemühungen, Befreiung von Maya zu erlangen, von Maya abhängig sind, wo wäre dann die Möglichkeit, Maya zu überwinden?

Vedanta macht deutlich, dass Moksha innerhalb des Lebens durch *Selbst*-Erkenntnis erreichbar ist. Tatsächlich ist Moksha nicht das Erreichen von irgendetwas. Es ist die Erkenntnis, dass wir immer frei gewesen sind, denn Freiheit ist unsere Natur.

Vedanta schließt den Bhakti-Ansatz ein und betont die Vorteile einer hingebungsvollen Geisteshaltung zur Kultivierung eines reinen und verfeinerten Geistes, der für die Verinnerlichung der *Selbst*-Erkenntnis erforderlich ist. Ohne das richtige Verständnis jedoch schafft der Glaube, dass der Bhakta und das Objekt der Hingabe getrennt und verschieden sind, eine falsche Dualität, die Moksha unmöglich macht. Deshalb ist Bhakti ein Hilfsmittel, aber kein Ersatz für Wissen. (Im Kommentar zu Kapitel Zwölf wird dies ausführlicher untersucht).

Moksha ist die Realisierung der nicht-dualen Natur der Wirklichkeit. Die gesamte Essenz des Vedas kann in drei Worten zusammengefasst werden: *Tat tvam asi* – „Das bist Du". Das Problem mit der von Wissen losgelösten Hingabe besteht darin, dass sich der Hingebende auf „Das" und „Du" konzentriert, während er das alles entscheidende „bist", das die beiden verbindet, übersieht.

Auf Verlangen basierende Hingabe

Wie Krishna sagt, wenden sich Menschen aus verschiedenen Gründen an Gott. Der erste Typus von Bhaktas sind Menschen, die nur in Krisen- oder Notzeiten beten. Das sind in der Regel materialistische Menschen ohne wirkliches Interesse an spirituellen Dingen. Erst wenn etwas furchtbar schief geht, wenden sie sich als letztes Mittel an Gott, wenn sie alles andere bereits versucht haben. Sie werden den Herrn unmittelbar danach wieder vergessen, das heißt bis zur nächsten großen Krise.

Der zweite Typus sind die nach irgendeiner Art von materiellem Gewinn suchenden. Dabei kann es sich um Reichtum, Macht, Sicherheit, Ruhm oder die Erfüllung irgendeines anderen Wunsches handeln. Von ihren Wünschen geleitete Suchende sind ebenfalls überzeugte Materialisten, erkennen aber einen zusätzlichen Faktor an, über den sie keine Kontrolle haben. Bei dem Versuch, mehr Einfluss auf die gewünschten Resultate zu gewinnen, wenden sie sich dem Gebet, Ritualen oder der Meditation zu. Ein Großteil westlicher spiritueller Literatur wird für spirituelle Materialisten geschrieben, wobei Bücher über das „Gesetz der Anziehung" und die „Kosmische Ordnung" häufig die New-Age-Bestsellerlisten anführen.

Diese ersten beiden Arten der Hingabe fallen in die Kategorie von *sakama bhakti*, was „auf Verlangen basierende Hingabe" bedeutet. Die Sakama Bhaktas sind immer auf ein materielles Ziel ausgerichtet. Sie wollen entweder etwas bekommen oder etwas loswerden.

Es gibt drei Nachteile im auf materiellen Zielen basierenden Streben nach Glück. Zunächst einmal ist objektbezogenes Glück immer mit Schmerz verbunden. Es gibt den anfänglichen Schmerz und die Aufopferung beim Versuch, das Objekt zu erwerben, gefolgt von dem Kampf, es zu behalten oder zu erhalten, und dann den Schmerz und die Trauer, es am Ende zu verlieren. Ein Schmerz ist größer als der nächste.

Da jedes weltliche Objekt und jede weltliche Errungenschaft endlich und von begrenzter Natur ist, ist kein solches Ziel in der Lage, dauerhaftes Glück zu bringen.

Und schließlich hält uns das Streben nach weltlichen Objekten, selbst wenn es erfolgreich ist, im Kreislauf von Mangel und Verlangen, in Samsara, gefangen. Solange unser Geist so von Maya vereinnahmt wird, sind wir für Täuschungen anfällig, die eine spirituelle Befreiung unmöglich machen.

Trotz dieser Nachteile akzeptieren die Veden wunschbezogene Hingabe für diejenigen, die sich am Anfang des spirituellen Pfades befinden. Wenn du weltliches Karma hast, ist es richtig, alles zu tun, was du willst und kannst, um Erfolg zu haben. Sakama Bhakti führt gemäß den Veden am Ende zu *nishkama bhakti*, einer höheren Form der Hingabe, die nicht auf materielle Ziele beschränkt ist.

Selbstlose Hingabe

Nishkama bhakti bedeutet wörtlich „wunschlose Hingabe", was ein wenig irreführend sein mag. Sie ist immer noch durch Begehren motiviert, aber es ist eher spirituelles als materialistisches Begehren. Krishna nennt es „das Verlangen, das nicht im Gegensatz zu Dharma steht".

Der dritte von Krishna erwähnte Typus von Bhakta, bzw. Gottesverehrer, ist derjenige, der den Wunsch hat, Gott zu erkennen, die Wahrheit zu erkennen. Ein solcher Verehrer betrachtet Ishvara nicht als einen unsichtbaren Spender von Wohlstand, sondern als das eigentliche Objekt der Hingabe.

Das Grundprinzip von Hingabe ist, dass du das, was du verehrst, schließlich auch erreichst. Die Menschen verehren Geld nicht um des Geldes willen, sondern um zu bekommen, was man für Geld kaufen kann. Ein weltlicher Mensch kann beliebig viele Objekte in Mithya verehren, aber egal, was er bekommt, es bleibt immer nur Mithya.

Diejenigen, die sich Befreiung wünschen, sind nicht mit weltlichen Dingen allein zufrieden. Sie suchen das *Selbst* durch Erleuchtung. So wie alle Verehrer, erlangen glücklicherweise auch die das *Selbst* Verehrenden schlussendlich das Objekt ihrer Hingabe.

Die vierte Art von Gottesverehrer, der Jnani, hat seine Identität als das *Selbst* bereits erkannt. Dieser Bhakta sieht Gott weder als Mittel noch als Zweck, denn er hat seine essenzielle Einheit mit dem Göttlichen bereits verwirklicht. Diese nicht-duale Hingabe wird als die höchste Form der Hingabe angesehen, weil in diesem Fall der Verehrer und das Objekt der Hingabe nicht getrennt sind.

Der zehnte Mann

In Bezug auf Erleuchtung ist das Ziel niemals vom Suchenden getrennt. Das *Selbst* ist nicht etwas, das dir durch Rituale, Gebete oder Praktiken hinzugefügt werden kann. Dir kann weder gegeben werden, was du bereits hast, noch kannst du zu dem werden, was du bereits bist. Alles, was fehlt, ist das direkte Wissen, dass du das grenzenlose *Selbst* bist. Du bist das, worin die Formen-Welten entstehen und vergehen wie vorbeiziehende Wolken an einem ewigen Himmel.

Vedanta benutzt eine alte Geschichte, um diesen fundamentalen Punkt zu illustrieren. Eines Tages beschloss eine Gruppe von zehn jungen Männern, die sich im Ashram ihres Meisters im Wald aufhielten, in ihr Dorf zurückzukehren, um an einem Fest teilzunehmen. Der Guru übertrug einem der Männer die Verantwortung und sagte ihm, er solle den Überblick behalten und dafür sorgen, dass keiner der Gruppe verloren geht.

Nachdem sie den Wald passiert hatten, kamen sie schließlich an einen breiten Fluss. Obwohl die Überquerung schwierig war, schafften sie es einer nach dem anderen vorsichtig auf die andere Seite. Der verantwortliche Mann stellte sogleich alle in einer Reihe auf, um zu überprüfen, ob es auch wirklich alle geschafft hatten. Er zählte alle durch und kam nur auf neun. Wo war der zehnte Mann? Verwirrt zählte er ein weiteres Mal. Wieder kam er nur auf neun Männer!

Er geriet in Panik. Sicherlich war einer von ihnen in den Fluss gefallen und ertrunken. Sein Herz begann zu rasen, als er immer wieder nur bis neun kam. Was würde er seinem Meister sagen?

Eine weise alte Frau saß zufällig in der Nähe und beobachtete das ganze Geschehen mit einem Schmunzeln im Gesicht. Sie stand auf und mischte sich ein: „Hier, lass mich mal – ich kann den zehnten Mann hervorholen."

„Aber wir sind eindeutig nur zu neunt. Ich habe wieder und wieder gezählt."

„Vertrau mir", sagte die alte Frau mit einem Augenzwinkern. Sie brachte die jungen Männer dazu, in einer Reihe zu stehen, und legte jedem die Hand auf die Schulter, während sie zählte. „Eins, zwei, drei, vier, fünf, sechs, sieben, acht, neun..." Dann kam sie zu dem Mann, der für das Zählen verantwortlich war und legte ihre Hand auf seine Schulter: „und Zehn."

Der Mann stieß einen Ruf der Erleichterung aus. Der zehnte Mann war schließlich doch nicht im Fluss ertrunken.

„Ich bin der zehnte Mann!"

Auf der Suche nach dem, was immer schon da war

Obwohl das *Selbst* immer präsent ist, erweist sich die weltliche Verlockung für diejenigen von uns, denen es an Unterscheidungskraft mangelt, als zu groß. Der Verstand verliert sich in der Welt der Formen und Unterschiedlichkeiten und wir sind nicht in der Lage, unser eigenes *Selbst* zu begreifen. Oder, wie Swami Dayananda es ausdrückt:

> Man hat Nektar in der einen Hand, übersieht ihn aber völlig und streckt die andere Hand nach einem Bissen Brot aus. Das *Selbst* ist bereits ohne jede Anstrengung verfügbar. Man muss es nur in Besitz nehmen, sonst nichts. Ein einziges Bemühen ist erforderlich, Erkenntnis.

Diejenigen, die das *Selbst* direkt suchen, erlangen Befreiung durch *Selbst*-Erkenntnis. Die Weltlichen jedoch, die das Streben nach Reichtum, Sicherheit und Wunscherfüllung als das einzig legitime Mittel zum Glück betrachten, erreichen nur die von ihnen angestrebten begrenzten Ziele und an diese bleiben sie verhaftet.

Gemäß Vedanta ist die Welt weder Ursache für deinen Kummer noch für dein Glück. Kummer ist das Ergebnis von *Selbst*-Ignoranz, die Unkenntnis des eigenen *Selbst*. Glück hingegen wird aus *Selbst*-Erkenntnis geboren. Dieses Glück kommt aus der Erkenntnis, dass du bereits vollkommen und frei von jeglichem Mangel bist. Eines der Worte, die Vedanta zur Beschreibung des *Selbst* verwendet, ist *purnam*, was Fülle bedeutet.

Unabhängig davon, was du meinst, im Leben zu suchen, ob es sich um Ruhm, Glück oder schnelle Autos handelt, was du wirklich suchst, ist die Fülle deiner eigenen Natur. Nichts auf dieser Welt ist in der Lage, Fülle zu liefern, weil alle Objekte in Maya begrenzt und zeitgebunden sind. Sogar die Dinge, die relativ ewig erscheinen wie die Sterne und Galaxien, sind einer langsamen Spirale von Verfall und Tod unterworfen.

Ein Leben lang nach Ganzheit und Dauerhaftigkeit zu suchen, in einer Welt, in der wie sie nicht finden können, ist verschwendete Lebenszeit. Für ein bezüglich seiner selbst getäuschtes Ego, sind die Sorgen des Lebens endlos. Erst wenn du nach der höchsten Wahrheit strebst – Befreiung durch *Selbst*-Erkenntnis – dämmert dir wie dem verwirrten zehnten Mann die Erkenntnis, dass das, wonach du gesucht hast, nie gefehlt hat.

KAPITEL ACHT

Das Ewige Selbst

1-2. Arjuna hatte nun viele Fragen. „Krishna, was ist Brahman? Was ist die Natur des *Selbst* und des Individuums? Was ist Karma und wie hängt es mit dem *Selbst* zusammen? Was ist mit den höheren Daseinsbereichen? Für wen werden in dieser Welt Handlungen und Rituale durchgeführt? Und wie wirst Du zum Zeitpunkt des Todes von jenen erkannt, die einen gefestigten Geist haben?"

3. Krishna antwortete: „Brahman ist das, was grenzenlos, unvergänglich und unveränderlich ist. Es ist das, was allen Wesen Existenz verleiht und in ihrem Inneren als ihre innerste Essenz wohnt. Wenn es mit einem Körper und Geist verbunden ist, erscheint es als eine individuelle Person, Jiva genannt. Karma, Handlung im Feld der Existenz, ist die kosmische Kraft, die physische Formen ins Leben ruft.

4. „Alles, was in der Welt der grobstofflichen Objekte existiert, ist Veränderungen und Verfall unterworfen. Die höheren Welten sind vergleichsweise ewig, nur das *Selbst* allein überdauert alle Dinge. Hier in dieser Welt werden Handlungen und Rituale um Meinetwillen durchgeführt, ob sich das Individuum dessen bewusst ist oder nicht.

5-6. „Wenn ein Mensch zum Zeitpunkt seines Todes seinen Geist auf Mich allein richtet, wird er Meine Natur annehmen. Worauf auch immer sich der Geist zum Zeitpunkt des Todes konzentriert, wird sein Ziel bestimmen.

7-8. „Darum gedenke Meiner zu allen Zeiten und kämpfe! Halte deinen Verstand und dein Herz allein auf Mich gerichtet, dann wirst du gewiss mit Mir vereint werden. Daran gibt es keinen Zweifel. Mit einem Geist, der durch die Praxis des Yoga gestärkt, durch das Licht der *Selbst*-Erkenntnis befreit und nur auf das eine Ziel fokussiert ist, wirst du deine eigene, aus sich selbst heraus leuchtende, grenzenlose Natur erkennen.

9-10. „Denke über die Natur des *Selbst* nach, über das, was allwissend, alles durchdringend, zeitlos, die Ursache und der Lenker aller Dinge ist, jenseits aller Formen, strahlend wie die Sonne, jenseits von Wissen und Nichtwissen. Wenn du zum Zeitpunkt des Todes mit einem durch Yoga und Hingabe gefestigten Geist deine Konzentration auf dem Zentrum des spirituellen Gewahrseins zwischen den Augenbrauen hältst, dann wirst du tatsächlich das Höchste erkennen.

11. „Ich werde dir kurz über das ewige *Selbst* erzählen. Das, was nicht vergeht, wovon die Weisen sprechen, und das von selbstbeherrschten, disziplinierten und aufrichtigen Wahrheitssuchern verwirklicht wird.

12-13. „Ziehe in der Meditation deine Aufmerksamkeit von den Toren der Sinne ab, ziehe den Verstand in das Herz zurück und bringe den Atem und die Aufmerksamkeit zum Kopf. Halte sie dort, während du die Silbe Om, den Klang Brahmans, singst. Dann, ob du im Körper bleibst oder nicht, wirst du unweigerlich das ewige *Selbst* erkennen.

14-16. „Für denjenigen, dessen Geist niemand anderen sieht und der sich ständig an Mich erinnert, bin Ich leicht zu erreichen. Ein solcher Mensch ist ein wahrer Yogi. Nachdem er Mich realisiert hat, hat er das endgültige Ziel des Lebens erreicht und ist von den Fesseln der Sterblichkeit befreit. Alle Wesen in allen Welten sind der Rückkehr unterworfen. Aber nachdem sie Mich, oh Arjuna, verwirklicht haben, gibt es keine weitere Wiedergeburt.

17-19. „Diejenigen, die den kosmischen Zyklus der Existenz verstehen, wissen, dass ein Tag Brahmas aus tausend Yugas besteht und auch eine Nacht Brahmas tausend Yugas dauert. Zu Beginn des Kosmischen Tages entsteht die gesamte Manifestation aus dem Nicht-Manifesten. Wenn der Tag zur Nacht wird, lösen sich diese Formen wieder in das formlose Nicht-Manifestierte auf. Dieselben Wesen, als Ausdruck des universellen Bewusstseins, entstehen am Tag Brahmas stets von neuem und lösen sich, wenn die Nacht Brahmas kommt, wieder auf.

20-21. „Aber jenseits des Manifesten und des Nicht-Manifesten gibt es noch ein weiteres Nicht-Manifestes: das unvergängliche *Selbst*. Es wird weder geschaffen noch zerstört, wenn sich der Kosmos wie eine Welle im Ozean der Unendlichkeit erhebt und wieder fällt. Dieses Nicht-Manifeste, das jenseits von Schöpfung und Auflösung liegt, ist das höchste Ziel. Durch das Erkennen dieser Wahrheit erreicht eine Seele das Höchste und sieht sich nie wieder als ein getrenntes Wesen.

22. „Das grenzenlose *Selbst* ist die Wurzel des Seins und ist das, was alle Dinge durchdringt. Die Verwirklichung dieses *Selbst* kann von einem hingebungsvollen Herzen erlangt werden, das nichts anderes kennt.

23. „Arjuna, es gibt zwei Wege, die eine Seele gehen kann. Der eine führt zu erneuter Wiedergeburt und der andere führt zur Befreiung, nach der keine Wiedergeburt mehr nötig ist.

24-25. „Der Weg des Lichts, des Feuers und des Tages führt nach Norden, zum Schicksal eines reinen Geistes und Herzens. Dieser Pfad führt die Kenner von Brahman zur Wohnstätte des *Selbst*. Der Pfad der Dunkelheit, der Wolken und der Nacht führt südwärts in Rauch und Finsternis hinein und hält die Seele im Kreislauf der Wiedergeburt gefangen.

26-28. „Diese beiden Pfade, der lichtvolle und der dunkle, sind ewig und führen die einen zur Befreiung und die anderen zur Wiedergeburt. Da der Yogi beide Pfade kennt, wählt er seine Richtung mit Bedacht und lässt sich nicht täuschen. Zu allen Zeiten, Arjuna, hast du die Wahl und ist Befreiung erreichbar. Wissen führt zur Freiheit. Jenseits der Lehren und Anweisungen der Schriften und jenseits der Durchführung von Ritualen und guten Taten erreichst du durch die Praxis der *Selbst*-Erkenntnis das höchste Ziel der Befreiung".

KOMMENTAR KAPITEL ACHT

Arjuna feuert am Anfang des Kapitels eine Reihe von Fragen ab, die Krishna jeweils kurz und bündig beantwortet. Obwohl die meisten Antworten bereits in den vorhergehenden Kapiteln gegeben wurden, ist die Wiederholung ein wesentlicher Teil des Lehrprozesses. Denn bevor nicht alle Zweifel vollständig ausgeräumt sind, ist es unmöglich, Wissen in Überzeugung umzuwandeln.

Hier an diesem Punkt bewegt sich Arjuna immer noch zwischen den ersten beiden Stufen von Vedanta hin und her: Shravana und Manana – die Lehre hören und über sie reflektieren, bis der Sinn vollkommen einleuchtet. Dieses Kapitel berührt auch die dritte und letzte Stufe: Nididhyasana, bzw. anhaltende Kontemplation über das Wissen. Nididhyasana ist der Schlüssel zur Neuorientierung unserer Identität vom Endlichen zum Unendlichen, d.h. vom Jiva zum *Selbst*.

Krishna vertieft auch einige gewichtige theologische und kosmologische Themen. Er beschreibt, was mit dem Jiva nach dem Tod geschieht, wie Befreiung zu erlangen ist und beleuchtet in einem größeren Zusammenhang das Wesen der kosmischen Zeit und die Zyklen von Geburt und Tod des Universums.

Der einzige Faktor der Existenz

Das grundlegende Prinzip von Vedanta ist, dass es nur einen einzigen Faktor gibt: Brahman oder das *Selbst*. Das was ewig, unteilbar und jenseits von Zeit und Form ist.

Die Natur des *Selbst* wird als *sat chit ananda* beschrieben, was Existenz, Bewusstsein und Glückseligkeit bedeutet. Der Begriff „Bewusstsein" bezieht sich auf reines, nicht konditioniertes Bewusstsein. Dieses Bewusstsein ist gleichbedeutend mit Gewahrsein, dem Licht, durch das alle Objekte wahrgenommen und erfahren werden, einem Licht, das ewig präsent, aber immer unberührt von allen Objekten der Wahrnehmung ist. Es handelt sich nicht um irgendeine Art von erhabenem oder „besonderem" Gewahrsein, das du dir nur durch jahrelanges Praktizieren von Yoga und fortgeschrittener Meditation aneignen kannst. Gewahrsein ist bereits als die eigentliche Essenz dessen gegenwärtig, was du bist, als die allgegenwärtige Leinwand, auf der sich die grobstofflichen Objekte der physischen Welt und die feinstofflichen Objekte deiner inneren mentalen Welt vor dir zeigen. Es ist dieses vollkommen gewöhnliche, alltägliche Gewahrsein, das während deiner gesamten Existenz präsent ist, dessen sich aber die meisten Menschen, wenn überhaupt, nur selten bewusst sind.

Die Verwendung des Wortes Ananda bzw. „Glückseligkeit" führt oft zu Verwirrung. Diese Glückseligkeit bezieht sich nicht auf eine bestimmte Stimmung oder einen bestimmten Gefühlszustand, die allesamt durch die Gunas verursacht werden und daher Veränderungen unterworfen sind. Es ist die Glückseligkeit, die in der Erkenntnis der eigenen grenzenlosen Natur liegt.

Im zweiten Kapitel wurde die Natur dieses alles durchdringenden *Selbst* eingehend untersucht. Da das *Selbst* grenzenlos ist, kann die Realität nur nicht-dualer Natur sein. Schließlich ist grenzenlos eine strikte Definition. Es bedeutet, dass es nichts anderes als das *Selbst* geben kann und damit die Erscheinung der Dualität genau das ist: eine Erscheinung und keine Wirklichkeit. Erinnere dich daran, dass Maya das ist, was das Unmögliche möglich macht, der Faktor, durch den das eine, unveränderliche *Selbst* als ein Universum unterschiedlicher und sich verändernder Formen erscheint. Das Wort Maya selbst bedeutet Illusion, also das, was real zu sein scheint, es aber nicht ist.

Es mag wie Haarspalterei klingen, aber es ist falsch zu sagen, „das *Selbst* existiert". Vielmehr *ist* das *Selbst* Existenz – die ewige Grundsubstanz von allem, was manifest oder nicht-manifest ist. Alles in der Schöpfung kann nur deshalb als existent bezeichnet werden, weil es seine Existenz dem *Selbst* entleiht, so wie die Welle ihre Existenz dem Ozean und der Topf seine Existenz dem Ton entleiht.

Die Beziehung zwischen Jiva, Ishvara und dem Selbst

Um es noch einmal zusammenzufassen: Brahman, das grenzenlose, nicht-duale *Selbst*, ist der einzige Faktor der Existenz. Dieses reine Bewusstsein/ Gewahrsein ist der wahre Grund der Existenz, hat aber selbst keine Form oder Unterscheidungsmerkmale. Dies wird Nirguna Brahman genannt, was „das *Selbst* ohne Form oder Attribute" bedeutet.

Maya, eine Kraft innerhalb von Gewahrsein, projiziert ein Universum aus Form und Dualität. Diese Schöpfung erscheint innerhalb des *Selbst*, ähnlich wie eine Traumwelt im Geist des Träumers erscheint. Wenn durch die Wirkung von Maya, das *Selbst* als Welt der Formen erscheint, nennen wir es Saguna Brahman („das *Selbst* mit Attributen"). Es ist immer noch das gleiche *Selbst*, jedoch plus Maya. Ein anderes Wort für Saguna Brahman ist Ishvara oder Gott.

Aufgrund der schöpferischen Kraft von Maya haben wir nun zwei Ordnungen der Wirklichkeit. Wir haben die absolute Ordnung der Wirklichkeit (*paramartika satyam*): das eine formlose *Selbst* – reines Bewusstsein ohne Grenzen oder Unterscheidungsmerkmale. Innerhalb dieser Ordnung erscheint die objektive Ordnung der Wirklichkeit (*vyavaharika satyam*): die Welt der Formen, der Zeit und des Raums, die von Ishvara erschaffen wurde.

Dieses gesamte Universum aus Materie und Form ist Ishvara. Ishvara ist sowohl die Intelligenz, die die Welt formt, als auch die eigentliche Substanz, aus der sie geschaffen wurde. Noch einmal: Ishvara ist nicht vom *Selbst* getrennt – Ishvara ist das *Selbst* plus Maya.

Maya kann man am besten als Upadhi verstehen, als etwas, das seine Eigenschaften scheinbar auf etwas anderes überträgt. Das klassische Vedanta-Beispiel ist das eines klaren Kristalls, der in die Nähe einer roten Rose gehalten wird. Wenn man sich der Rose hinter dem Kristall nicht bewusst ist, könnte man annehmen, dass der Kristall rot ist. In Wirklichkeit ist die Rose ein Upadhi, das dem durchsichtigen Kristall die Eigenschaft der Röte verleiht. Auf die gleiche Weise wirkt Maya als Upadhi, das das formlose, grenzenlose *Selbst* als Ishvara erscheinen lässt, als ein Universum aus Namen und Formen.

Innerhalb dieser Schöpfung wird Gewahrsein, wenn es mit einem individuellen grob- und feinstofflichen Körper verbunden ist, als Jiva bezeichnet. Da durch Maya ein Bann aus Unwissenheit entsteht, wird reines Bewusstsein, das formlos, geschlechtslos und frei von Attributen ist, scheinbar zu einer Person mit einem bestimmten Körper und Geist – einer unter Milliarden.

Noch einmal: Es ist lediglich das Werk eines Upadhis. So wie der Kristall frei von Farbe bleibt, obwohl er das Rot der Rose anzunehmen scheint, so bleibt das *Selbst* grenzenlos und nichtdual, obwohl es als eine begrenzte Form erscheint, die Geburt, Tod und Dualität unterworfen ist.

Maya zieht das menschliche Ego in ihren Bann, sodass es sich für eine wirkliche, unabhängig existierende Wesenheit hält, während es in Wirklichkeit nur eine Erscheinung in Gewahrsein ist, mit einem durch Unwissenheit konditionierten Geist behaftet.

Aufgrund dieser Unwissenheit – der Unfähigkeit, die wahre Natur der Realität zu begreifen – wähnt sich der Jiva getrennt von anderen, der Welt und Ishvara. Mayas verbergender, projizierender Macht unterworfen, erschafft der Jiva eine vollständige, subjektive, auf Unwissenheit basierende Realität (*pratibhasika satyam*), die der objektiven Realität von Ishvara überlagert wird (Upadhi).

In Wirklichkeit ist der Jiva als ein Objekt der Schöpfung nicht von Ishvara zu trennen. Wie bereits erwähnt, ist alles in der Schöpfung Ishvara, denn Ishvara ist sowohl die schöpferische Intelligenz als auch die eigentliche Substanz des materiellen Universums.

Nochmals: Ungeachtet der Erscheinungen ist das *Selbst* der einzige Faktor in der Existenz. Ob das *Selbst* mit dem Upadhi der gesamten Schöpfung (Ishvara) verbunden ist oder mit dem Upadhi eines bestimmten Körpers und Geistes (Jiva) identifiziert ist, alles ist nur das *Selbst*, so wie jeder Fluss und Ozean nur Wasser ist.

Jeder augenscheinliche Unterschied hängt von unserem Bezugspunkt ab. Aus der Perspektive der Frau ist ihr Mann ein Ehemann. Aus der Perspektive seines Vaters ist er ein Sohn. Aus der Perspektive seiner Schwester ist er ein Bruder. In allen Fällen ist es der derselbe Mann. Nur der Bezugspunkt lässt ihn in unterschiedlichen Rollen erscheinen.

Karma und Wiedergeburt

Obwohl das Thema Karma im ersten Abschnitt der Gita ausführlich behandelt wurde, versucht Arjuna in Kapitel Acht erneut Klarheit über die Natur des Handelns zu erlangen und wie sich dieses zum *Selbst* verhält.

Karma bezieht sich sowohl auf eine Handlung als auch auf das zugehörige Ergebnis oder die Rückwirkung. Was den Jiva in Samsara gefangen hält, ist das zwanghafte Bedürfnis, immer wieder Handlungen auszuführen, um für sich vorteilhafte Ergebnisse zu erzielen. Dieses Verlangen wurzelt in Unwissenheit, insbesondere in der Unfähigkeit zu verstehen, dass man als

Selbst vollständig und vollkommen ist und von Natur aus nichthandelnd.

Da das *Selbst* mit dem Handeln nichts zu tun hat und der Jiva in Wirklichkeit das *Selbst* ist, gehört das Handeln allein zu Ishvara, zur Welt von Mithya. Als Satya ist das *Selbst* **das**, wodurch Handlungen geschehen – so wie die Sonne das ist, wodurch Pflanzen, Bäume und Wesen leben und wachsen – während es selbst nicht-handelnd bleibt.

Die Vorstellung der Handelnde und Besitzende zu sein – d.h. der Glaube, deine Handlung und ihre Ergebnisse würden dir gehören – ist das, was dich im Karma verstrickt hält. Solange du dich mit dem Ego identifizierst, werden alle deine Handlungen, ob sie nun gutes oder schlechtes Karma, Verdienste oder das Gegenteil erzeugen, deinem „Karma-Konto" gut geschrieben.

Dieses Karma, in feinstofflicher Form als deine Vasanas und Samskaras gespeichert (also der psychische Antrieb, frühere Handlungen zu wiederholen oder zu vermeiden), kann nur durch das Annehmen einer physischen Form erschöpft werden. So werden unzählige Körper aufgrund von Karma erschaffen, um Karma zu erschöpfen (und dabei dummerweise neues Karma anzusammeln). Deshalb beschreibt Krishna Karma als „die kosmische Kraft, die physische Formen ins Leben ruft."

Solange die *Selbst*-Ignoranz bestehen bleibt, wird die Schwungkraft des vergangenen Karmas deinen feinstofflichen Körper dazu treiben, immer wieder neue grobstoffliche Körper anzunehmen. Das ist es, was Krishna mit „zurückkehren" meint: Wiedergeburt mit dem Ziel der Auflösung vergangenen Karmas. Karma ist der unwiderstehliche „Juckreiz", der den feinstofflichen Körper dazu bringt, sich immer wieder zu inkarnieren. Schließlich kann man einen Juckreiz nicht kratzen, solange man keinen Körper hat!

Tod und Himmel

Inzwischen sollte klar sein, dass der feinstoffliche Körper ebenso wie der Kausalkörper bestehen bleibt, wenn der physische Körper stirbt. Der Kausalkörper ist, wie der Name schon sagt, der nicht-manifeste Keimzustand, aus dem alle äußeren Manifestationen sprießen. Man könnte ihn als Aufbewahrungsort oder Lagerhaus für alles Karma betrachten, das sich später im feinstofflichen und grobstofflichen Körper manifestiert.

Manche mögen sich fragen, was mit dem Jiva nach dem Tod des grobstofflichen Körpers geschieht. Krishna verweist auf Leben in den höheren Daseinsbereichen, die, wie er sagt, im Vergleich zur irdischen Existenz „relativ ewig" sind.

Die Veden sprechen von acht Himmelswelten, jede edler und angenehmer als die vorhergehende. Es heißt, wenn man dem Dharma getreu gelebt und genügend verdienstvolles Karma angesammelt hat, der feinstoffliche Körper nach dem Tod des grobstofflichen Körpers in der seinem Karma entsprechenden *loka*, bzw. Sphäre residiert.

Wie beim Erdenleben handelt es sich auch hier nicht um ein Ticket ohne Rückfahrt. Sei dein Aufenthalt in den höheren Lokas kurz oder lang, sobald dein verdienstvolles Karma erschöpft ist, wirst du wieder in die materielle Welt zurückgeführt und nimmst einen weiteren grobstofflichen Körper an, um den Rest deines Karmas abzuarbeiten.

Deshalb sieht Vedanta das Erreichen des Himmels nicht als das Endziel an. Selbst die höchsten Lokas sind nur vorübergehende Erfahrungen. Alles, was mit den Sinnen erfahrbar ist, ob grob- oder feinstofflich, gehört zu Maya und unterliegt deswegen den Beschränkungen von Maya. Das Erreichen des Himmels ist daher nicht Moksha. Es ist eine Erfahrung wie jede andere – und wie jede Form ist sie zeitgebunden und vergänglich.

Moksha bedeutet Freiheit. Wenn du für deine Freiheit von irgendetwas abhängig bist, einschließlich himmlischer Erfahrungen, dann bist du nicht wirklich frei, denn Freiheit ist Nicht-Vorhandensein jeglicher Abhängigkeit von irgendeiner Form oder einem Faktor außerhalb von dir selbst.

Als das *Selbst* bist du ewig und frei von Begrenzungen. Während alle Dinge in Maya, einschließlich aller höheren Welten, von Natur aus endlich und vergänglich sind, ist das *Selbst* die unendliche und unvergängliche Essenz der Existenz. Shankara nennt es „das Prinzip, durch das alle Körper in Form ihres essenziellen *Selbst* begnadet sind". Dies ist nicht etwas, das durch einen besonderen Bewusstseinszustand oder einen erhabenen Loka erlangt werden muss. Es ist eine bereits vollendete Tatsache. Lediglich die Erkenntnis dieser Tatsache ist erforderlich.

Ein Mensch mag danach streben, durch rechtschaffenes und dharmisches Handeln, den Himmel zu erreichen, das *Selbst* aber muss nichts erreichen. Wie Swami Dayananda sagt: „Wenn das *Selbst* vollkommen ist, kann es nicht von dir getrennt sein. Wenn es von dir getrennt wäre, wäre es endlich und damit nicht vollkommen."

Daher wird das *Selbst* erreicht, indem man erkennt, dass es niemals nicht erreicht war, sondern lediglich durch Unwissenheit von Maya verschleiert wurde. Da Freiheit die Natur des *Selbst* ist, ist die Erkenntnis, dass du das *Selbst* bist, das Tor zur Befreiung. Die Freiheit gehört dir bereits. Die Gesamtheit des spirituellen Pfades besteht einfach darin, diese Tatsache zu erkennen und dann diese Freiheit als die deine geltend zu machen.

Dein Fokus bestimmt dein Schicksal

Laut Krishna erreichen diejenigen, die ihren Geist zum Zeitpunkt ihres Todes auf das *Selbst* fixiert halten, Einheit mit dem *Selbst*.

Die Idee, dass unser letzter Gedanke zum Zeitpunkt des Todes den Weg der Seele bestimmt, ist uralt und geht auf die vedischen Zeiten zurück. Dies mag für manche wie ein unsinniger Aberglaube klingen, aber es weist tatsächlich auf eine der größten psychologischen Wahrheiten des Lebens hin: Wie ein Mensch denkt, so wird er oder sie.

Krishnas Aussage, dass das, worauf sich der Geist zum Zeitpunkt des Todes konzentriert, den Bestimmungsort der Seele festlege, kann wörtlich oder metaphorisch verstanden werden, und sie gilt gleichermaßen für das Leben wie für den Tod.

Denken ist eine kreative Kraft und der Motor, der dein Leben antreibt. Deine Gedanken bestimmen deine inneren Werte, die wiederum deine Wünsche und Handlungen bestimmen und so den Verlauf deines gegenwärtigen und zukünftigen Lebens formen. Deine Gedanken haben eine solche Macht, dass sie, in den Worten von John Milton, „aus der Hölle einen Himmel, und aus dem Himmel eine Hölle erschaffen können".

So heißt es auch in der Brihadaranyaka Upanishad:

Du bist, was dein tiefes, treibendes Verlangen ist. Wie dein Verlangen ist, so ist dein Wille. Wie dein Wille ist, so ist auch deine Tat. Wie deine Tat ist, so ist dein Schicksal.

Die Gedanken, die du heute denkst, werden in der Regel durch das Momentum deiner vergangenen Gedanken und Handlungen bestimmt. Jede Änderung der Gedanken hinterlässt eine Spur im formbaren, gestaltlosen Geist, einen subtilen Abdruck in Form von Vasanas und Samskaras.

Vasanas kann man sich als sich selbst wiederholende Eindrücke im Bewusstsein vorstellen. Je öfter du einen Gedanken denkst, desto mehr verstärkst du seine Einprägung, und desto wahrscheinlicher wird der Geist denselben Gedanken wiederholen. Jedes Mal, wenn er das tut, wird das jeweilige Vasana stärker. Ansammlungen von Vasanas verbinden sich schließlich zu

Samskaras, die sich als tief verwurzelte Persönlichkeitskomplexe manifestieren.

Aus diesem Grund betont Krishna immer wieder, wie wichtig es ist, den Geist zu beherrschen. Solange du nicht lernst, die Zügel in die Hand zu nehmen, werden dein Geist, deine Handlungen und dein gesamtes Leben von den unbewussten Tendenzen deiner Vasanas gesteuert.

Den Geist zieht es ganz von selbst hin zu dem, was er liebt und schätzt. Wenn daher dein höchster Wert weltlichen Objekten und materiellem Streben gilt, wird sich dein Geist ständig auf diese konzentrieren. Wenn der Geist bei einem Objekt verweilt, wird ein Verlangen geboren und dann eine Handlung eingeleitet, um des Objekts habhaft zu werden – und als Nebenprodukt wird ein Vasana erschaffen. Es sind die Vasanas, die tief eingeprägten Willensäußerungen der Psyche, die die Wiedergeburt in die Formen-Welt erzwingen.

In der Brihadaranyaka Upanishad heißt es jedoch, jene, die frei von solchen Begierden sind...

... sind frei, weil alle ihre Wünsche im *Selbst* Erfüllung gefunden haben. Sie sterben nicht wie andere. Stattdessen verschmelzen sie mit Brahman, indem sie Brahman verwirklichen.

Sei dir stets über dein Ziel im Klaren

Manche fragen sich vielleicht, ob es möglich ist, das System auszutricksen und ein Leben in zügelloser sinnlicher Befriedigung zu führen und nur zum Zeitpunkt des Todes einfach seine Aufmerksamkeit auf das *Selbst* zu richten und auf diese Weise Befreiung zu erlangen. Swami Dayananda erklärt, warum das nicht funktioniert:

KAPITEL ACHT

Das Problem ist, dass du, nachdem du ein solches Leben gelebt hast, zum Zeitpunkt des Todes nicht an das *Selbst* denken wirst. Welcher Gedanke auch immer während deines Lebens dominiert hat, er allein wird zum Zeitpunkt des Todes in den Vordergrund treten. Die Gedankenmuster sind konditioniert.

Der letzte Gedanke eines Menschen zum Zeitpunkt seines Ablebens ist ein guter Indikator für die Art und Weise, wie er sein Leben gelebt hat. Ein Leben, das damit verbracht wurde, materiellen Objekten und Sinnenfreuden hinterherzujagen, schafft tief verwurzelte Vasanas, die nach jahrzehntelanger Verstärkung im Alter eher zu- als abnehmen. Die Seele ist dann gezwungen, erneut eine Form anzunehmen, um ihre Wünsche, Anhaftungen und Begierden zu befriedigen.

Deshalb fleht Krishna Arjuna an: *„Darum gedenke Meiner zu allen Zeiten [...]! Halte deinen Verstand und dein Herz allein auf Mich gerichtet, dann wirst du gewiss mit Mir vereint werden. Daran gibt es keinen Zweifel."* (Kap. 8/ 7)

Der Geist wird durch jeden Gedanken, den du hegst und jede Handlung, die du ausführst, konditioniert und geformt. Als nach Befreiung Suchender musst du dir immer über deine Werte, Ziele und Prioritäten im Klaren sein. Wenn Moksha dein wahres Ziel ist, ist es unerlässlich, dass dein Geist durch spirituelle, nützliche Vasanas konditioniert ist und nicht durch weltliche Wünsche und Süchte.

Swami Paramarthananda fordert uns auf, „göttliche Vasanas zu schaffen", den Geist mit Gedanken der Wahrheit umzuprogrammieren. Dies geschieht, indem man den Geist leitet und ihn nur inspirierenden und erhebenden Reizen und Eindrücken aussetzt.

Mit wem du dich umgibst, hat immer einen enormen Einfluss auf deinen Geisteszustand. Obwohl es wahr ist, dass du alle

Menschen als Verkörperungen des Göttlichen lieben solltest, bist du gut beraten, dich von Menschen mit asurischen Tendenzen fernzuhalten. Es passiert allzu leicht, dass wir durch eine Art Osmose wie jene werden, mit denen wir unsere Zeit verbringen. Deshalb kann es für deine spirituellen Bestrebungen schädlich sein, zu viel Zeit mit materialistischen, von Wünschen gesteuerten, egozentrischen Persönlichkeiten zu verbringen. Es passiert allzu leicht, unwissentlich die verzerrten Werte, Wünsche und Ansichten solcher Menschen zu verinnerlichen.

Als Suchender nach Befreiung musst du dein Ziel immer im Auge behalten. Für den Unterscheidungsfähigen ist das *Selbst* allein das primäre Ziel des Lebens. Für den Nicht-Unterscheidungsfähigen wird so ziemlich alles andere als das *Selbst* zum Ziel.

Selbst-Besinnung ist die höchste Hingabe

Der menschliche Geist ist gewiss das größte aller Schlachtfelder. Deshalb fordert Krishna uns immer wieder auf, den Geist mit Unterscheidungsvermögen Kontrolle der Sinne zu beherrschen und das Verlangen nach vergänglichen Objekten in ein brennendes Verlangen nach dem unvergänglichen *Selbst* zu sublimieren.

Krishna versichert uns: *„Für denjenigen, dessen Geist niemand anderen sieht und der sich ständig an Mich erinnert, bin Ich leicht zu erreichen."* (Kap. 8/ 14)

Ein Geist, der sich unter Ausschluss von allem anderen dem *Selbst* widmet, kann gar nicht anders, als durch *Selbst*-Erkenntnis „Einheit" mit dem *Selbst* zu erlangen. Die vedantische Meditation, Nididhyasana, ist die Kunst, den Geist darin zu trainieren, in seiner eigenen Natur als reines Bewusstsein zu ruhen.

Die Verwirklichung von *Selbst*-Erkenntnis wird erreicht, indem der Geist auf Gedanken der Wahrheit fixiert wird und tiefgründig über die eigene Natur als das ewige, unsterbliche *Selbst* reflektiert.

KAPITEL ACHT

Dazu sagt Swami Dayananda:

Das Objekt der Meditation erzeugt ein Samskara im Geist, und mit wiederholter Meditation vertieft sich das Samskara. Für einen Befreiung Suchenden ist das *Selbst* das einzige Objekt der Meditation.

Die höchste Hingabe ist die geistige Vertiefung auf das *Selbst*. Krishna bietet einige Übungen an, um dies zu erreichen, darunter das Singen der Silbe Om. Diese ist laut den Upanishaden der ursprüngliche Klang des *Selbst*, wie es sich in der Schöpfung manifestiert. Solche Techniken sind hilfreich, um den Geist in einen Zustand von Stille zu bringen, der es ermöglicht, über deine Natur als das *Selbst* nachzudenken.

Indem du deinen Geist kontinuierlich dem Wissen „Ich bin Gewahrsein" aussetzt, löst sich die falsche Identifikation mit Körper und Geist allmählich auf, und du erkennst mit der Gesamtheit deines Wesens deine Identität als das *Selbst*.

Du bist nicht länger an die der Form innewohnenden schmerzhaften Begrenzungen gebunden und beginnst, die Freude von *tripti* zu schmecken – die vollkommene Erfüllung, dich selbst als immer vollständig und frei zu wissen.

Mit diesem Wissen hast du, wie Krishna sagt, „das ultimative Ziel des Lebens erreicht und bist von den Fesseln der Sterblichkeit und dem Leiden, das dieser endlichen Existenz innewohnt, befreit".

Krishna stellt außerdem klar, das es für eine solche Seele, nachdem sie die Vereinigung mit dem *Selbst* erreicht hat, keine weitere Wiedergeburt in den Formen-Welten gibt. Solange dich Unwissenheit an Karma, Begierde und Anhaftung bindet, muss der feinstoffliche Körper immer wieder neue Körper annehmen, um sein Karma abzuarbeiten.

Für die befreite Seele, die vom Bann der *Selbst*-Ignoranz befreit ist, ist keine weitere Wiedergeburt nötig. Der feinstoffliche Körper löst sich in den Kausalkörper auf, so wie sich die Welle in den Ozean auflöst. Wenn man erkennt, dass man nicht von der Totalität getrennt ist, ist alle Trennung aufgehoben. Die Welle ist nicht verloren, wenn sie in den Ozean zurücksinkt. Sie kehrt einfach in die größere Realität zurück, von der sie immer ein Teil war.

Geburt und Tod des Universums

In der Mitte des Kapitels lenkt Krishna die Erörterung mehr auf kosmologische Belange und untersucht die Natur von Ishvara und der materiellen Schöpfung.

Die vedische Kosmologie spricht von einer zyklischen Schöpfung, die weder Anfang noch Ende hat. Diese Schöpfungszyklen werden von Brahma initiiert, der Ishvara als das schöpferische Prinzip repräsentiert. Brahmas göttlicher Atem „atmet" unerlässlich den gesamten Kosmos in die Manifestation aus und wieder ein.

Wenn Brahmas Tag anbricht, entsteht aus dem nicht-manifesten Kausalkörper die gesamte Schöpfung sowie die Sterne, Galaxien, Universen. Gleichzeitig werden alle Lokas, bzw. Dimensionen der Erfahrung geboren. Dieser Zyklus der Manifestation dauert tausend *yugas* (Epochen, die Milliarden von Jahren dauern) und durchläuft, ähnlich wie ein einzelnes Leben, aufeinanderfolgende Stadien von Geburt, Wachstum, Reife, Verfall und schließlich Tod.

Dieser Tod ist jedoch lediglich eine Rückkehr in den kausalen Keimzustand. Der Begriff dafür ist *pralaya*, die Auflösung des Universums. Nichts wird tatsächlich zerstört, denn wie uns die Physik sagt, kann Materie weder erschaffen noch zerstört werden. Sie kann jedoch ihren Zustand ändern. Wasser erscheint als sichtbare Flüssigkeit, aber wenn es gekocht wird, verwandelt es sich in unsichtbaren Dampf. Das Gleiche gilt für das Universum. Wenn sich die Nacht von Brahma herabsenkt, löst sich die Welt der Prakriti in ihren nicht-manifesten Keimzustand auf, wo sie nur in potenzieller Form existiert.

Dann, nach weiteren tausend Yugas des „Tiefschlafs", erwacht Brahma wieder und die Welt der Formen kommt wieder ins Dasein zurück. Alle Universen, Welten und Lokas werden wiedergeboren, und auch alle Jivas.

Obwohl sie sich in aufeinanderfolgende Körper und Formen kleiden, werden eigentlich keine neuen Jivas geschaffen. Es erscheinen die gleichen Jivas mit den gleichen Karmas, die für die fortgesetzte Erschaffung des Universums verantwortlich sind. Daher kehrt dieselbe „Vielzahl von Wesen unwillkürlich zurück". Laut Swami Chinmayananda bedeutet dies, dass:

> ...dieselben Bündel von Gedanken-Eindrücken (ein Individuum ist nichts anderes als die Gedanken, die es hegt) in verschiedenen Tätigkeitsfeldern und Bewusstseinszuständen ankommen, um sich zu erschöpfen. „Unwillkürlich" ist ein kraftvoller Ausdruck, der die Unfähigkeit eines Individuums anzeigt, sich von seiner Vergangenheit zu lösen. Die Vergangenheit folgt uns immer so treu wie unser Schatten – sie verdunkelt unseren Weg, wenn wir dem Licht der Erkenntnis den Rücken zuwenden.

Daher gibt es solange kein Entrinnen aus dem sich ständig drehenden Rad von Samsara, bis ein Mensch durch *Selbst*-Erkenntnis Befreiung erlangt und sein Karma zu Asche verbrennt. Der durch ein falsches Identitätsgefühl und die falsche Vorstellung, ein Handelnder zu sein, an dieses Rad gefesselte Jiva, unterliegt dem gleichen alten Spiel in alle Ewigkeit.

Die einzige Lösung besteht darin, die Wahrheit unserer Natur als das nicht-handelnde, ewige *Selbst* zu erkennen – als

Das, was vom zermalmenden Tanz der materiellen Schöpfung immer unberührt bleibt. Darauf bezieht sich Krishna, wenn er vom „größeren Nicht-Manifesten" spricht. Unempfindlich gegenüber der sich verändernden Welt der Formen ist das *Selbst* die unveränderliche Grundsubstanz der Existenz: „Es wird weder erschaffen noch zerstört, wenn der Kosmos erscheint und versinkt wie die Wellen im Ozean der Unendlichkeit."

Die Verwirklichung dieses *Selbst* als die Wahrheit unseres Seins ist das „höchste Ziel". Mit dieser Erkenntnis ist die befreite Seele nie wieder einer getrennten Existenz unterworfen. Wie bei der mit dem Ozean verschmelzenden Welle, wird vollkommene Ganzheit erreicht. Krishna verspricht, dass diese Vereinigung (die nichts anderes als die Verwirklichung des Nicht-Getrenntseins ist) von einem Geist erreicht werden kann, der in der Kontemplation seiner Natur als das *Selbst* verweilt.

Die zwei Pfade

Krishna beendet das Kapitel mit dem Skizzieren der beiden grundlegenden Pfade, die jedem Menschen offen stehen (diese beiden Pfade werden im sechzehnten Kapitel näher erläutert). Da die von ihm verwendete Terminologie etwas esoterisch und archaisch klingt, habe ich sie der Einfachheit halber gekürzt. Grundsätzlich sind die beiden Richtungen, die der Seele zur Verfügung stehen, der Weg des Nordens, der zum Licht führt, und der Weg des Südens, der zur Dunkelheit führt.

„Norden" und „Süden" beziehen sich auf den Weg der Sonne. Die Sonne bewegt sich am Himmel nach der Wintersonnenwende Richtung Norden, was zu helleren Tagen führt, und nach der Sommersonnenwende Richtung Süden, was dunklere Tage ankündigt. Der nördliche Pfad ist also der Pfad des Lichts, der zur Befreiung von der Wiedergeburt führt.

Diejenigen jedoch, die sich auf den südlichen Pfad begeben, reisen immer tiefer in die Dunkelheit der Unwissenheit –

sie versinken in der materiellen Welt der Wünsche, Zwänge, Freuden und Schmerzen, was zu weiterem Karma und Wiedergeburt führt.

Diese Analogie spiegelt die Worte der Chandogya Upanishad wider:

> Tausend und eine subtile Spuren führen vom Herzen weg. Eine davon führt nach oben zum Scheitel des Kopfes. Auf ihr nach oben gehend, gelangt man zum ewigen Leben. Die anderen führen in verschiedene Richtungen.

Diese „verschiedenen Richtungen" sind das Ergebnis von Unwissenheit und werden von den Vasanas und dem angesammelten Karma der Person gelenkt. Getäuscht von Maya und im Griff der erfahrungshungrigen Sinne, suchen die Unwissenden vergeblich nach dauerhaftem Glück, Sicherheit und Befriedigung in der Welt des Endlichen, obwohl jeder flüchtige Moment des Glücks unweigerlich durch Kummer ausgeglichen wird.

Die Weisen jedoch beherzigen Krishnas Worte. Sie verpflichten sich dem Pfad des Lichts und richten ihr Augenmerk auf das Erlangen der Befreiung durch *Selbst*-Erkenntnis. Während die Unwissenden endlos materielle Ziele verfolgen, haben die nach Befreiung Suchenden nur ein einziges Ziel vor Augen: die Erkenntnis ihrer wahren Natur als reines Bewusstsein.

Swami Paramarthananda sagt:

> Als Suchender nach Befreiung bist du nicht gegen die Welt oder Menschen oder Besitztümer. All dies sind Geschenke von Gott. Nutze sie, aber hänge von diesen vergänglichen Dingen nicht für dein Erlangen von Sicherheit, Frieden und Glück ab. Halte dich einzig und allein an das *Selbst*.

Es ist wichtig, dass du deinen Weg weise wählst. Dein Fokus bestimmt dein Schicksal. Was willst du also? Willst du das Begrenzte und Endliche und die fortgesetzte Verstrickung in Samsara, oder willst du Freiheit und Erlösung des Unendlichen? Die Wahl liegt bei dir. Krishna verspricht, dass Befreiung für den hingebungsvollen Sucher jederzeit möglich ist, und der Schlüssel zu dieser Befreiung ist *Selbst*-Erkenntnis.

KAPITEL NEUN

Königliche Weisheit und das größte aller Geheimnisse

1-3. „Nun", erklärte Krishna, „weil du ein reines Herz und eine hingebungsvolle Haltung hast, werde ich dir das geheime Wissen offenbaren, das dich von allen Zweifeln und Leiden befreien wird. Dieses höchste Wissen, das königliche Geheimnis, ist von allen Mitteln zur Reinigung das wirksamste. Wenn dieses Wissen direkt erfasst wird, ist es leicht zu verwirklichen. Es stimmt mit Dharma überein und ist unvergänglich. Diejenigen, denen es an Vertrauen in dieses Wissen fehlt, finden Mich nicht, Arjuna. Sie bleiben im Samsara verstrickt, Tod um Tod durchwandernd.

4-6. „Obwohl meine Gestalt nicht objektiviert werden kann, durchdringe ich das gesamte Universum. Alle Wesen haben ihre Existenz in Mir, doch Ich bin frei von jeder Form. Die Welt des Manifesten scheint in Mir zu existieren. Durch meine Natur bringe ich alle Wesen hervor und erhalte sie, doch Ich bin nicht durch sie begrenzt. Sie bewegen sich in Mir, wie der Wind sich durch den Raum bewegt.

7-9. „Am Ende des Schöpfungszyklus kehren alle Formen in Meinen nicht-manifesten Keimzustand zurück. Zu Beginn des nächsten Zyklus hauche Ich ihnen erneut Leben ein. Den ewigen Tanz der Prakriti beherrschend, bringe Ich immer wieder dieselben Wesen hervor, wobei sie den Gesetzen der Prakriti unterworfen sind. Keine Karmas binden Mich, Arjuna, denn Ich bin ungebunden und unbeeinflusst vom Spiel der Formen.

10. „Mein Licht leuchtet durch die Schöpfung, setzt die Welten in Bewegung, belebt die Wesen und verursacht immerwährende Bewegung und Veränderung.

11-12. „Die Getäuschten erkennen Meine Gegenwart nicht und erkennen niemals Meine grenzenlose Natur als Herrn der gesamten Schöpfung. Ohne Weisheit, mit vergeblichen Hoffnungen und fruchtlosem Handeln, ist ihr Leben voll Unheil und Leid.

13. „Diejenigen jedoch, die ein edles Herz haben und mit einer spirituellen Veranlagung begnadet sind, erkennen das *Selbst* als die unvergängliche Ursache der gesamten Schöpfung und suchen Mich mit zielgerichteter Hingabe.

14-15. „In verehrender Wertschätzung, fleißig und hingebungsvoll halten sie ihren Geist und ihr Herz immer auf Mich gerichtet. Andere verehren Mich durch Wissen, indem sie Mich als die Quelle und Substanz aller Formen und aller Wesen erkennen. Wo andere Vielheit sehen, sehen die Weisen nur das eine unteilbare *Selbst*, das sich in allen Gesichtern und Formen zeigt.

16-17. „Ich bin das Ritual und Ich bin das Gebet des Bhakta, der Mich verehrt. Ich bin die dargebrachte Opfergabe und Ich bin die heiligen Mantras. Ich bin derjenige, der das Ritual durchführt, und derjenige, dem es dargebracht wird. Ich bin der Vater und die Mutter des Universums, Ich trage alles. Ich bin die nicht verursachte Ursache. Ich bin das, was erkannt werden soll. Ich bin der Reiniger, die Silbe Om und die Weisheit der Veden.

18. „Ich bin der Ernährer und Erhalter aller Dinge, das Ziel aller Handlungen, der ewige Zeuge, der Verweilort, die Zuflucht und der zeitlose Freund aller Wesen. Aus Mir ist die gesamte Schöpfung entstanden, in Mir wird sie erhalten und in Mir wird sie wieder aufgelöst. Ich bin der ewige und unvergängliche Schoß

der Schöpfung, der, in dem alle Menschen und alle Dinge ihr Sein haben.

19. „Ich bin die Wärme der Sonne und ich bin die Ernährung durch den Regen. Ich bin die Unsterblichkeit und ich bin auch der Tod. Ich bin sowohl Ursache als auch Wirkung, Arjuna!

20-21. „Diejenigen, die die Anordnungen der Schriften befolgen, befreien sich von angesammeltem *papam* (negativem Karma, Sünde) und erreichen nach dem Tod die himmlischen Sphären, wo sie als Ergebnis ihrer verdienstvollen Taten himmlische Freuden genießen. Wenn ihr *punyam* (Verdienst) erschöpft ist, kehren diese Seelen wieder in die Welt der Sterblichen zurück. Obwohl sie die vedischen Rituale einhalten, verbleiben sie im Samsara-Kreislauf von sich wiederholendem Tod und Wiedergeburt.

22. „Aber diejenigen, deren Geist zur *Selbst*-Erforschung fähig ist, erkennen sich selbst als nicht von Mir getrennt. Für diejenigen, die sich ständig an Mich erinnern und über Mich meditieren, werde Ich bezüglich all ihrer Bedürfnisse sorgen.

23-24. „Diejenigen, die andere Götter gläubig verehren, verehren nur Mich, auch wenn sie es nicht wissen. Ich bin das Objekt aller Rituale und allen Suchens, aber diejenigen, die Meine Natur nicht erkennen, werden wieder dem Samsara unterworfen.

25. „Diejenigen, die die Götter verehren, werden die Welt der Götter erlangen. Diejenigen, die die Ahnen verehren, werden die Ebene der Ahnen erreichen. Diejenigen, die die Geister verehren, werden das Reich der Geister erreichen. Diejenigen aber, die Mich verehren, werden Mich erreichen.

26-27. „Was auch immer Mir mit Hingabe dargebracht wird – ob ein Blatt, eine Blume, eine Frucht oder sogar ein Wassertropfen – nehme ich gerne an. Was auch immer du tust, mache es zu einer Opfergabe an Mich, Arjuna.

28. „Auf diese Weise wirst du von den karmischen Fesseln befreit, gleichgültig ob dieses Karma erwünschte oder unerwünschte Ergebnisse bringt. Mit einem durch Verzicht und Karma-Yoga gereinigten Geist wirst du zu Mir kommen und Befreiung erlangen.

29-31. „Ich bin dasselbe in allen Wesen. Ich sehe alle mit gleichem Blick und es gibt keinen, den Ich nicht mag, und keinen, den Ich persönlich bevorzuge. Aber diejenigen, die Mich mit Hingabe suchen, sind mit Mir in Geist und Herz vereint. Selbst jemand, der höchst ungebührliche Handlungen begangen hat, kann Mich mit klarem Geist suchen und wird sich selbst als nicht getrennt von Mir erkennen. Mit diesem nicht-dualen Verständnis wird sich sein Geist schnell dem Dharma angleichen und er wird ewigen Frieden erlangen. Vergiss niemals, Arjuna, dass jeder, der Mir aufrichtig ergeben ist, niemals zu Schaden kommen wird.

32-33. „Jeder, der zu Mir Zuflucht nimmt, unabhängig von seiner Geburt, seiner Rasse, seinem Geschlecht oder seiner sozialen Stellung, kann das höchste Ziel der Freiheit durch *Selbst*-Verwirklichung erreichen. Diejenigen mit vom Glück begünstigten Geburten, die Wohlhabenden und Erfolgreichen, die alles in dieser Welt erreicht haben und feststellen, dass es vergänglich und ohne dauerhaftes Glück ist, können Mich ebenfalls suchen.

34. „Mögest du dich der Verwirklichung von Mir widmen. Richte deinen Geist und dein Herz auf Mich, biete Mir deine Handlungen an und überlasse Mir alle Ergebnisse. Indem du in deinem Herzen weißt, dass *Selbst*-Verwirklichung das höchste Ziel ist, und sie mit ganzem Herzen verfolgst, wirst du mit Mir vereint werden."

KOMMENTAR KAPITEL NEUN

In diesem Kapitel geht es wieder um das Thema *Selbst*-Erkenntnis, die Krishna als *raja vidya* bezeichnet – Königliches Wissen und das größte aller Geheimnisse.

Selbst-Erkenntnis ist die Königin des Wissens, weil sie wie eine Königin aus sich selbst heraus strahlt und immer die höchste Autorität ist. Wenn du die wahre Natur des *Selbst* kennst, kennst du nicht nur die Essenz aller Dinge, sondern bist auch von den endlosen Sorgen in Samsara befreit.

Keine andere Art von Wissen kann einen solchen Anspruch erheben. Alle anderen Arten von Wissen beziehen sich nur auf die Welt von Mithya. In Mithya wird das eigene Wissen immer unvollständig sein – erstens wegen der dazugehörenden Teilung zwischen dem Subjekt und dem Objekt des Wissens und zweitens, weil es kein Ende für Mithya-Wissen gibt. Egal, wie viel man über die objektive Welt lernt und wie viele weiterführende Studienabschlüsse man macht, das, was man nicht weiß, wird immer bei weitem das übertreffen, was man weiß. Während Ishvara Wissen über die Gesamtheit von Mithya hat, wird das Wissen des Jiva immer nur bruchstückhaft sein.

Wenn es um Satya geht, gibt es jedoch gar keine Teile, denn das *Selbst* ist ein unteilbares Ganzes. Deshalb ist es unmöglich, nur partielles Wissen bezüglich des *Selbst* zu haben. Entweder du kennst das *Selbst*, oder du kennst es nicht. Wenn du es einmal erkennst und ein klares Verständnis von Satya und Mithya – dem Wirklichen und dem Scheinbaren – hast, hast du Wissen über alles erlangt, denn alles hat sein Wesen allein im *Selbst*.

Warum Vedanta das bestgehütete Geheimnis der Welt ist

Du fragst dich vielleicht, warum dieses Wissen als solch ein Geheimnis angesehen wird. Es ist nicht so, dass es absichtlich als Teil eines elitären vedantischen Komplotts zurückgehalten wurde, um die Massen unwissend zu halten!

Dieses Wissen ist schon immer vorhanden gewesen. Das Problem ist, dass die meisten Menschen wenig Wert darauf legen. Der Durchschnittsmensch ist viel zu sehr damit beschäftigt, sein Glück in weltlichen Dingen zu suchen und mit dem Streben nach Geld, Macht, Sex, Konsumgütern und den nicht enden wollenden Ablenkungen des alltäglichen Lebens. Unsere Kultur schätzt und fördert solche Bestrebungen, aber kaum jemand erkennt Moksha als das legitime Mittel zur Erlangung dauerhaften Glücks.

Solange du nicht weißt, was Moksha ist und ihm den entsprechenden Stellenwert gibst, wirst du deine Aufmerksamkeit, Anstrengung und Lebensenergie natürlich anderweitig einsetzen. Du wirst weiterhin versuchen, jeden noch so kleinen Tropfen Glück aus weltlichen Objekten herauszupressen, während du weiterhin die sich wiederholenden Frustrationen und Kümmernisse von Samsara erleidest.

Wenn du einem kleinen Kind die Wahl zwischen einer Tafel Schokolade und einer Tafel Gold lassen würdest, würde es mit ziemlicher Sicherheit die Schokolade nehmen. Mit einer Tafel Gold könnte man zwar tatsächlich einen lebenslangen Vorrat an Schokolade kaufen, aber wenn das Kind den Wert des Goldes nicht versteht, wird es einfach kein Verlangen danach haben. Das Gleiche gilt für Vedanta. Die meisten Menschen jagen lieber den verlockenden Objekten der Welt nach, weil sie den Wert der *Selbst*-Erkenntnis nicht erkennen. Obwohl also die Lehre von Vedanta frei verfügbar ist, wird ein Mensch, der ihren Wert nicht erkennt, nicht geneigt sein, ihr zu folgen.

Deshalb bleibt dieses königliche Wissen das größte aller Geheimnisse. Nur sehr wenige verstehen seinen Wert. Aber auch diejenigen, die Erleuchtung suchen, brauchen für Vedanta einen qualifizierten Geist und werden ohne diesen keine Früchte ernten. Die ersten beiden Schritte sind daher, den Wert der Lehre zu erkennen und dann dafür zu sorgen, dass der Geist entsprechend vorbereitet ist, sie zu empfangen.

Der Bettler, der ein Prinz war

Normalerweise steht der Aufwand, der nötig ist, um eines Objekts habhaft zu werden, direkt proportional zum Wert des Objekts. Mit anderen Worten, je bedeutender das Objekt deiner Begierde ist, desto härter musst du normalerweise arbeiten, um es zu bekommen. Das ist der Grund, warum Erleuchtung als eine schier unmögliche Aufgabe erscheinen mag. Es ist schon anstrengend genug, vergänglichen Objekten hinterherzujagen – man könnte also annehmen, dass eine unendliche Errungenschaft auch unendlich viel Anstrengung erfordert.

Die gute Nachricht ist jedoch, dass Erleuchtung keine übermenschliche Anstrengung erfordert. Um das *Selbst* zu erreichen, musst du nur erkennen, dass du das *Selbst* bist. Das ist nicht einmal eine „Errungenschaft" als solche, sondern eine bereits vollendete Tatsache. Alles, was erforderlich ist, ist Wissen. Dieses Wissen nimmt die Form eines bestimmten Vritti an, eines Gedankens im Geist, der deine *Selbst*-Ignoranz beseitigt.

Es gibt eine alte Geschichte, die perfekt veranschaulicht, wie Wissen dein ganzes Leben in einem Augenblick verändern kann. Vor langer Zeit wurde ein altes Königreich von barbarischen Truppen überfallen und der König wurde in der Schlacht getötet, als er sein Land verteidigte. Um den neugeborenen Sohn des Königs zu retten, schmuggelte ein Diener das Kind aus dem Palast und gab es zu einer Bauernfamilie, die in einem weit entfernten Dorf lebte. Die Familie erklärte sich bereit, den Jungen wie ihr eigenes Kind aufzuziehen und die königliche Herkunft des Kindes zu dessen eigener Sicherheit zu verheimlichen.

Bis die Truppen des Königs die Thronräuber wieder gestürzt und den Thron zurückerobert hatten, vergingen mehrere Jahre. Die Pflegefamilie des Jungen war inzwischen verstorben und er lebte nun als Jugendlicher auf der Straße. Als die Männer des Königs ihn schließlich auf der Straße um Essen bettelnd fanden, eröffneten sie ihm, dass er eigentlich ein Prinz sei und dass es für ihn an der Zeit sei, nach Hause zu kommen und seinen Thron in Anspruch zu nehmen.

Der Junge war verständlicherweise erstaunt. Von einer Sekunde auf die andere war er von einem Bettler zu einem Prinzen geworden! Diese bemerkenswerte Verwandlung hatte keine Anstrengung seinerseits erfordert. Wenn Unwissenheit das Problem ist, ist Wissen die einzige Lösung. Alles, was der Junge brauchte, war das Wissen um seinen wahren Status, dass er eigentlich ein Prinz und Thronfolger war. Das Einzige, was er dann tun musste, war, die Vorstellung loszulassen, dass er ein Bettler sei.

Swami Dayananda weist darauf hin:

> Wenn es um Glück und Erfüllung geht, denken wir alle, wir seien Bettler. Wir betteln immer am Altar des Lebens um Glück und warten darauf, dass das Schicksal einen Moment der Freude anbietet. Wir beten oder manipulieren ständig, dass irgendeine Situation so günstig werde, damit wir für einen Moment glücklich sein können.

Das funktioniert aber nie auf Dauer, denn endliche Objekte können immer nur endliche Ergebnisse liefern. Außerdem liegt das Problem nicht darin, dass wir jemals einen Mangel gehabt hätten. Wir nehmen nur an, es mangle uns an etwas, weil wir unsere wahre Natur nicht kennen. Wir denken, dass wir Bettler sind, obwohl wir eigentlich Könige sind.

Die Lösung liegt nicht im Versuch, uns selbst etwas hinzuzufügen oder ein besserer und erfolgreicherer Mensch zu „werden". Die Lösung ist *Selbst*-Erkenntnis.

Vedanta liefert dieses Wissen. Die Schriften machen deutlich, dass du das *Selbst* bist; die Gesamtheit von allem, was ist. Du bist bereits frei, denn Freiheit ist deine Natur. Dein Gefühl der Unfreiheit ist nichts anderes, als der irrtümliche Gedanke du seist begrenzt, der durch Unwissenheit bedingt ist.

Es erfordert kaum Anstrengung deinerseits, dieses Wissen zu hören. Alles, was du tun musst, ist deinen Geist darauf vorzubereiten, das Wissen zu empfangen und dann Vertrauen in das Wissen zu haben, bis du seine Wahrheit für dich selbst überprüfen kannst.

Der Bettler musste Vertrauen in das haben, was die Männer des Königs ihm sagten. Wenn er kein Vertrauen in ihre Worte gehabt und angenommen hätte, dass es sich um eine Art grausamen Scherz ihrerseits handelte, wäre er vielleicht nie zum Palast zurückgekehrt, um selbst die Wahrheit zu erfahren. Stattdessen hätte er wahrscheinlich den Rest seines Lebens auf der Straße verbracht und um Essensreste gebettelt, ohne jemals die Wahrheit über sein königliches Geburtsrecht zu erfahren.

In ähnlicher Weise brauchst du als *Selbst*-Erforscher in der Anfangsphase der Lehre Vertrauen. Wenn du sie von vornherein ablehnst, bist du der Einzige, der verliert – und der Verlust ist unendlich, denn das *Selbst* ist unendlich. Das „Gewinnen" des *Selbst* ist ein unendlicher Gewinn, und sein „Verlust" (durch Unwissenheit) ist ein unendlicher Verlust.

Das alles durchdringende Selbst

Die Essenz dieses Kapitels besteht in Krishnas erneuter Erklärung der Natur des *Selbst* und des Ursprungs und der Natur der

Welt der Formen. Dieses königliche Wissen ist nicht nur in der Bhagavad Gita zu finden, sondern ist die Essenz der Upanishaden, des offenbarten Wissens der alten Rishis (Seher), welches wir Vedanta nennen. Gemäß Vedanta ist das *Selbst* der Urgrund der Existenz, das, was die gesamte Schöpfung trägt und erhält.

Wir neigen dazu, Existenz als eine Eigenschaft zu betrachten, die zu Objekten gehört. Wir sagen vielleicht, dass dieser Stift, dieser Baum oder diese Person existiert und dass sie irgendwann ihre Existenz verlieren werden. Unser Verständnis von Existenz steht also in Beziehung zur Idee von Nicht-Existenz.

Vedanta stellt dieses Verständnis jedoch auf den Kopf. Existenz ist kein variables Attribut, das zu einzelnen Objekten gehört. Existenz ist die nicht veränderliche Konstante, die ewige Grundsubstanz aller Dinge.

Wir haben bereits festgestellt, dass alle Objekte Mithya sind, das heißt, sie besitzen keine unabhängige Realität, weil sie keine eigene Existenz besitzen. Wie jede Wirkung leihen sie sich ihre Existenz von der zugrundeliegenden Ursache, und die ist Satya, das *Selbst*, bzw. reines Bewusstsein.

Betrachten wir die Analogie einer Goldkette. Wenn du sie als „Goldkette" bezeichnest, gehst du davon aus, dass die Kette das Substantiv ist und „Gold" lediglich ein Adjektiv, ein Attribut oder eine Qualität, die zur Kette gehört. Aber in Wirklichkeit existiert die Kette nicht getrennt vom Gold. Die „Kette" ist lediglich Gold in einer bestimmten Gestalt, Gold mit einem bestimmten Namen und einer bestimmten Form. Daher ist die „Kette" nur eine scheinbare Kreation. Das Gold war da, bevor die Kette in ihre scheinbare Existenz kam, und das Gold bleibt erhalten, wenn die Kette kaputt geht. Deshalb ist die Kette in diesem Fall Mithya und das Gold ist Satya.

Mithya, die scheinbare Schöpfung, ist nur eine Ausgestaltung von Satya – Satya plus einem bestimmten Namen und einer bestimmten Form. Das *Selbst* ist der einzige substantielle Faktor in der Existenz. Es ist die eigentliche Essenz der Existenz, und alle Objekte des manifesten Universums „leihen" sich ihre Existenz nur vorübergehend vom *Selbst*.

Deshalb sagt Krishna, das *Selbst* durchdringe alles Existierende, obwohl es jenseits einer Objektivierung liegt und für die Sinneswahrnehmung nicht verfügbar ist. Es durchdringt und erhält alles, weil es alles ist, so wie Gold die Kette durchdringt und die Kette ist. Nichts existiert außer dem *Selbst*.

Shankara erklärt das auf folgende Weise:

> Unseren wechselnden, aufeinanderfolgenden Erfahrungen zugrunde liegend und von ihnen unberührt, ist es (gleichzeitig) unser wahres *Selbst*, das diese im Moment ihres Erscheinens erfährt. Dieses *Selbst* ist der tragende Grund all unserer Erfahrungen, in dessen Abwesenheit letztere weder bestehen noch wirken können.

Während unsere Erfahrungen vielfältig sind, ist das *Selbst* eins, ewig und unbeeinflusst von allem in der Welt der Formen.

Krishna spricht in diesem Kapitel einen wichtigen Punkt an. Das *Selbst* befindet sich nicht in der Schöpfung. Um in einer Sache zu sein, müsste man zuerst einmal von ihr getrennt sein. Das wäre so, als würde ich sagen, dass „ein Teil von mir" letzte Nacht in meinem Traum war. In Wirklichkeit war ich nicht in meinem Traum. Mein Traum war in mir.

Das *Selbst* befindet sich also nicht in der Schöpfung. Die Schöpfung befindet sich im *Selbst*. Vielmehr ist die Schöpfung nichts anderes als das *Selbst*. Es gibt keine vom *Selbst* unabhängige Welt, genauso wie es keinen Traum außerhalb des Bewusstseins gibt. Das Bewusstsein ist das, was den Traum enthält, ermöglicht und aufrechterhält, und das *Selbst* ist das, was die gesamte Schöpfung enthält, ermöglicht und aufrechterhält. Nur Unwissenheit lässt die beiden als getrennt erscheinen.

Der Tanz der Schöpfung

Die Natur der Schöpfung erklärend, sagt Krishna: *„Alle Wesen haben ihre Existenz in Mir, und doch bin Ich frei von jeder Form. Die Welt des Manifesten scheint in Mir zu existieren. Durch meine Natur bringe ich alle Wesen hervor und erhalte sie, dennoch bin ich nicht durch sie begrenzt."* (Kap. 9/ 4-6)

Im letzten Kapitel haben wir gesehen, wie Ishvara durch die Kraft von Maya das Universum ins Sein hinein und aus dem Sein heraus „atmet".

Zu Beginn eines Zeitzyklus entstehen alle Welten und Jivas aus dem Kausalkörper, dem nicht-manifesten Keimzustand der Prakriti. Das Licht des *Selbst* durchdringt die Schöpfung und setzt die Welten und Wesen in einem unaufhörlichen Tanz von Wandel, Wachstum und Verfall in Bewegung. Dann, am Ende eines Zyklus, lösen sich die Schöpfung und alle Wesen in ihr wieder in den Kausalkörper auf, ähnlich wie das Bewusstsein nachts in den Tiefschlaf fällt.

Krishna sagt: „[Diese Wesen] bewegen sich in Mir, wie der Wind sich durch den Raum bewegt."

Obwohl das *Selbst* eng mit der Schöpfung verbunden zu sein scheint, ist es, wie Raum, nicht-handelnd, makellos und unbeeinflusst von allem, was geschieht.

Raum, wie auch Licht, wird oft als Metapher verwendet, um uns zu helfen, die Natur des *Selbst* zu verstehen. Das Licht in einem Raum ermöglicht es, dass alle Arten von Aktivitäten stattfinden, aber man kann nicht sagen, dass das Licht diese Aktivitäten „macht". Handlungen finden aufgrund des Lichtes statt, aber diese Karmas gehören nicht zum Licht, das nicht-handelnd und unveränderlich ist.

Eine andere gute Metapher ist die der Elektrizität. Das Vorhandensein von Elektrizität ermöglicht das Funktionieren zahlloser Geräte, von Lampen und Computern bis hin zum Fernseher und Wasserkocher. Aber obwohl es dieselbe Elektrizität ist, die jedes Gerät zum Leben erweckt, funktioniert das Gerät entsprechend seiner eigenen besonderen Natur. Ein Wasserkocher funktioniert wie ein Wasserkocher und ein Radio wie ein Radio. Die Elektrizität, die beiden Leben verleiht, ist unpersönlich und zwingt dem Gerät nicht ihren Willen auf.

Auf die gleiche Weise gewährt das *Selbst* allen Wesen Leben, doch es tut dies unpersönlich, ohne einen eigenen Willen aufzuzwingen. Geist und Körper des Jivas, die durch das reflektierte Licht des reinen Bewusstseins belebt werden, funktionieren entsprechend ihrer Natur, die durch die Gunas und das besondere Karma des Jiva bestimmt wird.

Daher ist das *Selbst*, wie Raum, Licht und Elektrizität, dasjenige, das die Existenz der Schöpfung ermöglicht, während es von ihr unbeeinflusst bleibt.

Eine scheinbare Schöpfung

Vielleicht fragst du dich, wie das *Selbst* frei und unberührt von der Schöpfung bleiben kann. Die Antwort darauf findet man in Krishnas Worten: „Die Welt des Manifesten scheint in Mir zu existieren." Die Worte „scheint zu existieren" sind ein wichtiger Hinweis, der andeutet, dass es sich nicht um eine tatsächliche Schöpfung handelt, sondern um eine scheinbare Schöpfung.

Swami Chinmayananda schreibt:

> In reinem Gewahrsein gab es nie, gibt es nie und kann es nie eine Welt pluralistischer Verkörperung geben, so wie im Wachzustand die Vergnügungen der Traumwelt nie verfügbar sind. Für das *Selbst* gibt es keine Erkenntnis der

pluralistischen Welt, die aus dem Vergessen des Unendlichen geboren wird.

Mit anderen Worten: Die Schöpfung scheint nur vom relativen Standpunkt, von Mithya aus, zu existieren. Vom Standpunkt des *Selbst* aus gesehen, gibt es keine separate Schöpfung, denn es gibt nur das *Selbst*.

Wenn das *Selbst* von Natur aus grenzenlos ist, wie kann dann irgendeine Form der Begrenzung darauf zutreffen? Begrenzung erscheint nur durch das Upadhi (das konditionierende Beiwerk) von Maya, welches das Unendliche als eine endliche Welt der Form erscheinen lässt.

Aber wie ein Traum ist dies nur eine Erscheinung. Maya hat keine unabhängige Realität. Wie Swami Dayananda klarstellt:

> Es existiert wirklich nicht. Von einem Standpunkt aus gesehen gibt es Maya, vom anderen aus gesehen gibt es keine Maya, nur Brahman. So wie dein Hemd keine Existenz hat, die von seinem Stoff getrennt ist, so ist auch Maya keine von Brahman getrennte Substanz. [...] So wie die Fähigkeit zu brennen nicht unabhängig vom Feuer ist, ist die Kraft von Maya nicht unabhängig von Brahman.

Auch hier ist die Analogie des Träumens hilfreich. Der Traum ist nur vom Standpunkt des Träumenden aus real. Aus der Perspektive des Wachenden war der Traum überhaupt nicht real – er war lediglich eine Erscheinung im Bewusstsein. Der Traum bezog sich nur auf eine niedrigere Ordnung der Realität.

In ähnlicher Weise existiert die empirische Schöpfung nur von Mayas Standpunkt aus. Vom Standpunkt des *Selbst* aus gesehen, gibt es nichts anderes als das *Selbst*, denn es ist grenzenlos und formlos.

So wie du mit oder ohne einen Traum existierst, aber der Traum nicht ohne dich existieren kann, existiert das *Selbst* mit oder ohne Maya, aber Maya kann nicht ohne das *Selbst* existieren.

Der Fluch der Verblendeten

Noch einmal: Der Ursprung von Samsara ist Unwissenheit. Indem du den Schein für real hältst, gerätst du in den Bann der Zauberin und Täuscherin namens Maya. Wie Krishna sagt: *„Die Verblendeten können Meine Gegenwart nicht erkennen. Ohne Weisheit, mit eitlen Hoffnungen und fruchtlosem Handeln ist ihr Leben voller Unglück und Leiden."* (Kap 9/ 11-12)

Die Hoffnungen jener, die ein weltliches Leben führen, sind immer vergeblich, selbst wenn sie sich erfüllen. Der Samsari sucht tragischer Weise nach ständiger Befriedigung und Erfüllung in einer unbeständigen Welt voller vergänglicher Dinge, die Wandel und Verfall unterliegen.

Samsara ist also ein Fall von falscher Erwartungshaltung. Diejenigen, die ihr Leben in der Erwartung verbringen, Sicherheit, Glück und Dauerhaftigkeit in einer sich ständig verändernden Welt der Unbeständigkeit zu finden, müssen wiederkehrende Frustration und Leiden ertragen.

Wie wir gesehen haben, ist das wahre Ziel hinter jedem Streben das Erlangen von Freiheit. Alle Menschen suchen die Freiheit von einem Gefühl des Mangels, egal wie sie es tun.

Das *Selbst* ist bereits auf ewig frei. Mangel kann für das, was unendlich ist, nicht existieren.

Weil sie das nicht wissen, suchen die Verblendeten weiterhin Freiheit in der Welt der Objekte – ein Unterfangen, das zu ewigem Scheitern verurteilt ist.

Samsara ist wie ein rutschiger Abhang. Aufgrund des Mangels an *Selbst*-Erkenntnis wird Unterscheidung unmöglich. Ohne Unterscheidungsvermögen ist das Denken eines

Menschen von Unwissenheit geprägt. Unwissenheit erzeugt Verblendung. Verblendete Seelen, die tief im Bann von Maya stehen und zu adharmischem Verhalten neigen, werden dann möglicherweise zu den sogenannten *rakshasas* und *asuras*.

Ein Rakshasa ist jemand, der aufgrund einer Dominanz von Rajas, von Ehrgeiz, Gier und selbstsüchtigem Verlangen angetrieben wird. Rakshasas stellen ihre eigenen Interessen über alles andere, und um zu bekommen, was sie wollen, sind sie bereit, jeden zu zerstören, der ihnen im Weg steht. Diese Haltung ist in der Geschäftswelt nur allzu häufig anzutreffen, wo Konzerne bereit sind, Konkurrenten, Rivalen und sogar den Planeten selbst zu zerstören, um ihre gewinnorientierten Ziele zu erreichen.

Der Asura ist eine ebenso unerwünschte Seele, jedoch mit einer Vorherrschaft von Tamas. Wie der Rakshasa sind Asuras völlig mit ihren eigenen Interessen, Wünschen und der eigenen Gier beschäftigt, ohne Rücksicht auf das Wohlergehen anderer. Wenn sie ein Verlangen spüren, handeln sie aufgrund von Lust und Selbstbesessenheit, ohne Rücksicht auf den Schaden, den sie anderen oder sich selbst zufügen.

Sie sind faul und doch eigensinnig und missachten Regeln und Gesetze, als wäre das selbstverständlich. Während der Rakshasa von der Geschäftswelt angezogen wird, wird der asurische Typ oft von der Politik angezogen. So oder so, beide fügen anderen und sich selbst unsägliches Leid zu. Solche Menschen bleiben an Samsara gebunden und schmieden für sich selbst mit jeder neuen adharmischen Handlung immer stärkere Ketten.

Die Lösung

So muss es natürlich nicht sein. Krishna sagt, dass selbst die Geringsten unter den Menschen, deren Handlungen in hohem Maß adharmisch waren, Freiheit erlangen können, indem sie ihren

Geist reinigen und sich nach innen wenden, um das *Selbst* zu suchen.

Was auch immer dein Karma ist, deine Zukunft muss nicht deiner Vergangenheit entsprechen. Du hast jederzeit die Möglichkeit, umzukehren und ein anderes, besseres Schicksal für dich zu erschaffen, ein Schicksal der Freiheit.

So etwas wie einen schlechten Menschen gibt es eigentlich gar nicht, nur einen unwissenden Menschen. Und was ist die Lösung für Unwissenheit? Wissen. Wie wir bereits festgestellt haben, kann Wissen nur in einem fruchtbaren Geist Wurzeln schlagen, einem Geist, der durch Karma-Yoga und eine unerschütterliche Hingabe an Dharma ausreichend gereinigt wurde. Mit jeder einzelnen Handlung konditionierst du deinen Geist. Deshalb bist du allein dafür verantwortlich, ob dein Geist zu deinem größten Helfer oder zu deiner größten Bürde wird.

Unser Sadhana, die spirituelle Praxis, ist kein Selbstzweck. Sie ist ein Mittel zum Zweck, und dieser Zweck ist ein reiner und sattviger Geist. So wird man mit der Zeit „mit einer spirituellen Veranlagung beschenkt", wie Krishna es ausdrückt.

Der Geist und die Sinne sind von Natur aus extrovertiert und damit völlig im Bann von Maya. Infolgedessen bleibt der Jiva tief im weltlichen Streben verwurzelt und ist, da er sich selbst für den Handelnden und Genießer hält, ständiger Wiedergeburt ausgesetzt.

Shankara macht im *Vivekachudamani* deutlich, dass der höchste Segen im Leben darin liegt, als Mensch mit einer spirituellen Veranlagung und dem Wunsch nach Befreiung geboren zu werden. Eine solche Seele ist selten. Es erfordert einen bedeutenden Verdienst, in förderliche Umstände mit Zugang zur Lehre und einem Lehrer geboren zu werden, sowie einen qualifizierten Geist, richtige Werte und einen unterscheidenden Verstand zu haben. Ein solches Glück sollte niemals verschwendet werden.

Diese Gnade ist nicht einfach eine Laune des Schicksals. Sie wird verdient, als Ergebnis guten Karmas. Die Kultivierung eines klaren und qualifizierten Geistes schafft *punyam* (positives Karma), was den Geist wiederum zu einem geeigneten Gefäß für *Selbst*-Erkenntnis macht. Wie Krishna verspricht: „Diejenigen, deren Geist für die Erforschung geeignet ist, werden sich selbst als nicht getrennt von Mir erkennen."

Die drei Ebenen des Gottesverständnisses

Dieser Abschnitt der Gita erforscht sehr ausführlich das Thema Bhakti, Hingabe. Während Krishna deutlich macht, dass die höchste Form der Hingabe darin besteht, unsere essenzielle Nicht-Trennung von Brahman zu erkennen, kann der Ausdruck unserer Hingabe viele Formen annehmen und wird durch unsere Verständnis-Ebene bestimmt. Dieser Ausdruck variiert natürlich von Mensch zu Mensch. In Anerkennung dessen präsentiert Vedanta eine dreifache Definition von Gott, die jede Ebene umfasst.

Das erklärt, warum wir trotz der Lehre, dass das *Selbst* das Formlose und Grenzenlose ist, auch die Vorstellung von persönlichen Gottheiten haben, wie Krishna, Shiva, Kali und die unzähligen anderen Gesichter der Göttlichkeit. Je nach Verständnis-Ebene einer Person gibt es einen Platz sowohl für ein nicht-duales als auch für ein dualistisches Verständnis des Göttlichen.

Die drei Kategorien für das Verständnis Gottes lauten wie folgt:

1. Das absolute, formlose *Selbst* (Nirguna Brahman)

Das höchste Verständnis von Gott ist Nirguna Brahman: das formlose, unteilbare, ewige und unsterbliche *Selbst*, das die Essenz aller Dinge ist.

Brahman, was ein anderer Name für das *Selbst* ist, ist die eigentliche Grundsubstanz der Existenz, die aus sich selbst heraus strahlt, aus sich selbst heraus existiert und sich selbst beleuchtet. Diese formlose Essenz ist *sat* oder satya: das, was allein unabhängig existiert und für seine Erschaffung oder seine Erhaltung auf nichts anderes angewiesen ist. Die essenzielle Natur dieses alles durchdringenden *Selbst* ist reines Gewahrsein/Bewusstsein.

Das Problem ist, dass es den meisten Menschen schwerfällt, sich mit einem solch abstrakten Verständnis von Gott auseinanderzusetzen und es zu verstehen. Schließlich ist Brahman nicht für eine Objektivierung verfügbar. Es kann nicht als Objekt erkannt werden, weil es das ewige Subjekt ist.

Es bedarf eines sehr reifen und verfeinerten Geistes, um das *Selbst* als die eigenschaftslose Gesamtheit der Existenz zu erkennen, geschweige denn, um dies als das eigene *Selbst* geltend zu machen – d.h. die Nicht-Unterscheidung zwischen dem Jiva und Brahman zu erkennen. Es heißt, die höchste Form der Verehrung sei die Anwendung der *Selbst*-Erkenntnis auf den Geist, weil dies alle Illusion der Trennung und des Andersseins zerschmettert. Du „wirst" das *Selbst*, indem du weißt, dass es nichts anderes als das *Selbst* gibt.

Dies wiederum erfordert einen hochqualifizierten Geist. Solange man keinen ausreichend reinen und subtilen Geist kultiviert, ist es äußerst schwierig, die absolute Ebene der Realität zu kontemplieren. Aus diesem Grund, und um die Existenz der Welt und des Individuums zu erklären, liefert Vedanta eine weitere Definition.

2. Die Ursache und Substanz des Universums
(Saguna Brahman)

Das mittlere, zwischenzeitliche Verständnis von Gott bezieht sich auf das, was wir gemeinhin mit dem Begriff Ishvara verbinden: die Intelligenz, die das materielle Universum erschafft, sowie die Substanz, aus der es besteht.

In grenzenlosem Gewahrsein entstehend, ermöglicht die Kraft von Maya die scheinbare Erschaffung eines ganzen Universums der Differenzierung. So erscheint Nirguna Brahman, das *Selbst* ohne Form, als Saguna Brahman, das *Selbst* mit Form.

Das *Selbst*, Gewahrsein, zusammen mit der Macht von Maya ergibt Ishvara: die universelle Intelligenz, die die Gesetze der Schöpfung formt und regiert. Ishvara ist ein universeller Gott, der als jede erdenkliche Form und Erfahrung erscheint. Deshalb sagt Krishna: „*Ich bin der Eine, aus dem dieses phänomenale Universum geboren wird, und in Mich löst es sich wieder auf. Es gibt keinen anderen Ursprung als Mich und nichts, was von Mir getrennt ist. Alle Universen sind in Mir aufgereiht wie Perlen an einer Halskette.*" (Kap. 7/ 6-7)

Wenn das Licht des *Selbst* auf die leblose Materie der Prakriti scheint, erwacht das gesamte Universum zum Leben. Ishvara ist als Regent von Maya nicht nur die schöpferische Intelligenz, sondern auch die eigentliche Form und Substanz des Universums.

Wenn du die universelle Natur von Ishvara verstehst, erkennst du, dass du nicht in Kirchen oder auf Pilgerreisen zu gehen brauchst, um Gott zu finden, denn Gott ist bereits alles und überall! Weil Ishvara aus seiner eigenen Essenz heraus erschafft, so wie eine Spinne ihr Netz aus sich selbst heraus erschafft, gibt es nichts und keinen Ort, wo Gott nicht ist.

3. Ein persönlicher Gott (*Ishta Devata*)

Manchen Menschen fällt es nicht nur schwer, Gott als das nichtmanifeste Absolute zu begreifen, sondern es fällt ihnen auch schwer, ihn als die Gesamtheit des manifesten Universums zu begreifen. Aus diesem Grund kann man sich Gott auch personifiziert vorstellen.

Zum Zweck der Verehrung (Upasana-Yoga) ist es natürlich einfacher, eine Beziehung zu einer Gottheit aufzubauen, die einen Namen und eine Form hat, und allein in Indien gibt es buchstäblich Tausende zur Auswahl. Krishna selbst ist eine der populärsten, da er eine Inkarnation Vishnus ist. Von diesem sagt man, dass er zusammen mit Brahma und Shiva die Erschaffung, Erhaltung und Auflösung des Kosmos beaufsichtigt. Es gibt zahllose andere Gottheiten, männliche wie auch weibliche, die verehrt werden können, und die mythologischen Puranas erzählen die Legenden und Heldentaten dieser verschiedenen Götter.

Dem Uneingeweihten mag der Hinduismus als ein polytheistisches Chaos erscheinen. Die Veden lassen jedoch keinen Zweifel, dass es im Grunde nur einen einzigen, alles durchdringenden Gott gibt. Und dies ist niemand anderes als Brahman, das *Selbst*, die innerste Essenz aller Wesen. Die verschiedenen Götter und Göttinnen sind Symbole dieses einen *Selbst*, ähnlich wie ein einzelner Lichtstrahl, der durch ein Prisma (Maya) fällt, als die verschiedenen Farben des Regenbogens erscheint.

Probleme können entstehen, wenn unreife Sucher dogmatisch und sektiererisch werden, weil sie sich nicht bewusst sind, dass alle Formen Mithya sind und dass das Objekt ihrer Verehrung in Wirklichkeit ein Symbol für eine tiefere Wahrheit ist. Die Idee von „mein Gott versus dein Gott" ist seit Menschengedenken ein Problem. Es ist tragisch, dass selbst die Frömmsten zu Asuras werden können, verloren in der Illusion von Maya.

In Krishnas Worten: „Unfähig, über die Welt der wechselnden Erscheinungen hinauszuschauen, versagen die Menschen darin, Mich als die unveränderliche Essenz zu erkennen."

Ein persönlicher Gott bietet dem Bhakta ein Objekt der Fokussierung. Wenn der Suchende sein Verständnis vertieft, sollte er seine Meditation erweitern, um nicht nur eine persönliche Gottheit zu umfassen, sondern auch ein Verständnis von Ishvara als die universelle Ursache und Substanz der Schöpfung – und schließlich das Wissen um das ewige *Selbst* als die eine, formlose Gesamtheit aller Existenz. Dies führt den Bhakta automatisch von der dualistischen Hingabe zur nicht-dualen Hingabe, die gleichbedeutend mit *Selbst*-Erkenntnis ist, dem Schlüssel zur Befreiung.

Ein solch reifer Geist ist geeignet für vedantische *Selbst*-Erforschung, und *Selbst*-Erkenntnis wird dann zum Objekt seiner Hingabe, seiner Bhakti. Zuvor war sie darauf ausgerichtet, den Geist zu reinigen und zu integrieren. Nun ist die höchste Bhakti die Erkenntnis *Aham Brahmasmi*: Ich bin das *Selbst*.

Vedanta ist insofern einzigartig, als er dualistische Hingabe und eine Subjekt-Objekt-Beziehung zwischen dem Bhakta und Gott erlaubt, und gleichzeitig ein Verständnis der Nicht-Dualität entfaltet wird, in der jede Trennung zwischen dem Individuum und dem Göttlichen negiert wird.

Die zwei Arten der Hingabe

Wie wir in Kapitel Sieben gesehen haben, teilt Vedanta Hingabe in zwei Grundtypen: Sakama Bhakti, d.h. Hingabe, die durch das Erreichen persönlicher oder weltlicher Wünsche motiviert ist, und Nishkama Bhakti, die allein durch den Wunsch nach Befreiung motiviert ist.

1. Verlangen nach weltlichem Gewinn

Sakama Bhakti bedeutet wörtlich „Hingabe mit Verlangen". Diese Art von Bhakti ist durch den Wunsch nach weltlichen Vorteilen motiviert und ist bei Weitem die meistverbreitete Form von Hingabe.

Ob sie es zugeben oder nicht, Bhaktas, Gottgläubige, haben bezüglich ihrer Verehrung immer einen Hintergedanken. Sie mögen sehr fromm erscheinen, immer darauf bedacht sein, in den Tempel zu gehen, um Opfergaben anzubieten, oder jeden Sonntag die Kirche zu besuchen und jeden Abend vor dem Schlafengehen ihre Gebete zu sprechen.

KAPITEL NEUN

Ihre Hingabe ist jedoch keine reine Hingabe. Sie ist kein Selbstzweck, sondern vielmehr ein Mittel zum Zweck. Vielleicht wollen sie mehr Geld, einen neuen Job, eine Beziehung, dass ihr Kind heiratet oder dass sich die Gesundheit verbessert. In der modernen spirituellen Welt sind dies die Menschen, die dazu neigen, sich intensiv mit dem Gesetz der Anziehung zu beschäftigen und immer neue Wege zu finden, ihre Träume und Wünsche zu manifestieren.

Die Veden erkennen Sakama Bhakti als legitimes Streben an und geben sogar verschiedene Mittel zur Erreichung solcher Wünsche vor, egal ob sie sich auf Artha (Reichtum), Kama (Vergnügen) oder Dharma (Tugend) beziehen.

An solchen Bestrebungen ist an sich nichts auszusetzen. Wie wir bereits festgestellt haben, liegt das Problem in der Erwartung, dass materielle Objekte dauerhafte Erfüllung, Glück und Sicherheit bieten werden. Das ist unmöglich, nicht zuletzt, weil alles in Maya in ständigem Fluss ist und jedes Vergnügen die Saat für zukünftigen Schmerz in sich trägt.

Was du bei allen Bestrebungen und Unternehmungen tatsächlich suchst, ist das Glück, den Frieden und die Sicherheit deiner eigenen grenzenlosen Natur. Es ist dein eigenes *Selbst*, das du suchst. Deshalb sagt Krishna: „Diejenigen, die andere Götter gläubig verehren, verehren auch Mich, obwohl sie es nicht wissen." Mit „anderen Göttern" meint er alles, was du gerade in den Rang einer Gottheit erhebst, sei es Ruhm, Reichtum, Sinnenfreuden, Essen, Beziehungen oder egal welches weltliche Objekt.

Als *Selbst* sprechend, macht Krishna klar, dass „Ich das Objekt aller Rituale und alles Suchens bin" und dass „diejenigen, die Meine Natur nicht erkennen, wieder Samsara erliegen." Die Weltlichen, die dazu neigen, an den falschen Orten zu suchen – und verzweifelt versuchen, das Dauerhafte im Vergänglichen und das Wirkliche im Unwirklichen zu finden – bleiben an Samsara gebunden.

2. Verlangen allein nach Moksha

Doch es gibt Hoffnung. Zermürbt von Samsaras unerbittlicher Mühsal von Begehren und Frustration, kommt man mit der Zeit durch Ishvaras Gnade zu der Erkenntnis, dass Beständigkeit in der Welt des Unbeständigen niemals gefunden werden kann. Deshalb kann es der größte Segen sein, nicht zu bekommen, was man will.

Dein gesamter Fokus ändert sich dann. Anstatt weltlichen Objekten hinterherzujagen, in dem verzweifelten Versuch, ihnen jeden noch so kleinen Tropfen Glück zu entlocken, erkennst du die Vergeblichkeit, sich mit dem Endlichen zufrieden zu geben, und richtest stattdessen deinen Blick auf das Unendliche. Du beschließt, dass du nicht das Kind sein wirst, das sich für die Tafel Schokolade statt für die Tafel aus Gold entscheidet. Warum solltest du dich mit etwas von begrenztem Wert zufrieden geben, wenn du das haben kannst, was grenzenlosen Wert hat?

Wenn du dich entscheidest, die Befreiung auf direktem Weg anzustreben, wird Sakama Bhakti zu Nishkama Bhakti, zu Hingabe ohne Verlangen. In Wirklichkeit ist das nicht ganz richtig, denn Nishkama Bhakti wird in Wirklichkeit von einem einzigen, sehr starken Wunsch motiviert: dem Wunsch nach Moksha.

Es ist von größter Wichtigkeit, dass du immer ein klares Verständnis in Bezug auf dein Ziel hast. Wie es in der Brihadaranyaka Upanishad heißt, führt falsches Verständnis zu falschem Verlangen, was dann zu falschen Handlungen führt. Und das bringt unweigerlich falsche Ergebnisse.

Diejenigen, die sich Nishkama verschrieben haben, werden nicht mehr durch weltliche Belange motiviert. Als Nishkama Bhakta bleibst du dir darüber im Klaren, dass dein wahres Ziel Moksha ist.

Warum eine hingebungsvolle Haltung wichtig ist

Für einen leidenschaftlichen Sucher nach Befreiung ist der Pfad zur Befreiung klar vorgezeichnet. Du musst nicht im Dunkeln herumstolpern und hoffen, dass du den Weg zufällig von selbst findest. Der Weg ist klar ausgeschildert.

Der Schlüssel zur Befreiung ist *Selbst*-Erkenntnis, wie sie in den Schriften verfügbar gemacht und von einem qualifizierten Lehrer entfaltet wird. In Kapitel Sieben bezeichnet Krishna diesen Yoga der *Selbst*-Erkenntnis als die höchste Form der Hingabe. Die höchste Bhakti ist also das Erkennen des und Verweilen als wahres *Selbst*.

Es ist eigentlich keine Anstrengung damit verbunden, das zu sein, was du bereits bist. Du musst nichts zu dir hinzufügen, um du selbst zu sein, so wie du dem Ozean kein Wasser hinzufügen musst, um ihn zum Ozean zu machen. Das *Selbst* ist bereits erreicht. Du bist also bereits frei.

Diese Freiheit kann jedoch nicht erfasst oder genossen werden, bis die Blase der Unwissenheit des Intellekts geplatzt ist und der unbeständige, unruhige Geist, aufgewühlt durch seine hartnäckigen Vorlieben und Abneigungen, zur Ruhe gebracht worden ist.

Vedanta selbst ist sehr einfach. Du sitzt da und hörst zu, während der Lehrer die Natur des *Selbst* und der Realität erklärt. Der knifflige Teil besteht darin, die Qualifikationen zu erwerben, die notwendig sind, damit der Geist diese grundlegende Wahrheit dessen, wer man ist, erkennt und sich darauf ausrichtet.

Deshalb ist Karma-Yoga ein wesentlicher erster Schritt, um den Geist zu läutern. Darüber hinaus solltest du auch ein festes Verständnis vom und eine Verpflichtung gegenüber Dharma haben, sowie Klarheit in Bezug auf deine Werte, die immer deine Handlungen und Entscheidungen bestimmen müssen. Es ist auch wichtig, den Geist zu integrieren und zu stabilisieren, und dafür empfiehlt Vedanta Meditation, wie wir im sechsten Kapitel erfahren haben.

Eine hingebungsvolle Geisteshaltung ist der letzte Schlüssel zur Reinigung des Geistes. Bhakti kann viele Formen annehmen, je nach Grad deines Verständnisses und deiner Vorstellung von Ishvara. Welche Form auch immer deine Bhakti annimmt, der Schlüssel ist, deine Anhaftung an Emotionen in eine Anhaftung an Hingabe umzuwandeln. Anhaftung an das Endliche kann immer nur Leiden bringen, während Anhaftung an das Unendliche die einzige sichere Anhaftung ist, die es gibt.

Swami Dayananda sagt: „Wenn du intellektuell vom Streben nach Moksha überzeugt bist, aber dein Herz auf hundert verschiedene Dinge verteilt ist, funktioniert es nicht."

Emotionen sind der Motor, der unser Handeln antreibt. Wir richten uns ganz natürlich auf das aus, was wir lieben, und diese Liebe bestimmt unser Handeln und Streben. Solange du keine überwältigende Liebe für die Wahrheit, Gott oder das *Selbst* entwickelst, wird dein Herz unweigerlich im Konflikt bleiben.

Wenn in dir auch nur die geringste Unsicherheit über dein angestrebtes Ziel besteht – wenn du dich insgeheim immer noch nach weltlichen Vergnügungen und Ruhm sehnst – werden deine Prioritäten verworren bleiben. Du wirst nicht die notwendige Zeit und Energie aufwenden, das *Selbst* zu suchen, indem du den Geist reinigst, Vedanta studierst und *Selbst*-Erforschung betreibst.

Was auch immer du verehrst, erreichst du schließlich. Wenn deine Verehrung endlichen Dingen gilt, wirst du endliche Dinge erlangen. Leider (oder zum Glück!) kann niemand jemals mit endlichen Dingen zufrieden sein. Deshalb solltest du immer das Unendliche als dein Ziel vor Augen haben. Krishna sagt: „Diejenigen, die Mich verehren, werden Mich erreichen."

Dein ganzes Leben muss auf *Selbst*-Erforschung ausgerichtet sein. Das göttliche *Selbst* in allen Dingen sehend, Ishvara mit jedem Gedanken, jedem Wort und jeder Tat verehrend, rufst du die Gnade Ishvaras auf, indem dein Geist gereinigt wird. Ein reiner Geist ist wie ein ruhiger See, in dem das klare Licht des *Selbst* in seiner ganzen Pracht erstrahlt, und die Befreiung durch *Selbst*-Realisierung mit Leichtigkeit erreicht wird.

Krishnas Versprechen

Krishna sagt: „... *Richte deinen Geist und dein Herz auf Mich, biete Mir deine Handlungen an und überlasse Mir alle Ergebnisse.*" (Kap.9/ 34) Um ein Ziel zu erreichen, darf man es nie aus den Augen verlieren. Deshalb ist eine hingebungsvolle Geisteshaltung so wichtig. Nur wenn du dich deinem Ziel wirklich hingibst, wirst du den nötigen Antrieb und die Entschlossenheit haben, es zu verfolgen und zu erreichen.

In der Mitte des Kapitels gibt Krishna ein Versprechen: „... *Für diejenigen, die sich ständig an Mich erinnern und über Mich meditieren, für deren Bedürfnisse werde ich sorgen.*" (Kap 9/ 22)

Das *Selbst* ist der Ernährer und Unterstützer aller Wesen. Es ist das, was das Tao Te King die „Große Mutter" des Universums nennt. Auch wenn unsere physischen Formen bestimmte materielle Bedürfnisse haben, sollten diese niemals das einzige sein wonach wir streben.

Wenn wir das Ultimative durch die Verinnerlichung der *Selbst*-Erkenntnis erstreben, stellen wir zu unserem Erstaunen oft fest, dass sich um alles andere gekümmert wird. Denn das ist

Krishnas Versprechen: „... *Wenn du in deinem Herzen weißt, dass Selbst-Verwirklichung das höchste Ziel ist, und sie mit ganzem Herzen verfolgst, wirst du mit Mir vereint werden.*" (Kap. 9/ 34)

KAPITEL ZEHN

Die Göttliche Herrlichkeit

1-3. „Höre weiter zu, Arjuna, ich offenbare dir Meine göttliche Herrlichkeit. Weder die Götter noch die Weisen können Meine ganze Herrlichkeit ergründen, denn Ich bin das, woraus die Götter und Weisen erschaffen wurden. Wer Mich als den ungeborenen, anfangslosen und grenzenlosen Herrn der Schöpfung erkennt, wird von Verblendung und Unreinheit befreit.

4-5. „Wahrlich, die großartigsten aller Qualitäten im Menschen – Wissen, Verständnis, Unterscheidungsvermögen, Wahrhaftigkeit, Selbstbeherrschung, Frieden des Geistes, Überwindung von Vergnügen und Schmerz, Geburt und Tod, Furcht und Furchtlosigkeit, sowie Gewaltlosigkeit, Gleichmut, Zufriedenheit, Spiritualität, Nächstenliebe und Ehrhaftigkeit – all das kommt von mir allein.

6-8. „Die alten Seher und die Ahnen, deren Geist in Mir aufgegangen war, wurden aus Meinem Geist geboren. Von ihnen rühren alle Wesen in dieser Welt her. Wer diese Meine Herrlichkeit sieht, wie sie durch die Formen-Welten leuchtet, ist mit klarer Sicht begabt. Die Weisen erkennen Mich als die Quelle, aus der alle Schöpfung stammt und durch die alles Leben aufrechterhalten wird.

9-11. „Diejenigen, deren Geist auf Mich gerichtet ist, deren Leben Mir gewidmet ist, die einander belehren und immer von Mir sprechen, sind immer zufrieden und glücklich. Um ihre unerschütterliche Hingabe zu belohnen, gewähre ich solchen Seelen spirituelles Sehvermögen und Verständnis. Ihren Geist erleuchte Ich aus Mitgefühl und zerstöre so die Dunkelheit der Unwissenheit mit dem strahlenden Licht der *Selbst*-Erkenntnis."

12-16. Arjuna sagte: „Oh Krishna, du bist in der Tat das grenzenlose Brahman, das Licht aller Lichter und der, der von allen Verfehlungen reinigt. Du bist das, wovon die Weisen und Seher sprechen: das Ewige Wesen, Schöpfer aller Götter, ungeboren und unendlich. All dies hast du mir mitgeteilt, und ich glaube, dass es wahr ist. Weder die Götter noch die Dämonen wissen, was du bist, oh Herr. In der Tat, du allein bist in der Lage, die Herrlichkeiten zu erkennen, mit denen du alle diese Welten durchdringst.

17-18. „Auf welche Weise meditiert man am besten über dich, oh größter aller Yogis? Wie kann ich dich erkennen? In welchen Formen soll man über dich meditieren? Bitte teile dein Wunder und deine Herrlichkeit mit mir und lasse nichts unausgesprochen. Ich höre deinen Worten mit Entzücken zu, aber ich will mehr."

19. Krishna antwortete: „Weil du darum bittest, Arjuna, werde ich dir von meinen göttlichen Herrlichkeiten erzählen, wobei ich nur die herausragendsten offenbare, denn es gibt kein Ende meiner Herrlichkeit.

20-22. „Ich bin das ewige *Selbst*, das in den Herzen aller Wesen leuchtet. Ich bin die Ursache ihrer Erschaffung, ihrer Erhaltung und ihrer Auflösung. Unter allen Göttern bin ich der Erhalter. Unter allen Lichtern bin ich die Sonne, die die Welt erleuchtet und der Mond, der die Nacht erhellt. Unter den Schriften bin ich die reine Weisheit der Veden. Unter den Göttern bin ich Indra. Unter den Elementen bin ich das Feuer. Unter den Sinnen bin ich der Geist und im Herzen der Lebewesen wohne ich als Bewusstsein.

23-25. „Unter den Dämonen bin ich der Zerstörer und unter den Priestern bin ich der Reinste. Unter den Armeen bin ich der Oberbefehlshaber und unter allen Gewässern bin ich der Ozean. Unter den Weisen bin ich der Weiseste, unter den Worten bin ich die heilige Silbe Om. Unter den Ritualen bin ich die Wiederholung des heiligen Namens und unter den Bergen bin ich der Himalaja.

26-28. „Unter den Bäumen bin ich der größte und älteste, unter den Himmelswesen bin ich das am meisten verehrte. Unter den Pferden und Elefanten bin ich die, die den Göttern gehören und ich bin der König aller Menschen. Unter den Waffen bin ich der Donnerkeil und unter den Kühen bin ich die Wünsche erfüllende Kuh. Unter den Liebenden bin ich die Kraft der Liebe, der Vereinigung und der Fortpflanzung.

29-31. „Ich bin die kosmische Schlange, der Gott des Wassers, der König aller Vorfahren und Yama, der Gott des Todes. Ich bin die Geißel der Dämonen und ich bin die Zeit selbst. Unter den wilden Tieren bin ich der Löwe und unter den Vögeln bin ich der Adler. Von den reinigenden Elementen bin ich der Wind, von den Kriegern bin ich der tapfere Rama. Von den Fischen bin ich der Hai und von den Flüssen bin ich der Ganges.

32-33. „Wahrlich, Arjuna, ich bin der Anfang, die Mitte und das Ende der ganzen Schöpfung. Vom Wissen bin ich das Wissen um das *Selbst*. Unter denen, die sprechen, bin ich die Worte, die auf die Wahrheit hinweisen. Unter allen Buchstaben bin ich das ‚A‘, und von allen Worten bin ich das süßeste. Von der Zeit bin ich die Unendlichkeit. Ich bin der Spender aller Handlungen, und meine Essenz durchdringt alles.

34-38. „Als Fülle gebe ich alle Dinge und als Tod raffe ich alle Dinge hinweg. Ich bin Weisheit, Wohlstand, Beständigkeit, Sprache, Gedächtnis, Intelligenz, Tapferkeit und Gleichmut. Ich bin das süßeste der Mantras, der erste der Monate und von den Jahreszeiten bin ich der blühende Frühling. Unter den Dingen, die täuschen, bin ich das Würfelspiel und ich bin das Strahlen in allem, was leuchtet. Ich bin der Sieg der Triumphierenden, die Klarheit der Weisen und die Güte der Tugendhaften. Unter den Adelsgeschlechtern bin ich Krishna, unter den Pandavas bin ich Arjuna, unter den Sehern bin ich Vyasa und unter den Weisen bin ich *Usana*. Ich bin die Disziplin derer, die die Ordnung durchsetzen. Ich bin die Gerechtigkeit derer, die führen. Ich bin die Stille des Unbekannten und ich bin die Intelligenz der Weisen.

39. „Arjuna, ich bin die Ursache aller Dinge. Ich bin die Wurzel der Existenz. Ohne mich könnte keine Form existieren, sei sie empfindungsfähig oder empfindungslos.

40. „Es gibt kein Ende meiner göttlichen Herrlichkeit, Arjuna. Ich habe nur kurz über die herausragenden meiner Herrlichkeiten gesprochen.

41-42. „Alles, was mit irgendeiner Gnade oder Pracht, Macht oder Stärke gesegnet ist, entspringt mir und spiegelt nur einen Bruchteil meiner Herrlichkeit wider. Aber was nützen dir solche Einzelheiten, Arjuna? Es genügt für dich zu wissen, dass nur Ich Bin und dass Ich mit einem geringfügigen Bruchteil Meines Seins den gesamten Kosmos entstehen lasse."

KOMMENTAR KAPITEL ZEHN

Der Titel dieses Kapitels ist *Vibhuti Yoga* und bedeutet: „Zum Thema der Herrlichkeiten des Herrn". Auf Arjunas Bitte hin zählt Krishna, als Ishvara sprechend, Seine vielen Herrlichkeiten auf, die sich in der Welt der Formen manifestieren. Einige der genannten Beispiele können für jemanden, der mit den Feinheiten der indischen Mythologie nicht vertraut ist, zweifellos verwirrend sein. Aus diesem Grund habe ich eine Reihe dieser Verweise in dieser Übersetzung vereinfacht, um sie universeller zu machen und gleichzeitig die Essenz von Krishnas Worten beizubehalten.

Die Beziehung zwischen Jiva und Ishvara

Es könnte hilfreich sein, die Beziehung zwischen Jiva und Ishvara zu betrachten, bevor wir zur Kernaussage dieses Kapitels kommen. In ihrer Essenz sind beide dasselbe – das formlose *Selbst*, reines Bewusstsein – aber in Abhängigkeit vom jeweiligen Standpunkt unterscheiden sie sich scheinbar.

Swami Paramarthananda erklärt:

> Jiva ist ein Ausdruck reinen Bewusstseins, der in den mikrokosmischen grobstofflichen, feinstofflichen und kausalen Körpern entsteht, während Ishvara ein anderer Ausdruck desselben Bewusstseins ist, das in den makrokosmischen grobstofflichen, feinstofflichen und kausalen Körpern entsteht. Obwohl der Ausdruck je nach Zusammensetzung des reflektierenden Mediums unterschiedlich ist, ist es dasselbe Bewusstsein, das beide belebt und durchdringt.

Auf der empirischen Ebene der Wirklichkeit (Vyavaharika Satyam) ist die Beziehung zwischen Jiva und Ishvara, dem

Individuum und dem Ganzen, analog zu der von Wellen zum Ozean. Die Wellen sind scheinbar getrennte Gebilde, doch sie existieren nicht unabhängig vom Ozean. Vom Standpunkt einer jeden Welle aus gibt es einen klaren Unterschied zwischen ihr und dem Ozean. Eine Welle kann für sich beanspruchen, ein Teil des Ozeans zu sein, aber sie kann nicht behaupten, der Ozean zu sein. Sie existiert an einem bestimmten Punkt in Raum und Zeit, und es wird eine Zeit kommen, in der sie aufhört zu existieren.

Auf die gleiche Weise gibt es vom Standpunkt eines jeden Jiva einen klaren Unterschied zwischen ihm und Ishvara. Der Jiva ist ein endliches Körper-Geist-System, das der Begrenzung und dem Verfall unterliegt, während Ishvara sowohl die Gesamtheit aller Körper-Geist-Systeme ist, als auch die Intelligenz, die sie erschaffen hat. Deshalb kannst du als Jiva nicht behaupten, Ishvara zu sein, weil du als Person ganz klar nicht für die Erschaffung und Erhaltung des Universums verantwortlich bist.

Aus der Sicht von Ishvara gibt es keine Trennung zwischen ihm und den Jivas. Die Jivas sind Teil von ihm, so wie jede Welle Teil des Ozeans ist. Die Wellen haben keine eigene, unabhängige Existenz. Wenn du den Namen und die Form subtrahierst, bleibt nur Wasser. Auf die gleiche Weise erscheinen die Jivas in Ishvara, aus Ishvara heraus, als temporäre Wellen und zeitgebundene Ausgestaltungen in Name und Form.

Vom Standpunkt des *Selbst* bzw. der absoluten Ordnung der Wirklichkeit (Paramartika Satyam) gibt es überhaupt keinen Unterschied zwischen Ishvara und dem Jiva. In Wirklichkeit sind sie so gut wie nicht existent, denn letzlich existiert lediglich reines, undifferenziertes, formloses Bewusstsein. Bezogen auf die Analogie von Welle und Ozean könnte man sagen, dass es auf der absoluten Ebene überhaupt keine Welle oder keinen Ozean gibt, es gibt einfach nur Wasser.

KAPITEL ZEHN

Zusammenfassend kann festgehalten werden, dass Ishvara und Jiva insofern eins sind, als sie beide in ihrer Essenz das *Selbst* sind, reines Bewusstsein. Dieses Bewusstsein drückt sich auf unterschiedliche Weise aus, je nach dem zugehörigen Upadhi. Deshalb erscheinen beide in der empirischen Ordnung der Wirklichkeit als unterschiedlich. Auf der empirischen Ebene kann der Jiva nicht behaupten, Ishvara zu sein, obwohl er Teil von Ishvara ist. Aber er kann seine Identität als das *Selbst* in Anspruch nehmen, welches auch die essenzielle Identität von Ishvara darstellt.

Die Erleuchtungskrankheit vermeiden

Einer der Gründe, warum Vedanta nur für jemanden mit ausreichend qualifiziertem, klaren Geist gedacht ist, besteht in der Gefahr, dass das Ego das Wissen für sich in Anspruch nimmt. *Selbst*-Erkenntnis, wenn sie richtig integriert ist, sollte das Ego demütig machen, indem es erkennt, dass es in Wirklichkeit nur Mithya ist, eine Begleiterscheinung ohne eigene unabhängige Existenz.

Wenn es jedoch nicht unter Kontrolle gebracht wird, wird das Ego versuchen, aus diesem Wissen eine neue Identität für sich zu schaffen, eine Super-Identität. Dies nennt man die Überlagerung von Satya auf Mithya.

Das Ego ist schlau und äußerst trickreich. Sein einziges Ziel ist, die eigene Position zu festigen und ein besseres, stabileres und solideres Identitätsgefühl zu schaffen. Wenn ein unreifer, unqualifizierter, rajasiger Geist dem Vedanta ausgesetzt wird, kann es ein großes Desaster geben. In der Tat ist Vedanta ein regelrechtes Paradies für den narzisstischen Geist. Die Schriften bekräftigen, dass du wahrhaftig das ewige, grenzenlose *Selbst* bist, also alles andere als begrenzt und mangelhaft. Aber diese Lehre ist nicht dazu gedacht, das Ego aufzublasen.

Vedantas einzige Absicht ist, das Ego zu neutralisieren, indem es enthüllt, dass es selbst, sowie auch Körper und Geist nur Mithya sind, Erscheinungen in Bewusstsein und vollkommen abhängig von Bewusstsein.

Durch das Wissen, dass das *Selbst* alles ist und ich das *Selbst* bin, kann sich das Ego jedoch potenziell zu absurden Proportionen aufblasen. Dies ist der Grund für die „Erleuchtungskrankheit", wie Vedanta es nennt, bei der das Ego die *Selbst*-Erkenntnis heimlich für seine eigenen unwürdigen Zwecke vereinnahmt.

Das „spirituelle Ego" kann weitaus gefährlicher sein als ein normales Ego. Ein solches Ego steht immer noch unter der Herrschaft von Samsara und sucht immer noch nach Vollkommenheit in der Mithya-Welt, unterliegt jedoch dem Glauben, „erleuchtet" zu sein, was ihm ein Überlegenheitsgefühl verleiht. Spirituelle Lehrer, die ihre Anhänger missbrauchen und zwanghaft gegen Dharma verstoßen, ist in der Regel Opfer der Erleuchtungskrankheit – die in Wirklichkeit eine Verfälschung wahrer *Selbst*-Erkenntnis und daher überhaupt keine Erleuchtung ist.

Wenn der Schüler einen guten Lehrer hat, dem Dharma der Lehre korrekt folgt und die notwendige Reinigung des Geistes vorgenommen hat, ist es weniger wahrscheinlich, dass dies geschieht. Trauriger weise ist es jedoch in einer materialistischen, oft adharmischen Gesellschaft, in der spirituell „alles geht", nicht ungewöhnlich, dass das Ego die spirituelle Lehre für seine eigenen Zwecke fehlinterpretiert und verfälscht und so das gefürchtete „spirituelle Ego" schafft.

Gott ist nicht tot

Dieses Kapitel der Gita ist also ein wichtiges Kapitel. Du könntest es als das Kapitel des Ego-Bankrotts bezeichnen. Es nötigt dich, die Rolle von Ishvara sowohl als die intelligente als auch wirksame Ursache der Schöpfung anzuerkennen.

Krishna erklärt, dass jede Schönheit, jedes Wunder und jede Majestät, die du in der Welt wahrnimmst, nur eine Manifestation Seiner (Ishvaras) Herrlichkeit ist. Er erklärt weiter, dass die höchsten Qualitäten des Menschen, wie Intelligenz, Schönheit, Tapferkeit, Mitgefühl und Weisheit – all das, was das Ego gerne sofort für sich beansprucht – in Wirklichkeit zu Ihm gehören. Wie großartig du auch immer zu sein glaubst und welche Gaben oder Talente du auch immer haben magst, du hast sie nur durch Ishvaras Gnade.

Swami Dayananda sagt:

> Wenn du alle Herrlichkeiten als Ishvaras Herrlichkeiten anerkennst, verringert sich dein Stolz, dein Ahamkara (Ego). Das ebnet den Weg für das Verständnis von Ishvara. Was zwischen dir und Ishvara steht, ist letztendlich dein Ego.

Sehr oft scheuen sich moderne Lehrer und Sucher vor der Anerkennung Ishvaras. Für sie klingt Ishvara zu sehr nach einem überholten Gottesbegriff. Nach Jahrhunderten des Missbrauchs durch verschiedene selbstsüchtige Religionen verkünden nun viele: „Gott ist tot". Dies basiert auf einem sehr begrenzten Verständnis von dem, was Gott ist.

Dementsprechend präsentiert Vedanta ein dreistufiges Verständnis von Ishvara. Auf der ersten Stufe wird Ishvara als Schöpfer der Welt angesehen, als die intelligente Ursache, die die Schöpfung so gestaltet, wie ein Schreiner Möbel herstellt.

Wenn der Suchende reift und seine Unterscheidungsfähigkeit größer wird, tauchen natürlicherweise bestimmte Fragen auf, wie zum Beispiel: Wo ist dieser Gott? Wenn Er außerhalb der Schöpfung steht, bedeutet das dann nicht, dass es da noch irgendeine andere Schöpfung geben müsste? Und woher hat Er das Material, um das Universum zu bauen?

Um dies zu beantworten, erklärt Vedanta, dass Ishvara nicht von der Schöpfung getrennt ist. Ishvara erschafft das Universum aus sich selbst heraus. Die gesamte Schöpfung ist eine Manifestation von Ishvara, so wie Wärme eine Manifestation von Feuer ist. Daher ist Ishvara nicht nur die Intelligenz, die das Universum formt, sondern auch seine Gestalt und Substanz.

Wohin musst du also gehen, um einen solchen Gott zu verehren? Du musst nirgendwo hingehen, weder in einen Tempel noch in eine Kirche. Du kannst Gott überall finden. Der gesamte Kosmos ist der Körper von Ishvara. Dieses Kapitel der Gita hebt hervor, dass die Herrlichkeit der gesamten Schöpfung zu Ishvara gehört, denn Ishvara durchdringt die gesamte Schöpfung sowohl als die nicht-manifeste Ursache als auch als die materielle Wirkung.

Dies führt mit der Zeit zur letzten Stufe des Verstehens. Die Vorstellung, dass Gott sowohl Quelle als auch Substanz der Schöpfung ist, führt zu einem unvermeidlichen Problem. Wenn Gott zu dieser Welt der Vielheit geworden ist, heißt das dann, dass Gott nicht mehr da ist? Schließlich wird beim Buttern von Milch die Milch zu Butter und ist für immer verloren.

Das ist hier jedoch nicht der Fall. Vedanta erklärt, dass Ishvara nicht zum Universum wird, denn etwas zu werden bedingt Veränderung. Vielmehr erscheint Ishvara als die Schöpfung. Die Schöpfung selbst ist keine wirkliche Schöpfung, sondern ist eine scheinbare Schöpfung – eine Erscheinung.

Shankara fasste dies mit folgenden Worten zusammen: *Brahma satyam, jagat mithya, jivo brahmaiva naparah.* Das bedeutet, dass Brahman, das *Selbst*, real ist (oder Satya, die unabhängige Ursache), und die Welt ist nicht real (Mithya, die abhängige Wirkung). Und der Jiva ist nicht verschieden von Brahman, weil nur Brahman allein existiert.

Die Erkenntnis, dass das *Selbst* zugleich Schöpfer und Schöpfung (Ishvara und Jiva) ist, dabei aber formlos und undifferenziert bleibt, ist die höchste Ebene des Verstehens und erfordert einen erheblichen Grad an intellektueller Reife. In diesem und im nächsten Kapitel wird die mittlere Stufe des Verstehens untersucht, wo Ishvara als die Manifestation der Welt präsentiert wird.

Nichts hier gehört Dir

Wenn du erkennst, dass die gesamte Schöpfung aus Ishvara heraus entsteht und Ishvara ist, bleibt absolut kein Raum für Eitelkeit. Nichts gehört wirklich dir – nicht einmal „dein" Körper. Das gesamte Universum wurde zusammen mit allem, was darin enthalten ist, einschließlich unseres Körpers und unseres Geistes, für uns erschaffen. In Wirklichkeit tun und besitzen wir selbst nichts. Alles wird uns von Ishvara als Leihgabe zur Verfügung gestellt.

Ishvara wird, wie erwähnt, von modernen spirituellen Lehren, wie z.B. Neo-Advaita, gerne umgangen. Sie sprechen vielleicht vom Jiva und vom *Selbst*, aber sie erkennen nicht die Rolle Ishvaras an als Das, was das Universum erschafft und erhält. Möglicherweise erachten sie es als irrelevant, dabei ist die Anerkennung von Ishvara das wirklich Entscheidende. Indem du anerkennst, dass du (ob du nun als Jiva oder als *Selbst* sprichst) nicht derjenige bist, der die Show am Laufen hält, erlangst du Objektivität. Auf der Ebene der empirischen Welt ist Ishvara nicht nur derjenige, der die Show am Laufen hält – Ishvara selbst ist die Show. Alles wird allein durch die Gnade Ishvaras ermöglicht.

Wenn du das erkennst, entwickelst du die Geisteshaltung eines Bhakta, eines Gottgläubigen. Diese Haltung ist nichts, was hergestellt oder erzwungen werden könnte. Ein Gefühl der Hingabe entsteht ganz natürlich, je mehr du die Lehre studierst und die Rolle Ishvaras in der Schöpfung verstehen und schätzen lernst. Ein hingebungsvoller Geist ist ein reiner Geist, ein Geist, der für *Selbst*-Erforschung und die Verinnerlichung von *Selbst*-Erkenntnis geeignet ist.

Alles gehört zu Ishvara

Theisten und Atheisten streiten darüber, ob es überhaupt einen Gott gibt oder nicht, Vedanta hingegen behauptet, dass es nichts außer Gott gibt. Dabei handelt es sich aber nicht um einen von der Welt abgeschiedenen, weit entfernten Gott oder um einen in den Dingen liegenden göttlichen „Funken". So wie alle goldenen Schmuckstücke nichts anderes als Gold in Kombination mit Name und Form sind, ist alles in der Schöpfung nichts anderes als Ishvara in Kombination mit Name und Form.

Ishvaras Herrlichkeit ist daher überall. Sie steckt in jedem Anblick, jedem Geräusch und jedem Geschmack, in jedem Sonnenuntergang, jeder Blume, jedem Akt der Freundlichkeit. Sie zeigt sich im Himmel und in den Flüssen, in der Sonne und im Regen, in allem, was als heilig, wundersam, mächtig oder verheißungsvoll gilt. Krishna beschreibt seine Herrlichkeit anhand vieler Beispiele. Dies alles, sagt er danach, ist nur ein kleiner Bruchteil Seines grenzenlosen Mysteriums.

Das impliziert, dass du das Ego immer unter Kontrolle halten solltest. Für dich als Jiva gibt es nichts in der Welt, das du berechtigterweise als dein Eigentum beanspruchen kannst. Alles hier gehört zu Ishvara. Wenn Ishvara nicht nur die Intelligenz hinter der Schöpfung ist, sondern die eigentliche Schöpfung selbst, wie könnte dann irgendetwas nicht zu Ishvara gehören?

Was immer du an dir selbst lobenswert findest, hat seinen Ursprung in Ishvara. Auch alles, was du erreichst, ist kein Grund, stolz zu sein, denn du erreichst alles nur durch die Gnade von Ishvara. Tatsächlich werden die Resultate aller Handlungen nur durch Ishvara gegeben. Alle Errungenschaften gehören Ishvara, aber auch all deine vermeintlichen Fehler und Misserfolge.

Wir haben gesehen, wie trickreich das Ego sein kann. Es will um jeden Preis überleben und sich ausbreiten. Es sucht immer nach Möglichkeiten, sich selbst zu verfestigen und verstärkt seine Identifikation mit allem, was es für positiv und wünschenswert hält. Die Erkenntnis, dass alles zu Ishvara gehört, hat den Zweck, das Ego zu brechen und zur Unterwerfung zu bringen.

Swami Paramarthananda sagt: „Alles als Gott zu sehen, erzeugt größte Demut."

Diese Erkenntnis minimiert die bindenden Vorlieben und Abneigungen, die die *Selbst*-Erkenntnis erschweren. Wenn du anerkennst, dass aller Erfolg, alle Schönheit und alle positiven Eigenschaften zu Ishvara gehören und von ihm verliehene Segnungen sind, eliminierst du Stolz, Eitelkeit und Einbildung in dir.

Du beanspruchst nicht länger Ruhm für dich, sondern erkennst, dass es Ishvaras Ruhm ist. In ähnlicher Weise wird es unmöglich, neidisch auf andere oder nachtragend zu sein, wenn du weißt, dass der Erfolg, die Schönheit oder das Talent anderer Menschen nicht diesen selbst, sondern Ishvara gehört. Du kannst ihre Verdienste dann ohne eine Spur von Eifersucht oder Groll würdigen, in verehrender Wertschätzung der göttlichen Segnungen.

Eine verehrende Geisteshaltung

Wenn du alles als Ishvara betrachtest, nimmt dein Widerstand gegen den Fluss des Lebens auf natürliche Weise ab. Ein im Griff von bindenden Vorlieben und Abneigungen gefangener Geist ist ständigen Spannungen ausgesetzt. Ein solcher Geist strebt fieberhaft nach ganz speziellen Erfahrungen und Ergebnissen, während er andere ablehnt.

Wenn du aber Gott überall siehst, verändert sich deine Beziehung zur Realität. Du findest Frieden im gegenwärtigen Moment, auch wenn er vielleicht nicht die von dir gewünschte Form annimmt. Widerstandslosigkeit bedeutet, das ganze Leben als Prasada anzunehmen, als göttliches Geschenk. Da du weder die Vergangenheit noch die Gegenwart ändern kannst, nimmst du dankend an, was Ishvara dir gebracht hat, während du deine Fähigkeiten nutzt, die Zukunft zu ändern.

Mit dem Wissen, dass Ishvara überall gegenwärtig ist, wird die ganze Welt zu deinem Tempel, zum Altar deiner Verehrung. Ganz einfach den Himmel, die Schönheit eines Sonnenaufgangs oder Sonnenuntergangs, die Schönheit eines Baumes, einer Blume oder eines Tautropfens auf einem Grashalm zu würdigen, bedeutet, die Göttlichkeit allen Lebens zu würdigen.

Der Dichter William Blake sprach davon, als er die unsterblichen Zeilen schrieb:

> Um eine Welt in einem Sandkorn zu sehen
> und den Himmel in einer wilden Blume,
> halte die Unendlichkeit in deiner Handfläche
> und die Ewigkeit in einer Stunde.

Alles als Segen zu erkennen und nicht Anspruch darauf zu erheben, erfüllt dich auf natürliche Weise mit Staunen und Dankbarkeit. Und diese Art Dankbarkeit ist eines der größten Geheimnisse für ein glückliches Leben. Voller Dankbarkeit zu leben und selbst die einfachsten Dinge wie einen Schluck Tee oder den Duft einer Rose, zu schätzen, bedeutet, wirklich erfüllt zu sein – erfüllt von der Göttlichkeit aller Dinge.

Swami Paramarthananda sagt:

KAPITEL ZEHN

Es mag Fehlschläge im Leben geben, aber solange die Gottessicht vorhanden ist, betrachtest du dein Leben niemals als Fehlschlag. Gott überall zu würdigen, bringt Erfüllung.

Indem du erkennst, dass alle Dinge zu Ishvara gehören, durchtrennst du den Schleier des scheinbar Weltlichen und entwickelst eine göttliche Sichtweise. Jeder Moment wird dann heilig und jede Sekunde mit Schönheit erfüllt.

KAPITEL ELF

Die Kosmische Vision

1-4. Arjuna sagte: „Deine großartigen Worte haben meine Unwissenheit vertrieben, Krishna. Ich kenne jetzt das größte aller Geheimnisse: die allem übergeordnete Macht des *Selbst*. Du hast mir das Entstehen und das Vergehen aller Geschöpfe erklärt und das Wunder und die Herrlichkeit Deines unendlichen Seins. Doch Worte allein reichen nicht aus, um deine göttliche Großartigkeit zu vermitteln. Ich sehne mich nun danach, sie mit meinen eigenen Augen zu sehen. O Krishna, wenn du mich für fähig hältst, es zu sehen, offenbare mir bitte deine ewige kosmische Gestalt."

5-8. Krishna antwortete: „Es ist dir nicht möglich, es allein mit deinen eigenen Augen zu sehen. Deshalb schenke ich dir jetzt das göttliche Auge. Betrachte Meine wundersame Macht mit diesem spirituellen Sehvermögen! Sieh und betrachte Hunderte und Tausende Meiner Formen, in unendlich vielen Farben und Variationen. Schau und sieh das gesamte Universum in meinem Körper!"

9-13. Nachdem er diese Worte gesprochen hatte, offenbarte Krishna Arjuna seine wunderbare kosmische Gestalt. Arjuna erblickte eine alles durchdringende Gestalt mit unzähligen Augen, Mündern und Armen, in alle Richtungen reichend. Unzählige Juwelen und himmlische Ornamente umkreisten diese Gestalt wie Sterne, und sie war mit Girlanden und Gewändern übersät und mit süßen duftenden Ölen gesalbt. Glänzend und strahlend war sie endlos, die Quelle aller Wunder, in jede Richtung ein ganzes Universum umspannend. Würden tausend Sonnen auf einmal den Himmel erhellen, würde dies angesichts der blendenden Strahlkraft dieses höchsten Herrn sehr dürftig erscheinen.

14. Dort, innerhalb des Körpers dieser universellen Gestalt, erblickte Arjuna die Welt und unzählige andere Welten, jede scheinbar getrennt und doch alle miteinander verbunden. Überwältigt von Ekstase und Ehrfurcht, standen seine Haare zu Berge und er zitterte am ganzen Körper. Arjuna sank vor Krishna auf die Knie, er faltete seine Hände und neigte das Haupt.

15-16. Nur mit Mühe konnte Arjuna in Worte fassen, was er gesehen hat: „Oh Krishna, in deinem Körper sehe ich alle Götter und jedes lebende Wesen, das es gibt. Ich sehe dich mit zahllosen Augen, Armen, Mündern und Bäuchen, verkörpert in unendlich vielen Formen. Ich sehe bei dir keinen Anfang, keine Mitte und kein Ende, oh Herr der Schöpfung. Der Kosmos selbst ist dein Körper.

17. „Du trägst eine Krone, eine Keule und einen Diskus und deine Form ist eine schillernde Masse aus Licht. Das Licht blendet so sehr, dass es schwer ist, dich zu sehen. Es strahlt unendlich in alle Richtungen. Im Gegensatz zu jeder anderen Form kann man dich nicht wie ein begrenztes Objekt erkennen.

18-19. „Ich kann dich als unvergänglich und grenzenlos sehen, die unveränderliche Wirklichkeit, das Eine, das erkannt werden soll. Veränderungen und Verwandlungen berühren dich nicht. Du bist die Quelle der Schöpfung und der Bewahrer der ewigen Gesetze des Universums. Du bist Ewigkeit und Unendlichkeit – leuchtend als das innerste Wesen aller Dinge. Mit unnachgiebiger Kraft, zahllosen Gesichtern und unendlich vielen Armen, leuchten der Mond und die Sonne als deine Augen, und dein Mund ist Feuer, aus dem du den Kosmos mit deinem eigenen Licht belebst.

20-22. „Deine göttliche Gegenwart durchdringt alle Dinge und auch den Raum zwischen allen Dingen. Wenn sie deine wunderbare und doch furchterregende Gestalt sehen würden, würden jene in den drei Welten vor dir zittern. Ich sehe eine Vielzahl guter Menschen, die deine Gnade suchen. Einige beten mit gefalteten Händen und rufen dich an aus den Tiefen ihres Leidens. Andere suchen dich über die Glückseligkeit der Meditation. Große Heilige und Seher singen deinen Namen mit Bewunderung und beten: ‚Möge alles gut werden!' Diejenigen aus den vielfältigen Welten, die ihre Augen auf dich richten, sind voller Ehrfurcht vor dem, was sie sehen.

23. „Oh mächtiger Krishna, beim Anblick deiner unermesslichen Form mit Milliarden von Augen und Mündern, Armen und Beinen, Füßen und Bäuchen und mit scharfen, furchterregenden Zähnen zittern alle Welten und auch ich vor Angst.

24-25. „Deine Gestalt erstreckt sich über den Himmel, strahlend und vielgestaltig, mit offenem Mund und glühenden, alles sehenden Augen. Mut und Gelassenheit haben mich verlassen, oh Herr! Beim Anblick deiner Münder mit ihren furchteinflößenden Zähnen, brennend wie die Feuer der Zeit, taumle ich in Angst und Verwirrung. Bitte, Herr, sei gnädig!

26-29. „Ich sehe die Armeen des Schlachtfeldes – die Söhne Dhritarashtras, die Könige und Bhisma, Droṇa und Karna und unsere großen Krieger – wie sie in deinen schrecklichen Rachen stürzen, nur um von deinen grausamen Zähnen zermalmt zu werden. Ihre Köpfe stecken zwischen deinen mächtigen Mahlzähnen. So wie angeschwollene Flüsse Richtung Ozean rollen, strömen alle Kreaturen in deinen feurigen Rachen wie Motten, die zielstrebig zur Flamme fliegen, völlig nichtsahnend und mit höchster Geschwindigkeit, ihrer eigenen Zerstörung entgegen.

30. „Du verschlingst diese Wesen mit deinen flammenden Mündern, verschlingst ganze Welten und Universen, während du dir

die Lippen leckst, bereit, noch mehr zu verschlingen. Von deinem furchterregenden Leuchten entzündet, steht die ganze Schöpfung in Flammen.

31. „Sage mir, oh Herr, wer du bist! Ich bitte dich um deine Gnade und Barmherzigkeit. Sag mir, warum nimmst du diese schreckliche Gestalt an? Ich verstehe dein Handeln nicht."

32. Krishna sagte: „Ich bin die Zeit, die Zerstörerin der Welten. Ich bringe nicht nur alle Wesen zur Welt, sondern lasse sie auch altern und sterben. Auch ohne dein Zutun werden alle Krieger, die in Kurukshetra versammelt sind, sterben. Für die Lebenden ist der Tod unausweichlich. Für die Ungeborenen existiert der Tod nicht.

33-34. „Deshalb erhebe dich, Arjuna! Bezwinge deine Feinde und befreie dein Reich. Als die unbezwingbare Zeit habe Ich diese Krieger bereits alle erschlagen. Du bist lediglich Mein Werkzeug, Arjuna. Zögere nicht, so zu handeln, wie du es tun musst. Kämpfe in dieser Schlacht und die Pandavas werden siegreich sein."

35-38. Als er diese Worte Krishnas hörte, zitterte Arjuna am ganzen Körper. Noch einmal erwies er dieser prachtvollen und furchterregenden Gestalt seine Ehre und sprach mit stockender Stimme: „Es ist richtig, dass die Welt freudig jubelt und dein Lob singt, oh Krishna. Während alles Böse vor dir flieht, verneigen sich die Heiligen und Weisen vor dir und preisen deine Herrlichkeit. Wie könnten sie dich nicht verehren? Du, der du der Schöpfer aller Götter bist, der sowohl Ursache als auch Wirkung ist, der grenzenlos ist und niemals aufhören wird zu sein. Du bist der zeitlose und alles durchdringende Erste unter den Göttern. Du bist der ultimative und alles durchdringende Wohnsitz der Schöpfung, der Wissende und das, was zu wissen ist. Du bist die Heimstätte aller Wesen und der Sitz von Erschaffung und Ver-

KAPITEL ELF

fall. Es gibt nichts, was nicht von dir durchdrungen ist, oh Herr, dessen Formen endlos sind!

39-40. „Du bist der Herr der Luft, der Herr des Todes, der Herr des Feuers, der Herr des Wassers. Du bist der Mond und der ultimative Stammvater aller Wesen. Sei tausendmal gegrüßt. Ich verneige mich vor dir und huldige wieder und wieder deiner höchsten Vollkommenheit. Als jener von unendlicher Kraft und unermesslicher Herrlichkeit durchdringst du alles und bist daher alles.

41-42. „Bevor ich deine wahre Natur kannte, habe ich dich nur als meinen Freund betrachtet – nur als einen Menschen. Bitte verzeih mir, wenn ich manchmal unbedacht, unüberlegt oder im Scherz zu dir gesprochen habe. Solche Bemerkungen habe ich gemacht, bevor ich die Wahrheit über dein Wesen kannte.

43-44. „Deine Herrlichkeit ist wahrlich ohnegleichen. Du bist der Vater und die Mutter dieses Universums, des Beweglichen und des Unbeweglichen. Du bist der Gegenstand aller Verehrung und der erste und größte aller Lehrer. Du bist ohnegleichen und keiner ist mächtiger als du. Deshalb werfe ich mich vor dir nieder, oh Herr. Ich bitte dich, mir meine Unwissenheit und meine Verfehlungen zu vergeben, wie ein Vater seinem Sohn vergibt, wie ein Freund einem anderen Freund vergibt oder wie ein Liebender seiner Geliebten vergibt.

45-46. „Ich freue mich, dass ich nun gesehen habe, was vorher ungesehen war. Aber ich habe Angst vor dieser furchtbaren Gestalt! Bitte, oh Herr, ich flehe dich an, wieder deine ursprüngliche Gestalt anzunehmen. Obwohl du die Verkörperung des gesamten Kosmos bist, Herr der tausend Arme, bitte nimm wieder jene Form an, die mir vertraut ist."

47-49. Krishna sagte: „Die kosmische Form, die Ich dir offenbart habe, eine Form von grenzenlosem Glanz – strahlend und ohne

Anfang und Ende – ist eine Form, die niemals zuvor von sterblichen Augen gesehen wurde. Selbst die gelehrtesten Gelehrten, hingebungsvollste Verehrer oder eingefleischte Asketen hätten diese Form Meiner Unendlichkeit nicht wahrnehmen können, Arjuna, Tapferster der Kurus. Habe keine Angst oder Verwirrung mehr, wenn du diese erschreckende Form von Mir siehst. Ich nehme wieder die Form des Freundes an, den du immer gekannt hast."

50. Als diese Worte seinen Mund verließen, nahm Krishna wieder seine vertraute menschliche Gestalt an, sehr zu Arjunas Erleichterung.

51. Mit einem Lächeln sagte Arjuna: „Ich bin erfreut, meinen geliebten Freund wieder vor mir stehen zu sehen."

52-54. Daraufhin sagte Krishna: „Die Vision, die dir gegeben wurde, ist sehr schwer zu erreichen. Selbst die Götter sind nicht in der Lage, Mich auf diese Weise zu sehen. Weder das Studium der Veden, noch Enthaltsamkeit, Wohltätigkeit oder Verehrung können eine solche Vision herbeiführen. Aber durch meine Gnade und deine unerschütterliche Hingabe, Arjuna, hast du die Vision Meiner wahren Natur erlangt. Mit dieser auf einen Punkt ausgerichteten Hingabe kann man Mich erkennen und sich mit Mir vereinen.

55. „Wer alle Handlungen um Meinetwillen ausführt, für wen Ich das höchste Ziel bin, wer Mir ergeben ist und frei von Anhaftung und Feindschaft gegenüber allen Wesen, der kommt zur Erkenntnis von Mir, Arjuna."

KOMMENTAR KAPITEL ELF

Im vorigen Kapitel wurde die göttliche Herrlichkeit Ishvaras ausführlich beschrieben. Wie wir gelernt haben, ist Ishvara nicht von der Schöpfung getrennt. Vielmehr ist die Schöpfung selbst Ishvara. Deshalb sagt Krishna, dass bei allem, was brillant, schön und wunderbar ist, der Ruhm allein Ishvara gebührt.

Daraus ergibt sich jedoch ein gewisses Problem. Wenn Leben, Freude und Schönheit ein Spiegelbild von Ishvaras Herrlichkeit sind, was ist dann mit Tod, Leid und Hässlichkeit? Wenn Ishvara wirklich alles ist, muss das per Definition auch die weniger angenehmen Aspekte des Lebens einschließen. Kapitel Elf beschäftigt sich mit diesem Dilemma.

Mit neuen Augen sehen

Spirituelle Sucher sind im Allgemeinen hungrig nach Erfahrungen, und Arjuna bildet da keine Ausnahme. Deshalb bittet er, obwohl er beteuert, alles verstanden zu haben, was Krishna ihm gesagt hat, dieses alles durchdringende kosmische *Selbst* mit eigenen Augen sehen zu dürfen.

In Wirklichkeit tut er das bereits. Das gesamte Universum ist die Verkörperung von Ishvara. Das Universum ist immer gegenwärtig und für die Sinne verfügbar. Daher ist jede von uns gemachte Erfahrung eine Erfahrung von Gott.

Aber obwohl die kosmische Form ständig präsent ist, ist nur ein entsprechender Geist in der Lage, die innewohnende Göttlichkeit der gesamten Schöpfung zu erfassen. Ein weltlicher Geist sieht nur weltliche Objekte und hat keine Wertschätzung für die ihnen innewohnende Göttlichkeit.

Swami Paramarthananda verwendet das Beispiel einer alten Gitarre, die in einem Second-Hand-Laden steht. Diese Gitarre ist vielleicht beschädigt, es könnten Saiten fehlen, und es mag unmöglich sein, damit Musik zu machen. Objektiv gesehen scheint sie kaum einen Wert zu haben. Was aber, wenn man herausfindet, dass diese Gitarre in den 1960er Jahren einem der Beatles gehört hat? Plötzlich hat dieses wertlose alte Instrument einen immensen Wert. Das Objekt selbst hat sich nicht verändert, aber die Art und Weise, wie wir es betrachten, wird sich definitiv ändern – und damit auch sein Preisschild!

Auch wenn die kosmische Vision für jeden zugänglich ist, der die Augen hat, sie zu sehen, ist dieser Schatz im Offensichtlichen verborgen. Um die Vision von Ishvara zu erlangen, muss sich nur die Art und Weise ändern, wie wir die Dinge sehen. Um Gott zu sehen und zu begreifen, müssen wir ein neues Sehvermögen entwickeln, und zwar die Fähigkeit, die vor uns liegenden Objekte nicht nur zu sehen, sondern auch ihren Wert zu erkennen.

Obwohl sie in diesem Kapitel der Gita als grandios dargestellt wird, ist die kosmische Vision kein weltbewegendes Ereignis. Es ist einfach ein Wechsel der Perspektive – die Fähigkeit, das, was schon immer da war, in einem neuen Licht zu sehen.

Allerdings betont Krishna, wie schwierig es ist, diese Vision zu erlangen. Es erfordert etwas, das er „spirituelle Vision" nennt, das Auge der Weisheit, von manchen das „dritte Auge" genannt. Dies bedeutet ganz einfach, einen klaren, reinen Geist zu haben, der durch ein dharmisches Leben verfeinert und durch die Praxis von Karma-Yoga, Meditation und *Selbst*-Erforschung gefestigt wurde. Mit diesem Auge der Weisheit können wir die wahre Natur der Realität sehen. Mit ihm erkennen wir, dass sowohl das Manifeste als auch das Nicht-Manifeste nichts anderes als Brahman ist, das grenzenlose, ewige *Selbst*.

Was wir sehen, ist weniger wichtig als die Art und Weise, wie wir es sehen, und diese wird durch das Ausmaß unseres Verständnisses bestimmt.

Für den Materialisten ist das Universum nichts als ein Zufall, willkürliche Ansammlungen von Materie, die sich zu Objekten und vermeintlich durch eine unerklärliche Laune des Schicksals zu Bewusstsein zusammenfügen. Diejenigen mit einer spirituellen Vision sehen jedoch die gesamte Schöpfung als aus dem universellen Bewusstsein hervorgegangen, aus der göttlichen kreativen Essenz. Alle Welten, Objekte und Wesen sind einfach Ishvara, der verschiedene Namen und Formen annimmt, so wie jedes Armband und jeder Armreif eine andere Form desselben Goldes darstellt.

Wo immer die Weisen hinschauen, und in allem, was sie sehen, sehen sie Gott.

In diesem Kapitel wird ein dramatisches Stilmittel verwendet, um die einfache Wahrheit auszudrücken, dass alles Ishvara ist. Aufgrund der Vision von Unendlichkeit wird Arjuna von Staunen überwältigt. Er sieht überall Krishnas Augen, Münder und Füße! Er sieht Krishna oder Ishvara nicht nur als Quelle der gesamten Schöpfung, sondern als die Form dieser Schöpfung selbst – alles durchdringend, strahlend wie tausend Sonnen und blendend in Glanz und Macht.

Ishvara ist sowohl Leben als auch Tod

Was als wunderbare Vision begann, wird jedoch zum Alptraum, als Arjuna den furchterregenden Rachen von Ishvara sieht, der hungrig Freund und Feind gleichermaßen verschlingt.

Ishvara, so erkennt er, ist nicht nur Leben und Schöpfung, sondern auch Zerstörung und Tod. Schließlich kann Schöpfung nicht ohne Zerstörung existieren, so wie Geburt nicht ohne Tod existieren kann. Ohne Ausnahme oder Zugeständnis werden alle sterblichen Wesen vom gnadenlosen Rachen der Zeit verschlungen, zerkaut und am Ende verschluckt. Was geboren wird, muss schließlich sterben, von der kleinsten Zelle bis zur größten Galaxie, denn das ist das Gesetz von Ishvara.

Swami Dayananda erklärt:

Als er um diese Vision bat, erwartete Arjuna, etwas Wunderbares zu sehen, und das tat er auch. Aber er war nicht auf die Kehrseite vorbereitet. Ishvara ist nicht nur derjenige, der alles aufrechterhält, sondern auch der Zerstörer. Was Arjuna hier sieht, ist die Zerstörung, die in der Schöpfung ständig stattfindet. Sie ist ein notwendiger Teil der Schöpfung, muss also in die Vision des Kosmos einbezogen werden. Der kontinuierliche Prozess von Zerstörung, Schöpfung und Erhaltung ist Ishvara. Aber den zerstörerischen Aspekt anzuschauen, ist nicht leicht.

Es braucht einen reifen Geist, um Ishvara sowohl als das kreative als auch als das destruktive Prinzip des Lebens zu erkennen. Das eine kann nicht ohne das andere existieren. Die gesamte phänomenale Realität ist ein Spiel von Gegensätzen, von Geburt und Tod, Tag und Nacht, Wachstum und Verfall, Gesundheit und Krankheit, Stärke und Schwäche, Vereinigung und Trennung, Freude und Leid.

Der Geist klammert sich naturgemäß an das Gute und wehrt sich gegen das Schlechte, aber beides muss als Teil dieser weltlichen Existenz akzeptiert werden. Arjuna fiel es leicht, Gott als die schöpferische Kraft des Universums zu akzeptieren, als alle Schönheit und alles Wohlwollen. Was er jetzt sieht – Ishvara, der alle Wesen ohne einen Hauch von Reue verschlingt – verwirrt und beunruhigt ihn. Wie kann er sich mit so einem grausamen und furchterregenden Gott versöhnen?

In seinem Gita-Kommentar schreibt Swami Chinmayananda:

> Die Erschaffung einer Sache ist nicht möglich ohne die dazugehörige Zerstörung ihres vorherigen Zustands. Die Welt ist durch einen kontinuierlichen Prozess der Zerstö-

rung entstanden. Das Heute ist aus den Gräbern des Gestern entstanden. Die Kindheit stirbt, bevor die Jugend erscheint. Und wenn die Jugend vergeht, kommt das Alter zur Welt.

Die Ordnung der Schöpfung

Die Gesetze des Universums sind präzise und unumstößlich. Durch diese Gesetze hält Ishvara die Ordnung der Schöpfung aufrecht, sodass ein sinnvolles Handeln überhaupt erst möglich wird.

Wir haben keine andere Wahl, als uns diesen Gesetzen zu unterwerfen, denn es gibt keine Möglichkeit, sie zu ändern. Wir können nicht erwarten, dass Ishvara diese Gesetze verbiegt oder umschreibt, nur um unsere einzelnen Wünsche und Launen zu befriedigen. Zum Beispiel kann die Schwerkraft nicht aufgehoben werden, nur weil eine Person gerade hinfällt. Selbst eine kurzzeitige Aufhebung des Gravitationsgesetzes hätte Auswirkungen auf alle anderen.

Mit äußerster Präzision hält Ishvara die Gesetze der Schöpfung aufrecht und liefert die Ergebnisse des gesamten Karmas. Die Existenz aller Wesen hängt von diesen Gesetzen ab. Die Erde dreht sich in genau dem richtigen Abstand, der richtigen Neigung und der richtigen Geschwindigkeit um die Sonne, damit Leben auf ihr möglich ist. Wenn sich die Parameter ihrer Umlaufbahn auch nur geringfügig änderten, würde unser Planet zu einer unbewohnbaren Kugel aus Eis oder glühend heißem Gestein werden.

Wenn es um Ishvara geht, stellt sich die Frage nach Mitgefühl oder Grausamkeit nicht. Diese Eigenschaften werden vom Menschen übertragen. Ishvara erscheint als der Spender der Ergebnisse unseres Karmas je nach unseren Vorlieben und Abneigungen grausam oder liebevoll. Wenn wir bekommen, was wir wollen, ist es leicht, Ishvara zu loben und Gottes Gnade zu preisen. Aber wenn wir nicht bekommen, was wir wollen – oder bekommen, was wir nicht wollen – sollten wir auch dies als göttliche Gnade akzeptieren. Im Widerstand gegen die Realität zu sein, verursacht nur Leiden. Im Umgang mit der materiellen Welt müssen wir akzeptieren, dass die Ergebnisse unserer Handlungen aller Wahrscheinlichkeit nach nicht mit unseren Vorlieben und Abneigungen übereinstimmen werden. Anstatt unangenehme Ergebnisse als Beweis für die Grausamkeit von Ishvara zu sehen, sollten wir das, was kommt, akzeptieren und es als Gelegenheit nutzen, den Geist zu reinigen, indem wir Karma-Yoga praktizieren. Auf diese Weise kann eine simple Änderung der Einstellung Misserfolge in spirituellen Gewinn verwandeln.

Hingabe ist die einzige Option

Obwohl Arjunas Reaktion auf diese kosmische Vision mit Staunen begann und dann in Angst umschlug, verwandelt sie sich am Ende in Akzeptanz und Hingabe.

Ishvara bestimmt die physischen und moralischen Gesetze der Schöpfung, und diesen Gesetzen haben sich alle Wesen zu unterwerfen. Deshalb ist die Hingabe an die kosmische Ordnung die einzig vernünftige Reaktion auf das Leben.

Wenn du mit dem Auge der Weisheit siehst und weißt, dass das gesamte Universum Ishvara ist, entwickelst du ganz natürlich eine ehrfürchtige Haltung gegenüber allem Leben. Wenn du weißt, dass kein Bereich deines Lebens von Gott losgelöst ist, wirst du nicht nur die Gegensätze der Dualität leichter akzeptieren, sondern lebst natürlicherweise mit größerer Ehrfurcht und Hingabe.

Du wirst feststellen, dass sich deine Lebenseinstellung von engstirnigem Egozentrismus zu einem allumfassenden Gefühl der Dankbarkeit und Ehrfurcht wandelt. Anstatt sich zu beschweren, wenn das Leben nicht die gewünschten Ergebnisse liefert, lernst du die angenehmen wie unangenehmen Dinge anzunehmen wie sie sind, weil du weißt, dass alles Teil von einem vollkommenen göttlichen Gefüge ist.

Deine Handlungen dienen nicht länger nur der Befriedigung deines Geistes und deiner Sinne, sondern erfolgen aus respektvoller Hingabe an Ishvara. Alles was du tust, folgt ganz natürlich dem Dharma, denn du weißt, dass es sich beim Dharma um Ishvara handelt.

Am Ende des Kapitels erläutert Krishna noch einmal Karma-Yoga – was in Wirklichkeit Bhakti oder Hingabe in Aktion darstellt. Er erklärt uns, dass man mit einer unerschütterlichen Haltung der Hingabe das *Selbst* erkennen wird. Diese Hingabe an Brahman ist die einzige verlässliche Anhaftung im Leben, denn das *Selbst* ist immer gegenwärtig und unterliegt im Gegensatz zu materiellen Formen weder Veränderung noch Verfall. Wenn diese Wahrheit zum Gegenstand deiner größten Hingabe wird, wird das Unwahre, das Ego, negiert, und Freiheit wird erlangt.

KAPITEL ZWÖLF

Hingabe

1. Arjuna sagte: „Es gibt solche, die dich als persönlichen Gott verehren, und solche, die dich auf unpersönliche Weise als die immerwährende Wirklichkeit jenseits des objektivierbaren suchen. Welcher dieser Bhaktas hat das bessere Verständnis?"

2-4. Krishna antwortete: „Diejenigen, deren Geist mit unbeirrbarer Hingabe auf Mich fixiert ist und die beständig über Mich meditieren, sind am erhabensten. Es gibt jedoch auch diejenigen, die Mich als Das suchen, was nicht dem Verfall unterworfen und jenseits von Form und Reichweite des Geistes ist, immer beständig, unbeweglich und ewig. Während sie ihre Sinne vollständig beherrschen, einen friedlichen Geist haben und sich am Wohlergehen aller Wesen erfreuen, sind sie nicht von Mir getrennt.

5-8. „Doch ist dies oft ein schwieriger Weg für diejenigen, die eine starke Identifikation mit Körper und Geist haben. Diejenigen jedoch, die Mich verehren und für die Ich das höchste Ziel bin – die alle Handlungen Mir hingegeben haben und ihren Geist auf Mich gerichtet haben, mit einer Hingabe, die nichts anderes kennt – werde ich aus dem Ozean des Samsara befreien. Wenn du deinen Geist und deine Gedanken auf Mich gerichtet hältst, besteht kein Zweifel, dass du in Mir allein verweilst.

9-11. „Solltest du nicht in der Lage sein, deinen Geist ständig in Mich vertieft zu halten, dann kannst du Mich durch die Praxis von Upasana-Meditation und Kontemplation erreichen. Wenn du auch dazu nicht in der Lage bist, dann musst du dich dem Karma-Yoga widmen und alle Handlungen um Meinetwillen ausführen. Wenn du auch dazu nicht in der Lage bist, dann musst du mit einem disziplinierten Geist einfach die Ergebnisse all deiner Handlungen Mir überlassen.

12. „Wissen geht über die bloße Praxis des Yoga hinaus. Die vollständige Verwirklichung dieses Wissens durch Meditation auf das *Selbst* übersteigt bloßes Wissen. Aber das Aufgeben der Anhaftung an die Ergebnisse der eigenen Handlungen bringt sofortigen Geistesfrieden.

13-14. „Geliebt von Mir ist derjenige, der keine Bosheit hegt, der freundlich zu allen ist, mitfühlend, frei von Begehrlichkeiten und unbelastet von der Vorstellung, der Handelnde zu sein; derjenige, der der Dualität der Gegensätze gleichmütig gegenübersteht, entgegenkommend, zufrieden, selbstbeherrscht, entschlossen ist und dessen Herz und Geist vollkommen in Mir aufgehen. Eine solche Seele ist vollkommen zufrieden, hat Herrschaft über den Geist, unerschütterliche Entschlossenheit und einen Geist und Intellekt, die in Mir aufgehen.

15. „Geliebt von Mir ist derjenige, der weder die Welt stört noch von ihr gestört wird, der sich nicht von Hochgefühlen, Intoleranz, Befürchtungen und Angst beeinflussen lässt.

16. „Geliebt von Mir ist derjenige, der frei von Abhängigkeit von äußeren Dingen bleibt, der unverfälscht und stabil ist, und der nicht geneigt ist, ego-getriebene Vorhaben umzusetzen.

17. „Geliebt von Mir ist derjenige, der Feindseligkeit, Kummer und Verlangen aufgibt, der die Vorstellungen von „gut" und "schlecht" loslässt und die Dinge mit hingebungsvoller Einstellung kommen und gehen lässt.

18-19. „Geliebt von Mir ist derjenige, der Freund und Feind mit gleichem Respekt betrachtet, ebenso wie Ehre und Schande, und der Gleichmut in Bezug auf Hitze und Kälte, Freude und Schmerz, Lob und Tadel bewahrt. Nicht anhaftend an Objekte, verfügt er oder sie über fundiertes Wissen, ist diszipliniert im

Sprechen und zufrieden mit dem, was das Leben bringt, und betrachtet alle Orte als sein Zuhause.

20. „Diejenigen, die dieses Leben dem Dharma entsprechend leben, die von Vertrauen erfüllt sind und die *Selbst*-Erkenntnis als höchstes Ziel sehen, werden von Mir in höchstem Maße geliebt."

KOMMENTAR KAPITEL ZWÖLF

Ishvara ist gemäß der Gita nicht nur die Intelligenz, welche die Schöpfung formt, sondern auch ihre Essenz und Substanz. Im vorhergehenden Kapitel wurde dies auf sehr plastische Weise ausgedrückt, indem der gesamte Kosmos als Körper des Herrn bezeichnet wurde.

Arjunas anfängliche Reaktion auf diese kosmische Vision ist ein ehrfürchtiges Staunen. Sein Erstaunen verwandelt sich jedoch in Furcht, als er erkennt, dass Ishvara als die Gesamtheit aller Dinge nicht nur alles Schöne und Wunderbare ist, sondern auch Zeit, Verfall und Tod. Erst als es Arjuna gelingt, sich mit diesem ewigen Tanz von Schöpfung und Zerstörung zu arrangieren, wandelt sich seine Furcht nicht nur in Akzeptanz, sondern in ehrfurchtsvolles Staunen.

Deshalb endet dieser mittlere Abschnitt der Gita nun mit einem kurzen, aber kraftvollen Kapitel zum Thema Bhakti, Hingabe. Wie Swami Paramarthananda betont, sollte jede Erörterung Ishvaras ganz natürlich in Hingabe gegenüber Ishvara münden.

Verehrung von Ishvara

Unabhängig davon, ob wir uns als Jiva oder als das *Selbst* betrachten, ist es offensichtlich, dass wir selbst keine direkte Kontrolle über die Ordnung des Kosmos haben. Die universellen Gesetze der Schöpfung obliegen allein Ishvara. Solange wir mit einer sterblichen Form verbunden sind, haben wir keine andere Wahl, als uns an diese Regeln zu halten, sonst leiden wir entsprechend.

Im Allgemeinen hat sich diese Vorgehensweise bewährt. Wir brauchen uns immerhin nicht darum zu kümmern, dass sich die Erde dreht oder Sterne und Galaxien in Bewegung bleiben. Das ist nicht unsere Aufgabe. Alles, was wir brauchen, wurde uns von Ishvara zur Verfügung gestellt. Wir haben einen Körper und einen Geist als Geschenk erhalten und auch alles Notwendige, damit diese überleben und hoffentlich gedeihen können. Deshalb ist eine Haltung von Respekt, Dankbarkeit und Ehrfurcht gegenüber Ishvara die einzig angemessene Reaktion, sowohl für den Erleuchteten als auch für den Unerleuchteten.

Die Weisen sehen alles als zu Ishvara gehörend. Alles, was wir haben, ist eine Leihgabe; eine vorübergehende Leihgabe, die schließlich zurückgegeben werden muss. Als Treuhänder ist es unsere Pflicht, mit Wohlwollen und Respekt gegenüber der kosmischen Kraft zu handeln, die unser Leben und das Universum, von dem wir ein Teil sind, erschaffen hat und aufrechterhält.

Hingabe erfordert Wissen

Um Hingabe gegenüber Ishvara zu entwickeln, benötigst du zunächst einmal Wissen über Ishvara. Wenn du genau überlegst, weißt du, dass es unmöglich ist, jemanden zu lieben oder zu hassen, über den du nichts weißt. Solange du eine Person nicht kennst, werden deine Gefühle ihr gegenüber neutral sein. Erst wenn du sie kennenlernst, entwickelst du Gefühle für sie, entweder gute oder schlechte. Diese Gefühle werden von zwei Faktoren geprägt: erstens von deinem Wissen über diese Person und zweitens von deinen Vorlieben und Abneigungen, die, wie wir gesehen haben, unsere gesamte Erfahrung der Realität filtern.

In unserem materialistischen Zeitalter weigern sich viele Menschen, die Existenz von Ishvara überhaupt anzuerkennen. Oder sie haben eine negative Einstellung zu Gott, die auf den verzerrten Dogmen der Religionen beruhen und auf den adharmischen Handlungen einiger ihrer fanatischen Gläubigen.

Doch sowohl diejenigen, die sich weigern, die Existenz von Ishvara anzuerkennen, als auch diejenigen, die ihr Konzept von Gott als Rechtfertigung adharmischen Verhaltens verwenden, sind von Unwissenheit beeinflusst. Erstere sind unfähig zu Gottesliebe, bzw. Bhakti, weil sie glauben, Ishvara sei nicht existent und letztere sind bezüglich Gottesliebe fehlgeleitet, weil sie die Natur Ishvaras nicht verstehen.

Es ist also unser Wissen, das unsere Einstellung zu Ishvara bestimmt. Eine der wichtigsten Implikationen der Lehre der Gita ist, dass Ishvara sich als Dharma ausdrückt, als die innewohnende Ordnung des Kosmos. Jede Vorstellung von Gott, die Adharma fördert oder rechtfertigt, ist nicht göttlich. Sie ist dämonisch.

Kämpfen für Dharma

Ein Streitpunkt ist für manche Leute, wenn es um die Gita geht, dass Krishna Arjuna wiederholt anfleht, in den Kampf zu ziehen und seine Feinde zu töten.

Auch dies unterstreicht die Wichtigkeit von Unterscheidungsfähigkeit. Die Schlacht in der Gita ist eine Schlacht zwischen Dharma und Adharma. Es wurde ein schweres Unrecht begangen und ein ganzes Königreich in Dunkelheit gestürzt. Arjunas Pflicht als Krieger, als Prinz und als Vertreter des Dharma ist es, diesen Adharma zu überwinden und Ordnung und Frieden wiederherzustellen. In der Gita geht es weder um Krieg, noch sollten Krishnas Worte jemals als Verherrlichung von Gewalt verstanden werden. Die Gita ist sowohl ein *dharma shastra* als auch ein *moksha shastra*: eine Lehre über Dharma und eine Lehre über Erleuchtung.

So wie Ishvara das Universum bewahrt und den ewigen Kreislauf von Geburt, Leben und Tod aufrechterhält, so sind auch alle Jivas als mikrokosmische Aspekte von Ishvara dafür verantwortlich, zur Schöpfung beizutragen, indem sie ihr Dharma erfüllen.

Alle Wesen werden mit einem spezifischen und vorbestimmten persönlichen Dharma geboren. Indem wir unsere Natur ehren und diesem Dharma folgen, dient jeder von uns Ishvara und trägt seinen Teil zur Schöpfung bei. Diejenigen, die nach diesem Dharma leben, was Swami Dayananda als „hingebungsvolles Handeln für Ishvara" definiert, werden Bhaktas genannt, Gottgläubige.

Die Verwirrung bezüglich Bhakti

Um das Thema Bhakti gibt es viel Verwirrung. Ursache dieser Verwirrung ist die Vorstellung, dass Bhakti ein spezifischer Weg und ein Endziel sei. Diese Idee geht auf die Werke von Swami Vivekananda zurück. Um die Wende zum 20. Jahrhundert war Vivekananda einer der ersten Lehrer, die Vedanta in den Westen brachten. Damit hat er der Welt eindeutig einen großen Dienst erwiesen. Die Art und Weise, wie er einige Aspekte der Lehre präsentierte, war jedoch nicht immer im Einklang mit der Vedanta Sampradaya (Lehrtradition).

Insbesondere sprach Vivekananda von vier verschiedenen Wegen zur Erleuchtung, die nach seiner Vorstellung je nach persönlichem Temperament eingeschlagen werden sollten. Jnana-Yoga, das Streben nach *Selbst*-Erkenntnis, erklärte er zum geeigneten Weg für Intellektuelle. Für extrovertierte, handlungsorientierte Menschen empfahl er Karma-Yoga. Für die eher „gefühlsbetonten", emotionalen Typen empfahl er Bhakti-Yoga. Und schließlich schlug er Hatha-Yoga für diejenigen vor, die eher körperlich orientiert waren.

Diese Vorstellung eines viergliedrigen Pfades findet sich jedoch weder in den Veden, noch in der Gita, noch in irgendeiner anderen Schrift über Vedanta. Tatsächlich macht die Gita deutlich, dass es nur zwei „Pfade" Richtung Moksha gibt: den Pfad des Wissens (Jnana-Yoga) für diejenigen mit einem kontemplativen Lebensstil und Temperament und den Pfad des Handelns (Karma-Yoga) für diejenigen mit weltlichen Bindungen und Verpflichtungen. Karma-Yoga führt nicht direkt zur Erleuchtung, aber es bereitet den Geist auf Jnana-Yoga vor, die Anwendung der *Selbst*-Erkenntnis, und nur dieser befreit den Geist.

Das macht Vivekanandas Äußerung problematisch. Vedanta betrachtet Bhakti nicht als einen separaten Yoga oder überhaupt als einen Weg.

Die Hauptzweige des Hinduismus, wie beispielsweise der Shaivismus oder der Vaishnavismus, basieren auf *agama*-Traditionen (Anmerkung des Übersetzers: d. h. sie orientieren sich an den vier klassischen Schriften) und legen großen Wert auf Bhakti und die Verehrung einer persönlichen Gottheit. Die Gottgläubigen beten, singen und praktizieren alle möglichen Arten von Pujas (hingebungsvolle Andacht, Ritus). Dies sind jedoch alles Handlungen (Karmas), und Handlungen fallen in die Kategorie von Karma-Yoga.

Bhakti bedeutet Liebe zum Göttlichen. Liebe ist nicht etwas, das man tut. Es ist keine Handlung oder Reihe von Handlungen. Bhakti ist das, was deine Handlungen motiviert und leitet – eine Geisteshaltung von Liebe und Hingabe für den Herrn, in welcher Form auch immer du Ihn oder Sie dir vorstellst. Diese Hingabe ist nicht auf einen einzelnen Pfad oder eine bestimmte Handlung beschränkt, sondern umfasst jede Stufe des spirituellen Pfades.

Der Karma-Yogi, der Ishvara als das eigentliche Gesetz von Dharma akzeptiert, führt jede einzelne Handlung als Akt der Hingabe aus, dem Göttlichen geweiht.

Aus diesem Grund stellt Swami Dayananda klar:

> Wir können niemals sagen, ein Karma-Yogi sei ohne Bhakti. Und auch der Sannyasi ist nicht ohne Bhakti, denn Sannyasa bedeutet lediglich, Ishvara zu kennen. Es gibt keinen Bhakti-Yogi. Krishna sagte, in dieser Welt gebe es zwei für

Moksha geeignete Lebensweisen: die eines Sannyasi und die eines Karma-Yogi.

Auch wenn der eine Mensch von Natur aus emotional und der andere eher intellektuell orientiert sein mag, haben wir alle Emotionen, haben wir alle einen Intellekt, haben wir alle eine Tendenz zur Extrovertiertheit, und haben wir alle einen Körper. Deshalb funktioniert es nicht, einen einzelnen Yoga gemäß den oberflächlichen Vorlieben der Persönlichkeit zuzuordnen. Integration muss auf allen Ebenen erreicht werden.

Nur *Selbst*-Erkenntnis führt zu Moksha. Laut Vedanta sind die anderen Yogas Werkzeuge zur Vorbereitung des Geistes auf die Erkenntnis – jeder eine Sprosse auf der Leiter zur Befreiung. Als solche sind sie alle notwendig, aber nur die obersten Sprossen werden dich dorthin bringen, wohin du letztendlich gehen musst. Bhakti ist kein spezifischer Yoga, sondern etwas, das alle Stufen des spirituellen Weges umfasst.

Arjunas Frage

Zu Beginn von Kapitel Zwölf stellt Arjuna eine Frage. Er möchte wissen, welches die beste Form der Hingabe ist: die Verehrung von Nirguna Brahman (das *Selbst* als die formlose, alles durchdringende Totalität) oder die Verehrung von Saguna Brahman (das *Selbst* in Form von Ishvara, ob nun als persönliche Gottheit oder als die kosmische Form, deren Zeuge er gerade geworden war).

Diese Frage erinnert an Arjunas frühere Unschlüssigkeit, ob er den Weg der Entsagung oder den Weg in Form von weltlichen Pflichten und Karma-Yoga wählen soll. Der Sannyasi verehrt das *Selbst* mittels tiefer Kontemplation, die zu verinnerlichter *Selbst*-Erkenntnis führt, während der weltliche Bhakta seine Hingabe auf das durch eine persönliche Gottheit symbolisierte *Selbst* richtet.

Krishna hat bereits deutlich gemacht, dass die höchste Form der Verehrung in der Erkenntnis besteht, dass zwischen einem selbst und Ihm kein Unterschied besteht. Aber obwohl dies die höchste Form von Bhakti und in der Tat der Schlüssel zu Moksha sein mag, räumt Krishna ein, dass diese Erkenntnis nicht leicht zu erlangen ist, wenn man nicht über einen ausreichend qualifizierten, sattvigen Geist verfügt. Aber glücklicherweise gibt es Formen von Bhakti, die für jedes Temperament und jedes Entwicklungsstadium geeignet sind.

Eine Landkarte des gesamten spirituellen Pfades

In diesem Kapitel offenbart Krishna die verschiedenen Stufen von Bhakti, entsprechend dem jeweiligen Verständnis eines Menschen. Was folgt, ist eine Landkarte des gesamten spirituellen Pfades in fünf Schritten. Jede Stufe steht für eine andere Form von Bhakti, d. h. Hingabe.

1. Karma-Yoga mit persönlichem Verlangen (*Sakama Bhakti*)

Für den durchschnittlichen Mensch, der fast ausschließlich von seinen Vorlieben und Abneigungen in Form von bindenden Vasanas getrieben wird, wird es unmöglich sein, den Geist in ständiger Kontemplation auf das *Selbst* zu halten. Ein solcher Geist, der den endlosen Sorgen und Erregungen von Samsara unterworfen ist, wird wahrscheinlich nicht über Nacht die notwendigen Qualifikationen für Moksha erlangen.

Vedanta lässt einen solchen Menschen jedoch nicht im Regen stehen. Laut Krishna steht es dir in den Anfangsstadien des spirituellen Pfades frei, deinen Wünschen zu folgen und in der Welt zu handeln, solange dies nicht gegen Dharma verstößt.

Diese erste Stufe des Karma-Yoga verlangt nicht, dass all deine Handlungen nur für Ishvara getan werden müssen. Es ist dir weiterhin erlaubt, deinen Vorlieben und Abneigungen nachzugeben, während du verschiedene persönliche Ziele verfolgst. Die einzige Bedingung ist, dass du erkennst, dass alle Ergebnisse von Ishvara kommen und daher als Prasada (Ishvaras Wille) akzeptiert werden sollten.

Das Verständnis, dass die Ergebnisse deines Karmas von Ishvara zugeteilt werden, sollte sofortigen Seelenfrieden bringen. Laut Swami Dayananda liegen unsere Vorlieben und Abneigungen an der Wurzel jedes erlebten emotionalen Schmerzes. Der einzige Weg, sie zu neutralisieren, besteht darin, die Ergebnisse unserer Handlungen, ob gut oder schlecht, mit Anstand als Prasada zu akzeptieren. Obwohl unsere Vorlieben und Abneigungen weiterhin bestehen, werden sie mit der Zeit nicht-bindend und können nicht mehr dieselben emotionalen Erschütterungen hervorrufen.

2. Karma-Yoga ohne persönliches Verlangen (*Nishkama Bhakti*)

Nachdem du die erste Stufe des Karma-Yoga einige Zeit lang praktiziert hast, wirst du feststellen, dass dein Geist auf natürliche Weise immer feiner und reiner wird. Dann beginnst du dich vielleicht zu fragen, ob es nicht mehr im Leben gibt als das bloße Erfüllen von Wünschen zur persönlichen Befriedigung. Du erkennst, dass das Leben erfüllender wäre, wenn du anderen oder der Gesellschaft in irgendeiner Weise helfen würdest, vielleicht indem du deine Zeit, deine Energie, dein Vermögen oder dein Wissen zur Verfügung stellst. Es fällt dir jetzt auf, dass Erfolg sich proportional dazu verhält, wie viel du gibst, und nicht, wie viel du bekommen kannst.

Indem du die Grenzen des auf Begehren basierenden Glücks erkennst, gelangst du zur zweiten Stufe des Karma-Yoga. Du widmest dich nicht mehr nur deinen eigenen Wünschen, sondern etwas Größerem. Alle deine Handlungen werden nun für Ishvara und für die Reinigung deines Geistes ausgeführt.

Wenn du die Bedeutung von Dharma erkennst und akzeptierst, dass die Ergebnisse deiner Handlungen immer von Ishvara bestimmt werden, wird jede deiner Handlungen zu einem Akt der Verehrung.

Indem du nicht mehr nur für dich selbst und die Erfüllung egoistischer Wünsche handelst, verringerst du den unablässigen Griff des Egos und beginnst, die hartnäckigen Vorlieben und Abneigungen des Geistes zu neutralisieren. Indem du deine Anhaftung an Ergebnisse aufgibst, verringert sich der mit Handlungen verbundene Stress. Während deine Vision immer klarer wird, verpflichtest du dich fest dem Streben nach Moksha als höchstem Lebensziel.

3. Meditation über Ishvara als eine persönliche Gottheit (*Ishta Devata Upasana*)

Sprosse drei und vier auf der Bhakti-Leiter sind jeweils Formen von Upasana-Yoga. Upasana ist ein Begriff mit verschiedenen Bedeutungen, aber in diesem Zusammenhang definiert Krishna Upasana als Meditation oder Kontemplation über Ishvara.

Nachdem du durch die Praxis von Karma-Yoga eine gewisse Ruhe und Ausgeglichenheit des Geistes erlangt hast, bist du nun in der Lage, deine Aufmerksamkeit nach innen zu richten und den Geist in Kontemplation über Ishvara zu fokussieren. Wie Krishna sagt: *„Diejenigen, deren Geist mit unbeirrbarer Hingabe auf Mich fixiert ist und die beständig über Mich meditieren, sind am erhabensten."* (Kap 12/ 2-4)

Da es einen reinen und äußerst verfeinerten Geist braucht, um Nirguna Brahman, das formlose, alles durchdringende *Selbst* kontemplieren zu können, ist es für Anfänger und weniger weit fortgeschrittene Sucher viel einfacher, Saguna Brahman zu verehren, das *Selbst* in Form von Ishvara.

Die meisten Menschen finden es hilfreich, ein Symbol für Ishvara zu haben. Deshalb besteht die erste Stufe von Upasana-

Yoga darin, sich Ishvara als eine bestimmte Gestalt oder Gottheit vorzustellen, um so dem Geist einen klaren Fokus und ein Ventil für die hingebungsvolle Praxis zu geben. Das ist der Grund, warum Hindus Bilder oder Statuen von Krishna, Shiva, Ganesha, Kali oder einer Vielzahl anderer Gottheiten auf ihren Altar stellen. Ein solcher Bhakta führt täglich Puja (Andacht) für seine persönliche Gottheit durch, indem er Gebete, Gesänge, Blumen, Speisen und Weihrauch darbringt. Solche Rituale sind förderlich für die Reinigung des Geistes und die Kultivierung einer ruhigen, ausgeglichenen und hingebungsvollen Gemütslage.

Welches Symbol der Göttlichkeit du auch immer wählst, ob es Krishna, Allah, Jesus oder ein Erzengel ist, es sollte immer als eine Repräsentation des ewigen, alles durchdringenden *Selbst* gesehen werden. Indem du alle deine Handlungen diesem göttlichen Symbol anbietest und deine Hingabe bekräftigst, erzeugst du eine außergewöhnlich starke Liebe.

Anstatt weiterhin auf äußere Beziehungen, Objekte und Umstände für deine innere emotionale Unterstützung zu bauen, wandelt Bhakti deine emotionalen Bindungen in eine hingebungsvolle Verbundenheit um. Die Verbundenheit mit Ishvara ist die einzige zuverlässige Bindung, die du jemals haben kannst, denn im Gegensatz zu den sich ständig verändernden Objekten der Welt ist Ishvara unveränderlich und ewig und wird daher immer für dich da sein.

Die Kultivierung von Bhakti, der göttlichen Liebe, hilft, den Geist für Moksha zu qualifizieren, indem die Anhaftung an weltliche Objekte reduziert wird. Den Geist zieht es ganz natürlich hin zu dem, was er liebt, und der Schlüssel zur Befreiung ist, wie Krishna hier sagt, den Geist mit „einer Hingabe, die nichts anderes kennt" auf das *Selbst* zu fixieren. Die Belohnung ist die Befreiung von Samsara, so verspricht er.

4. Meditation über Ishvara in seiner universellen Form (*Vishvarupa Upasana*)

Die zweite Stufe des Upasana-Yoga ist eine natürliche Weiterentwicklung aus der ersten Stufe. Du hältst deinen Geist und deine Gedanken auf Ishvara fixiert, aber anstatt deine Verehrung auf eine bestimmte Gottheit oder ein Symbol zu beschränken, erweiterst du nun dein Verständnis von Ishvara, sodass es die gesamte Schöpfung einschließt.

Indem du deine Vorstellung von Ishvara auf diese Weise erweiterst, erkennst du, dass du, wohin du auch gehst und was immer dir begegnet, Gott begegnest. Deine Liebe ist nicht mehr auf eine bestimmte Form beschränkt, sondern fließt nach außen, um die gesamte Schöpfung einzuschließen.

Du wertschätzt die Göttlichkeit in jedem Moment, in jedem Anblick und Klang und jeder Erfahrung. Je nach Naturell kann sich deine Bhakti als Liebe zur grenzenlosen Schönheit der Natur ausdrücken, dem Leuchten der Sterne am Nachthimmel, dem Klang des Vogelgezwitschers, der Farbe und dem Duft einer Blume. Jeder Mensch und jedes Tier, dem du begegnest, kann ein Adressat deiner Bhakti sein, denn jedes Wesen ist ein Ausdruck von Ishvara.

Diese erweiterte Sichtweise hilft uns, die Dinge aus einer höheren Perspektive zu sehen. Unsere eingefahrenen Vorlieben und Abneigungen werden noch weiter neutralisiert und es fällt uns leichter, andere zu akzeptieren und den Fluss des Lebens anzunehmen, das Gute wie das Schlechte, und alle Dinge als göttlich zu sehen. Dies qualifiziert den Geist für die letzte und höchste Stufe von Bhakti.

5. Streben nach und Verwirklichung von *Selbst*-Erkenntnis (*Jnana Yoga*)

Liebende suchen immer die Nähe zu ihrer Geliebten oder ihrem Geliebten. Für den Bhakta ist die höchste Hingabe die Erkenntnis, dass wir nicht getrennt sind vom wahren Objekt all unserer Liebe, Hingabe und Verehrung – dem einen, ewigen *Selbst*. Die höchste Hingabe ist daher die Erkenntnis unseres innersten *Selbst* als die grenzenlose, formlose, nicht-duale Essenz des Seins. So heißt es in der Kaivalya Upanishad:

> Indem man sein eigenes *Selbst* in allen Wesen und alle Wesen im *Selbst* erfährt, gelangt man [zur Erkenntnis des] grenzenlosen Gewahrseins und auf keine andere Weise.

Alle vorhergehenden Stufen waren notwendig, um den Geist auf die *Selbst*-Erkenntnis vorzubereiten. Diese letzte Stufe von Bhakti besteht aus der dreigeteilten Lehrmethodik des Vedanta: Hören der Lehre (Shravana), systematisches Auflösen jeglicher Zweifel oder Verwirrung (Manana) und Anwendung dieses Wissens auf den Geist, um es in eine lebendige Realität zu verwandeln (Nididhyasana).

Daher besteht die höchste Hingabe darin, zu wissen, dass du Gott bist – die eine, unabhängige, alles durchdringende Wirklichkeit, die Brahman, das *Selbst,* ist. Die Verinnerlichung dieses Wissens beseitigt lebenslanges, durch Unwissenheit verursachtes Leiden, während du die Erkenntnis der Fülle und Freiheit deiner eigenen Natur vertiefst.

Eine falsch gestellte Frage

Wie sich herausstellt, war Arjunas Eingangsfrage eine falsch gestellte Frage. Ob man besser das formlose *Selbst* oder eine persönliche Gottheit verehrt, hängt von der Stufe ab, auf der man sich auf seinem Weg befindet und dem entsprechenden Verständnis. Beide Arten von Bhakti greifen ineinander. Die erste bereitet den Geist auf die zweite vor.

Die fünf Stufen von Bhakti führen den Suchenden vom grundlegenden Karma-Yoga zum Upasana-Yoga und gipfeln schließlich im Jnana-Yoga, der Lehre des Vedanta. Da *Selbst*-Ignoranz die Ursache von Samsara ist, kann nur *Selbst*-Erkenntnis Abhilfe schaffen. Gemäß Krishna besteht das Problem darin, dass nur wenige Menschen qualifiziert sind, direkt mit Jnana-Yoga zu beginnen. Deshalb ist es für die meisten Menschen notwendig, von vorne zu beginnen und systematisch durch jede dieser fünf Stufen zu gehen.

Der Selbst-verwirklichte Geist

Die abschließenden Verse des zwölften Kapitels beschreiben sehr schön die Früchte der *Selbst*-Verwirklichung und die Eigenschaften des Jnani.

Solange du nicht die Fülle deiner Natur und den Reichtum deiner inneren Welt erkennst, wirst du natürlicherweise in der äußeren Welt nach Erfüllung suchen. Deine gesamte Sicht der Wirklichkeit bleibt somit subjektiv. Da du für dein Glück emotional von Objekten abhängig bist und alles durch die Brille deiner Vorlieben und Abneigungen siehst, teilst du die Welt in „gut" und „schlecht" ein. Du magst die Objekte, von denen du glaubst, dass sie dir Glück bringen und lehnst die ab, die dir scheinbar im Weg stehen.

So zu leben bedeutet, sich in einem ständigen Krieg mit der Realität zu befinden. Für den samsarischen Geist, der von einem lähmenden Gefühl des Mangels getrieben wird, sei es physisch, emotional oder intellektuell, ist jede Handlung ein kämpferischer Akt – ein Kampf, der die Realität zwingen soll, sich meinen Vorlieben und Abneigungen anzupassen. Swami Paramarthananda definiert Kampf als „jede Handlung, die durch ein Gefühl der Unvollständigkeit motiviert ist" – für den Samsari also so ziemlich jede Handlung!

Der Jnani jedoch, wissend, dass seine wahre Natur vollkommen und vollständig ist, handelt niemals aus einer Kampfhaltung heraus. Die Erleuchteten haben in dieser Welt nichts zu gewinnen, weil sie die Ganzheit bereits in sich selbst gefunden haben. Mit den Worten von Swami Chinmayananda: „Ein wahrer Bhakta ist völlig unabhängig von der Welt, und er schöpft seine Inspiration, seinen Gleichmut und seine freudige Ekstase aus einer Quelle tief in seinem Inneren."

Für den Jnani werden alle Aktivitäten zu *lila*, einem göttlichen Spiel. Das Leben ist kein verzweifelter Kampf mehr, sich durch das Haschen nach vergänglichen Objekten zu vervollständigen. Als Jnani, der für sein Glück nicht mehr von äußeren Faktoren abhängig ist, kann das Leben frei von Erwartungen und Ansprüchen genossen werden.

Die Beseitigung der *Selbst*-Ignoranz entfernt die Knoten im Herzen. Wie die letzten Zeilen verdeutlichen, hegt der Jnani keinen Hass und denkt nichts Böses gegenüber irgendjemandem. Du weißt als Jnani, dass du die Essenz von Fülle und Liebe bist und das drückt sich ganz natürlich in all deinen Interaktionen mit der Welt aus. Und so betrachtest du alles mit Mitgefühl, Gleichmut und Freundlichkeit.

Du hast nicht nur ein offenes Herz, sondern auch ein dickes Fell und lässt dich nur selten von den Höhen und Tiefen Mayas oder dem unwissenden Verhalten anderer aus der Ruhe bringen. Während die Weltlichen nur glücklich sind, wenn sie ihren Willen bekommen, ist das Glück des Jnani viel dauerhafter, denn es ist ein Glück, das unabhängig von äußeren Faktoren ist.

Swami Dayananda sagt:

> [Der Jnani] legt sich nicht mit sich selbst, der Welt und Gott in Bezug auf irgendetwas an und erfreut sich seiner selbst. Er ist frei von jeglichem Gefühl der Unvollkommenheit,

trotz der Tatsache, dass der Körper, die Sinne und der Geist unvollkommen sind, denn das *Selbst* hat keine dieser Funktionalitäten. Sie gehören zum Anatma (Nicht-Selbst), das Mithya ist, und beeinflussen somit in keiner Weise das *Selbst*, das Satya ist, aus dem sie ihre Existenz beziehen.

Wenn du weißt, wer du bist, bist du zu Hause, wo immer du dich befindest. Du bist von Natur aus unparteiisch, nicht an Objekte gebunden und hast das Gefühl des Egos, ein Handelnder und Besitzender zu sein, negiert. Du lebst automatisch nach dem Dharma und bist zufrieden mit allen Segnungen, die Ishvara dir bringt. Dies ist ein Leben in Freiheit, das Leben eines wahren Bhaktas, eines Gottgeweihten, der die Einheit allen Lebens erkannt hat.

KAPITEL DREIZEHN

Das Feld und der Kenner des Feldes

Arjuna sagte: „Ich möchte mehr über die Existenz wissen, Krishna. Erzähle mir von Prakriti und Purusha, von der Welt der Erscheinungen und demjenigen, der diese Welt erkennt, sowie von den Mitteln der Erkenntnis und dem, was es zu erkennen gilt."

1. Krishna sagte: „Der Körper ist Materie, Arjuna, und die gesamte materielle Existenz wird „Feld" genannt. Derjenige, der dies erkennt, wird 'der das Feld Kennende' genannt.

2. „Als das *Selbst* bin Ich der das Feld Erkennende in jedem. Wahre Erkenntnis bedeutet Erkenntnis bezüglich des Feldes, des manifesten Universums, ebenso wie bezüglich des Erkennenden des Feldes, des *Selbst*.

3. „Höre zu, ich werde die Natur des Feldes, die im Feld stattfindenden Veränderungen und die Natur des Erkennenden erklären.

4. „Diese Wahrheiten sind von den großen Rishis (Sehern) der Veden in vielfältiger Weise verkündet worden. Sie haben die Natur von Brahman mit überzeugender Logik und Präzision dargelegt.

5-6. „Das Feld besteht aus den feinstofflichen Elementen, der nicht-manifesten Ursache (Maya), den Sinnesorganen und ihren jeweiligen Sinnesobjekten sowie den Bestandteilen des Geistes: Wahrnehmung, Intellekt und Ego. Die Qualitäten von Verlangen, von Abneigung, von Vergnügen und Schmerz, vom physischen Körper, von Intelligenz und von Willenskraft finden im Feld statt und unterliegen der Veränderung.

7-11. „Diejenigen, die dies wissen, sind frei von Eitelkeit und Heuchelei. Sie verletzen nicht, sind großzügig, aufrichtig, ihrem Lehrer ergeben, innerlich und äußerlich rein, unerschütterlich in der Beherrschung des Geistes und leidenschaftslos gegenüber den Sinnesobjekten. Frei von Stolz, erkennen sie die Begrenzungen und die Leiden von Geburt, Alter, Krankheit und Tod. Sie haben nicht das Gefühl etwas zu besitzen, lassen sich nicht zwanghaft in familiäre und häusliche Angelegenheiten verstricken und bewahren Gleichmut im Hinblick auf Gewinn und Verlust. Ihre unerschütterliche Hingabe an Mich wird von einer Vorliebe für Alleinsein und Gleichgültigkeit gegenüber gesellschaftlichem Leben begleitet. In *Selbst*-Erkenntnis gefestigt wissen sie, dass die Suche nach dem *Selbst* das ultimative Ziel des Lebens ist und alles andere Unwissenheit.

12. „Das, was erkannt werden muss, ist das *Selbst*. Ist es erkannt, erlangt man Unsterblichkeit. Das *Selbst* hat keinen Anfang, ist grenzenlos und weder als Objekt existent noch nicht-existent.

13-14. „Es durchdringt alles und wohnt in allen Wesen. Überall sind seine Hände und Füße; überall sind seine Augen und Gesichter. Obwohl frei von den Sinnen, leuchtet es durch das Wirken aller Sinne. Als Bewahrer von allem liegt es jenseits der drei Gunas, doch es erfreut sich an ihrem Spiel.

15. „Als das, was sowohl innerhalb als auch außerhalb aller Wesen ist, ist es unbeweglich, und doch ist es die Ursache von Bewegung. Gleichzeitig nah und fern, ist seine Natur so subtil, dass die meisten Wesen es nicht wahrnehmen können.

16. „Obwohl unteilbar, scheint es in eigenständige Wesen und Objekte geteilt zu sein. Es ist die Grundlage aller Wesen und Elemente – ihr Schöpfer, Erhalter und Zerstörer.

17. „Als Licht allen Lichtes ist es jenseits von Dunkelheit und Unwissenheit. Es ist im Geist von jedermann präsent und seine Natur ist Wissen. Es ist das, was erkannt werden soll und das, wodurch es erkannt wird."

18. „Ich habe jetzt in kurzen Zügen das Feld, den das Feld Erkennenden und das, was es zu erkennen gilt, erklärt. Diejenigen, die Mir ergeben sind, erlangen mit diesem Wissen Befreiung durch *Selbst*-Verwirklichung.

19-20. „Wisse, dass sowohl Prakriti (die materielle Welt) als auch Purusha (das *Selbst*), ohne Anfang sind. Es ist Prakriti, die den Gunas und allen Veränderungen des Feldes Leben schenkt. Der physische Körper und seine Sinne entstammen dem Feld.

21-22. „Es ist Purusha, der Erkennende, der scheinbar Freude und Schmerz erfährt. Der Erkennende ist der Genießer/ Erfahrende der Eigenschaften des Feldes. Durch Unwissenheit bezüglich der eigenen Natur entsteht Anhaftung an Sinnesobjekte und Erfahrungen, und dies verursacht nachfolgende Geburten, sowohl gute als auch schlechte. Derjenige, der Körper, Feld und alle seine Veränderungen erfährt, ist letztlich das *Selbst*, der grenzenlose Schöpfer, Zeuge, Bewahrer und Genießende.

23. „Derjenige, der Erkenntnis über die Natur von Prakriti und Purusha, dem Feld und dem Erkennenden und dem Zusammenspiel der Gunas erlangt, wird vom Kreislauf der Wiedergeburten befreit.

24-25. „Einige verwirklichen dank eines reinen Geistes das *Selbst* durch Kontemplation. Andere erlangen das *Selbst* durch *Selbst*-Erforschung und direktem Wissen. Wieder andere müssen zuerst Karma-Yoga praktizieren, bevor sie das *Selbst* erreichen. Einige, die mit diesen Ansätzen nicht vertraut sind, können Befreiung erlangen, indem sie die Lehren eines erleuchteten Lehrers befolgen.

26. „Jede existierende Form, ob belebt oder unbelebt, wird aus der Einheit von Feld und dem das Feld Erkennenden geboren.

27-28. „Derjenige, der das *Selbst* im Herzen aller Wesen leuchten sieht und weiß, dass es Das ist, was den Tod der Form überlebt, sieht wahrhaftig. Indem man den Herrn als ein und dasselbe in allen Wesen sieht, ist man nicht länger getrieben, anderen oder sich selbst zu schaden, und wird das höchste Ziel in Form von *Selbst*-Erkenntnis erreichen.

29. „Derjenige, der sieht, dass alle Handlungen vom Feld erzeugt und ausgeführt werden, und dass das *Selbst* nicht der Handelnde ist, sieht wahrhaftig.

30. „Befreiung erlangt derjenige, der die Einheit in der Vielfalt sieht und der versteht, dass die mannigfaltigen Formen der Welt alle Ausdruck des einen *Selbst* sind.

31. „Dieses grenzenlose *Selbst* ist ewig, unvergänglich und unteilbar. Obwohl es als die innerste Essenz Körper und Form innewohnt, führt es keine Handlungen aus, noch wird es von den Ergebnissen der Handlungen beeinflusst.

32-33. „So wie Raum den Kosmos durchdringt und unbeeinflusst bleibt von allem, was in ihm geschieht, so ist auch das *Selbst* unbeeinflusst von allem, was in ihm geschieht. So wie die Sonne die gesamte Welt erhellt, so erhellt auch das *Selbst* das gesamte Feld.

34. „Diejenigen, die den Unterschied zwischen dem Feld und dem Kenner des Feldes verstehen, erlangen Freiheit von den Fesseln der materiellen Existenz und erreichen das höchste Ziel."

KOMMENTAR KAPITEL DREIZEHN

Dieses dreizehnte Kapitel gilt als eines der wichtigsten der Gita, und das aus gutem Grund. Es fasst nicht nur die Essenz der Upanishaden in nur vierunddreißig Versen zusammen, sondern markiert auch den Beginn des letzten Abschnitts der Gita.

Es wird angenommen, dass Arjunas Frage am Anfang des Kapitels der Gita erst zu einem späteren Zeitpunkt hinzugefügt wurde. Dies geschah vielleicht, um uns den Einstieg in die Thematik zu erleichtern, anstatt uns kopfüber in einen gewichtigen philosophischen Diskurs über die Natur der Realität zu stürzen.

Arjuna bittet Krishna, Prakriti und Purusha näher zu erläutern; zwei Begriffe, die bereits in Kapitel Sieben eingeführt wurden. Prakriti und Purusha könnten mit Materie und Bewusstsein gleichgesetzt werden: die Welt der materiellen Existenz und das Bewusstsein, das sie durchdringt und erhellt. Aus dieser Verbindung von Materie und Bewusstsein entsteht die Welt der Formen.

Krishna führt hier zwei neue Begriffe ein: „das Feld" und „der Kenner des Feldes". Das Feld ist ein alternativer Begriff für Prakriti. Der das Feld Erkennende oder Kenner des Feldes, bedeutet Purusha oder reines Gewahrsein/ Bewusstsein, das *Selbst*. Das Feld ist also das leblose Reich der Materie, und der das Feld Erkennende ist das Empfindungsvermögen, das es zum Leuchten bringt und belebt.

Dieses zentrale Kapitel behandelt darum drei Hauptthemen: die Natur des Feldes, die Natur des das Feld Erkennenden und das Thema der Unterscheidung von beidem als Schlüssel zur Befreiung.

Das Feld

Krishna liefert eine prägnante Definition des Feldes: „Der Körper ist Materie, und die gesamte materielle Existenz wird ‚das Feld' genannt."

Er beginnt mit der Feststellung, dass der Körper zum Feld gehört, weil der Körper für die meisten Menschen der primäre Bezugspunkt ihrer Identifikation ist.

Es ist jedoch wichtig zu beachten, dass auch der Geist zum Feld gehört. Während der physische Körper aus grobstofflicher Materie besteht und als Objekt leicht zu beobachten ist, besteht der Geist aus feinstofflicher Materie und ist uns, obwohl er nicht mit den Augen wahrnehmbar ist, ebenfalls als Objekt der Wahrnehmung bekannt. Wenn du einmal darüber nachdenkst, sind wir uns unserer Gedanken, Emotionen und Gefühle als Objekte in Bewusstsein gewahr. Alles, was objektivierbar ist, ob grob- oder feinstofflich, gehört zum Bereich der Prakriti.

Krishna sagt dann: „Derjenige, der dies weiß, wird der das Feld Erkennende genannt." Wie wir sehen werden, besteht eine der wichtigsten Lehrmethoden des Vedanta darin, zwischen diesen beiden Ordnungen der Realität zu unterscheiden: dem Gesehenen und dem Sehenden.

Das Feld ist im Grunde alles, was du mit deinem Geist und deinen Sinnen erfahren kannst. Die Welt um dich herum – alle Sterne, Planeten und Galaxien – und die private Welt deiner eigenen Gedanken, Träume und Vorstellungen gehören alle zum Feld. Swami Paramarthananda sagt dazu, dass sogar die himmlischen Sphären Teil dieses Feldes sind, weil sie selbst subtile Objekte der Erfahrung sind.

Das Feld ist von materieller Natur, ob grob- oder feinstofflich, sichtbar oder unsichtbar. Die Physik sagt uns, dass Materie zwar ihre Form verändern kann, aber weder erschaffen noch zerstört werden kann. Prakriti ist daher ein ewiges Prinzip, das sowohl einen manifesten (sichtbaren) als auch einen nicht-manifesten (unsichtbaren) Zustand annehmen kann. Die drei Gunas, die wir im nächsten Kapitel erkunden werden, sind die ursprünglichen Qualitäten, die dieses Feld ausmachen.

Alle materiellen Objekte unterliegen der Veränderung und dem Wandel, Verfall und Auflösung. Dies ist eine grundlegende Eigenschaft von Materie. Auch die Zellen unseres Körpers unterliegen einem ständigen Kreislauf von Verfall, Tod und Wiedergeburt. Materielle Formen können sowohl innere Beschädigungen wie Krankheit und Alterung, als auch äußere Beschädigungen durch Unfälle, Verletzungen oder Umwelteinflüsse erleiden.

Und schließlich ist es wichtig zu verstehen, dass Materie selbst leblos ist. Das Feld der Prakriti hat kein eigenes Leben oder Empfindungsvermögen. Damit das Feld lebendig werden kann, ist ein weiterer Faktor erforderlich. So wie der Mond kein eigenes Licht hat, hat das Feld kein Leben ohne die belebende Präsenz von Bewusstsein.

Der Erkennende

Die meisten Menschen verbringen ihr Leben völlig auf das Feld der Objekte fokussiert – auf ihren eigenen Körper und Geist, auf Körper und Geist anderer und die Welt um sie herum. Verstrickt im Bann von Maya, berücksichtigen sie, wenn überhaupt, nur selten das zweite Prinzip, von dem Krishna spricht: den Erkennenden des Feldes.

Jedes erfahrene Objekt setzt automatisch einen Erfahrenden voraus: ein Subjekt. Denn ohne ein Subjekt wäre keine Erfahrung möglich.

Dieser Wissende, oder Erkennende des Feldes, ist reines Gewahrsein, das *Selbst*. In diesem Kapitel wird abermals der Begriff Purusha verwendet. Wie im Vergleich mit Elektrizität ist Purusha das, was das Feld der Materie erhellt und belebt.

Swami Chinmayananda beschreibt die Beziehung von Prakriti und Purusha in Begriffen von Materie und Bewusstsein:

Bewusstsein selbst hat keinen Ausdruck, außer wenn es sich durch Materie ausdrückt. Wenn Purusha sich mit Prakriti vermählt, erscheint die Welt der Vielheit und die unzähligen Erfahrungen von Gut und Böse werden geboren. Elektrizität an sich kann sich selbst nicht als Licht manifestieren. Aber wenn sie sich mit der Glühbirne vermählt, manifestiert sie sich als Licht.

Bestimmte Formen innerhalb Prakriti (insbesondere der Körper-Geist-Sinnes-Komplex) sind in der Lage, Gewahrsein/Bewusstsein als reflektierendes Medium zu dienen. So wird den Werkzeugen namens Körper und Geist durch das Licht von Purusha (des *Selbst*) eine gewisse Empfindungsfähigkeit verliehen. Dies ermöglicht Bewusstsein, die Welt zu erkennen und mit ihr zu verkehren.

Da die Werkzeuge Körper und Geist endlich sind, währt ihre geliehene Empfindungsfähigkeit nur so lange, wie sie in der Lage sind, als reflektierendes Medium zu funktionieren. Wenn Bewusstsein eine Form verlässt, betrachten wir sie als „tot". Dieser „Tod" bezieht sich jedoch nur auf die äußere Form. Da das *Selbst* grenzenlos und ohne Anfang und Ende ist, bleibt das ursprüngliche Bewusstsein immer bestehen, egal ob das reflektierende Medium vorhanden ist oder nicht. Bewusstsein überdauert also immer die Form, durch die es sich ausdrückt.

Wenn wir die Welt um uns herum betrachten, könnten wir annehmen, es gäbe, weil es viele Körper-Geist-Wesen gibt, auch viele „Bewusstseine". Es gibt jedoch nur ein Bewusstsein. So wie dieselbe Elektrizität eine beliebige Anzahl von Glühbirnen mit Strom versorgen kann und dieselbe Sonne auf alle reflektierenden Oberflächen in der ganzen Welt scheint, werden alle Körper-Geist-Wesen von nur einem Bewusstsein durchdrungen, erhellt und belebt.

Das ewige Subjekt

Unsere Schwierigkeit, das *Selbst*, das ewige Subjekt, zu verstehen, besteht darin, dass es nicht als Objekt erfahren werden kann. Es ist die eine Sache, die sich nicht objektivieren lässt. Andernfalls wäre es Teil des Feldes und damit den Begrenzungen des Feldes unterworfen.

Ein gutes Beispiel hierfür ist eine Kamera. Sie kann alles in ihrer Reichweite fotografieren, aber ein Ding kann sie niemals fotografieren, sich selbst. Die bloße Existenz eines Fotos setzt jedoch die Existenz einer Kamera voraus. In ähnlicher Weise setzt die bloße Existenz von Objekten und Erfahrungen ein Subjekt voraus, einen Erfahrenden.

Das Kernstück dieses Kapitels ist eine Meditation über die Natur des *Selbst*. Krishna sagt: „Als das *Selbst* bin ich der das Feld Erkennende in jedem."

Dieses *Selbst* ist ohne Anfang und ohne Ende. Es ist grenzenlos, durchdringt alle Dinge und wohnt in allen Wesen – bzw. alle Wesen wohnen in ihm, um es genauer zu sagen. Es ist die Basis der gesamten Schöpfung, „der Bewahrer von allem". Es ermöglicht der Welt der Schöpfung zu existieren und bleibt doch von der Schöpfung unberührt und unbeeinträchtigt.

Dieses *Selbst* ist nicht ein Teil oder ein Produkt des Körpers. Wie wir festgestellt haben, ist das Feld der Materie leblos und nicht empfindungsfähig. Empfindungsvermögen kann nicht aus etwas nicht Empfindungsfähigen entstehen. Empfindungsfähigkeit kann nur von etwas entliehen werden, dass von Natur aus empfindungsfähig ist. So wie die Sonne dem Mond ihr Licht leiht, sodass der Mond aus sich selbst heraus zu leuchten scheint, so verleiht das *Selbst* dem Körper für eine gewisse Zeitspanne Bewusstsein.

Der Materialist nimmt an, dass Bewusstsein ein Produkt des Gehirns ist, obwohl die Wissenschaft diese Behauptung nicht belegen kann. Wie sollte Empfindungsfähigkeit aus etwas nicht Empfindungsfähigem entstehen? Die Annahme, dass das Gehirn Bewusstsein erschafft, ist so, als würde ein ahnungsloser Mensch ein Radio einschalten und irgendwie glauben, dass das Radiogerät selbst die Quelle der Sendungen ist. Das Radiogerät ist nur ein Medium, durch das Funksignale empfangen und wiedergegeben werden können. In ähnlicher Weise ist der Geist-Körper-Apparat ein Medium, durch das sich Bewusstsein ausdrückt.

So wie eine Glühbirne beim Fließen von Elektrizität leuchtet, belebt und beseelt Bewusstsein den ansonsten unbelebten Körper und Geist. Wenn die Glühbirne beschädigt wird, verliert sie ihre Fähigkeit, zu leuchten. Die Elektrizität ist immer noch da, aber diese spezifische Glühbirne ist nicht länger ein Medium für ihren Ausdruck.

Ähnlich einer durchgebrannten Glühbirne, eignet sich ein Gehirn, sobald es stirbt, nicht mehr als reflektierendes Medium für Bewusstsein. Bewusstsein existiert jedoch weiter, auch wenn der Körper sich aufgelöst hat. Sterblichkeit ist ein Kennzeichen des Körpers und nicht des *Selbst*.

Wie die Sonne, die auf Gutes und auf Schlechtes ohne jeden Anflug von Bevorzugung oder Vorbehalt gleichermaßen scheint, erhellt das Licht des *Selbst* alle Dinge gleichermaßen. Gleichgültig, ob der Körper gesund oder krank ist und ob der Geist friedlich oder aufgewühlt ist, das Licht des Bewusstseins wird dabei in keiner Weise getrübt. Unabhängig von der An- oder Abwesenheit von Körper und Geist ist das *Selbst* immer präsent, immer frei und immer nicht-handelndes Bewusstsein.

Ein Vorgang fälschlicher Überlagerung

Unsere Unfähigkeit, zwischen dem Feld (der Welt der Objekte) und dem Erkennenden des Feldes (dem ewigen Subjekt) zu unterscheiden, ist der Grund für das existenzielle Leiden des Menschen.

Erinnern wir uns daran, dass Maya das schöpferische Prinzip ist, welches das gesamte Universum der Vielheit innerhalb des einen formlosen *Selbst* erscheinen lässt. Gewahrsein/ Bewusstsein ist die Essenz dessen, was wir sind – der Urgrund der Existenz, die Grundsubstanz, auf der alle Dinge beruhen und von der ihr Sein abhängt.

Unwissenheit führt jedoch dazu, dass wir die in Gewahrsein erscheinenden Objekte (insbesondere Körper/Geist/Ego) mit dem verwechseln, was wir sind. In einem Vorgang fälschlicher Überlagerung betrachten wir diese Objekte als unser *Selbst*. Mit anderen Worten: Unter dem Bann der Unwissenheit stehend, überlagern wir unser *Selbstsein* diesen Objekten, indem wir sie mit einem Empfinden von „Ich" und „Mein" ausstatten, während wir gleichzeitig die Objekt-Eigenschaften auf das *Selbst* übertragen.

In dem Glauben, wir seien eine begrenzte Form, die dem Zahn der Zeit unterliegt, nehmen wir eine falsche Identität an und haben irrtümlich das Gefühl, ein Macher und Besitzer zu sein. Dieses fälschlich angelegte „Ich"-Gefühl zwingt uns, entsprechend den Vorlieben und Abneigungen des Verstandes und seinen unzähligen Wünschen und Ängsten, Anhaftungen und Zwängen zu handeln.

An sich ist die Welt neutral. Wie ein über weißes Licht gelegtes Farbglas, färbt die Präsenz unserer Vorlieben und Abneigungen unsere gesamte Lebenserfahrung. Wir leben dann in unserer eigenen subjektiven Welt von gut und schlecht, wünschenswert und unerwünscht. Sobald wir eine Sache als gut oder schlecht bezeichnen, besitzt sie die Fähigkeit, uns Vergnügen oder Schmerz zu bereiten. Und so werden wir von Samsaras endlosem Kreislauf aus Frustration, Verlangen, Aktion und Reaktion heimgesucht.

Unterscheidung zwischen Erkennendem und Erkanntem

Der Kern des Problems ist ein fundamentaler Irrtum bezüglich der Natur unserer Existenz.

Wir wissen, dass die Welt existiert, weil wir sie mit unseren Sinnen erfahren. Wir wissen auch, dass wir existieren, weil unser Gefühl des Seins, von „Ich bin", der grundlegendste Aspekt unserer täglichen Erfahrung ist. Unsere Existenz ist nichts, was zur Debatte steht. Es ist auch nichts, was uns irgendwann irgendjemand hatte mitteilen müssen. Dass wir existieren, ist eine ganz offensichtliche Tatsache.

Das Problem tritt auf, wenn wir unser „Ich bin"-Gefühl falsch verorten. Anstatt uns selbst als den Erkennenden des Feldes zu verstehen, identifizieren wir uns mit Körper und Geist, die aber als materielle Bestandteile zum Feld gehören. Da unser Leiden durch eine fälschliche Überlagerung entsteht – die Verwechslung von Mithya mit Satya – ist fehlende Unterscheidungsfähigkeit das Problem. Daher ist diese Fähigkeit zu unterscheiden, die einzige Lösung.

Erleuchtung ist nichts anderes als die Verschiebung unserer Identität von Körper/Geist/Ego hin zu Gewahrsein, in welchem diese erscheinen. Wie wir bereits festgestellt haben, ist dieses Gewahrsein, das der Natur des *Selbst* entspricht, frei von Mangel und Begrenztheit und ist ewig und alles durchdringend wie Raum.

Deshalb ist die Fähigkeit, die Objekte vom Subjekt zu unterscheiden, das Vergängliche vom Ewigen, der Schlüssel zur Freiheit. Dies ist ein zentraler Bestandteil der vedantischen Lehre und Praxis. Der Sanskrit-Begriff dafür ist *atma-anatma viveka*, was soviel bedeutet wie: die Unterscheidung des *Selbst* von dem, was nicht das *Selbst* ist. Indem wir uns selbst als reines Gewahrsein erkennen, sind wir nicht länger an die Fesseln der Sterblichkeit gebunden und den Schmerz, der damit einhergeht, dass wir uns für ein begrenztes, unvollständiges Wesen halten, das einer grausamen äußeren Welt hilflos ausgeliefert ist.

Du entkommst der Schlange, indem du erkennst, dass es keine Schlange gibt

Die Schwierigkeit bei der Aneignung der Erkenntnis, dass wir das alles durchdringende *Selbst* sind, ist, dass wir als Jivas ständig Begrenzung erfahren. Wegen Maya wird das Unendliche als endlich wahrgenommen, und so scheint das formlose, grenzenlose *Selbst* durch Form und Begrenzung eingeschränkt zu sein.

Das oft zitierte Beispiel im Vedanta ist die Analogie von der Schlange und dem Seil. Wie du dich vielleicht erinnerst, erstarrt ein müder Reisender am späten Abend vor Angst, als er eine Schlange am Rande eines Brunnens erblickt, die scheinbar zum Angriff bereit ist. Erst als ein anderer Mann mit einer Laterne auftaucht, erkennt er, dass die „Schlange" in Wirklichkeit ein aufgerolltes Seil ist.

Die Schlange, die dem Mann so real erschien, dass sein Herz heftig pochte und sein Körper vor Angst zitterte, war lediglich das Produkt von Unwissenheit. Nur das Licht der Erkenntnis kann diese Unwissenheit vertreiben. Um die Wahrheit der Realität zu erkennen, musste der Reisende zwischen dem Scheinbaren und dem Wirklichen unterscheiden, zwischen dem Schein der Schlange und der Wirklichkeit des Seils.

Obwohl wir als das *Selbst* unsterblich und ungebunden sind, betrachtet der Verstand das als wirklich, was er wahrnimmt. So führt Unwissenheit dazu, dass wir die Begrenzungen und Leiden einer sterblichen Form als zu uns gehörig betrachten, und werden in unseren wahnhaften Versuchen, uns davon zu befreien, an das Rad von Samsara gekettet.

Hierbei verhalten wir uns wie der Reisende, der das Seil mit einer Schlange verwechselt. In Wirklichkeit ist die Schlange nichts weiter als eine Projektion, ein Hirngespinst, aber die daraus resultierende Angst und Panik ist sehr wohl real. Nur durch sorgfältige Unterscheidung können wir diese Projektion auflösen und erkennen, dass unser Leiden auf nichts weiter als einer Täuschung beruht.

Die geliehene Existenz

Bevor es überhaupt zu einer Überlagerung kommen kann, ist zunächst einmal eine Grundlage nötig, auf die der Geist seine Verblendung projizieren kann. Die Gestalt der Schlange wird auf das Seil projiziert, also „leiht" das Seil seine Existenz der nicht existierenden Schlange.

Dieses Konzept der geliehenen Existenz ist ein wichtiges Konzept. Bereits im zweiten Kapitel haben wir das *Selbst* als Satya und alle Objekte als Mithya definiert. Satya bezeichnet das, was aus sich selbst heraus existiert, die unabhängige Ursache, aus der die abhängige Wirkung (Mithya) hervorgeht. Satya bedeutet „wirklich", und Mithya „unwirklich". Mithya ist unwirklich, weil es, wie die Schlange in unserem Beispiel, keine innewohnende, eigene Existenz hat.

Eine andere von Vedanta oft verwendete Metapher ist die von Gold und Schmuck. Stellen wir uns vor, dass ich dir ein Schmuckstück zeige. Du würdest vielleicht sagen: „Was für ein schöner goldener Armreif." Das Wort „golden" wird hier als Adjektiv verwendet, um den Armreif zu beschreiben. Unsere natürliche Annahme ist, dass der Armreif eine innewohnende, eigene Existenz hat, und dass „golden" lediglich ein Merkmal ist.

In Wirklichkeit ist es genau umgekehrt. Gold ist keine Eigenschaft des Armreifs, vielmehr ist der Armreif eine Eigenschaft des Goldes! Der Armreif hat keine Existenz abseits vom Gold. „Armreif" ist lediglich ein Name, der dem Gold in einer bestimmten Form gegeben wird. Es wäre also zutreffender, es „Armreif-Gold" zu nennen und nicht „Gold-Armreif". Würde ich ihn einschmelzen, würde der Armreif verschwinden und nur das Gold übrig bleiben. Das Gold ist also Satya, die Essenz, und der Armreif ist Mithya, ein nebensächliches Merkmal. Die gesamte Existenz des Armreifs war nur dem Gold entlehnt.

Genauso verhält es sich mit dem Feld und dem Erkennenden des Feldes. Eine Wirkung kann nicht unabhängig oder isoliert von ihrer Ursache existieren. Jedes Phänomen, jedes Objekt im Feld, muss notwendigerweise das Ergebnis einer Ursache sein. Die Welt der Objekte besitzt also keine unabhängige eigene Existenz. Als Mithya (eine abhängige Wirkung) ist sie für ihre Existenz vollständig von Satya (der unabhängigen Ursache) abhängig, so wie die Schlange für ihre Existenz vom Seil und der Armreif vom Gold abhängig sind.

Wenn du dich in einem Raum umsiehst und verschiedene Objekte siehst, z.B. eine Uhr, ein Licht, ein Fenster, eine Tür, ist die natürliche Annahme, dass jedes dieser Objekte eine eigene Existenz hat. Die Uhr existiert, könnte man sagen. Wenn du aber die Uhr analysieren würdest, würdest du feststellen, dass sie nur eine Ansammlung verschiedener Teile ist. Wo ist die eigentliche „Uhr"? „Uhr" ist nur ein Name für eine bestimmte Zusammenstellung von Metall, Glas und Kunststoff.

Existenz ist kein Merkmal der Objekte selbst. Die Existenz liegt nicht in den Objekten. Objekte entspringen der Existenz. Existenz ist das Noumenon, aus dem die Phänomene entstehen; die Grundsubstanz, aus der die Welt der Namen und Formen ihre Existenz bezieht.

Da unsere Sinne an die Welt der Objekte gebunden sind – und das Subjekt, Gewahrsein, kein Objekt der Wahrnehmung ist – ist sich der Durchschnittsmensch der formlosen Grundsubstanz, die das *Selbst* darstellt, überhaupt nicht bewusst. Unwissenheit vernebelt unsere Wahrnehmung und das Ego überlagert die leblosen Objekte des Feldes, nämlich den Körper und den Geist, mit seiner „Ich-heit". Gleichzeitig übersieht es das eine unabhängige Prinzip, das alles zum Leben erweckt – das *Selbst*, die Existenz selbst.

Das Feld erscheint im Erkennenden

In allem, was existiert, gehört dessen Existenz allein dem *Selbst*. Das betrifft sowohl die Essenz als auch die Substanz der Schöpfung.

So erweisen sich das Feld und der Erkennende des Feldes in der letztendlichen Analyse als nicht getrennt. Wenn das *Selbst* wirklich grenzenlos und nicht-dual ist, dann kann nichts außerhalb von ihm existieren. Daher kann das Feld kein separates Prinzip sein, sondern muss als Teil des Erkennenden existieren.

Krishna sagt: „*Befreiung erlangt derjenige, der die Einheit in der Vielfalt sieht; der versteht, dass die mannigfaltigen Formen der Welt alle Ausdruck des einen Selbst sind.*" (Kap. 13/ 30)

Die Welt der Formen erscheint in Gewahrsein ähnlich wie ein Traum, der im Geist entsteht. So wie der Traum keine vom Träumer getrennte Existenz hat, hat das Feld keine vom *Selbst* getrennte Existenz.

Um zu unserer Uhren-Analogie zurückzukehren: Eine wissbegierige Person könnte die Uhr in ihre Einzelteile zerlegen, um herauszufinden, welcher Teil davon das Ding zu einer „Uhr" macht. Aber die Uhr hat keine Existenz jenseits ihrer Einzelteile. Du könntest das leistungsstärkste Mikroskop verwenden und würdest trotzdem nur feststellen, dass kein Objekt irgendeine ihm innewohnende Substanz hat. Jedes Objekt im Feld ist letztlich auf nichts als Raum reduzierbar. Und wo erscheint dieser Raum? In Gewahrsein. Gewahrsein ist die eine Sache, die du niemals loswerden kannst, die eine Sache, die du niemals objektivieren, modifizieren oder in irgendeiner Weise eliminieren kannst.

Handeln und Nicht-Handeln neu betrachtet

Gegen Ende des Kapitels macht Krishna noch einmal deutlich, dass das *Selbst* weder der Handelnde ist, noch durch die Ergebnisse von Handlungen beeinflusst wird. Das *Selbst* kann genauso wenig handeln, wie Raum handeln kann. In Wirklichkeit ist es so, wie Krishna zu Arjuna sagt: *„So wie Raum den Kosmos durchdringt und unbeeinflusst bleibt von allem, was in ihm geschieht, so ist auch das Selbst unbeeinflusst von allem, was in ihm geschieht. So wie die Sonne die gesamte Welt erhellt, so erhellt auch das Selbst das gesamte Feld."* (Kap. 13/ 32-33)

Handlungen werden durch das Feld der Prakriti erzeugt, wenn es durch das beseelende Bewusstsein von Purusha belebt wird. Wie die Sonne, die die Erde erhellt, ist das *Selbst* das, das alles Handeln ermöglicht, während es selbst immer nicht-handelnd bleibt.

Swami Dayananda beschreibt es so:

> Es liegt in der Natur der Prakriti, Handlungen auszuführen. Wenn ein Mensch sagt: „Ich tue", dann geschieht das aufgrund von Unwissenheit – denn Atma ist *akarta* (nicht-handelnd). Für die Unwissenden sind die Handlungen der Sinnesorgane, des Geistes und der Handlungsorgane dem Atma überlagert und sie glauben, dass sie Handlungen ausführen und von den Ergebnissen betroffen sind.

Die Unwissenden nehmen an, dass sie selbst die Ausführenden aller Handlungen sind, dabei ist das Ego (das Empfinden, ein Handelnder zu sein) nur einer von vielen Faktoren, die für das Handeln verantwortlich sind. Ist es letztendlich nicht so, dass die Augen automatisch sehen, die Ohren automatisch hören und die Zunge automatisch schmeckt? Dennoch sagt der unwissende Mensch: „Ich sehe", „Ich höre" und „Ich schmecke". Im Grunde genommen wird das „Ich" diesen Körperfunktionen überlagert.

In Wirklichkeit ist das Gefühl des Egos, etwas zu tun und zu besitzen, eine irrtümliche Projektion, eine Überlagerung von Satya auf Mithya. Indem du erkennst, dass alle Handlungen zu Mithya gehören und dass du als das *Selbst* frei von Mithya bist, erlangst du Befreiung.

Richte deinen Geist allein auf das Selbst

Krishna sagt, dass man mit einem ausreichend reinen Geist Befreiung erlangen kann, indem man über Seine Worte meditiert. Die meisten Menschen müssen jedoch den etwas längeren Weg nehmen, und zunächst Karma-Yoga und Upasana-Meditation praktizieren, um den Geist zu meistern und zu schärfen.

Wenn du einen reifen und kontemplativen Geist kultiviert hast, bist du bereit für die dreigliedrige Lehrmethodik des Vedanta. Um diese noch einmal zusammenzufassen: Du hörst zuerst die Lehre, arbeitest dich durch alle Zweifel und Verwirrungen hindurch und wendest dann dieses Wissen in einer gründlichen und konsequenten Weise auf den Geist an.

Diese letzte Stufe ist ein Prozess, der nicht übersprungen werden kann. Schließlich musst du auch nach dem Verzehr einer Mahlzeit die Nahrung vollständig verdauen. Es mag nur ein paar Stunden dauern, die Lehre des Vedanta zu hören, aber es kann Jahre dauern, das Wissen vollständig zu verinnerlichen. Es ist diese Verinnerlichung der *Selbst*-Erkenntnis, die den Geist befreit. Solange die Erkenntnis nicht verwirklicht ist, wird sie nur wenig Einfluss auf das Leid haben, das von einem durch Unwissenheit geprägten samsarischen Geist verursacht wird. Um eine neuzeitliche Analogie zu verwenden: Du kannst eine neue Software für deinen Computer herunterladen, aber sie bewirkt überhaupt nichts, bis du sie richtig installiert hast.

Da sie fest in uns verdrahtet ist, manifestiert sich Unwissenheit auf scheinbar endlos vielen Wegen. Deshalb ist anhaltendes Bemühen erforderlich, um den Geist zu qualifizieren und seinen Identifikationspunkt vom Vergänglichen zum Ewigen zu verlagern.

Eine Möglichkeit, dies zu tun, ist die Praxis der Subjekt-Objekt-Unterscheidung, die Kernlehre dieses Kapitels. Indem du das Feld vom Erkennenden des Feldes unterscheidest, trainierst du deinen Geist, sich mit dem *Selbst* zu identifizieren, anstatt mit Körper, Geist und Ego.

Alle durch Unwissenheit bedingten Gedanken – insbesondere alle auf Selbstbeschränkung, Mangel und Unzulänglichkeit beruhenden Gedanken – müssen der rigorosen Anwendung der *Selbst*-Erforschung unterzogen werden.

Leider lassen sich alte Gewohnheiten nur schwer ablegen. Wenn man den Geist nicht kontrolliert, wird er einfach seine bestehenden Gedankenmuster, Reaktionen und Gewohnheiten wiederholen. Deine Aufgabe ist es, den Prozess der Veränderung einzuleiten, indem du jeden Gedanken, der das *Selbst* ignoriert, in Frage stellst und ihn durch den entgegengesetzten Gedanken ersetzt. Du musst dich um den Garten deines Geistes kümmern, indem du geduldig Gedanken der Unwissenheit ausjätest und sie durch Gedanken der Wahrheit ersetzt.

Es ist kein Zufall, dass Krishna Geist und Körper als „das Feld" bezeichnet. Ein Feld ist ein Stück Land, das für Aussaat und Anbau von Nutzpflanzen verwendet wird. In gleicher Weise sind Geist und Körper Felder, auf denen wir die Samen unseres zukünftigen Karmas säen – in Form unserer Gedanken, Werte,

Handlungen und Gewohnheiten – die wiederum unser zukünftiges Leben bestimmen werden. Mittels Körper und Geist ernten wir dieses zukünftige Karma.

Wir müssen nicht nur das Feld richtig pflegen, sondern auch das Grundproblem angehen, das darin besteht, dass wir das Feld mit „Ich-heit" überlagern – dass wir glauben, das Seil sei eine Schlange, denn das ist die direkte Ursache von Samsara. Heilung erfolgt nicht dadurch, dass man versucht, die Symptome zu beseitigen, sondern indem man die zugrunde liegende Ursache in Angriff nimmt. Wenn also Unwissenheit aufgelöst werden soll, hilft nur Wissen.

Im letzten Vers gibt Krishna ein Versprechen: „*Diejenigen, die den Unterschied zwischen dem Feld und dem das Feld Erkennenden verstehen, erlangen Freiheit von den Fesseln der materiellen Existenz und erreichen das höchste Ziel.*" Hiermit endet eines der anspruchsvollsten und zugleich wichtigsten Kapitel der Gita.

KAPITEL VIERZEHN

Die Gunas

1-2. Krishna sagte: „Ich werde dir noch einmal das höchste Wissen weitergeben, durch das man Befreiung erlangt. Allein durch *Selbst*-Erkenntnis erlangt man Eins-Sein mit Mir und wird von Geburt und Tod befreit. Diejenigen, die ihr Eins-Sein mit Mir erkannt haben, werden weder in die Schöpfung wiedergeboren, noch sterben sie, wenn diese sich auflöst.

3-4. „Meine Maya ist der Urgrund, aus dem alle Dinge erschaffen und erhalten werden. Alles, was geboren wird, entstammt dem Schoß der Prakriti, und der Same aller Schöpfung stammt von Mir. Ich bin also der Vater aller Manifestation.

5. „Arjuna, es sind die drei Gunas der Prakriti – Sattva, Rajas und Tamas – die den Bewohner des Körpers, der selbst keinen Veränderungen unterliegt, an diesen fesseln.

6-8. „Sattva, das rein, leuchtend und frei von Leid ist, fesselt durch Anhaftung an Glück, Schönheit und Erkenntnis. Rajas färbt den Geist mit Leidenschaft, Begierde und Anhaftung. Es fesselt den Bewohner des Körpers durch ein zwanghaftes Bedürfnis zu handeln. Tamas wird aus Unwissenheit geboren und bedeckt den Geist mit Verblendung und Verwirrung. Es fesselt durch Zweifel, Gleichgültigkeit und Faulheit.

9. „Sattva verursacht Anhaftung an Genuss, Rajas verursacht Anhaftung an Handlung und Tamas verursacht Anhaftung an Apathie, indem es Geist und Sinne verzerrt.

10. „Wenn Sattva vorherrscht, treten Rajas und Tamas zurück. Wenn Rajas vorherrscht, treten Sattva und Tamas zurück. Wenn Tamas vorherrscht, treten Sattva und Rajas zurück.

11-13. „Mit Sattva sind Geist und Sinne klar, was Wissen und Erleuchtung ermöglicht. Wenn Rajas vorherrscht, wird der Mensch von Gier, Rastlosigkeit und zwanghaftem Handeln überwältigt. Dumpfheit, Faulheit und Gleichgültigkeit sind die Folgen, wenn Tamas vorherrscht.

14-15. „Wenn der Körper stirbt und jemand eine sattvige Veranlagung hat, geht er oder sie in die reinen Welten der Weisen ein. Diejenigen, deren Geist rajasig ist wenn sie sterben, werden mit einem starken Zwang zum Handeln wiedergeboren. Diejenigen mit vorherrschendem Tamas werden in den Schoß derjenigen wiedergeboren, denen es an Unterscheidungsvermögen und Weisheit mangelt.

16-18. „Die Frucht sattviger Handlungen ist tugendhaft und führt zu reinem Wissen. Rajasige Handlungen bringen Leiden und Gier hervor. Tamasige Handlungen führen zu Unwissenheit und Verblendung. Diejenigen, die in Sattva verweilen, entwickeln sich weiter, diejenigen, die in Rajas verweilen, bleiben, wo sie sind, und diejenigen, die Tamas anhängen, verkümmern.

19-20. „Die Weisen verstehen, dass alle Handlungen das Ergebnis der Gunas sind. Da sie wissen, dass sie sich jenseits der Gunas befinden, verstehen sie Meine Natur und erlangen Befreiung. Indem man die Gunas, welche die Ursache des Körpers sind, transzendiert, wird man von Geburt, Tod, Alter und Leid befreit und erlangt Unsterblichkeit."

21. Arjuna sagte: „Oh Herr, was haben jene, die diese drei Gunas transzendiert haben, für Eigenschaften? Wie handeln sie, und wie haben sie es geschafft, diese drei Eigenschaften zu transzendieren?"

22. Krishna sagte: „Solche Menschen wehren sich gegen keinen Geisteszustand. Sie sind ungerührt von der Harmonie von Sattva, der Zwanghaftigkeit von Rajas oder der Verblendung von Ta-

mas. Auch sehnen sie sich nicht nach bestimmten Geisteszuständen.

23-25. „Sie bleiben unparteiisch und unbeeindruckt vom Zusammenspiel der Gunas. Da sie wissen, dass die Gunas allein für die Handlungen verantwortlich sind, verweilen sie in ihrer eigenen Natur als nicht-handelndes und unveränderliches Gewahrsein. So in sich selbst verankert, sehen sie alle Dinge als gleichwertig an: Freude und Schmerz, positive und negative Situationen, Lob und Kritik, Freunde und Feinde. Ein Erdklumpen, ein Stein oder ein Goldstück sind für sie nicht verschieden. Ein solcher Mensch, der alle selbstbezogenen Unternehmungen aufgegeben und sich der Verehrung und Suche nach Mir mit unbeirrbarer Hingabe gewidmet hat, hat die Gunas transzendiert und ist für die Befreiung qualifiziert.

26. „Fürwahr, ich bin die Wohnstätte des grenzenlosen *Selbst*, das unsterblich und unveränderlich ist, der ewige Dharma, Versorger aller Dinge und die Quelle der immerwährenden Freude, die keinem Leiden unterworfen ist."

KOMMENTAR KAPITEL VIERZEHN

Krishna beginnt Kapitel Vierzehn mit der Zusammenfassung der Thematik des vorherigen Kapitels: der Natur von Prakriti und Purusha. Er erklärt, dass es der Zusammenschluss dieser Prinzipien – Materie und Bewusstsein – ist, der das Universum der Formen hervorbringt, geboren aus der Kraft Seiner Maya. Wie Sperma und Eizelle vereinen sich diese beiden Faktoren, um die phänomenale Realität hervorzubringen.

Nachdem wir uns bereits eingehend mit der Natur von Bewusstsein befasst haben, wendet sich dieses Kapitel dem materiellen Aspekt von Prakriti zu.

Prakriti besteht aus den sogenannten Gunas – den drei Qualitäten oder „Fäden", mit denen Ishvara das Geflecht des phänomenalen Universums erschafft. Als Bausteine der Schöpfung bilden, formen und bestimmen diese Gunas die Natur aller Phänomene, einschließlich unseres Körpers und Geistes.

Auch wenn letztlich alles nur das *Selbst* ist – reines Bewusstsein/ Existenz – sind auf der empirischen Ebene von Maya alle Wesen und alle Formen den Gunas unterworfen. Deshalb ist es für den spirituellen *Selbst*-Erforscher wesentlich, ein klares Verständnis davon zu haben, wie diese Kräfte wirken und wie sie gemeistert und schlussendlich transzendiert werden können.

Maya in fester Form

Wenn wir Ishvara als den großen Künstler des Kosmos bezeichnen würden, dann wären die Gunas die drei Farben, mit denen Er/ Sie das Universum malt. Alle materiellen Formen, ob grob- oder feinstofflich, sind das Produkt dieser Gunas.

Das Wort Guna hat keine direkte Entsprechung im Englischen (Anm. d. Übers.: ebenso wenig im Deutschen). Mögliche Übersetzungen sind „Faden", „Schnur", „Strick" oder „Qualität".

Manch einer mag es einfacher finden, sie als die drei grundlegenden „Energien" der Schöpfung zu betrachten. Ähnlich wie Baumwollfäden sich zu einem Hemd verbinden, so bilden die „Fäden" dieser Gunas das Feld der materiellen Existenz. Und wie ein Strick binden uns die Gunas scheinbar an die Materie. Swami Chinmayananda erklärt in seinem Buch „The Holy Geeta":

> Die Gunas werden aus der Materie geboren. Vom „Feld" erzeugt, schaffen sie ein Gefühl der Anhaftung und täuschen erfolgreich das innewohnende *Selbst*. Sie ketten es sozusagen an den Kreislauf von Geburt und Tod in einem Strom ständiger Veränderung und Schmerz. Wie Stricke binden sie scheinbar das *Selbst* an die Materie und erzeugen im unendlichen *Selbst* das schmerzhafte Gefühl von Begrenzung und Leiden.

„Diese Täuschung", ergänzt Swamiji, „wird in jedem von uns durch das Spiel dieser drei Gunas aufrechterhalten."

Die Gunas sind also, als manifestierte Maya, für Avidya verantwortlich. Avidya ist die tief verwurzelte *Selbst*-Ignoranz, durch die wir uns fälschlicherweise als ein begrenzter Körper und Geist identifizieren, statt als das grenzenlose Gewahrsein in dem diese erscheinen.

Solange du in dieser Welt lebst, besitzt du notwendigerweise einen grob- und einen feinstofflichen Körper, und diese Werkzeuge bestehen aus dem Zusammenspiel der Gunas und werden ständig von ihnen umgeformt und konditioniert. Jeder Aspekt von Prakriti wird durch ihr Spiel bestimmt, von den Atomen deines Körpers bis hin zu Geburt und Tod von Sternen, Planeten und Galaxien.

Da man selbst als Erleuchteter der Wirkung der Gunas nicht entkommen kann, muss man lernen, diese Qualitäten zu verstehen und mit ihnen umzugehen, und sie zu seinem Vorteil zu nutzen, anstatt ihr unwissendes Opfer zu sein.

Die drei Gunas

Die drei Gunas heißen Sattva, Rajas und Tamas und sind in allen Dingen in unterschiedlichen Graden und Kombinationen anzutreffen.

Sattva ist die höchste und edelste der drei Qualitäten. Da Energie in ihrer reinsten Form Licht ist, wird Sattva oft als ein leuchtend weißes Licht dargestellt.

Wenn Sattva Energie im Ruhezustand ist, dann ist Rajas Energie in Bewegung und verantwortlich für Fortbewegung, Veränderung und Aktivität. Tamas schließlich, als die dichteste der drei Qualitäten, ermöglicht es, dass Energie zu Masse bzw. Materie verdichtet werden kann. Daher spielt jedes der Gunas eine wichtige Rolle bei der Erschaffung und Erhaltung der Welt.

Charakteristisch für Sattva sind Ausgeglichenheit, Klarheit und die Fähigkeit zu klarem Erkennen. Wenn Sattva im Geist vorherrscht, erlebst du Gefühle von Frieden, Klarheit, Glück, Kreativität und Freundlichkeit, sowie den Wunsch nach Wissen und Verständnis.

Rajas ist der Modus von Aktivität und Leidenschaft. Während Sattva aufgrund seiner reflektierenden Eigenschaft den Geist für Lernen und Wissen empfänglich macht, richtet Rajas den Geist auf Handlung aus. Diese dynamische Qualität kann sich sowohl positiv als auch negativ auswirken. Rajas ist insofern positiv, als es Verlangen, Motivation und Energie in Bezug auf Handlungen hervorbringt. In Form von Leidenschaft kann es sich jedoch auch als egozentrisches Verlangen, Ehrgeiz, Gier, Anhaftung und Ärger manifestieren.

Tamas ist mit Dumpfheit, Trägheit, Faulheit, Gleichgültigkeit und Negativität verbunden. Wenn Tamas überwiegt, fühlst du dich müde und schläfrig. Alles, was du tun willst, ist faulenzen, fernsehen, Junkfood verschlingen und schlafen. Während Rajas den Geist nach außen wendet, vernebelt Tamas ihn. Es wird schwierig, Dinge klar zu sehen, geschweige denn zu unterscheiden und Entscheidungen zu treffen. Wie die anderen beiden Qualitäten hat auch Tamas seinen Platz und seine Funktion. Tamas ist für uns essenziell, um auszuruhen und einen guten Schlaf zu genießen.

Wie uns die Gunas binden

Jede dieser Qualitäten hat das Potenzial, den Jiva zu binden. Auch Sattva, so angenehm es sein mag, kann durch Anhaftung an Wissen, Lernen und Reinheit Unfreiheit verursachen. Der überwiegend sattvige Mensch schätzt Frieden, Harmonie und Ruhe über alles. Er empfindet es als sehr belastend, wenn seine lieb gewonnene Gelassenheit erschüttert wird. Wenn du jemals erlebt hast, wie jemand in einer Bibliothek äußerst gereizt und wütend wird, weil jemand ein Geräusch gemacht hat, dann weißt du, was Anhaftung an Sattva ist.

Ein rajasiger Geist äußert sich in fast unstillbarem Verlangen und Sehnsucht. Die gepeinigte rajasige Seele ist nie zufrieden. Egal, was sie besitzt, es gibt immer etwas Besseres da draußen und sie ist von unerbittlicher Entschlossenheit erfüllt, es zu bekommen. Doch kaum hat sie es erlangt, richtet sich ihr Geist schon wieder auf etwas Neues – etwas Anderes, Besseres und Aufregenderes. Solche triebhaften Leidenschaften und Wünsche können eine rajasige Person verleiten, Kompromisse einzugehen und Dharma auf alle möglichen Arten zu verletzen. Und dies führt immer zu Schmerz und Leiden.

Tamas fesselt durch Unwissenheit und Trägheit. Wenn Tamas überwiegt, werden sowohl Verstehen als auch Handeln äußerst schwierig. Unfähig, klar zu denken, hat eine tamasige Person wenig Energie oder Antrieb und praktisch alles im Leben wird zur Anstrengung. Während ein Übermaß an Rajas zu

Angstzuständen, hohem Blutdruck und Schlaflosigkeit führen kann, führt ein Übermaß an Tamas zu Apathie und Depression.

Drei Eimer

Eine gute Analogie für das Verständnis der Gunas und deren Auswirkungen auf Geist und Körper ist das Bild von drei in der Sonne stehenden vollen Wassereimern.

1. Sattva

Stellen wir uns vor, im ersten Eimer sei das Wasser sauber, klar und völlig unbewegt. Frei von Verunreinigungen und Bewegung ist dieses Wasser ein perfektes Medium, um die Sonnenstrahlen makellos und hell leuchtend zu reflektieren. Deshalb hat Sattva eine enthüllende Qualität. Ein sattviger Geist ist in der Lage, die Dinge so zu sehen, wie sie tatsächlich sind. Nur dann ist wahre Erkenntnis möglich.

2. Rajas

Der zweite Eimer wurde gerüttelt und hin- und herbewegt, wodurch das Wasser gekräuselt und unruhig wurde. Obwohl du das Sonnenlicht auf der Wasseroberfläche reflektiert siehst, könntest du irrtümlich zu dem Schluss kommen, das Licht sei in Bewegung, weil sich das Wasser bewegt. Daher hat ein Geist unter dem Einfluss von Rajas, dem projizierenden Guna, partielles Wissen, das aber aufgrund der unruhigen Eigenschaft des reflektierenden Mediums nicht ganz korrekt ist.

3. Tamas

Der dritte Eimer ist voller Schlamm. Obwohl die Sonne scheint, ist es unmöglich, irgendeine Reflexion im Wasser zu sehen, weil es zu schlammig und trübe ist. Weil Tamas das Licht verdunkelt, ist es extrem schwierig, Wissen zu erlangen. Ein Geist voller Unreinheiten ist unfähig, Dinge klar zu erkennen.

Wie man erkennt, welches Guna überwiegt

Jedes Guna kann durch seine Auswirkungen auf Körper und Geist identifiziert werden. Doch obwohl Menschen für ein bestimmtes Guna prädisponiert sein mögen, verändern sich diese Qualitäten ständig und wechseln im Laufe des Tages.

Wenn die Gunas ihre jeweilige spezifische Wirkung entfalten, werden unsere Stimmung, unser Energieniveau und unsere Gedanken und Gefühle entsprechend beeinflusst. Zum Beispiel schickt uns Tamas nachts in den Schlaf und Rajas weckt uns morgens auf. Tagsüber hilft uns Sattva zu wissen, was zu tun ist, und Rajas gibt uns die Motivation und Energie, es zu tun.

Zwischen den Dreien ist ein ausgewogenes Verhältnis notwendig, wobei die Kultivierung eines sattvigen Geistes für alle spirituell Suchenden und jeden, der ein gesundes, ausgeglichenes und glückliches Leben führen möchte, unerlässlich ist. Krishna sagt, wenn Sattva vorherrsche, seien Geist und Sinne klar, reflektierend und bereit für das Erlangen von Erkenntnis.

Da Erkenntnis der Schlüssel zur Befreiung ist, ist alle spirituelle Praxis darauf ausgerichtet, einen reinen und sattvigen Geist zu kultivieren. Ein solcher Geist ist offen, entspannt und von Natur aus Dharma und spirituellem Fortschritt verbunden.

Ein unter der Herrschaft von Rajas stehender Geist ist leicht zu erkennen. Der rajasige Geist ist aktiv, ruhelos und neigt zu Unzufriedenheit. Angetrieben von unstillbarer Sehnsucht und Verlangen, ist der rajasige Mensch immer auf irgendein Ziel fixiert und ständig Irritation, Ärger und Frustration ausgesetzt. Ein hochgradig rajasiger Mensch kann nicht einen Moment still sitzen. Der rajasige Geist kennt kaum Frieden – nur einen ständigen Strom von Unersättlichkeit, Verlangen und Angst. Die Früchte von übermäßigem Rajas sind Gier und Schmerz und die Unfähigkeit zu spirituellem Fortschritt.

Tamas erkennt man an Dumpfheit, Faulheit, Trägheit und Gleichgültigkeit gegenüber dem Ausführen von Handlungen jeglicher Art. Ein Übermaß an Tamas vernebelt den Geist in einem narkotischen Dunst. Das macht es außerordentlich schwer, die Dinge klar zu sehen und so ist die tamasige Person anfällig für Täuschung und falsche Schlussfolgerungen. Dies führt zu Unentschlossenheit und Schwierigkeiten, wenn es darum geht, irgendwelche Unternehmungen zu starten. Selbst die einfachste Handlung wird zu einem Kampf. Die Folge von Tamas ist also Unwissenheit und Untätigkeit. Während Sattva spirituelles Wachstum ermöglicht und Rajas dieses Vorankommen blockiert, führt Tamas zu spirituellem Rückschritt.

Eine objektive Bestandsaufnahme

Das jeweilige Maß der Gunas bestimmt die Qualität deiner Erfahrung nicht nur in diesem Leben, sondern gemäß der Gita auch in deinem nächsten Leben.

Im Hinblick auf das Prinzip von Ursache und Wirkung ist der heutige Zustand deines Geistes ein Produkt deines Denkens, Handelns und Verhaltens am gestrigen Tag und den Tagen, Monaten und Jahren davor.

Der feinstoffliche Körper ist ein plastisches Instrument. Wenn du rajasigen und tamasigen Mustern über einen längeren Zeitraum nachgibst, prägt das den feinstofflichen Körper und erzeugt auf natürliche Weise mehr von diesen Mustern. Aus diesem Grund wird deine nächste Geburt von der Qualität deines jetzigen feinstofflichen Körpers bestimmt. Es ist schließlich derselbe feinstoffliche Körper, der in einen neuen grobstofflichen Körper übertritt.

Als Befreiung Suchender ist es wichtig, eine objektive Bestandsaufnahme darüber zu machen, wie die Gunas deinen Körper, deinen Geist und deinen Intellekt beeinflussen. Wenn du feststellst, dass du rajasige oder tamasige Tendenzen hast, ist es wichtig zu lernen, diese Gunas zu managen und zu minimieren und einen größeren Anteil an Sattva zu kultivieren.

KAPITEL VIERZEHN

Guna-Management

Im vorherigen Kapitel wurde erklärt, dass alle Handlungen ein Produkt des Feldes sind und das jetzige Kapitel verdeutlicht, dass das Feld aus den Gunas besteht. Swami Dayananda erklärt:

> Handlungen werden vom Körper-Geist-Sinnes-Komplex ausgeführt, der aus Maya, den drei Gunas, geboren wird. Wenn man sich der Natur des *Selbst* bewusst ist, das keine Handlung ausführt, sieht man, dass es keinen anderen Akteur [der Handlung] gibt als die Gunas.

Alle Handlungen werden daher von den Gunas angetrieben und bestimmt, die man sich, um unsere Erörterungen zu Handlung und Täterschaft aus dem vierten Kapitel fortzusetzen, als Ishvara in Bewegung vorstellen kann.

Dies sollte jedoch nicht zu einer Haltung von Resignation oder Fatalismus führen. Du musst kein Opfer der Gunas sein. Vielmehr kannst du lernen, sie aktiv zu steuern. Das ist übrigens der ganze Zweck spiritueller Praxis.

Unsere Erfahrung wird durch das geformt, was wir tun. Jeder Aspekt unseres Lebens, von unserem Lebensstil bis hin zu unserer Ernährung, zur Wahl unseres Arbeitsplatzes, unserer häuslichen Umgebung, dem Umgang mit den Medien und unserem Freundeskreis, hat einen tiefgreifenden Einfluss auf die Art, wie wir denken und fühlen.

Ein rajasiger Lebensstil konditioniert den Geist auf ein Übermaß an Rajas, und wir müssen die daraus resultierende Unruhe, Unzufriedenheit, Verlangen und Gier ertragen. In ähnlicher Weise führen tamasige Entscheidungen im Leben unweigerlich dazu, dass wir uns lethargisch, demotiviert und deprimiert fühlen.

Moksha erfordert einen überwiegend sattvigen Geist. Nur ein sattviger Geist ist in der Lage, *Selbst*-Erkenntnis richtig aufzunehmen und zu verinnerlichen. Deshalb ist es notwendig, alle Aspekte deines Lebens zu untersuchen und dich zu bemühen, Sattva auf jede dir mögliche Weise zu kultivieren.

Die gute Nachricht ist, dass du dir Sattva nicht erst „aneignen" musst. Der Geist ist von Natur aus sattvig. Wenn er es nicht wäre, könnte er das Licht des Bewusstseins nicht reflektieren. Swami Dayananda stellt fest: „Jeder Mensch hat genug Sattva, um sich über das *Selbst* bewusst zu werden und genug Rajas und Tamas, um Verwirrung zu stiften."

Du musst nur lernen, ein Übermaß von Rajas und Tamas zu steuern und zu minimieren. Dies geschieht mit Hilfe der spirituellen Praktiken, die in der Gita aufgezeigt werden: das Befolgen von Dharma und das Praktizieren von Karma-Yoga und Upasana-Yoga, oder die Meditation über Ishvara als Ursache und Substanz des Kosmos. Das aktive Verwalten und Transzendieren der Gunas wird *triguna-vibhava-yoga* genannt. In den folgenden Kapiteln wird dieser Yoga der drei Gunas ausführlicher behandelt.

Kontinuierlicher Fortschritt

Swami Paramarthananda sagt, der gesamte spirituelle Weg sei „eine allmähliche Reise von Tamas zu Rajas zu Sattva". In der Tat entwickeln sich die Gunas gemäß einer festgelegten Abfolge. Wenn du dich von Tamas überwältigt fühlst, ist es fast unmöglich, direkt in einen rein sattvigen Zustand zu wechseln. Du musst zuerst etwas Rajas kultivieren, um das überschüssige Tamas zu verbrennen.

Wie du dich vielleicht aus dem Kommentar zu Kapitel Zwölf erinnerst, besteht der spirituelle Pfad aus fünf aufeinanderfolgenden Stufen. Er beginnt mit Karma-Yoga, das durch persönliches Verlangen motiviert ist. Da Tamas zu Apathie und Demotivation führt, fördert die erste Stufe sogar das Streben nach persönlichen Wünschen. Eine bewusste Steigerung von Verlangen, das von Natur aus rajasig ist, hilft, die abstumpfende Wirkung von Tamas auszugleichen und den Sucher zum Handeln anzuregen.

Die nächste Stufe der spirituellen Praxis ist die Umwandlung des von Wünschen gesteuerten Karma-Yoga in Nishkama Karma-Yoga, d. h. in Handlungen, die nicht durch persönliches Verlangen motiviert sind. Inzwischen hast du erkannt, dass allein Moksha zur Befreiung führt, sodass deine Handlungen nun Ishvara geweiht werden und nicht dem Erfüllen von Wünschen dienen. Deine Handlungen sind nun ein Weg, den Geist durch Neutralisierung seiner bindenden Vorlieben und Abneigungen zu reinigen.

Die folgende Stufe besteht darin, Upasana-Yoga bzw. Meditation auf Ishvara/ das *Selbst* zu praktizieren, was hilft, die rajasigen Tendenzen des Geistes zu meistern und zu verfeinern. Das Ziel ist nun, Rajas in Sattva umzuwandeln.

Wenn der Geist ausreichend sattvig ist, besteht die letzte Stufe aus Jnana-Yoga, dem Yoga der *Selbst*-Erkenntnis. Der *Selbst*-Erforscher muss nun den drei Stufen der vedantischen Praxis folgen: Hören der Lehre (Shravana), Reflektieren und Beseitigen von Zweifeln (Manana) und anschließendes Anwenden und Verinnerlichen des Wissens „Ich bin Bewusstsein" (Nididhyasana).

Wie man die Gunas transzendiert

Auf der Ebene von Maya kann man den Gunas nicht entkommen. Der Jiva, der mit „Ich"-Empfinden ausgestattete Körper-Geist-Sinnes-Komplex, ist auf ewig ihren Auswirkungen unterworfen. Selbst ein hochgradig sattviger Mensch bleibt dem Einfluss von Rajas und Tamas unterworfen.

Aber es ist möglich, die Gunas zu transzendieren, und das wird von Krishna im letzten Abschnitt dieses Kapitels angesprochen. Du transzendierst die Gunas, indem du weißt, dass du als *Selbst* bereits jenseits von ihnen bist.

Vedanta stellt ausdrücklich klar, dass du nicht der Jiva bist. Körper und Geist des Jiva sind Instrumente, die von dir, Bewusstsein, benutzt werden, um mit der Formenwelt in Austausch zu treten. Genauso wie dich ein Boot über einen See trägt, sind Körper und Geist nichts anderes als Fahrzeuge, um in der Welt zu navigieren.

Die Anwendung von *Selbst*-Erkenntnis bedeutet, zu bekräftigen, dass du weder der Körper noch der Geist bist. Dies sind Objekte, die du kennst. Sie gehören zum Bereich von Prakriti, von dem du, Bewusstsein, welches einer höheren Ordnung der Wirklichkeit angehört, unabhängig bist.

Solange du dich mit Körper und Geist identifizierst, machst du ihre Eigenschaften zu deinen eigenen, und so werden ihre Probleme zu deinen Problemen. Anstatt den Körper als dick zu erkennen, denkst du: „Ich bin dick". Anstatt Krankheit als ein Dilemma des Körpers zu sehen, glaubst du: „Ich bin krank". Dies ist gegenseitige Überlagerung und das Kernproblem von Samsara: die Projektion des Subjekts (Gewahrsein) auf das Objekt und die Überlagerung der Objekt-Eigenschaften auf das Subjekt.

Aufgrund dieser fälschlichen Überlagerung identifizieren sich die Unwissenden allzu leicht mit den Gunas und ihren Auswirkungen. Sie glauben, die rastlose Unruhe von Rajas und die lethargische Benommenheit von Tamas gehören irgendwie zu ihnen.

Krishna macht jedoch deutlich, dass man durch die Erkenntnis, jenseits der Gunas zu stehen, seine Natur als Gewahrsein erkennt und so Befreiung erlangt. Das *Selbst* ist das, wodurch die Gunas funktionieren. Aber wie Raum, der alle Dinge durchdringt, bleibt es immer unbeeinflusst von ihnen.

Swami Chinmayananda schreibt, dass die Leiden der materiellen Ebene, wie Geburt, Wachstum, Krankheit und

Schmerz, „zur Materie gehören und nicht zum Bewusstsein, das sie erst wahrnehmbar macht. Jemand, der sich selbst als Gewahrsein erkannt hat, transzendiert all diese Leiden."

Deshalb ist Transzendenz der Schlüssel. Du musst dich nicht von den Gunas befreien, denn auf der Ebene von Maya kannst du das gar nicht. Aber als das *Selbst* bist du bereits frei von ihnen.

Wenn du das weißt, ändert sich deine Einstellung zu ihnen. Die Erleuchteten akzeptieren, dass Körper und Geist entsprechend ihrer Natur funktionieren. Der Geist unterliegt natürlichen Schwankungen, und Störungen treten unweigerlich auf. Was sich ändert, ist deine Reaktion auf diese Schwankungen.

Der größte Teil unseres Leidens entsteht nicht durch die natürliche Reaktion des Geistes auf Ereignisse, Situationen oder den Einfluss der Gunas, sondern durch unsere Reaktion auf diese Reaktion. Wir fühlen uns deswegen schlecht, weil wir uns schlecht fühlen. Wir wehren uns gegen den Zustand unseres Geistes und beschimpfen uns dafür, dass wir reagiert haben. Das führt nur zu Frustration, Ärger, Trauer, Depression und endlosen Selbstvorwürfen.

Es ist die Natur aller Dinge, auch die von Körper und Geist, so zu sein, wie sie sind. Probleme entstehen nur dann, wenn wir dies nicht akzeptieren und uns an der Wirklichkeit reiben.

Mit klarer *Selbst*-Erkenntnis bleiben wir in unserer Natur als Gewahrsein verwurzelt. Wir wehren uns nicht mehr gegen die schwankenden Geisteszustände oder die verschiedenen günstigen und ungünstigen Lebensbedingungen. Unser Blickwinkel verändert sich vom Subjektiven zum Objektiven und wir erfreuen uns an *samatvam*, der Gleichmütigkeit und Unerschütterlichkeit des Geistes.

Es geht nicht darum, von den Gunas frei zu werden. Vielmehr um das Erkennen, dass wir als Gewahrsein bereits frei sind. Dann sehen wir die Gunas als das, was sie sind – unpersönliche

Kräfte, durch die sich die Welt dreht und durch die alle Handlungen geschehen – und wissen, dass wir als *Selbst* immer frei, makellos und unberührt von allem in dieser Welt sind.

KAPITEL FÜNFZEHN

Das Höchste Wesen

1. Krishna sagte: „Die Weisen vergleichen Maya mit dem unvergänglichen *ashvattha*-Baum, dessen Wurzeln oberhalb liegen, in Gewahrsein, und dessen Geäst sich nach unten in die Welt der Menschen erstreckt. An seinen Ästen wachsen als Blätter die Veden. Derjenige, der dies weiß, ist ein Kenner der Wahrheit.

2. „Genährt von den Gunas, breitet sich sein Blattwerk nach oben und unten aus, wobei die Sinnesobjekte die Knospen bilden. Nachgeordnete Wurzeln, die Karmas, reichen bis in die Welt der Sterblichen hinunter und fesseln sie an das Rad von Tod und Wiedergeburt.

3-4. „Die wahre Form dieses Baums ist für die Menschen auf Erden nicht wahrnehmbar. Er hat keinen Anfang, kein Ende und keinen sichtbaren Ursprung. Du musst seine fest verankerten Wurzeln mit der geschärften Axt des Loslösens durchtrennen! Dann begib dich auf den Pfad, von dem es kein Zurück mehr gibt – den Pfad der *Selbst*-Erforschung. Suche **Das**, aus dem die gesamte Schöpfung hervorgegangen ist, und gib dich ihm hin.

5. „Lasse das Bedürfnis nach Anerkennung los, gib Anhaftung und bindende Wünsche auf und werde gleichmütig gegenüber der Dualität von Freude und Leid, dann fixiere deinen Geist auf das *Selbst* und du wirst dieses ewige Ziel erreichen.

6. „Weder Sonne noch Mond noch Feuer können mehr Licht in Meine grenzenlose Wohnstätte bringen. Diejenigen, die sie betreten, kehren nicht in eine getrennte Existenz zurück.

7-9. „In der Welt der Formen existiert ein Teil von Mir als Jiva, als Bewohner des Körpers, und dieser ist ewig. Wenn der

Bewohner den Körper verlässt, nimmt er den Geist und die fünf Sinne mit sich und betritt mit diesen einen neuen Körper, so wie der Wind den Duft einer Blume weit weg von ihrer Quelle mit sich trägt. Mit Hilfe von Ohren, Augen, Tastsinn, Geschmack, Geruch und Geist erfährt dieser ewige Jiva die Sinnesobjekte von neuem.

10. „Die Verblendeten versäumen es, den zu sehen, der durch die Gunas handelt, mittels des Körpers wahrnimmt und den Körper verlässt, wenn dieser vergeht. Nur die mit dem Auge der Erkenntnis, sehen die Wahrheit.

11. „Diejenigen, die ihren Geist konsequent durch Yoga reinigen, sind in der Lage, das *Selbst* zu sehen, das durch den Geist aller Menschen hindurch scheint. Diejenigen, deren Geist unreif ist und denen es an Unterscheidungsvermögen mangelt, mögen zwar dieses innerste *Selbst* suchen, werden es aber letztlich nicht erkennen können.

12-14. „Du sollst wissen, dass das die ganze Welt erhellende Leuchten der Sonne, die Leuchtkraft des Mondes und die Hitze des Feuers alle von Mir kommen. Ich bin in der Erde und erhalte alle Wesen mit Meiner Macht. Ich nähre die gesamte Vegetation und wohne in allen Wesen als Essenz und lebensspendender Atem. Ich bin auch das Feuer im Magen, das alle Nahrung verdaut und das Leben erhält.

15. „Ich bin in den Herzen aller. Ich gebe ihnen das Vermögen, sich zu erinnern, zu wissen und zu vergessen. Ich bin der Gegenstand allen Wissens in den Schriften. Ich bin der Urheber von Vedanta. Ich bin der Erkennende, das Erkannte und das Erkennen.

16-17. „Zwei Ordnungen der Wirklichkeit gehören zu dieser Welt: das Vergängliche und das Unvergängliche. Alle eigenständigen Formen und Elemente werden vergänglich genannt und das unveränderliche Nicht-Manifeste ist unvergänglich. Jenseits davon liegt das grenzenlose *Selbst*, der unveränderliche Herr, der die drei Welten beseelt und ihnen Leben verleiht.

18. „Ich bin das höchste *Selbst*, von den Schriften als jenseits von sowohl dem Veränderlichen als auch dem Unveränderlichen gepriesen.

19. „Diejenigen jenseits der Täuschung, die Weisheit besitzend, Mich als die Totalität zu erkennen, erfassen Mich als das *Selbst* von allem.

20. „Ich habe diese höchst tiefgründige Lehre mit dir geteilt, Arjuna. Indem du dieses Wissen verinnerlichst, erlangst du Erleuchtung und erreichst alles, was in diesem Leben erreicht werden soll."

KOMMENTAR KAPITEL FÜNFZEHN

Das fünfzehnte Kapitel der Gita fasst die Essenz von Vedanta in nur zwanzig Versen zusammen. Krishna gibt Einblick in die Natur von Samsara und die Möglichkeiten, diesem zu entkommen. Und er erklärt noch einmal die Natur von Jiva, Feld und dem alles durchdringenden *Selbst*.

Natürlich sind diese Themen schon früher behandelt worden. Doch es ist wichtig zu verstehen, dass Wiederholungen ein wesentlicher Teil des Lernprozesses sind. Subtile Wahrheiten müssen oft mehrmals und auf unterschiedliche Weise wiederholt werden, damit der Geist das Gelehrte vollständig erfassen und verinnerlichen kann.

Samsara als Baum

Krishna vergleicht Samsara mit dem Ashvattha-Baum, einer Art Feigenbaum, der für sein dichtes Blattwerk und seine sekundären Luftwurzeln bekannt ist. Dieser „Baum des Samsara", so sagt er, hat seine Wurzeln oben, während sein Stamm, seine Äste und seine Blätter unten in die materielle Welt hineinreichen. Dies ist eine aus der Katha Upanishad entlehnte Metapher:

> Der uralte Baum des Lebens hat seine Wurzeln oben
> Und seine Äste unten auf der Erde.
> Seine reine Wurzel ist das Unsterbliche Brahman,
> Von dem alle Welten ihr Leben beziehen
> Und den niemand transzendieren kann.
> Der ganze Kosmos entspringt aus Brahman
> Und durch seine Kraft allein hallt er wider,
> Wie krachender Donner am Himmel.

Die Wurzeln dieses Baumes liegen nicht in der Erde, sondern oben, im *Selbst*, im universellen Bewusstsein, dem alles Leben seine Existenz verdankt.

Das allgegenwärtige wissenschaftliche Paradigma unseres modernen Zeitalters beruht immer noch auf den Annahmen von Newtons Materialismus. Dieser besagt, das Universum sei gewissermaßen von unten nach oben erschaffen worden, vom Grobstofflichen zum Feinstofflichen. Aus Sicht von Vedanta stellt eine solch reduzierend-analytische Darstellung die Dinge jedoch buchstäblich auf den Kopf! Sogar aus der Urknall-Theorie kann man ableiten, dass sich der Kosmos von oben nach unten entwickelt, vom Feinstofflichen zum Grobstofflichen. Der Kosmos begann als Energie, und diese Energie verdichtete sich dann, um Atome, Formen und Struktur des physischen Universums zu erschaffen.

Das Subtilste des Subtilen und jenseits aller Objektivierung ist das *Selbst*, die unsichtbare und doch alles durchdringende Essenz der Existenz. Das *Selbst* ist mittels seiner Macht von Maya die Wurzel der Schöpfung. Obwohl die Wurzeln eines Baumes nicht sichtbar sind, können wir ihre Existenz aus der bloßen Tatsache ableiten, dass der Baum existiert. Gäbe es keine Wurzeln, gäbe es auch keinen Baum. In ähnlicher Weise sind die Wurzeln des Baums von Samsara zwar nicht sichtbar, aber die Welt der Formen muss notwendigerweise eine Ursache haben, und diese Ursache ist das *Selbst*.

Die Äste dieses Baumes wachsen in die Breite und die Knospen nehmen die Form der verschiedenen Sinnesobjekte an, die unsere Aufmerksamkeit erregen. Krishna vergleicht die Blätter mit den Veden, den alten Schriften über Karma, Dharma und rituelle Handlungen. So wie die Blätter für Leben und Wachstum des Baumes notwendig sind, so sind auch unsere Handlungen für den Kreislauf der Schöpfung notwendig.

Unsere vorbestimmten Handlungen, die selbst ein Produkt unserer vergangenen Handlungen sind, werden wiederum zu den Samen unseres zukünftigen Karmas. Jede ausgeführte Handlung wird von den Vasanas beeinflusst und stärkt diese gleichzeitig. Dieser Kreislauf von Aktion und Reaktion, der uns an die materielle Welt gebunden hält, wird mit einer Reihe von sekundären Wurzeln verglichen, die im Fall des Ashvattha-Baumes fast so dick wie der Stamm werden können.

Während unsere Handlungen diese Wurzeln stärken, wachsen die Früchte unseres Karmas an den Ästen dieses Baumes. Einige dieser Früchte sind süß, andere wiederum bitter. In einer Welt der Dualität ist es unmöglich, das eine ohne das andere zu haben, also ist der Jiva sowohl Glück als auch Kummer ausgesetzt.

Die Upanishaden vergleichen den Jiva mit einem Vogel, der auf einem Ast sitzt und hungrig an den Früchten von Samsara pickt. Wie ein Vogel haben wir die Fähigkeit, uns auf den Ästen dieses Baumes nach oben oder unten zu bewegen. Den Baum des Samsara hinunterzusteigen bringt uns tiefer in die materielle Welt, wo wir Gefahr laufen, noch mehr in den Bann von Maya zu geraten. Dabei werden wir immer mehr von unseren Wünschen und Abneigungen getrieben und in die Täuschung der Trennung verstrickt.

Den Baum hinaufzusteigen bringt hingegen Fortschritt auf unserem spirituellen Weg, da wir der Erkenntnis unserer wahren Natur als reines Gewahrsein näherkommen.

Die Axt des Loslösens

Glücklicherweise ist wie jeder Baum auch der Baum des Samsara verwundbar durch die Klinge. Krishna ermahnt Arjuna, ihn mit „der geschärften Axt des Loslösens" an den Wurzeln zu fällen.

Loslösen bedeutet hier, damit aufzuhören, die Welt der Objekte fälschlicherweise mit einem Empfinden von „Ich" und

„Mein" zu versehen. Es bedeutet, zwischen dem Subjekt und den Objekten zu unterscheiden, zwischen Satya und Mithya. Swami Dayananda erklärt dies wie folgt:

> Indem man zwischen Subjekt und Objekt unterscheidet, wird die irrtümliche Identifikation mit dem physischen Körper, den Sinnen und dem Geist aufgehoben. Die Axt des Loslösens ist die Erforschung der Natur von *Selbst* und Nicht-*Selbst*. Damit wird der Baum des Samsara gefällt.

Diese Fähigkeit zu unterscheiden ist entscheidend für *Selbst*-Erkenntnis. Da Samsara ein Baum der *Selbst*-Ignoranz ist, kann er nur durch Wissen – insbesondere durch *Selbst*-Erkenntnis – zerstört werden. Wenn du weißt, wer du bist, musst du also jedes Identifikationsgefühl mit der Welt der Formen und Objekte, einschließlich Körper und Geist, lösen und es dorthin verlagern, wo es hingehört: auf das reine Gewahrsein/ Bewusstsein des *Selbst*. Nur dies wird Samsara direkt an seiner Wurzel zerstören.

Wie bei jedem großen Baum ist es unwahrscheinlich, dass du ihn mit einem einzigen Schlag fällen kannst. Höchstwahrscheinlich sind wiederholte Hiebe mit der Axt erforderlich. Dies geschieht, indem du deinen Geist mit beständiger Konsequenz der *Selbst*-Erforschung unterziehst.

Wie die „Schlange" im Seil, hat Samsara keine eigenständige Existenz. Es ist eine Überlagerung, geboren aus Unwissenheit bezüglich der Natur der Wirklichkeit. Eine solche Überlagerung hat weder Anfang noch Ende. Du kannst nicht sagen, dass die „Schlange" einen Anfang hat, denn es gab nie eine Schlange. Weil sie nie da war, kann sie logischerweise auch kein Ende haben. Alles, was jemals da war, war eine Täuschung im Geist, und alles, was es braucht, um diese Täuschung zu beenden, ist Wissen.

Mentale Vorbereitung ist alles

Um das *Selbst* zu erkennen, müssen wir lernen, mit einem objektiven Blick zu sehen. Durch unsere Unwissenheit „verlieren" wir uns in der Mithya-Welt, indem wir das „Ich", das Subjekt, mit der Welt der in uns erscheinenden Objekte verknüpfen. Nicht nur das, wir überlagern diese Objekte mit falschen Werten und Eigenschaften und glauben, dass sie irgendwie in der Lage wären, uns dauerhaftes Glück und Ganzheit zu schenken.

Objektivität bedeutet, die Welt von unseren subjektiven Überlagerungen zu befreien. Nur dann können wir mit klarem Blick sehen.

Wie wir bereits festgestellt haben, erfordert eine solche „göttliche Sichtweise" einen reifen und kontemplativen Geist. In diesem Kapitel zählt Krishna erneut einige der Qualifikationen auf, die für die Kultivierung eines solchen Geistes unerlässlich sind, z. B. Leidenschaftslosigkeit und Unabhängigkeit von den Meinungen und der Anerkennung anderer.

Der Befreiung Suchende muss solche Unsicherheiten ausmerzen, indem er seinen Geist meistert und bindende Wünsche und Anhaftungen in nicht-bindende Vorlieben umwandelt. Ein Geist, der von bindenden Vorlieben und Abneigungen beherrscht wird, gleicht einem Schlachtfeld und hat nur wenig Kapazität für anhaltende Kontemplation.

Nur ein ruhiger Geist, der nicht durch die Dualität samsarischer Freuden und Leiden gestört wird, kann in beständiger Kontemplation des *Selbst* verweilen. Ein solcher Geist, durch die Praxis von Karma-Yoga und Upasana-Meditation gezähmt, ist danach bereit für die dreistufige Lehrmethode von Vedanta: Hören, Reflektieren und Integrieren der Lehre.

Das Herz aller Wesen

Die Verblendeten, sagt Krishna, sind diejenigen, deren Geist unfähig ist, die Wirklichkeit so zu sehen, wie sie ist. Die Gunas, insbesondere der fröhliche Tanz von Rajas und Tamas, halten diese Seelen an ein rein oberflächliches Verständnis der Realität gebunden. Materialistisch Denkende, die nur das sehen, was sinnlich wahrnehmbar ist, bleiben unwissend bezüglich dessen, was alles möglich macht: die allem zugrundeliegende Grundsubstanz der Existenz, das unvergängliche und alles durchdringende *Selbst*.

Die phänomenale Welt besitzt keine unabhängige Existenz, genauso wie der Tonkrug nicht unabhängig vom Ton existiert. Eine Wirkung kann nicht unabhängig von ihrer Ursache existieren. Daher ist dieses gesamte Universum untrennbar mit seiner Ursache verbunden – dem *Selbst*, der Grundlage und Basis alles Existierenden.

Das Herzstück dieses Kapitels ist eine Meditation über die Natur von diesem *Selbst*, in der die poetischen Worte der Mundaka Upanishad widerhallen:

> Der Herr der Liebe [Brahman] steht über Name und Form.
> Er ist in allem gegenwärtig und transzendiert alles.
> Ungeboren, ohne Körper und Geist,
> Kommt jeder Körper und Geist von ihm. [...]
> Leuchtend, aber verborgen, wohnt das *Selbst* im Herzen.
> Alles was sich bewegt, atmet, sich öffnet und schließt,
> Lebt im *Selbst*.

Aus der Perspektive des Jivas kann man sagen, dass das *Selbst* in den Herzen aller Wesen wohnt, als innerster Funke des Lebens und der Empfindungsfähigkeit. Es verleiht dem leblosen Feld der Materie Leben, Licht und Wissen.

Vom Standpunkt des *Selbst* aus gesehen ist es jedoch präziser zu sagen, dass alle Wesen im *Selbst* existieren. Schlussendlich ist das *Selbst* der einzige Faktor in der Realität, das alles durchdringende „Eine ohne ein Zweites". Daher existieren alle

Wesen innerhalb dieses universellen Bewusstseins. Wie könnte irgendetwas außerhalb dessen existieren, was alles durchdringt?

Durch die Macht von Maya erscheint dieses unteilbare, formlose Bewusstsein als ein teilbares Universum der Formen. Und so erleben wir aus der Nicht-Dualität heraus eine Welt der scheinbaren Dualität.

Das Licht aller Lichter

Vedanta verwendet oft die Analogie des Lichts, um das *Selbst* zu beschreiben. In diesem Zusammenhang ist das Licht das, wodurch die Dinge wahrgenommen und erkannt werden. Als das Licht aller Lichter ist das Bewusstsein dasjenige, durch das physische Objekte erkannt werden, und auch das, was unsere Gedanken und Träume beleuchtet. Die Strahlkraft der Sonne kommt und geht, aber das Licht des Bewusstseins ist ewig, immer scheinend, aus sich selbst heraus leuchtend und sich selbst erhaltend.

Wie ein anderer großartiger Vers aus der Mundaka Upanishad besagt:

> Kenne es [das *Selbst*] als das strahlende Licht der Lichter.
> Es leuchtet weder die Sonne, noch der Mond,
> noch ein Stern,
> noch ein Blitz, noch ein auf der Erde entzündetes Feuer.
> Der Herr ist das Licht, das von allem reflektiert wird.
> Er leuchtet, alles leuchtet nach ihm.

Krishna fährt fort, die Natur des Jiva zu untersuchen.

Für sich genommen sind der Körper und der Geist, wie alle Dinge im Bereich der Materie, leblos, empfindungslos und vergänglich. Wenn sie vom Bewusstsein des *Selbst* beleuchtet werden, wird diesen Instrumenten durch das reflektierte Bewusstsein Leben verliehen.

Wenn dieser Körper-Geist-Apparat seine reflektierende Fähigkeit verliert, erscheint es uns, als würde das Licht entfernt und die physische Form stirbt. Das Bewusstsein, das den feinstofflichen Körper belebt, wandert jedoch wie eine Raupe, die sich von einem Grashalm zum nächsten bewegt, einfach in einen anderen Körper.

Du könntest also sagen, dass der grob- und der feinstoffliche Körper wie ein Spiegel wirken, wie ein reflektierendes Medium für das Licht des Bewusstseins. Wenn ein Spiegel vom Licht der Sonne beschienen wird, ist er in der Lage, einen dunklen Raum zu erhellen. Obwohl es die Sonne ist, die für die Beleuchtung sorgt, beleuchtet die Sonne den Raum nicht direkt. Ein reflektierendes Medium, in diesem Fall der Spiegel, wird benötigt, um das Licht leuchten zu lassen. Der Spiegel repräsentiert den Körper und den Geist des Jiva, denen durch das Licht des Bewusstseins Empfindungsfähigkeit verliehen wird, sodass die Welt der Maya erfahren werden kann.

Der Beweis der Existenz

Von sich aus ist Gewahrsein bzw. Bewusstsein nicht in der Lage, mit der Welt zu verkehren, da es unteilbar und formlos ist. Auf der anderen Seite, weil Materie selbst leblos ist, ist sie nicht in der Lage unabhängig zu agieren. Die Vereinigung der beiden erlaubt es Bewusstsein jedoch in der Welt zu wirken, mittels der reflektierenden Medien von Körper und Geist.

Krishna nimmt erneut Bezug auf Prakriti, die er in zwei Kategorien einteilt: das Vergängliche und das Unvergängliche bzw. das Manifeste und das Nicht-Manifeste.

Das Manifeste ist die sich ständig verändernde Welt der Objekte, die mit den Sinnen wahrnehmbar sind. Diese Welt aus grob- und feinstofflicher Materie hat ihre Grundlage im Kausalkörper bzw. dem nicht-manifesten Keimzustand. Du magst die Schönheit eines Gartens mit all seinen wunderbaren Farben und

Düften bewundern, es sind jedoch die unsichtbaren Faktoren unter der Oberfläche, die die Existenz der Blumen und Bäume ermöglichen. In gleicher Weise hat die sichtbare Welt ihre Wurzel im Nicht-Manifesten, dem unsichtbaren Kausalkörper, aus dem alle Formen hervorgehen.

Jenseits des Sichtbaren und des Unsichtbaren ist das *Selbst* das universelle Bewusstsein, das der Welt der Materie Existenz „verleiht". Ewig leuchtend, braucht Gewahrsein kein anderes Licht, um enthüllt zu werden. Ohne Anfang und Ende existiert es als die innerste „Ist-heit" aller Dinge.

Der Beweis für seine Existenz ist die Existenz selbst. Was auch immer du in der Welt siehst und erlebst, was auch immer du an Gedanken und Träumen in deinem Geist erfährst, all das wird nur durch die Gegenwart und das Licht des *Selbst* ermöglicht.

Am *Selbst* zu zweifeln bedeutet, deine eigene Existenz anzuzweifeln. Du brauchst nicht nach diesem *Selbst* zu suchen, denn es ist bereits immer und überall präsent. Als das, was dich befähigt, alles zu erfahren, existiert es als dein innerstes „Ich bin"-Empfinden.

Die Unwissenden, die dies nicht erkennen und ewig nach der Ganzheit des *Selbst* in der Welt der Objekte suchen, sind daher den endlosen Frustrationen und Leiden von Samsara ausgesetzt. Die Weisen jedoch, die dieses *Selbst* als das Höchste anerkennen, suchen es durch *Selbst*-Erkenntnis, deren Erlangen den Geist befreit. Eine solche Seele, sagt Krishna, hat alles erreicht, was im Leben zu erreichen ist.

KAPITEL SECHZEHN

Zwei grundlegende Veranlagungen

1. „Arjuna", sagte Krishna, „es gibt zwei grundlegende Veranlagungen in dieser Welt. Die eine geht aus Sattva hervor und die andere aus Rajas und Tamas. Kultiviere einen sattvigen Geist, indem du furchtlos, mit klarem Geist, unerschütterlich, großzügig und selbstbeherrscht bist. Erkenne die Wahrheit in den Schriften, führe Rituale zur Klärung des Geistes durch, sei diszipliniert, binde dich nicht an Objekte und bringe jeden Gedanken, jedes Wort und jede Tat in Einklang mit der Wahrheit.

2. „Der sattvige Mensch fügt niemandem Schaden zu, denn er hat Mitgefühl für alle Lebewesen. Er ist frei von Zorn, sanftmütig, freundlich, wahrhaftig, bescheiden, ruhig und frei von Ärger, Begierde und Unruhe.

3. „Intelligent, gelassen, mutig, rein und frei von allen Gedanken der Bosheit und übertriebener Selbstherrlichkeit, hat eine solche Seele die Qualitäten der Götter kultiviert.

4. „Im Gegensatz dazu sind manche Menschen mit dämonischen Eigenschaften behaftet. Sie handeln heuchlerisch in Bezug auf Dharma, zeigen Stolz, Arroganz, Zorn und Grausamkeit. Sie brauchen und fordern Anerkennung von anderen und zeigen einen grundlegenden Mangel an Unterscheidungsvermögen.

5. „Die göttlichen Eigenschaften führen zur Freiheit und die dämonischen zur Gefangenschaft. Sorge dich nicht, Arjuna, denn du hast viel an spirituellem Reichtum erlangt.

6. „In dieser Welt gibt es zwei Arten von Menschen: solche mit göttlichen, dharmischen Neigungen und solche, die zu dämonischen oder adharmischen Handlungen neigen. Über die göttlichen habe ich bereits ausführlich gesprochen. Höre mir jetzt zu, wenn ich die adharmischen beschreibe.

7. „Den Unwissenden und Maßlosen fehlt die klare Sicht. Sie können nicht unterscheiden zwischen dem, was sie tun sollten, und dem, was sie nicht tun sollten. Ihr Geist ist unrein, ihr Verhalten unangemessen und ihre Worte unwahrhaftig.

8. „Materialistisch ausgerichtet, betrachten sie die Welt als eine Welt ohne Wahrheit oder moralische Ordnung, als gottlos und zwecklos. Sie halten sich selbst ausschließlich für den Körper und glauben, Ursache und Grundlage des Lebens sei die sexuelle Vereinigung.

9. „Solche Menschen werden allein von Leidenschaft und Eigennutz getrieben. Weil ihr Verstand begrenzt, ihr Denken verzerrt und ihr Handeln grausam ist, sind sie Feinde der Welt.

10. „Beherrscht von Begierde, Anmaßung, Stolz und dem Bedürfnis nach Anerkennung, handeln sie aufgrund von Verblendung zerstörerisch für sich selbst, andere und die Welt um sie herum.

11-12. „Getrieben von der Angst vor Tod und Erniedrigung und einem unstillbaren Verlangen nach Objekten des Genusses, glauben sie, dass der einzige Sinn des Lebens die Befriedigung ihrer Begierden ist. Sie leben von der Hoffnung, während sie danach streben, Reichtümer anzuhäufen und zu horten, um ihre Begierden zu befriedigen.

13. „Immer darauf bedacht, irgendetwas zu bekommen, hängt ihr Selbstwertgefühl davon ab, was sie besitzen. Eigensinnig und wetteifernd, kümmern sie sich nicht darum, wen oder was sie in

ihrem Streben nach Wohlstand und Selbstbefriedigung zerstören.

14-15. „Ich bin der Herrscher über mein Leben", denken sie. „Ich bin erfolgreich, mächtig und glücklich. Ich stamme aus einer guten Familie und die Leute denken gut von mir. Ich vollbringe Wohltaten, um der Welt zu zeigen, wie gut ich bin."

16-17. „Aber solche in Täuschung und Gier verstrickte Menschen sind völlig getrieben von ihrer Anhaftung an Objekte und Sinnenfreuden und leiden unweigerlich. Diejenigen, die wegen ihres scheinbaren Reichtums und ihrer Macht selbstgefällig, eitel und hochmütig sind, tun gute Taten nur, um zu prahlen.

18. „Egoistisch, aggressiv und arrogant, sind sie von ihrer eigenen Lust und Wut vergiftet. Solche Menschen schätzen Meine göttlichen Tugenden weder bei sich selbst noch bei anderen.

19-20. „Diese niedrigsten der Menschen, hasserfüllt und grausam, werden von Mir immer wieder in den Schoss von Menschen mit ähnlich negativen Neigungen zurückgeschickt. Sie zahlen den Preis für ihren Mangel an Unterscheidungsvermögen, erkennen Mich nicht und leiden weiter.

21-22. „Die drei Tore zur Selbstzerstörung sind Verlangen, Wut und Gier. Deshalb sollte man allen dreien widerstehen. Wer diese drei Tore zum Leiden umgeht und das Beste sucht, wird das höchste Ziel des Lebens erreichen.

23. „Wer aber, getrieben von zwingendem Verlangen, die Lehren der Schriften missachtet, erlangt niemals Reife oder Glück, geschweige denn Erleuchtung.

24. „Deshalb, Arjuna, ist die Lehre des *shastra* (Vedanta) das Erkenntnismittel, um zu verstehen, was zu tun und was zu lassen ist, um Befreiung zu erlangen. Erlaube den Lehren, dich zu leiten und handle in Übereinstimmung mit ihnen."

KOMMENTAR KAPITEL SECHZEHN

Die Kapitel Sechzehn und Siebzehn stellen insofern eine Ausnahme dar, als sie sich nicht direkt mit dem zentralen Thema der Gita, der *Selbst*-Erkenntnis, befassen. Aber wie wir festgestellt haben, können die Früchte dieser Erkenntnis nur in einem entsprechend qualifizierten Geist reifen. Diese Kapitel zeigen die Notwendigkeit auf, einen solchen Geist zu kultivieren.

Krishna beschreibt hier zwei grundlegende menschliche Temperamente – das „göttliche" und das „dämonische". Göttlich bezieht sich auf diejenigen mit einer reifen, dharmischen und spirituell orientierten Veranlagung, während dämonisch sich auf jene bezieht, die von materialistischen, egoistischen und adharmischen Tendenzen getrieben werden.

Diese Aufgliederung sollte in keiner Weise als wertend oder schicksalhaft verstanden werden. Neurowissenschaftler sprechen heute von der Neuroplastizität des Gehirns. Ähnlich wie ein Töpfer den Ton auf der Drehscheibe, so formen und gestalten wir unseren Geist tatsächlich mit jedem Gedanken, jedem Wort und jeder Tat.

Auch wenn die Auswirkungen vergangener Handlungen den aktuellen Zustand unseres Geistes bestimmen, haben wir die Wahl, wie wir in der Gegenwart handeln. Es liegt immer an uns, ob wir uns für höhere Werte entscheiden, oder ob wir unserer niederen Natur zum Opfer fallen und das Ego mit all seinen überflüssigen Wünschen, Anhaftungen und adharmischen Impulsen stärken. Die eine Option führt zur Befreiung, die andere zu immer größerem Leiden.

Dieses Kapitel lädt uns ein, eine furchtlose moralische Bestandsaufnahme zu machen. Durch eine ehrliche Bewertung unserer vorherrschenden Werte, der Art und Weise, wie wir unseren Geist benutzen, wie wir mit anderen in Beziehung treten und mit unseren Vasanas, Wünschen und Zwängen umgehen, können wir sicherstellen, dass wir auf eine Art leben, die für *Selbst*-Erforschung und Moksha förderlich ist.

Der Weg zur Reife

Auf der materiellen Ebene sind alle Wesen gleich geschaffen. Jeder von uns hat einen Körper und einen Geist, und wir haben alle die gleichen Grundbedürfnisse, brauchen Nahrung, Obdach und Sicherheit. Menschen und Tiere unterscheiden sich in dieser Hinsicht nicht, denn sie teilen die beiden ersten Lebensziele – das Bedürfnis nach Sicherheit (Artha) und, in geringerem Maße, das Verlangen nach Genuss (Kama).

Wir wachsen mit dem Drang auf, Sicherheit zu suchen, und wenn diese gegeben ist, richtet sich unser Fokus auf die Befriedigung unserer Wünsche nach Vergnügen und Genuss. Viele Menschen kommen nie über diesen Punkt hinaus. Sie leben in einer subjektiven Welt, getrieben von ihren Vorlieben und Abneigungen. Durch und durch materialistisch, kümmern sich solche Menschen nur um weltliche Ziele und Zwecke. Sie mögen zwar in weltlicher Hinsicht intelligent und gebildet sein, aber weil sie die höheren Ziele des Lebens nicht kennen, sind sie spirituelle Analphabeten.

Wenn ein Mensch reift, beginnt er, mehr als nur nach Befriedigung seiner Sinne zu suchen. Er lässt sich nicht länger gedankenlos von seinen Vorlieben und Abneigungen lenken, sondern verpflichtet sich, Dharma zu folgen und spirituelle Werte zu kultivieren, was die Gita „inneren Reichtum" nennt. Kurz gesagt, konzentrieren sich solche Menschen weniger darauf, was sie vom Leben bekommen können, sondern sind mehr daran interessiert, bessere Menschen zu werden und der Welt etwas zurückzugeben.

Mit der Zeit erkennen solche gereiften Seelen, dass wegen der in Maya vorherrschenden Unbeständigkeit und Vergänglichkeit, nichts darin dauerhaftes Glück und Erfüllung bringen kann.

Daher ist Freiheit, die auf Anhaftung an äußere Faktoren beruht, überhaupt keine Freiheit. Nicht länger roboterhaft von dem Wunsch nach Sicherheit und Genuss getrieben, verstehen gereifte Menschen die Bedeutung von Dharma. Wenn sie dann der Lehre von Vedanta begegnen, erkennen sie deren Wert und widmen sich dem Erlangen von Moksha als höchstem Ziel des Lebens.

Die göttliche Veranlagung

Am Anfang des Kapitels untersucht Krishna die Werte und Eigenschaften derjenigen, deren Geist und Herz dem „göttlichen Pfad" des inneren Reichtums folgen. Dies dient als Vorbild für jeden, der Moksha sucht und einen reinen, verfeinerten und für *Selbst*-Erforschung geeigneten Geist kultivieren möchte.

Die erste von Krishna erwähnte Eigenschaft ist Furchtlosigkeit. Furcht hat ihre Grundlage in der Dualität, die aus Avidya (*Selbst*-Ignoranz) entsteht. Wie die Worte der Taittiriya Upanishad besagen:

> Wenn man das *Selbst* erkennt, in dem
> Alles Leben unveränderlich ist, namenlos und formlos,
> Dann fürchtet man sich nicht mehr.
> Bis wir die Einheit des Lebens erkennen,
> Leben wir in Furcht.

Als nächstes erwähnt Krishna die Klarheit des Geistes, die aus einer klaren Unterscheidungsfähigkeit und einem gesunden Wertesystem resultiert. Beharrlichkeit bezieht sich auf eine beständige Kontemplation über die Lehre. Diese Beharrlichkeit ist nur möglich, wenn du den wahren Wert der Lehre als Mittel für deine Befreiung verstehst.

Wie Swami Dayananda bemerkt:

> Der Mensch ist hier, um das spezifische Ziel namens Moksha zu erreichen. Ob man dies erkennt oder nicht, es ist das, was jeder will. Nichts anderes wird das menschliche Herz befriedigen. Da das Grundproblem in mangelnder Selbstakzeptanz liegt, wird Akzeptanz nur dadurch möglich, wenn der Mensch das *Selbst* als frei von jeglichem Mangel erkennt, mit anderen Worten, als vollständig. Und das *Selbst* ist bereits vollständig. Die Entdeckung dieser Tatsache befreit das Individuum von seinem fälschlichen Gefühl der Unvollkommenheit.

Ohne beharrliche Hingabe an die Lehre wird man diese *Selbst*-Erkenntnis niemals verinnerlichen. Der Geist wird einfach in bestehende Muster zurückfallen und du wirst dich wieder in Samsara hineinziehen lassen.

Krishna nennt zudem Nächstenliebe und die Wesensart von Großzügigkeit als einen weiteren wichtigen Wert. Zu diesem Thema sagt Swami Chinmayananda: „Nächstenliebe muss aus dem Gefühl von Überfluss kommen. Nächstenliebe entspringt allein einem Gefühl der Einheit in uns – der Einheit zwischen dem Geber und dem Empfänger."

Selbstbeherrschung bedeutet, seine Sinnesorgane zu beherrschen, anstatt ihr Sklave zu sein. Anstatt ohne zu hinterfragen die Sinne zu füttern, sollte der Befreiung Suchende Mäßigung und vernünftige Zurückhaltung üben. Ständig den Sinnen nachzugeben, stärkt nur die entsprechenden Vasanas und erzeugt weiteres Verlangen nach Sinnesbefriedigung.

Als nächstes empfiehlt Krishna Upasana-Yoga, z. B. in Form von hingebungsvollen Ritualen, Andachten und Opfergaben (Pujas), Gebeten und Meditation. Dazu gehört auch das Studium der vedantischen Texte, was laut Krishna die höchste

Hingabe ist, die Darbringung von Wissen. Darüber hinaus bedeutet die Praxis von Tapas, Askese, die Fähigkeit, auf bestimmte Annehmlichkeiten oder Vergnügungen zu verzichten, um einen standhaften und starken Geist zu entwickeln.

Die Ausrichtung von Gedanken, Worten und Taten ist ein weiterer Hauptwert. Dieser Wert bezieht sich auf Integrität: nur das zu sagen, von dem man weiß, dass es wahr ist, und immer das zu tun, was man sagt. Mit anderen Worten, zu lernen, deine ethischen und moralischen Werte mit deinen Worten und Taten in Einklang zu bringen. Es reicht nicht aus, nur zu reden, du musst deinen Worten auch Taten folgen lassen!

Nicht-Verletzen ist eine weitere wesentliche Eigenschaft, die es zu kultivieren gilt, ebenso wie Wahrhaftigkeit. Krishna verwendet das Wort *akrodha*, was soviel wie „nicht zornig" bedeutet. Shankara erklärt, dass damit die Fähigkeit gemeint ist, Wut aufzulösen. Schließlich gehört es zum Menschendasein, Gefühle zu haben, und diese Gefühle zu verleugnen oder zu unterdrücken führt nur zu psychischen Störungen. Das Geheimnis liegt darin, dass wir lernen, unsere Emotionen zu sublimieren, anstatt sie zu unterdrücken, und durch die Meisterung des Geistes mit Wut und anderen schwierigen Emotionen umzugehen, wenn sie entstehen.

Weitere göttliche Eigenschaften sind die Fähigkeit, die Anhaftung an Ergebnisse von Handlungen loszulassen, Frieden und Ruhe des Geistes, sowie das Unterlassen von Schuldzuweisungen an andere. Ebenso gehört Mitgefühl gegenüber allen Lebewesen und Abwesenheit von Habsucht dazu, was Swami Dayananda als „Abwesenheit von Verlangen in Gegenwart wünschenswerter Sinnesobjekte" definiert.

Diejenigen, die diesen inneren Reichtum kultivieren, werden freundlich, bescheiden und frei von Selbstverherrlichung. Von Natur aus sanft und friedvoll, haben sie einen ruhigen und beständigen Geist, frei von Störungen wie Rastlosigkeit, Wankelmütigkeit und Irritation. Stets gelassen, strahlen sie von innen heraus und zeigen Stärke im Angesicht von Schmerz oder Unbehagen.

Krishna erwähnt auch Sauberkeit, was sich sowohl auf körperliche Reinheit als auch auf innere geistige Reinheit bezieht. Körperliche Reinheit kann durch eine gesunde Lebensweise, eine gute Ernährung, ausreichend Bewegung und Ruhe sowie eine überwiegend sattvige oder yogische Lebensweise kultiviert werden.

Die mentale und emotionale Gesundheit eines Menschen ist genauso wichtig wie seine körperliche Gesundheit. Die heutige Epidemie psychischer Erkrankungen ist ein Spiegelbild der adharmischen Werte unserer Gesellschaft und der zunehmenden Anspannung und Turbulenzen, die uns alle belasten. Deshalb ist es wichtig, dass wir lernen, Stress zu bewältigen, mit schwierigen Emotionen umzugehen und einen ruhigen und gelassenen Geist zu kultivieren. Zu den Werkzeugen dafür gehört die Verpflichtung, Dharma zu folgen, Karma-Yoga zu praktizieren, zu meditieren, Upasana-Yoga zu praktizieren und das Wissen über die drei Gunas auf jeden Aspekt unseres Lebens anzuwenden.

Und schließlich sind auch Versöhnlichkeit und Bescheidenheit wichtige Eigenschaften, zusammen mit Mut und Demut.

Dies sind die Qualitäten der Götter, sagt Krishna. Aufgrund günstiger Geburt, kultivierter Erziehung und verdienstvollem Karma, besitzen manche Menschen diese Eigenschaften von Natur aus in Hülle und Fülle. Aber jeder mit klarer Absicht und unerschütterlicher Entschlossenheit kann diese Eigenschaften erwerben und sie kultivieren.

Die dämonische Veranlagung

Während der göttliche Charakter das Tor zur Befreiung ist, führt die gegenteilige Veranlagung, die Krishna das „Tor zur

Selbstzerstörung" nennt, zu fortgesetzter Gefangenschaft und Leiden. Im überwiegenden Teil dieses Kapitels untersucht Krishna diese „dämonische" Veranlagung in anschaulicher Weise.

Menschen mit einem Übermaß an negativen Eigenschaften werden Asuras genannt. Dieses Wort wird oft mit „Dämon" übersetzt. Indiens Geschichten der Puranas sind voll von solchen Dämonen; den dunklen Kräften, die sich den Göttern widersetzen, adharmisch handeln und unbeschreibliches Chaos und Elend für alle verursachen. In diesem Zusammenhang sollte das Wort Asura nicht als außerirdische, übernatürliche Kraft verstanden werden. Wenn Krishna den Begriff Asura verwendet, bezieht er sich auf den niederen Aspekt der menschlichen Natur: unsere widerlichen, materialistischen Tendenzen und die zerstörerischen Impulse von Gier, Lust, Anhaftung und Egoismus.

Swami Dayananda erklärt:

Die Auseinandersetzungen zwischen Devas (Göttern) und Asuras (Dämonen) stellen unsere inneren Konflikte dar. Jeder besitzt zu einem gewissen Grad die Eigenschaften eines Deva. Nicht zu verletzen, Mitgefühl, Liebe und so weiter, sind alle sehr natürlich. Und die Qualitäten eines Asura sind auch oft vorhanden. Die beiden befinden sich immer im Widerstreit. Selbst wenn ein Mensch die Eigenschaften eines Asuras zu verkörpern scheint, liegt das nicht daran, dass er schlecht ist, sondern weil sein Denken fehlerhaft ist. Alle Konflikte finden zuerst im Inneren statt und drücken sich dann in der äußeren Welt aus. Jeder Krieg wird zuerst im Geist ausgetragen. Wenn er dort nicht gelöst werden kann, drückt er sich im Äußeren aus.

Wörtlich übersetzt bedeutet Asura „sonnenlos". Es handelt sich um Menschen, deren Geist, Persönlichkeit und Psyche in Dunkelheit (Unwissenheit) gehüllt sind und so das reflektierende Licht der Wahrheit verdunkeln. Laut Swami Dayananda liegt das nicht daran, dass solche Menschen von Natur aus schlecht sind. Ein verschmutzter Spiegel ist kein schlechter Spiegel. Er wird nur daran gehindert, Licht zu reflektieren.

Der Asura entspricht dem gleichen göttlichen Bewusstsein wie der größte Heilige, oder jedes beliebige andere Wesen. Seine Fähigkeit, dieses Bewusstsein zu reflektieren, ist jedoch durch einen deformierten Geist eingeschränkt. Für diese Beeinträchtigung ist *Selbst*-Ignoranz verantwortlich, und natürlich die daraus resultierenden falschen Werte und Denkmuster, die zu einem dem Dharma zuwiderlaufenden Verhalten führen.

Der Asura

Solche Menschen fallen entweder in die Kategorie „Asura" oder „Rakshasa", obwohl die Begriffe oft synonym verwendet werden. Beide haben negative und adharmische Tendenzen, jedoch in unterschiedlichem Maß, abhängig von ihrem vorherrschenden Guna.

Asuras sind im Allgemeinen tamasig und werden von ihren bindenden Vorlieben, Wünschen und Anhaftungen angetrieben. Ihr Leben ist von der Gier nach Geld, Macht, Ruhm, Sucht nach Vergnügen und sonstigen Arten der Sinnesbefriedigung geprägt. Sie sind konsequent materialistisch und von Natur aus extrovertiert. Der Welt der Objekte anhängend, legen sie absolut keinen Wert auf spirituelle Dinge und es fehlt ihnen weitgehend die Fähigkeit, sich nach innen zu wenden.

Asuras sind von rücksichtslosem Eigeninteresse und Gier motiviert. Aufgrund ihrer tamasigen Veranlagung können sie nicht klar unterscheiden und neigen daher dazu, Dharma zu verletzen. Wenn ein Asura etwas will und es sich für ihn gut anfühlt, wird er es tun, ohne Rücksicht auf den Schaden, den er anderen oder auch sich selbst auf lange Sicht zufügen mag. Er lebt nur dafür, die Launen seiner niederen Natur zu befriedigen.

Stur materialistisch, glauben sie, dass nur das existiert, was gegenständlich wahrnehmbar ist und sehen im Leben weder tieferen Sinn noch moralische Ordnung. Weil sie Ishvara nicht als Ursache der Schöpfung erkennen, haben sie kein Verständnis für Karma und glauben daher, dass sie nichts zu verantworten haben.

Weil ihre eigenen Wünsche und ihr Eigeninteresse den Mittelpunkt ihrer Existenz darstellen, betrachten sie die Welt als einen großen Selbstbedienungsladen. Von Lust und Gier beherrscht, versuchen sie so viel wie möglich an sich zu reißen, ohne Rücksicht auf die Folgen für andere oder die Umwelt.

Wenn ein Mensch glaubt, dass der Zweck die Mittel heiligt, ist er bereit zu lügen und zu betrügen, um seinen Willen durchzusetzen. Diese Geisteshaltung ist nur möglich, wenn man kein Verständnis für Dharma, Karma und Ishvara hat. So ein Mensch handelt immer berechnend, da er versucht, seine Wünsche zu befriedigen und alles zu bekommen und anzusammeln, was ihm gefällt.

Zum Problem werden nicht nur die unmittelbaren Ergebnisse dieser adharmischen Handlungen und das negative Karma, das sie erzeugen. Jede von Vasanas veranlasste Handlung verstärkt diese Vasanas weiter. Noch einmal: Vasanas sind die fest verdrahteten Tendenzen, bestimmte Gedanken und Handlungen zu wiederholen. Sie erzeugen ein „Jucken", das anfangs gering sein mag, aber bei wiederholtem Kratzen zu einem unwiderstehlichen Zwang wird, der einen verrückt macht. Vasanas bestimmen die gesamte psychische Beschaffenheit eines Menschen und bedingen dauernde Wiedergeburten, in denen sich dieses Jucken ausdrücken kann, um sich hoffentlich irgendwann aufzulösen. Leider sind Vasanas wie ein gefräßiges Feuer, je mehr sie gefüttert werden, desto stärker werden sie.

Es ist klar, dass man solche Menschen am besten meidet. Obwohl sie im Allgemeinen nicht darauf aus sind, anderen zu schaden, haben asurische Menschen nur sich selbst im Sinn und stellen ihre eigenen Wünsche und Befriedigungen über den Dharma. Mit anderen Worten, du kannst dich darauf verlassen, dass sie eher das tun, was sie wollen, als das, was richtig ist.

Der Rakshasa

Während ein Asura vor allem gemieden werden sollte, ist ein Rakshasa jemand, vor dem du dich aktiv schützen musst.

Der Begriff Rakshasa bedeutet „Menschenfresser", und wie der Name schon sagt, handelt es sich um schädliche, zerstörerische Menschen. Rakshasas besitzen die gleichen Eigenschaften wie Asuras, befinden sich aber immer im Krieg mit allen um sie herum, da sie ein rajasiges Temperament haben und sich generell darauf fokussieren, was sie nicht mögen, statt darauf, was sie mögen. Sie wollen weiterkommen und um jeden Preis gewinnen – und es ist ihnen egal, was sie tun müssen, um zu gewinnen.

Die Geisteshaltung eines Rakshasa kann von sozial gestört bis psychopathisch reichen. Rakshasa-Menschen haben nicht nur ausschließlich sich selbst und ihre eigenen Interessen im Sinn, sie sind auch bereit, alles und jeden zu zerstören, der ihnen im Weg steht.

Aggressiv und zynisch verursachen sie mit ihren Worten und Taten ständig Leid, ob absichtlich oder unabsichtlich. Unverhohlen Dharma missachtend, zögern sie nicht zu lügen, zu betrügen und Anderen Schmerz und Leid zuzufügen.

Leider landen diese Rakshashas aufgrund ihrer verschlagenen Natur und ihrer Bereitschaft zu Intrigen, Täuschung und Gewaltanwendung oft in führenden Positionen in der Politik.

Sobald sie die Macht erlangt haben, nehmen sie als Anführer keine Rücksicht mehr auf die Menschen, denen sie eigentlich dienen sollten. Solche grausamen Diktatoren werden alles tun, um ihre eigene Macht und Dominanz zu erhalten, auch in den Krieg ziehen und unsägliches Leid und Tod verursachen.

Wer so adharmisch handelt, ist wie ein Krebsgeschwür für die Welt. Adharma ist die große Krankheit einer Gesellschaft, und so wie ein Körper bestimmte Krankheiten nicht überleben kann, hat eine zutiefst adharmische Gesellschaft wenig Hoffnung auf ein langfristiges Überleben. Adharmische Handlungen sind der Samen für den Zerfall und die letztendliche Zerstörung der Gesellschaft. Solchen Menschen darf nicht erlaubt werden, ihre adharmischen Wege fortzusetzen. Dies ist auch der Grund, weshalb in der Gita Krishnas Beharrlichkeit betont wird, auf Arjunas Pflicht als Krieger hinzuweisen, den adharmischen Duryodhana zu bekämpfen und zu besiegen.

Das Geschenk des Lebens missbrauchen

Glücklicherweise fallen die meisten Menschen nicht in die extremen Kategorien von Asuras oder Rakshasas. Wenn wir ehrlich zu uns selbst sind, werden angesichts der ausgesprochen materialistischen Ausrichtung unserer Gesellschaft fast alle von uns einige Eigenschaften der „dämonischen Veranlagung" im eigenen Charakter finden.

Von Kindheit an wird uns in unserer Kultur eingetrichtert, dass nur materielle Objekte dauerhaftes Glück und Sicherheit bringen. Als Kind fehlt uns noch die Fähigkeit, die Werte zu unterscheiden und zu hinterfragen, die uns eingeflößt werden. Daher ist es nur natürlich, dass wir mit dem Glauben an die Lügen der gesellschaftlichen Ordnung aufwachsen. Das ist der Grund, warum wir schließlich glauben, uns fehle von Natur aus etwas, und dass wir die Umstände unseres Lebens neu ordnen und beeinflussen müssen, um vollkommen und vollständig zu werden. Diese falsche Vorstellung bildet die Wurzel von Samsara. Unser grundlegendes Gefühl von Mangel zwingt uns dazu, nach bestimmten Objekten zu streben und ihnen anzuhaften, und diese Abhängigkeit von Objekten ist der Ursprung unserer Gefangenschaft. Da alle Objekte in Maya Wandel und Vergänglichkeit unterliegen, erzeugt unsere Abhängigkeit von ihnen unweigerlich ebenso viel Kummer wie Glück. Wenn die psychische Anhaftung einmal entstanden ist, kann es sehr schwierig werden, sie zu durchbrechen.

Ein menschliches Leben ist ein wunderbares Geschenk, doch es muss weise genutzt werden. Wenn du ein Stück Land erhältst, um einen Garten anzulegen, muss der Boden kultiviert und die Samen gepflanzt, genährt und gepflegt werden. Erst dann werden Blumen blühen und den Garten zu einem Ort voller Schönheit, Farbenpracht und süßem Duft machen. Jeder von uns hat die Fähigkeit, so ein Leben für sich selbst zu kultivieren. Es ist aber genauso möglich, unseren Garten verkommen zu lassen oder zu ruinieren. Durch unsere eigenen fehlgeleiteten Gedanken und Handlungen lassen wir den Garten von Unkraut überwuchern oder zerstören ihn durch Vernachlässigung, Überwässerung oder den Einsatz von giftigen Chemikalien. Die Verantwortung liegt allein bei uns.

Wessen Leben vollständig der Erfüllung der eigenen Wünsche und inneren Zwänge gewidmet ist und wer dem Dharma wenig Beachtung schenkt, bleibt unwissend bezüglich des höchsten Ziels im Leben: Moksha. Ein solcher Mensch lebt nur für seine Sinnesbefriedigung und verschwendet das kostbare Geschenk des Lebens. Solange keine drastischen Änderungen unternommen werden, gibt es für so jemanden keinen spirituellen Fortschritt und keine Hoffnung auf Befreiung aus Samsara.

Drei Tore führen zur Selbstzerstörung

Das Kapitel schließt mit Krishnas Hinweis auf die drei „Tore zur Selbstzerstörung". Dieser umfasst drei negative Eigenschaften: Verlangen, Wut und Gier.

Swami Dayananda warnt: „Ein Mensch wird durch diese drei Dinge gefangen und zerstört. Er wird in dem Sinne zerstört, als sein Geist so gestört ist, dass er nicht mehr in der Lage ist irgendein Purushartha (Lebensziel) zu erreichen, geschweige denn Moksha."

Bindendes Verlangen, wenn es unkontrolliert bleibt, steigert sich zu Gier, der Ursache des ganzen Adharma in der Welt. Wenn wir nicht bekommen, was wir wollen, was im Leben oft der Fall ist, reagiert der Geist mit Wut. Diese Wut verzehrt den Geist und erzeugt Verblendung, indem sie uns die Fähigkeit zur Unterscheidung raubt. Unsere Gedanken, Worte und Handlungen werden von dieser Wut und Verblendung verunreinigt, was zu endlosem Schmerz und Leid führt.

Die einzige Lösung

Krishna bittet uns, „allen dreien zu widerstehen" und „das Beste zu suchen und das höchste Ziel des Lebens zu erreichen". Um an die Metapher vom Garten anzuknüpfen: Unseren Geist und unser Temperament können nur wir selbst bepflanzen und pflegen. Es mag durchaus Unkraut geben, das durch vergangene Unwissenheit und falsche Werte verursacht wurde, wie zum Beispiel unsere Abhängigkeit von äußeren Objekten für Sicherheit und Glück. Es liegt jedoch an uns, die Verantwortung zu übernehmen und den Garten unseres Geistes zu meistern.

Das erfordert eine sorgfältige Prüfung unserer Werte, Überzeugungen und Prioritäten, indem wir sie dem Licht der Wahrheit entgegenhalten. Die Anwendung unterscheidender *Selbst*-Erforschung muss sich auf jeden Aspekt unserer Psyche und unseres Lebens erstrecken. Nur dann können wir uns von den selbstzerstörerischen Tendenzen der dämonischen Veranlagung lösen und die dharmischen Eigenschaften der göttlichen Veranlagung ausbilden.

Das gesamte Kapitel ist eine Erkundung der Qualifikationen, die für das Erreichen von Moksha notwendig sind. Aber auch ohne Moksha wird ein Leben gemäß dieser höheren Werte zweifellos zu einem glücklicheren, friedlicheren und erfüllteren Leben führen.

KAPITEL SIEBZEHN

Die drei Arten des Glaubens

1. „Krishna", sagte Arjuna, „was treibt diejenigen an, die religiöse Rituale zwar mit Glauben durchführen, jedoch ohne die Worte der Schriften wirklich zu verstehen? Handeln sie aus Sattva, Rajas oder Tamas heraus?"

2-3. Krishna antwortete: „Das Verständnis und der Glaube von Menschen hängt von der Qualität ihres Geistes ab, ob dieser sattvig, rajasig oder tamasig ist. Was auch immer der Glaube eines Menschen ist, er spiegelt seine Natur wider, und das gilt für alle Menschen. Höre zu, und ich werde es weiter ausführen.

4. „Jene mit sattvigem Gemüt verehren Gott, um Erkenntnis und Reinigung des Geistes zu erlangen. Rajasige Menschen tun dies, um weltliche Reichtümer zu erlangen. Tamasige Menschen sind abergläubisch und beten Gott aus Angst oder Unwissenheit an.

5-6. „Jene mit dämonischen Veranlagungen, die von Anmaßung und Egoismus durchdrungen und von Wünschen und Verlangen motiviert sind, unterwerfen sich körperlich schädlichen, nicht von den Schriften gebilligten Selbstkasteiungen und verletzen damit nicht nur ihren Körper, sondern auch Mich, der im Körper wohnt.

7. „Die Art und Weise, wie man isst, Rituale durchführt, sich diszipliniert und Almosen spendet, spiegelt die Dominanz eines bestimmten Guna wider. Ich werde diese verschiedenen Arten nun beschreiben.

8. „Lebensmittel, die frisch, nahrhaft, stärkend und angenehm im Geschmack sind, die die Lebenserwartung verlängern und

geistige Klarheit, Kraft und Gesundheit fördern, werden von sattvigen Menschen bevorzugt.

9. „Lebensmittel, die bitter, sauer, salzig, übermäßig heiß oder adstringierend sind und die Entzündungen, Unbehagen und Krankheit verursachen, werden von rajasigen Menschen sehr begehrt.

10. „Lebensmittel, die abgestanden oder unzureichend gekocht, übrig geblieben oder faulig sind und deren Nährwert verloren gegangen ist, werden von tamasigen Menschen bevorzugt.

11. „In Bezug auf Rituale führen sattvige Menschen die von den Schriften aufgetragenen Opferungen aus, ohne Ergebnisse zu erwarten, außer denen der Reinigung ihres Geistes.

12. „Andererseits sind Rituale, die für weltliche Ergebnisse oder um der Show willen durchgeführt werden, von Rajas motiviert.

13. „Tamasige Menschen, mit zweifelhaften Absichten und falschem Verständnis, schaffen es nicht, das Ritual auf die richtige Weise oder mit der richtigen Einstellung durchzuführen.

14. „Verehrung des Göttlichen, Ehrung weiser Lehrer und Pflegen von Reinheit, Ehrlichkeit, Selbstdisziplin und Nicht-Verletzen, sind wahre Disziplin des Körpers.

15. „Rede, die keinen Kummer verursacht, die wahrheitsgemäß, freundlich und wohltuend ist und die die Weisheit der Schriften vermittelt, ist wahre Disziplin der Rede.

16. „Innere Ruhe, Heiterkeit, fehlender Drang nach sinnlosem Gerede, Beherrschung des Geistes und reine Absichten bedeuten wahre geistige Disziplin.

17. „Diese dreifache Selbstdisziplin ist, wenn sie mit Glauben und ohne Anhaften an Ergebnisse praktiziert wird, von sattviger Natur.

18. „Wenn diese Selbstdisziplin demonstrativ praktiziert wird, um Ehrung, Respekt oder Bewunderung hervorzurufen, und inkonsequent und kurzlebig ist, ist sie von rajasiger Natur.

19. „Wenn diese Selbstdisziplin mit der Absicht ausgeübt wird, anderen zu schaden, oder in der falschen Vorstellung, es sei spirituell, den Körper zu quälen, dann ist sie von tamasiger Natur.

20. „Wenn wohltätige Gaben pflichtbewusst zur richtigen Zeit und am richtigen Ort und an einen würdigen Empfänger gegeben werden, ohne eine Gegenleistung zu erwarten, werden sie als sattvig angesehen.

21. „Wohltätiges Handeln, das nur unter Entbehrung erfolgt und mit dem Wunsch, eine Gegenleistung zu erhalten, ist rajasig.

22. „Wohltätiges Handeln, das unangemessen und herablassend ist, zu unpassenden Zeiten und an unwürdige Empfänger erfolgt, ist tamasig.

23. „*Om Tat Sat*: Diese drei Worte, weisen alle auf Brahman hin. Sie sind der Anfang und ihnen entstammen die Veden (Schriften), die Rituale und der Weg zur *Selbst*-Erkenntnis.

24. „Deshalb sprechen die Kenner der Veden immer das Wort „Om" vor allen Ritualen, Wohltätigkeiten und religiösen Disziplinen.

25. „Jene, die nach Befreiung suchen, aber nicht am Ergebnis haften, sprechen das Wort „Tat", wenn sie Wohltätigkeiten, Rituale und Entsagungen praktizieren.

26-28. „Das Wort „Sat" wird verwendet, um ein reines und rechtschaffenes Leben zu kennzeichnen und um das eigene Karma zu heiligen. In Bezug auf ein Ritual, eine Übungspraxis und einer Opferung unermüdlich zu sein, wird Sat genannt, und alle Handlungen, die um des *Selbst* willen getan werden, werden ebenfalls Sat genannt. Demgegenüber werden Rituale, Praktiken und

Opferungen, die ohne Glauben ausgeführt werden, Asat genannt und bringen keine Frucht, weder in diesem noch im nächsten Leben."

KOMMENTAR KAPITEL SIEBZEHN

Am Ende des vorherigen Kapitels gab Krishna Arjuna den Rat, sich im Leben von den vedantischen Schriften leiten zu lassen. Das Leben derjenigen, die weder Vertrauen in die Schriften noch Interesse an Moksha haben, wird von einer ganz anderen Autorität gelenkt: der ihrer eigenen Persönlichkeit und Veranlagung.

Sich allein von seinem Naturell leiten zu lassen, ist ein gefährlicher Weg. Die heutzutage häufig benutzte Aufforderung: „Sei einfach du selbst", mag wie ein guter Rat klingen, bis man sich fragt, welches „Selbst" gemeint ist. Ist es das Ego-Selbst, eine mentale Abstraktion, die auf konditionierten Wünschen und Abneigungen basiert, oder ist es dein tatsächliches *Selbst*? Solange du nicht wirklich weißt, wer du bist, ist der Ratschlag, du selbst zu sein, mit Vorsicht zu genießen.

Im sechzehnten Kapitel spricht Krishna ausführlich über die zwei grundlegenden Veranlagungen des Menschen. Die eine führt aufwärts in Bezug auf die spirituelle Entwicklung, die andere führt zur spirituellen Zerstörung. Jedem, der nach Glück und Freiheit strebt, wird geraten, einen sattvigen Geist zu kultivieren und den Einfluss von Rajas und Tamas zu minimieren, die beide zu Leiden und spirituellem Verfall führen.

Ein fruchtbarer Geist

Wie wir schon mehrfach gesehen haben, besteht der Zweck der Lehre nicht nur darin, das für Moksha notwendige Wissen zu erlangen, sondern, was ebenso wichtig ist, den Geist darauf vorzubereiten, dieses Wissen zu empfangen.

Das Wissen zu erlangen ist dabei der leichteste Teil. Du suchst dir einfach einen qualifizierten Lehrer, legst alle Vorurteile beiseite und öffnest deinen Geist den Unterweisungen. Das hat Arjuna bereits im zweiten Kapitel getan. Er ging auf die Knie und flehte Krishna an, ihn das Geheimnis der Befreiung zu lehren. Krishna kam dem nach, mit sehr kraftvollen, schönen und deutlichen Worten. Das reichte jedoch nicht, um Arjunas Zweifel aufzulösen und ihn zu befreien. Ansonsten wären die folgenden sechzehn Kapitel unnötig gewesen.

Der schwierige Teil besteht darin, sicherzustellen, dass dein Geist qualifiziert ist, die Lehre nicht nur zu verstehen, sondern auch zu verinnerlichen und zu integrieren.

Deshalb müssen der Geist, die Werte und der Lebensstil des Suchenden mit Bedacht verfeinert und gereinigt werden. Idealerweise sollte dies vor den Unterweisungen geschehen, genauso wie man den Acker vorbereitet, bevor man den Samen einbringt. Doch man kann jederzeit einen Schritt zurückgehen und die notwendigen Korrekturen an seinem Geist und Lebensstil vornehmen. Wenn du die Lehre gehört und verstanden hast, aber noch nicht in den Genuss der Früchte dieses Wissens gekommen bist, ist das ein sicheres Zeichen dafür, dass du zurückgehen und daran arbeiten musst, deinen Geist neu zu qualifizieren.

Um dieses Thema geht es in den Kapiteln Sechzehn und Siebzehn überwiegend. Es mag seltsam erscheinen, dass Krishna, nachdem er eine Reihe bedeutsamer philosophischer, psychologischer und kosmologischer Themen behandelt hat, nun seine Aufmerksamkeit auf so profane Dinge wie Ernährung und Lebensstil richtet. Gegenstand dieser Kapitel ist jedoch sicherzustellen, dass der Geist für die Verwirklichung der *Selbst*-Erkenntnis fit ist.

Wenn es in den ersten sechs Kapiteln der Gita darum ging, den Jiva zu verstehen, und in den mittleren sechs Kapiteln um Ishvara, so liefern diese letzten Kapitel die Werkzeuge und das Verständnis, die notwendig sind, um unseren Geist, unseren Lebensstil und unsere Handlungen mit der höchsten Wahrheit in Übereinstimmung zu bringen und sie zu integrieren: *Tat Tvam*

Asi – Das Bin Ich. Die Verinnerlichung dieses Wissens ist das Tor zur Freiheit.

Der Glaube bestimmt alles

Der Titel dieses Kapitels lautet „Der Yoga der drei Arten von *shraddha*". In diesem Zusammenhang ist das Wort Yoga gleichbedeutend mit „Thema". Das Wort Shraddha ist ein wenig schwieriger zu definieren. Die treffendste Übersetzung ist „Glaube" bzw. „Vertrauen", aber es ist ein Begriff mit einer tieferen und nuancierten Bedeutung. Shraddha bezieht sich auf das Innerste deines Herzens und deiner Psyche, auf deine tiefsten und leidenschaftlichsten Überzeugungen und Glaubenssätze. Swami Dayananda stellt klar, dass Shraddha nicht etwas Äußerliches ist, sondern vielmehr „in deinem Denken, deinem Verständnis, deiner Wertestruktur und deinen Prioritäten steckt".

Wir alle sind nichts anderes als ein Ausdruck unseres Shraddha. Wenn wir etwas glauben, entwickeln wir ganz natürlich einen Wert dafür. Das Gegenteil ist ebenso wahr: Wenn wir keinen Glauben an etwas haben, wird es automatisch wertlos für uns. Daher bestimmt unser Glaube unsere Werte, und unsere Werte bestimmen wiederum unsere Prioritäten.

Unsere Handlungen und Lebensentscheidungen sind immer ein Spiegelbild unserer Prioritäten und Werte. Ich kenne einen Mann, der mit seinem Gewicht und seinem allgemeinen Gesundheitszustand unglücklich ist. Er erzählt mir oft, dass er fit werden, etwas abnehmen und sich in Form bringen möchte. Das Problem ist, dass sein Wert für McDonalds und Kuchen, was er beides mit Genuss verbindet, größer ist als sein Wert für das Abnehmen und die Verbesserung seiner Gesundheit. Solange das der Fall ist, wird sich nichts ändern, egal wie sehr er es beteuert.

Deshalb ist es so wichtig, dass du deine Prioritäten und die ihnen zugrunde liegenden Werte überprüfst, bevor du hoffen kannst, irgendeine dauerhafte Veränderung in deinem Leben zu bewirken. Du wirst feststellen, dass das Herzstück von allem dein Shraddha ist, das, woran du unerschütterlich glaubst.

Dein Leben ist deine Art der Verehrung

Eines der Themen dieses Kapitels ist Verehrung und die Art und Weise, wie Menschen diese Verehrung zum Ausdruck bringen. Der Begriff „Verehrung" bedeutet mehr als in einen Tempel zu gehen und Gebete zu sprechen oder ein Mantra zu singen. In gewissem Sinne ist jede von dir ausgeführte Handlung eine Form von Verehrung, denn sie ist ein Ausdruck deines Shraddha. Shraddha ist das, woran du glaubst, sei es spirituell oder weltlich.

Swami Chinmayananda schreibt:

> Jeder Mensch bringt im Leben seine gesamte Hingabe ein, opfert sie auf dem einen oder anderen Altar und erhofft sich Erfüllung durch die Segnungen, die sich aus den Anrufungen ergeben. In den heiligen Schriften wird dies „Verehrung" genannt. Der Begriff Verehrung bekommt hier eine umfassendere Bedeutung. Jeder von uns ist ein Verehrender an einem von ihm gewählten Altar. Sogar Atheisten verehren etwas – vielleicht geben sie sich hin am Altar des sinnlichen Vergnügens, des Reichtums oder der Macht.

Nach dieser Definition ist jeder im Herzen ein Verehrender. Jeder von uns verehrt am Altar seiner Wahl. Manche glauben an Gott, an Erleuchtung, und andere an Materialismus, Sinnesbefriedigung und das Streben nach Geld, Ruhm oder Gerechtigkeit. Es ist unser Glaube an eine Sache – und die Ergebnisse und Vorteile, von denen wir glauben, die sie uns bringen wird – der uns nach ihr streben lässt. Was würde uns ohne diesen Glauben zum Handeln bewegen?

Handlung und der Einfluss der Gunas

Beim Handeln spielen vor allem drei Faktoren eine Rolle: unsere Motivation hinter der Handlung, die Art und Weise, wie wir die Handlung ausführen, und unsere Einstellung zu den Früchten dieser Handlung. Jeder dieser Faktoren wird von der Vorherrschaft eines bestimmten Gunas geprägt.

Das wesentliche Ziel der spirituellen Praxis ist das Reduzieren der Beeinträchtigungen durch Rajas und Tamas und das Ausbilden eines überwiegend sattvigen Geistes.

Für einen sattvigen Menschen, dessen Geist klar, ruhig und reflektierend ist, haben spirituelle Werte natürlicherweise Vorrang vor materialistischen. Solche Seelen verpflichten sich uneingeschränkt dem Dharma und betrachten das Leben eher als Geschenk und nicht als ein Anrecht. Anstatt ständig zu versuchen, Objekte zu beeinflussen, um bestimmte, vom Ego getriebene Ergebnisse zu erzielen, folgen sattvige Menschen Dharma so gut sie können in demütiger und dankbarer Haltung.

Der Karma-Yogi bringt alle Handlungen, große wie kleine, Ishvara dar und sieht sie als Möglichkeit, der Welt, der Gesellschaft und seinen Mitmenschen zu dienen. Weil er versteht, dass Ishvara die Ergebnisse aller Handlungen entsprechend dem größeren Wohl des Ganzen verteilt, stresst sich der Karma-Yogi nicht mehr wegen der Ergebnisse und akzeptiert alles als ein Geschenk des Herrn.

Eine solche Denkweise ist jemandem mit rajasiger und tamasiger Natur völlig fremd. Die Motivation hinter rajasigem Handeln ist immer persönlicher Gewinn, sei es in Form von Reichtum, Macht, Prestige oder sinnlichem Vergnügen. Rajasige Menschen sind leidenschaftlich und triebhaft und neigen dazu, Abkürzungen zu nehmen und Dharma zu verletzen, um ihre angestrebten Ziele zu erreichen. Sie beten im Allgemeinen am Altar des Materialismus und sind sehr an den Ergebnissen ihrer Handlungen interessiert. Deshalb verursacht nichts so viel Leid,

Frustration und Ärger wie ein unter der Herrschaft von Rajas stehender Geist.

Wenn Sattva klar und enthüllend und Rajas dynamisch und aufwühlend ist, dann ist Tamas verdunkelnd und dumpf. So wie jemandem mit einem permanenten Kater, fällt es auch tamasigen Menschen schwer, irgendetwas klar zu sehen. Was noch schlimmer ist: Weil ihnen ein klarer und unterscheidungsfähiger Intellekt fehlt, führt Tamas zu Handlungen, die ihnen selbst und anderen schaden. Tamasiges Handeln ist tendenziell ausschließlich von persönlicher Befriedigung motiviert, und auch hier haftet der Mensch so sehr an den Ergebnissen, dass Kummer und Elend schon vorprogrammiert sind.

Swami Chinmayananda sprach gewöhnlich von drei Kategorien von Menschen, je nach dem bestimmenden Einfluss der Gunas: gelassene Menschen (Sattva), ehrgeizige Menschen (Rajas) und unachtsame Menschen (Tamas).

Das ist natürlich nicht in Stein gemeißelt. Auch wenn bei einem Menschen ein bestimmtes Guna dominiert, ist es durchaus möglich, die Anteile der Gunas zu verändern, indem man Verantwortung für sich und sein Leben übernimmt. Krishna widmet den größten Teil des Kapitels der Untersuchung dieses Themas in Bezug auf Hingabe, Ernährung, Selbstdisziplin und Wohltätigkeit.

Du bist, was du isst

Bezüglich Nahrung legt Krishna die Grundlagen der yogischen Ernährung dar. Er empfiehlt eine sattvige, auf vegetarischer Kost basierende Ernährung. Diese umfasst Obst, Gemüse, Hülsenfrüchte, Nüsse, Samen, frische Säfte, Honig, Öle und fleischlose Proteine. Traditionell werden auch bestimmte Milchprodukte wie Milch und Butter als sattvig angesehen. Mit ihrer Betonung von frischen und unverarbeiteten Lebensmitteln gilt eine sattvige Ernährung als gesund und nahrhaft und soll einen kräftigen Körper sowie einen ruhigen Geist fördern.

Überwiegend rajasige Menschen haben allerdings eine Vorliebe für reichhaltige und anregende Speisen. Dazu gehören Gerichte mit Zwiebel und Knoblauch, stark gewürzt und gesalzen, was Entzündungen und Irritationen im Körper verursachen und zu einem unruhigen Geist beitragen kann. Zucker und koffeinhaltige Getränke gelten ebenfalls als rajasig. Die Auswirkungen eines Nahrungsmittels können in den Stunden und sogar Tagen nach dem Verzehr beobachtet werden. Alles, was die Harmonie von Körper und Geist stört und Unruhe und Gereiztheit verursacht, ist mit Sicherheit rajasiger Natur.

Tamasige Nahrung ist in der Regel tot und abgestanden oder unsachgemäß zubereitet und hat wenig Nährwert. Denke zum Beispiel an eine über Nacht liegengelassene Peperoni-Pizza. Fleisch gilt ebenso wie Fisch, Geflügel, Eier, Brot, Gebäck, fermentierte und zuckerhaltige Lebensmittel als tamasig. Alkohol ist besonders tamasig, wie man an seiner Wirkung auf Körper und Geist deutlich erkennen kann. Tamasige Nahrungsmittel sollten am besten ganz vermieden werden. Sie sind für deine Gesundheit nicht förderlich und werden mit ziemlicher Sicherheit dazu führen, dass sich dein Geist und Körper stumpf und lethargisch anfühlen.

Bei Nahrung ist sowohl die Qualität als auch die Quantität wichtig. Die Qualität wird durch das Einhalten einer überwiegend sattvigen Ernährung mit reinen, vorzugsweise biologischen und unter ethischen Gesichtspunkten hergestellten Lebensmitteln gewährleistet. Auch die Quantität der Nahrung ist ein Thema für viele Menschen. Es ist eine gute Regel, nur dann zu essen, wenn du hungrig bist und aufzuhören, sobald du dich satt fühlst. Essen sollte genossen werden, aber man sollte es nicht übertreiben und nicht als Lustmittel behandeln, als eine

Möglichkeit, sich gut zu fühlen oder sich von emotionalen Problemen abzulenken.

Es kommt nicht nur auf die Art der Lebensmittel an, sondern auch auf die Art, wie sie gewonnen, zubereitet und verzehrt werden. Alle Mahlzeiten sollten mit Liebe zubereitet und gekocht werden. Gesunde Nahrung mit Achtsamkeit und Dankbarkeit zuzubereiten und zu verzehren steigert deren Nutzen immens.

In der vedischen Kultur wird der Akt des Essens als hingebungsvolles Ritual gesehen. Jeder Bissen wird Ishvara mit Dankbarkeit dargeboten. Eine heilige Gabe sollte niemals halbherzig und ohne die nötige Sorgfalt und Aufmerksamkeit dargebracht werden. Mahlzeiten sollten daher wie ein Ritual gepflegt werden. Sich um Ishvaras Körper zu kümmern ist eine Möglichkeit, Ishvara zu dienen. Schließlich ist der Körper nur eine vorübergehende Leihgabe an dich, den Bewohner. Sich ausreichend um den Körper zu kümmern ist deine Art, die Miete zu bezahlen. Allerdings sollte der Körper nicht übermäßig verwöhnt oder ihm zügelloses Verhalten erlaubt werden, was uns zu unserem nächsten Thema führt.

Die Kunst der Selbstdisziplinierung

Als nächstes spricht Krishna über Tapas, was mit Selbstdisziplin oder Selbstbeherrschung übersetzt werden kann. Solange du nicht bereit bist, deinen Körper, deinen Geist und deine Sinne zu beherrschen, bleibst du ihr Sklave. Tapas bedeutet, die Kontrolle über deine Gedanken, Worte, Impulse, Begierden und dein Verhalten zu bekommen. Swami Paramarthananda definiert es als: „willentlichen Verzicht, um Herrschaft über den eigenen Körper und Geist zu erlangen".

Die erste Komponente der Selbstdisziplin betrifft körperliche Disziplin. An jedem Tag hast du nur eine begrenzte Menge

Zeit und Energie. Beides sollte weise genutzt werden, um ihren Nutzen zu maximieren.

Anstatt deine kostbare Lebensenergie mit der Jagd nach materiellen Dingen und Sinnenfreuden zu vergeuden, empfiehlt Krishna, einen hingebungsvollen Lebensstil zu führen, der sich der Verehrung Ishvaras, dem Studium der Schriften und der ständigen Verfeinerung von Körper und Geist widmet. Dieser Prozess der Läuterung ist mit dem Abkratzen des Schlamms und Polieren von einem Diamanten vergleichbar, um seine verborgene Schönheit zu enthüllen.

Disziplinierung der Sprache

Worte haben Macht. Sie können heilen, sie können erleuchten, aber sie können auch zu Verwirrung, Kummer und Zerstörung führen. Während Vedanta Worte benutzt, um die Wahrheit zu enthüllen, benutzen weniger gut meinende Menschen Worte, um zu manipulieren, zu täuschen und Konflikte zu schüren. Da Worte das Potenzial haben, großen Schaden anzurichten, müssen sie immer mit Verantwortung verwendet werden.

Auch beim Sprechen zahlt es sich wie bei unserer Ernährung aus, auf zwei Faktoren zu achten: die Quantität und die Qualität unserer Worte.

Swami Paramarthananda schlägt als allgemeine Regel vor, die Quantität unserer Rede zu reduzieren. Denn ohne Kontolle über die Quantität ist es unmöglich, Qualitätskontrolle auszuüben. Wenn man zu viel redet, besteht das Problem, dass man selten lange genug innehält, um über die Qualität dessen nachzudenken, was man sagt. Vor vielen Jahren sagte ein Freund etwas, das ich nie vergessen habe: „Schweigen ist Gold. Wenn man eine Situation durch Worte nicht verbessern kann, warum es dann überhaupt versuchen?"

Wenn es um die Qualität der Rede geht, ist es hilfreich, sich drei Fragen zu stellen, bevor du etwas sagst. Dies gilt

insbesondere, wenn es emotionsgeladen oder kontrovers sein könnte. Diese werden als „die drei Tore" der Rede bezeichnet:
1. Ist es wahr?
2. Ist es notwendig?
3. Ist es freundlich?
Wenn die Antwort auf eine dieser Fragen „Nein" lautet, könnte es das Beste sein, den Mund zu halten.

Wahrhaftigkeit ist einer der höchsten Aspekte von Dharma. Die Wahrheit zu sprechen, schafft Harmonie zwischen deinen Gedanken und deinen Worten. Jede Unstimmigkeit zwischen den beiden verursacht einen inneren Konflikt, und ein innerer Konflikt führt unweigerlich zu einem äußeren Konflikt.

Impulsives Sprechen – wahllos herauszuplatzen, was immer an Gedanken in deinem Geist auftaucht – ist alles andere als eine Tugend. Obwohl manche Menschen stolz darauf sind, „die Dinge beim Namen zu nennen", tun sie im Grunde damit nichts anderes, als anderen Menschen ihre Meinung aufzuzwingen, was immer Zeichen eines kindischen und unreifen Verstands ist.

Deshalb ist es wichtig zu bedenken, ob das, was du sagen willst, wirklich wichtig ist. Sind deine Worte konstruktiv, oder sind sie nur sinnloser Lärm? Unsere Rede sollte im Idealfall sowohl dem Sprecher als auch dem Zuhörer nützen. Warum sollte man sonst die Stille stören?

Zu guter Letzt sollte Freundlichkeit immer ein Faktor in jeder Kommunikation sein. Ein Mangel an Freundlichkeit und Rücksichtnahme auf die Gefühle anderer erzeugt nur Schmerz und schlechtes Karma. Natürlich ist es manchmal notwendig, Menschen Dinge zu sagen, die sie nicht hören wollen. Es mag sogar Situationen geben, in denen du gezwungen bist, harte Worte zu benutzen. Aber das sollte immer der letzte Ausweg sein, und man sollte sich zunächst bemühen, so freundlich und rücksichtsvoll wie möglich zu kommunizieren.

Disziplinierung des Geistes

Wie wir immer wieder gesehen haben, kann die Wichtigkeit eines ruhigen und harmonischen Geistes nicht oft genug hervorgehoben werden.

Eines der Geheimnisse den Geist zu zähmen, besteht darin, dass man lernt, Gedanken und Gefühle zu beobachten, wenn sie auftauchen – Zeuge des Geistes zu sein, anstatt sich ohne ihn zu hinterfragen mit ihm zu identifizieren. Der Verstand ist schließlich nur ein Objekt, das in dir erscheint, in Bewusstsein.

Diese Fähigkeit, den Verstand objektiv zu betrachten, wird dich von viel Leid befreien. Wenn du dich mit dem Verstand identifizierst, wird sein Leiden zu deinem Leiden. Wenn du ihn jedoch als unpersönlichen Mechanismus siehst, als Instrument des Bewusstseins, wird das Leid unpersönlich. Du wirst fähig zur Unterscheidung und leidenschaftslos, zwei der wichtigsten Voraussetzungen für Befreiung.

Geistige Disziplin wird durch die stetige Praxis von Karma-Yoga, Meditation und eine Haltung von Dankbarkeit und Hingabe an Ishvara erlangt. Ein solcher Bhakta akzeptiert die Vergangenheit und lässt sie los. Er gibt alle Ängste und Sorgen über die Zukunft auf, indem er alles an Ishvara übergibt. Obwohl wir für die Zukunft planen können, ist es wichtig zu erkennen, dass die Vergangenheit und die Zukunft nichts anderes als Konzepte in deinem Geist sind. Die einzig vernünftige Art zu leben besteht darin, unsere Energie und Aufmerksamkeit auf den einzigen Moment zu richten, der uns zur Verfügung steht – den gegenwärtigen.

Da der Verstand von Natur aus zielorientiert ist, muss er auf positive und konstruktive Weise beschäftigt werden. Deshalb solltest du deinen Geist mit einer wertvollen Aufgabe beschäftigen, ihm ein Gefühl von Zweck und Bedeutung geben, ein Ideal, nach dem er sich richten kann. Wenn diese Arbeit im Einklang mit Dharma ist und mit der richtigen Karma-Yoga-Haltung ausgeführt wird, gestaltet sich das Leben als Ausdruck von Einfachheit, Verehrung und Freude.

Im Teufelskreis der Unsicherheit

In den letzten beiden Kapiteln ging es um die Weiterentwicklung der Persönlichkeit. Diese Entwicklung beinhaltet das Ausmerzen ungesunder Werte und Eigenschaften und das bewusste Aneignen und Verstärken positiver Eigenschaften. Eine der großartigsten Qualitäten, die ein Mensch entwickeln kann, wird in der Gita *danam* genannt, Wohltätigkeit bzw. Großzügigkeit des Herzens.

Das Grundproblem von Samsara ist die aus der Selbst-Ignoranz entstehende Unsicherheit. Weil wir nicht wissen, dass Ganzheit unsere eigentliche Natur ist, geraten wir in den Bann von Maya und erleben ein tiefes Gefühl von Mangel und Unsicherheit in der Annahme, dass wir eine begrenzte Körper-Geist-Wesenheit sind.

Das ist die erste Täuschung durch Maya. Die zweite Täuschung ist der Irrglaube, dass die Objekte-Welt uns irgendwie dauerhaftes Glück und Sicherheit bringen könnte. Das wird selbstverständlich nie passieren, denn alle Objekte sind ständig im Wandel begriffen und vergänglich. Wie können wir Sicherheit in etwas finden, das von Natur aus unsicher ist?

Die dritte Täuschung ist eine Folge der ersten beiden. Weil wir uns unsicher fühlen und glauben, dass weltliche Objekte Glück bringen, sind wir geradezu besessen davon, Dinge zu erwerben, zu konsumieren und anzuhäufen. Im Grunde versuchen wir, so viel wie möglich aus der Welt herauszuholen. So ist es kein Wunder, dass die Regierungen Menschen heute als „Verbraucher" und nicht als „Bürger" bezeichnen. Eine solche fehlgeleitete Gier bringt Geiz mit sich und Angst, das zu verlieren, was wir erworben haben. Deswegen definiert Swami

Paramarthananda Samsara als „nichts anderes, als die Angst, Dinge zu verlieren". Das mächtigste Gegenmittel gegen diesen Teufelskreis von Unsicherheit, Gier und Geiz ist die Kultivierung von Danam, einem großzügigen Herzen.

Die Macht der Großzügigkeit

Großzügigkeit ist nichts, was uns fremd ist. Im Grunde genommen ist die Natur nichts anderes als Großzügigkeit in Aktion. Wenn du die Natur beobachtest, kannst du sehen, dass alles in einem harmonischen Kreislauf von Geben und Nehmen geschieht. Bäume holen sich Kohlendioxid aus der Luft und wandeln es in Leben spendenden Sauerstoff für andere Lebewesen um, die es den Bäumen wiederum in Form von Kohlendioxid zurückgeben. Der Ozean schenkt Wasser her, um Wolken zu bilden, die dann auf die Berge niederregnen und die Flüsse füllen, die dieses Wasser schließlich wieder in den Ozean zurückführen. Alles nimmt, aber alles gibt auch.

Als ein Bestandteil dieses Ökosystems sollte der Mensch sich nicht anders verhalten. Wir erhalten alles, was wir brauchen, von unserer Umwelt. Wir sollten nicht nur alles ergreifen und ansammeln wollen und ständig immer Neues haben wollen. Stattdessen sollten wir glücklich sein, zu teilen was wir haben, um unsere Schuld gegenüber dem Leben auszugleichen.

Das Herz der Großzügigkeit, ausgedrückt durch Wohltätigkeit und Geben, ist ein Weg, das Leben zu ehren. Wohltätigkeit nützt nicht nur dem Empfänger, sondern auch dem Geber. Die Fähigkeit, anderen zu geben, vermindert das falsche Gefühl von Besitztum, das den Kern des Ego ausmacht. Auf der anderen Seite stärkt ein Handeln aus Gier und egoistischem Verlangen nur das Gefühl des Ego von Trennung und Teilung.

In Wahrheit besitzen wir nichts in dieser Welt. Alles gehört Ishvara, der uns aus göttlichem Wohlwollen mit allem versorgt, was wir zum Überleben und Gedeihen brauchen. Zu geben und zu teilen bedeutet daher, uns mit Ishvara und den natürlichen Gesetzen der Schöpfung in Einklang zu bringen.

Krishna sagt, dass sattvige Wohltätigkeit bedeutet, einem würdigen Empfänger in einer der Situation angemessenen Weise zu geben. Allerdings kann Wohltätigkeit auch missbraucht werden. Von Rajas motivierte Wohltätigkeiten können mit dem Hintergedanken erfolgen, tugendhaft zu erscheinen oder mit der Erwartung, etwas im Gegenzug zu bekommen. Tamasige Menschen spenden möglicherweise an die falsche Person oder Sache und aus den falschen Gründen. Ein Extremes Beispiel ist die Finanzierung stark adharmischer Organisationen, wie z.B. organisierte Verbrecherorganisationen oder terroristische Vereinigungen.

Deshalb muss auch wohltätiges Geben mit einem klaren und unterscheidenden Geist und auf eine angemessen dharmische Weise erfolgen.

Drei heilige Worte

Das Kapitel endet mit einer kurzen Betrachtung der Worte „Om Tat Sat". Dieses Mantra wird in vielen vedischen Ritualen verwendet, oft am Ende der Zeremonie, um sie zu heiligen und Ishvara zu widmen.

Jedes der drei Worte bezieht sich auf Brahman, das göttliche Selbst. Die Silbe *Om* ist der ursprüngliche Klang der Schöpfung. Da sie den Urgrund aller Dinge verkörpert, wird Om an den Anfang der meisten Mantras gestellt.

Tat, oder „Das", bezieht sich auf das *Selbst*, die innerste Essenz aller Dinge – Das, was sowohl transzendent als auch immanent ist.

Sat bedeutet „Existenz", ein weiteres Synonym für das *Selbst*. In diesem Zusammenhang ist Sat die der gesamten Existenz zugrunde liegende Substanz, die anfangslose Ursache (Satya), aus der die Welt (Mithya) als Wirkung hervorgeht.

Nach vedischer Tradition neutralisieren diese drei Worte, wenn sie am Ende eines Rituals gesungen werden, alle Fehler oder Irrtümer, die du möglicherweise gemacht hast, sei es bei der Aussprache der Mantras oder bei der Ausführung der Handlungen.

Im Buch „The Holy Geeta" schreibt Swami Chinmayananda:

> Handlungen können in „gute Handlungen" verwandelt werden, wenn sie mit Om Tat Sat – dem Höchsten (Om), dem Universellen (Tat) und dem Wirklichen (Sat), also dem Unendlichen Brahman – ausgeführt und angerufen werden. Wenn dieses Rezitieren mit Glauben und Aufrichtigkeit durchgeführt wird, erweitert sich der Geist des Suchenden und überwindet Selbstsucht und Arroganz, und die Karmas werden geheiligt und gereinigt.

Das vollständige Mantra lautet *Om tat sat Ishvara panam astu* und bedeutet: „Diese Handlung soll eine Opfergabe an den Herrn sein, der Om Tat Sat ist."

Der springende Punkt ist, dass jede Handlung, wie weltlich sie auch erscheinen mag, in Verehrung umgewandelt werden kann, indem man ein Leben im Sinne des Karma-Yoga führt und alle seine Handlungen Ishvara mit Dankbarkeit und Verehrung darbringt.

Auf diese Weise ist die Beschäftigung mit der Welt nicht unbedingt ein Hindernis für die Befreiung. Diese kann vielmehr dein Sadhana (spirituelle Praxis) und dein eigentliches Werkzeug zur Befreiung sein. Swami Chinmayananda nannte dies „eine Haltung der Übereinstimmung mit einem höheren Ideal bewahren" – etwas, das sogar inmitten weltlicher Aktivitäten geschehen kann, indem man sich an Om Tat Sat erinnert.

KAPITEL ACHTZEHN

Befreiung

1. Arjuna hatte noch eine letzte Frage. „Krishna, bitte erkläre mir den Unterschied zwischen *sannyasa* und *tyaga*, den beiden Formen von Verzicht."

2. Krishna antwortete: „Die erste, Sannyasa, ist der Verzicht auf Handlungen um der gewünschten Objekte willen, und die zweite, Tyaga, ist der Verzicht auf die Ergebnisse aller Handlungen.

3. „Manche glauben, dass allen Handlungen entsagt werden sollte, weil sie zu Unfreiheit führen. Andere sagen, dass edle Handlungen wie Rituale, Wohltätigkeit und Selbstdisziplin, nicht aufgegeben werden sollten.

4-6. „Ich sage, dass Rituale, Wohltätigkeit und Selbstdisziplin nicht aufgegeben werden sollten. Solche Handlungen reinigen den Geist jener, die zur Unterscheidung fähig sind. Doch auch diese Handlungen sollten ohne Anhaftung oder den Wunsch nach Belohnung ausgeführt werden. Dies ist meine klare, wahre Vision, Arjuna.

7-9. „Es ist unangemessen, seinen Pflichten zu entsagen. Solch ein durch Verblendung verursachter Verzicht ist tamasig. Das Vermeiden von Handlungen aus Befürchtung körperlichen Unbehagens ist rajasig. Solche Entsagung trägt keine Früchte. Pflichtbewusst seinen Verantwortlichkeiten nachzukommen, ohne persönlichen Vorteil zu suchen, ist jedoch sattvig.

10. „Diejenigen mit sattviger Veranlagung besitzen klares Wissen. Frei von Zweifeln, verstehen sie die wahre Bedeutung von Verzicht. Sie weichen weder unangenehmen Handlungen aus, noch streben sie übermäßig nach angenehmen Handlungen.

11-12. „Solange man einen Körper hat, lässt sich die Notwendigkeit von Handlungen nicht vermeiden. Aber derjenige, der auf die Ergebnisse der Handlungen verzichtet, hat Verzicht erfolgreich gemeistert. Diejenigen, die weiter an den Früchten ihrer Handlungen haften, werden die Folgen dieser Karmas erfahren – ob angenehm, unangenehm oder eine Mischung aus beidem. Aber wer wahrhaftig Verzicht übt, bleibt frei von Karma.

13-15. „Höre, Arjuna, denn Vedanta benennt klar die fünf Faktoren, die für das Gelingen jeder Handlung notwendig sind. Diese Faktoren sind: der physische Körper, das Empfinden, ein Handelnder/ Ego zu sein, die Wahrnehmungsorgane und die Handlungsorgane, die physiologischen Funktionen sowie die Umgebung und die Elementarkräfte, durch die eine Handlung erfolgt. Jede Handlung, die ein Mensch unternimmt, ob in Gedanken, Worten oder Taten, ob angemessen oder unangemessen, ist das Ergebnis des Zusammenwirkens dieser fünf Faktoren.

16-17. „Diejenigen, denen es an klarer Sicht mangelt, glauben selbst Ausführende der Handlung zu sein. Aber der Weise versteht das *Selbst* als frei von Täterschaft. Eine solche Seele weiß, dass, wenn sie handelt, auch wenn sie gegen diese Menschen kämpft, sie weder kämpft noch gebunden ist.

18-19. „Das Wissen, das Objekt des Wissens und der Wissende stellen die dreigeteilte Ursache des Handelns dar. Die Mittel des Handelns, das Objekt des Handelns und der Ausführende der Handlung (der Handelnde) sind die drei Bestandteile des Handelns. Wissen, Handlung und der Ausführende der Handlung können entsprechend ihrer Prägung durch die Gunas unterschieden werden.

20-22. „Klares, sattviges Wissen erlaubt es, das unveränderliche *Selbst* in allen Wesen und das Unteilbare inmitten der scheinbaren Vielfalt der Schöpfung zu sehen. Von Rajas konditioniertes Wissen hingegen sieht die vielfältigen Formen der Schöpfung als getrennt und unterschiedlich. Durch Tamas geprägtes Wissen, das eingeschränkt und ohne Weitblick ist, sieht nur einen kleinen Teil und verwechselt diesen mit dem Ganzen.

23-25. „Handlungen, die in Übereinstimmung mit Dharma, ohne Anhaftung und frei vom Einfluss bindender Vorlieben und Abneigungen ausgeführt werden, sind sattvig. Handlungen, die von Lust und Selbstgefälligkeit getrieben sind und mit intensiver Anstrengung ausgeführt werden, sind rajasig. Handlungen, die ohne Rücksicht auf die Folgen oder einen möglichen Verlust, ohne Berücksichtigung der Auswirkungen auf andere oder der eigenen Fähigkeiten ausgeführt werden, sind tamasig.

26-28. „Derjenige, der frei von Anhaftung und Egoismus ist, der mit Entschlossenheit und Enthusiasmus ausgestattet ist und sowohl im Erfolg wie im Misserfolg unbeirrt bleibt, ist ein sattvig Handelnder. Derjenige, der von starken persönlichen Wünschen getrieben wird, der gierig und aggressiv ist, der bereit ist, andere zu verletzen und dessen Geist begehrend ist und zu Hochgefühlen und Niedergeschlagenheit neigt, ist ein rajasig Handelnder. Derjenige, der undiszipliniert, vulgär, unreif, betrügerisch, grausam, faul, schnell verzagend ist und zum Aufschieben neigt, ist ein tamasig Handelnder.

29-32. „Nun werde ich beschreiben, wie die Gunas den Intellekt und die Entschlossenheit eines Menschen beeinflussen. Ein sattviger Intellekt weiß, wann er handeln sollte und wann er es unterlassen sollte zu handeln. Er weiß, welche Handlung angemessen und welche unangemessen ist, was zu befürchten ist und was nicht. Und er weiß, was Freiheit und was Unfreiheit bringt. Ein rajasiger Intellekt verwechselt richtiges und falsches Handeln und kann nicht unterscheiden, was zu tun und was zu lassen ist. Ein tamasiger Intellekt, von Unwissenheit eingetrübt, verwechselt ständig Falsches mit Richtigem und ist komplett unfähig zu unterscheiden.

33-35. „Unerschütterliche Willenskraft, mit der man Geist, die vitalen Kräfte und die Sinne durch anhaltende Praxis in Harmonie bringt, ist sattvig. Opportunistische, von selbstsüchtigem Verlangen getrübte Willenskraft, die einen nur für Ruhm, Vergnügen oder Reichtum tätig werden lässt, ist rajasig. Unangemessene Willenskraft, die von Unwissenheit getrieben und durch Angst, Kummer, Depression, Trägheit und Sucht verzerrt ist, ist tamasig.

36-37. „Höre zu, Arjuna, wenn ich nun die drei Arten von Glück erkläre. Durch anhaltende spirituelle Praxis wird man das Leiden beenden. Was zuerst wie Gift erschien, verwandelt sich in den süßen Nektar des Glücks, geboren aus der Klarheit der *Selbst*-Erkenntnis. Das ist sattviges Glück.

38-39. „Vergnügen, welches aus der Befriedigung der Sinne entsteht, ist immer flüchtig. Anfänglich erscheint es wie Nektar, wird aber schon bald zu Gift. Das ist rajasiges Glück. Das narkotische Glück, das selbst-täuschend ist und Schlaf, Faulheit und Gleichgültigkeit entspringt, ist von tamasiger Natur.

40. „Es gibt kein Wesen, weder auf der Erde noch in den himmlischen Sphären, das vom Einfluss dieser drei Gunas frei ist.

41. „Die jeweiligen Pflichten in der sozialen Ordnung werden durch die Natur eines Menschen bestimmt.

42. „Weil bei ihnen Sattva überwiegt, ist es die Pflicht der Brahmanen (spirituelle Aspiranten, Lehrer und Beschützer der Weisheit), ein Leben in Ausgeglichenheit, Selbstbeherrschung, Disziplin, Reinheit des Herzens und Geduld zu führen sowie sich dem Lernen, Teilen und Verkörpern von *Selbst*-Erkenntnis zu widmen.

43. „Jene mit rajasigem Temperament und einem Anteil Sattva haben die Aufgabe von Kshatriyas (sie führen und verteidigen die Gesellschaft). Die Qualitäten, die sie verkörpern sollten,

sind Mut, selbstbewusste Führung, Tapferkeit, Großzügigkeit und Entschlossenheit, mit Konflikten umzugehen, anstatt vor ihnen wegzulaufen.

44. „Mit einem hohen Anteil Rajas und etwas Tamas, sind jene mit einem Vaishya-Temperament; sie sind geeignet den Wohlstand der Gesellschaft durch Tätigkeiten in der Landwirtschaft und im Handel zu erhalten. Aufgrund eines Übergewichts an Tamas sind Dienstleistungen die natürliche Aufgabe eines Shudras.

45-46. „Wenn eine Person ihren jeweiligen Pflichten gerne nachkommt, wird sie erfolgreich sein. Lass mich das erklären. Indem man seine ureigene Pflicht erfüllt, verehrt man den Schöpfer, der in allen Formen wohnt und sie durchdringt.

47. „Es ist besser, die eigene Pflicht unvollkommen zu erfüllen, als in der Pflicht eines anderen erfolgreich zu sein. Indem er der eigenen Natur entsprechende Handlungen ausführt, verursacht ein Mensch kein Leid.

48. „Handlungen, die sich daraus ergeben, dass du deiner Natur folgst, solltest du nicht ablehnen, Arjuna, auch wenn sie dir nicht gefallen. Jede Tätigkeit ist von Mangel begleitet, so wie Feuer von Rauch.

49. „Derjenige, dessen Geist frei von Anhaftung und Verlangen ist und der die Impulse der niederen Natur in das Streben nach *Selbst*-Erkenntnis verfeinert hat, gewinnt durch Verzicht die große Freiheit des Nicht-Handelns.

50. „Höre nun zu, wenn ich kurz erkläre, wie ein Suchender mit geläutertem Geist fest in der endgültigen Gewissheit der *Selbst*-Erkenntnis verankert wird.

51-53. „Mit klarem Verstand und unbeirrbarer Willenskraft beherrschtem Geist und Körper, Leidenschaftslosigkeit gegenüber den Verlockungen der Sinnesobjekte und frei von der Anziehung bindender Vorlieben und Abneigungen, sollte man ein einfaches und ruhiges Leben führen. Man sollte leicht essen, die Sprache und die Impulse von Körper und Geist zügeln und nicht erwarten, dass äußere Umstände einen vollkommener machen könnten. So sollte man sich beständig der Kontemplation des *Selbst* widmen. Indem man falsche Vorstellungen von Besitz und Macht aufgibt, lässt man allen Ärger los und erlangt einen Zustand der Harmonie. Ein solcher Mensch erlangt leicht das Wissen, Brahman zu sein, und verweilt darin.

54. „Die Erkenntnis nicht von Brahman getrennt zu sein, bringt Zufriedenheit und Zweifel und Kummer können ihm nichts anhaben. Mit gleichem Respekt für alle Wesen – die er als nicht getrennt von sich selbst sieht – erlangt dieser Mensch die höchste Hingabe an Mich.

55-56. „Diese intensive Hingabe führt zur vollen Erkenntnis und Verwirklichung der ewigen nicht-dualen Natur des *Selbst*. Wenn die eigenen Handlungen als Karma-Yoga ausgeführt werden, erlangt man durch Meine Gnade die Befreiung durch *Selbst*-Erkenntnis.

57-58. „Mache jede deiner Handlungen zu einer Opfergabe an Mich, widme alle Handlungen Mir und halte deinen Geist und dein Herz auf Mich allein gerichtet. Wenn du deinen Geist immer auf Mich fixierst und weißt, dass Ich du bin und du Ich bist, wirst du über alle Schwierigkeiten hinweg getragen werden. Wenn du jedoch aus Egoismus nicht gemäß dieser Wahrheit lebst, wirst du leiden.

59-60. „Selbst wenn du aus Egoismus erklärst: „Ich werde nicht kämpfen", wird dieser Entschluss vergeblich sein, da deine eigene Natur dich zum Handeln zwingt. Wenn du dich aus Verblendung hartnäckig weigerst, deine aus deiner natürlichen Veranlagung geborene Pflicht zu erfüllen, wirst du schlussendlich dennoch hilflos das tun, was du nicht tun wolltest.

61. „Als das *Selbst* wohne ich im Herzen aller Wesen, Arjuna. Durch meine Maya bringe ich sie dazu, sich zu drehen, als wären sie auf einem Rad befestigt.

62. „Ergebe dich Mir allein mit deinem ganzen Herzen, Arjuna. Durch Meine Gnade wirst du absoluten Frieden und ewige Erfüllung erlangen.

63. „Das Wissen, das ich mit dir geteilt habe, ist das große Geheimnis aller Geheimnisse. Denke über diese Worte nach und tue dann, wie es dir beliebt."

64. Nach einer Pause fuhr Krishna fort. „Du bist Mir lieb, deshalb werde Ich ein letztes Mal das Geheimnis mit dir teilen, durch das du das höchste Gut erlangen wirst.

65. „Sei Meiner immer gewahr. Biete Mir deinen Geist und dein Herz mit höchster Hingabe an, und du wirst deine Identität mit Mir erkennen. Dies verspreche Ich dir.

66. „Gib alle Karmas auf und nimm Zuflucht zu Mir allein. Sorge dich nicht, denn Ich werde dich von allem Karma befreien.

67-69. „Teile diese Weisheit nicht mit denen, denen es an Disziplin, Hingabe und der Fähigkeit fehlt zuzuhören, oder mit denen, die Mich offen verhöhnen. Aber diejenigen, die Meine Worte einem aufnahmefähigen Geist lehren, realisieren ohne Zweifel ihre Einheit mit Mir. Niemand kann Mir einen größeren Dienst erweisen.

70-71. „Jene, die über diese Worte meditieren oder sie rezitieren, verehren Mich mit großer Hingabe. Diejenigen, die Vertrauen in die Lehre haben und nicht nur nach Fehlern in diesen Worten suchen, profitieren ebenfalls sehr davon.

72. „Sag mir, Arjuna, hast du diesen Worten mit unerschütterlicher Konzentration zugehört? Ist deine aus Unwissenheit geborene Verblendung nun verschwunden?"

73. Arjuna lächelte und verbeugte sich. „Durch deine Gnade sind meine Zweifel verschwunden, o Krishna. Ich werde von jetzt an mit einem Herzen voller Hingabe leben, geleitet von der Flamme deines göttlichen Wissens."

Om Tat Sat.

KOMMENTAR KAPITEL ACHTZEHN

Ähnlich wie bei den Fernsehnachrichten wurden im zweiten Kapitel der Gita die Schlagzeilen und ein Überblick über die Hauptthemen gegeben, und dieses letzte Kapitel dient als abschließende Zusammenfassung. Wie du dich erinnern wirst, kann die Bhagavad Gita in drei Abschnitte unterteilt werden. Diese Abschnitte korrespondieren mit der vedantischen Maxime „*Tat tvam asi*", die höchste Wahrheit der Veden zusammengefasst in drei kurzen Worten: Das bist du. Wenn sich die ersten sechs Kapitel mit dem „Du", dem Jiva, befassten und die mittleren Kapitel das „Das" erforschen, das ewige *Selbst*, wird durch das „bist" im letzten Abschnitt jede Idee einer Trennung von „Das" und „Du" negiert. Welcher Unterschied sollte denn auch zwischen Wellen und Ozean oder Tonkrug und Ton bestehen?

Arjuna stellt am Anfang des Kapitels eine abschließende Frage zum Thema Verzicht, ein bekanntes Thema aus vorangegangenen Kapiteln der Gita. In seiner Antwort erklärt Krishna, dass wahrer Verzicht nicht im Unterlassen von Handlungen liege, sondern im Aufgeben der Anhaftung an die Ergebnisse von Handlungen.

Krishna betrachtet im weiteren Verlauf die Natur des *Selbst* und erörtert sechs Themen in Bezug auf die Gunas. Die Unterweisung mündet dann in eine abschließende Zusammenfassung von Karma-Yoga und auch Jnana-Yoga, der Wissenschaft der *Selbst*-Erkenntnis.

Zu guter Letzt stellt Krishna die Millionen-Dollar-Frage: Wurden Arjunas Zweifel ausgeräumt? Hat die Gita, Krishnas göttliches Lied, die gewünschte Wirkung gehabt, oder waren seine Worte vergebens? Doch bevor wir uns Arjunas „Stunde der Wahrheit" zuwenden, wollen wir zunächst die zentralen Themen dieses letzten Kapitels beleuchten.

Die zwei Lebenspfade

Ein sich durch die gesamte Gita ziehendes Thema ist die Unterscheidung zwischen dem Pfad des weltlichen Handelns und dem Pfad des Verzichts, was in den Veden Pravritti und Nivritti genannt wird.

Pravritti ist ein Leben mit Karma, mit aktivem Engagement im weltlichen Leben. Die große Mehrheit der Menschen befindet sich auf diesem Pfad, der die ersten drei menschlichen Bestrebungen umfasst: Sicherheit, Vergnügen und Tugend. Der Schwerpunkt von Pravritti liegt auf weltlichen Bestrebungen wie Arbeit, Karriere, Geld, Familie, Status und dem Erreichen verschiedenster anderer Ziele und Wünsche.

Der andere Pfad, Nivritti, besteht im Loslösen von weltlichen Verstrickungen und im Verzicht auf Handlungen (Sannyasa). Nach dem vedischen Lebensmodell wird der erste Lebensabschnitt eines Menschen von Pravritti bestimmt, während Nivritti als krönender Abschluss des Lebens angesehen wird. Bei Letzterem lässt der Entsagende, der Sannyasi, die äußere Welt hinter sich und richtet seinen Fokus auf die innere Welt und das letzte und höchste menschliche Streben – Moksha.

Während die vedantischen Schriften im Allgemeinen den Weg des Verzichts und der Erleuchtung gegenüber weltlichem Handeln besonders hervorheben, sagt die Gita, dass es keine Entweder-Oder-Entscheidung sein muss. Laut Krishna kann auch ein Leben voller weltlicher Handlungen ein Weg zu Moksha sein. Es gibt jedoch einen Vorbehalt. Handeln muss auf die richtige Art und Weise und mit der richtigen Einstellung erfolgen – d. h. als Karma-Yoga.

Wahrer Verzicht

Arjunas Eingangsfrage bezieht sich auf die Definition von zwei Begriffen: *sannyasa* und *tyaga*, die beide auf Verzicht verweisen. Wie Krishna erklärt, bezieht sich Sannyasa auf den Rückzug aus der Gesellschaft und das Leben als wandernder Asket, der sich ganz dem Streben nach Erleuchtung widmet.

Der zweite Begriff, Tyaga, bedeutet nicht auf das Handeln an sich zu verzichten, sondern auf die Ergebnisse des Handelns zu verzichten. Von dieser Art Verzicht spricht Krishna. Schließlich ist es unmöglich, Handlungen völlig zu vermeiden. Das Leben ist eine nicht enden wollende Abfolge von Handlungen. Krishna erklärt Arjuna, dass, selbst wenn er sich willentlich entscheiden sollte, auf Handlungen zu verzichten, seine eigentliche Natur ihn zum Handeln zwingen wird, ob er es will oder nicht.

Weil er verzweifelt der vor ihm liegenden unangenehmen Pflicht zu entkommen sucht, erscheint Arjuna ein Leben als Sannyasi als verlockende Alternative. Krishna rät ihm jedoch nachdrücklich von diesem Weg ab. Er weiß, dass Arjuna als jemand mit rajasiger Natur und dem Temperament eines Kriegers völlig ungeeignet für ein kontemplatives Leben wäre.

Für jemanden ohne Vorbereitung ist Sannyasa ein sicherer Weg zu Frustration, Schmerz und letztendlichem Scheitern. Weil es ein hochgradig sattviges Temperament erfordert, sind nur wenige für ein Leben außerhalb der Gesellschaft geeignet. Wessen Geist ein Übermaß von Rajas und Tamas aufweist, würde die Einsamkeit als Qual empfinden.

Deshalb betont ein Hauptteil der Unterweisungen in der Gita die Wichtigkeit der Läuterung des Geistes, um ihn für Erkenntnis vorzubereiten.

Dies bedeutet für die meisten Menschen, in der Welt zu leben und ihr Dharma so zu erfüllen, wie es ihre *svabhava* (innewohnende Natur) bestimmt. Wenn dies mit einer Haltung von Karma-Yoga und Bhakti, der Hingabe an ein höheres Ideal, geschieht, werden allmählich die bindenden Wünsche und Anhaftungen des Geistes neutralisiert und der Einfluss von Rajas und Tamas minimiert.

Unsere Schuld gegenüber der Welt begleichen

Die bloße Tatsache zu leben, lässt uns gegenüber der Welt zu einem Schuldner werden. Wir bekommen Sauerstoff aus der Luft, Nahrung vom Land und Wasser von den Flüssen. Darüber hinaus wurden uns viele der Dinge, die wir für selbstverständlich halten, durch die Arbeit anderer bereitgestellt, wie z. B. unser Essen, unsere Kleidung und unsere Behausungen.

Wir sollten daher bestrebt sein, diese Schuld zu begleichen, indem wir unser Dharma, d. h. unsere Pflicht, erfüllen und so der Welt etwas zurückgeben. In der heutigen Kultur neigen die Menschen dazu, vor dem Wort „Pflicht" zurückzuschrecken, aber Pflicht ist der Preis, den wir für das Leben in dieser Welt zahlen.

Manche Pflichten sind angenehm, andere weniger. Die Aufgabe, vor der Arjuna steht, ist eine besonders grausame. Dennoch ist es seine Pflicht als Krieger, Adharma zu bekämpfen und zu besiegen, weil dieser sonst die Gesellschaft zerstören würde.

Indem wir unsere Pflichten im Geiste des Karma-Yoga erfüllen, machen wir selbst die alltäglichsten Dinge zu einem heiligen Akt der Hingabe an Ishvara. Wenn unsere Handlungen nicht mehr nur durch persönliche Wünsche motiviert sind, befreit uns dies von der Anhaftung an die Ergebnisse, die allein Ishvara obliegen.

Ein Leben ohne Karma-Yoga ist mit Stress behaftet. Handlungen, die nur der eigenen Befriedigung dienen, bringen eine Flut von stressvollen Emotionen mit sich: Erwartung, Angst und – wenn nicht das gewünschte Ergebnis eintritt – Ärger, Groll und Niedergeschlagenheit.

Gleichgültig, ob unsere Handlungen erfolgreich oder erfolglos sind, von Wünschen getriebenes Handeln versetzt den Geist unweigerlich in Unruhe. Jedes einzelne Resultat, sei es positiv oder negativ, verstärkt die Vasanas und verfestigt unser

Verlangen, diese Handlung entweder zu wiederholen oder sie zu vermeiden.

Mit der Zeit werden unsere Vorlieben und Abneigungen zum dominanten, treibenden Faktor in unserer Psyche. Ein von psychologischen Zwängen versklavter Geist, derer er sich vielleicht noch nicht einmal bewusst ist, schenkt Dharma kaum Beachtung.

Deshalb basiert die gesamte Psychologie der Gita auf der Neutralisierung der bindenden Vorlieben und Abneigungen des Geistes. Für einen ungezähmten Geist, der hilflos an das Rad von Samsara gefesselt ist, wird das höchste Ziel namens Moksha, Befreiung, ewig eine unerreichbare Fantasie bleiben.

Auch wenn Arjuna ein Leben des Verzichts als eine bessere Alternative im Vergleich zum bevorstehenden Kampf betrachtet, sind seine Natur und sein Temperament für Sannyasa ungeeignet, wie Krishna mehrmals deutlich macht. Obwohl das Streben nach Befreiung sicherlich das höchste Ziel im Leben ist, kann es nicht dadurch erreicht werden, das wir uns von unseren weltlichen Pflichten abwenden. Wir sind alle an unsere Pflicht gebunden, unser Dharma.

Wir alle haben einen Beitrag zu leisten

Die gesamte Schöpfung ist ein perfekt geordnetes und ineinander greifendes Ökosystem. Zwar sieht der menschliche Geist nur Dualität und Trennung, doch existiert in Wirklichkeit weder etwas für sich allein, noch kann es unabhängig von irgendetwas anderem funktionieren.

Die hinter dieser Schöpfung stehende Intelligenz, Ishvara, ist gleichzeitig die eigentliche Form, Gestalt und Substanz der Schöpfung. Ihre Erscheinung sind alle Sterne, Galaxien, Planeten, Berge, Ozeane, Flüsse und Bäume, ebenso wie die sie regierenden Gesetze. Diese Naturgesetze, die das Wirken von Ishvara sind, bilden die grundlegende Ordnung der Schöpfung. Ein anderes

Wort für diese Ordnung ist Dharma, die Basis und das Fundament des Kosmos.

Wie wir gesehen haben, befindet sich die Natur in einem Zustand der Selbstregulation. Alles trägt zum Ganzen bei, indem es seinem ihm innewohnenden Dharma folgt. Doch was für Tiere und Pflanzen ganz natürlich ist, stellt für uns Menschen eine größere Herausforderung dar. Dank Unwissenheit, Begierde, Anhaftung und dem falschen Gebrauch des freien Willens sind wir die einzige Spezies, die in der Lage ist, Dharma zu verletzen.

Der traurige Zustand der Welt heutzutage ist hierfür symptomatisch. Die Ausnutzung und Instrumentalisierung unseres Verlangens, unserer Gier und unserer persönlichen Anhaftung bildet das Herzstück unserer materialistischen, auf Konsum orientierten Kultur. Von Geburt an werden wir zu hirnlosen Konsumenten konditioniert, zu Rädchen im Getriebe der kapitalistischen Maschine, statt zu Verteidigern des Dharmas. Das hat zur Zerstörung unseres Planeten geführt, zur systematischen Vernichtung unserer natürlichen Ressourcen, ganz zu schweigen von der zunehmenden Ungleichheit in der Gesellschaft und der stetigen Aushöhlung moralischer Werte.

Wir alle haben einen Beitrag für die Gesellschaft und die Welt zu leisten. Die Gita macht deutlich, dass dies unsere Aufgabe und unsere Verpflichtung ist. Anstatt unsere Kinder so zu erziehen, dass sie die vorherrschende Kultur widerspiegeln, sollten wir sie zu Verfechtern und Verteidigern von Dharma erziehen.

Krishna beschwört Arjuna, seinem Weg, seinem Dharma, unabhängig von seinen Vorlieben und Abneigungen zu folgen. Die konditionierten Wünsche und Abneigungen sollten zurückgedrängt werden, anstatt ihnen zu erlauben, unser Handeln zu bestimmen.

Dem Dharma zu folgen, befreit uns von unserem Gefühl, der Handelnde zu sein. Indem wir uns auf Dharma ausrichten, erreichen wir Harmonie mit Ishvara, und wir werden auch feststellen, dass die angemessene Handlung in jeder Situation bereits festgelegt ist; nicht durch unsere persönlichen Vorlieben und Abneigungen, sondern durch Dharma. Unsere Entscheidungen sind bereits für uns getroffen, wenn wir einfach der natürlichen Ordnung des Lebens folgen.

Darüber hinaus verehren wir Ishvara und zahlen unsere Schuld gegenüber dem Leben zurück, indem wir unsere Handlungen in Übereinstimmung mit dem Dharma ausführen. Das bedeutet, das Richtige zur richtigen Zeit auf die richtige Weise zu tun.

Swami Dayananda sagt:

> Wann immer ich genau das tue, was in einer bestimmten Situation erforderlich ist, verehre ich Ishvara. Wann immer ich das tue, was angemessen ist, verbinde ich mich mit Ishvara. Deshalb steckt so viel Freude und Zufriedenheit in meinem Tun. Zwischen dem Gesetz von Dharma und meinen Handlungen herrscht Harmonie, und das gibt mir ein Gefühl des Friedens, weil ich mich aus dem Griff der *raga-dvesas* (Vorlieben und Abneigungen) befreie. Wenn ich dies Tag für Tag tue, was wird dann mit meinen Vorlieben und Abneigungen geschehen? Welchen Einfluss können sie noch auf mich haben? Sie fallen einfach ab. Es bleiben nur nicht-bindende *raga-dvesas* übrig, die wunderbar sind, weil sie mich zu einem einzigartigen Individuum machen.

Wenn wir nur leben, um unsere Begierden zu befriedigen, ist das der sicherste Weg, jede Hoffnung auf Freiheit und dauerhaften

Frieden zu zerstören. Wie wir festgestellt haben, wächst Verlangen nur dann wie ein gefräßiges Feuer, wenn es gefüttert wird, und verursacht nur dann Elend, wenn es behindert wird.

Krishna macht deutlich, dass solch ein verschwendetes Leben nur zu spirituellem Verfall führt. Es mag in unserer zutiefst materialistischen, Ego-gesteuerten Kultur schwer zu vermitteln sein, aber unser Leben darf nicht vom Verlangen, sondern muss vom Dharma bestimmt sein. Wir müssen unsere Pflicht so erfüllen, wie es unsere Natur und die Bedürfnisse der Situation verlangen.

Die vier Varnas

Worin unsere Pflicht besteht, unterscheidet sich von Mensch zu Mensch. Als das *Selbst* sind wir alle dasselbe – das eine, alles durchdringende Bewusstsein. Aber als Jivas teilen wir uns in verschiedene Charaktertypen auf, entsprechend unserem *svabhava*, unserer angeborenen Natur. Diese angeborene Natur bestimmt wiederum unseren persönlichen Dharma.

Das vedische *varna*-System umfasst vier grundlegende Charaktertypen, die sich aus den in einem Menschen vorherrschenden Gunas und den Rollen und Aufgaben ergeben, für deren Ausübung er in der Gesellschaft am besten geeignet ist.

Leider degenerierte das Varna-System in Indien im Laufe der Zeit zu einem verzerrten und ausbeuterischen Kastensystem, das auf der Abstammung und nicht auf dem Naturell einer Person basiert. Nichtsdestotrotz ist das Varna-System als grundlegendes Konzept auch heute noch genauso gültig wie zu früheren Zeiten. Diese auf den Gunas basierende Unterteilung trägt den universellen Unterschieden Rechnung, die man im Charakter und Naturell der Menschen in allen Kulturen über alle Zeiten hinweg findet.

Die vier Varnas sind:

1. *Brahmanen*: die spirituelle/ dem Wissen zugewandte Klasse (sattvig)
An der Spitze des vedischen Systems finden wir die Brahmanen, Menschen mit überwiegend sattvigem Geist und Charakter. Aufgrund der klaren und reflektierenden Qualität von Sattva bilden die Brahmanen die spirituelle Klasse. Sie sind Priester, Wissenschaftler und Lehrer und ihre Lebensaufgabe ist, die Flamme des Wissens im Herzen der Gesellschaft lebendig zu halten. Von Brahmanen wird erwartet, dass sie als Vorbild auftreten, die Gesellschaft inspirieren und unterrichten und ein einfaches Leben voller Reinheit, Integrität und Hingabe an ihr Wissensgebiet führen.

2. *Kshatriyas*: die Klasse der Anführer und Krieger (rajasig/ sattvig)
Menschen, deren Natur hauptsächlich rajasig mit einem Hauch von Sattva ist, zählen zur Klasse der Kshatriya. Solche Menschen verfügen über einen, durch Sattva bedingten, klaren Geist. Da gleichzeitig Rajas vorhanden ist, werden sie von der Dynamik dieses Gunas gezwungen, eine aktive Rolle in der Gesellschaft zu spielen. Die Kshatriyas sind als politische Führer, Verwalter und Verteidiger der Gesellschaft vorgesehen.

3. *Vaishyas*: die Klasse der Kaufleute (rajasig/ tamasig)
Wer einen überwiegend rajasigen Verstand mit einem Anteil Tamas hat, gehört zur Klasse der Kaufleute. Geist und Temperament von Vaishyas eignen sich hervorragend, um Industrie und Handel einer Gesellschaft zu betreiben und sich um alle gewerblichen, wirtschaftlichen und materiellen Angelegenheiten zu kümmern.

4. *Shudras*: die Klasse der Dienstleister (tamasig)
Zu guter Letzt bilden Menschen mit generell tamasiger Veranlagung die allgemeine Arbeiterschaft. Da ihnen die Klarheit von Sattva und die Dynamik von Rajas fehlen, eignen sich Shudras am besten für Arbeiten im Dienstleistungsbereich und die Verrichtung von für die Gesellschaft notwendigen und wertvollen manuellen Arbeiten.

Alle Rollen haben den gleichen Wert

Es sollte beachtet werden, dass jeder Varna den gleichen Wert und die gleiche Wichtigkeit hat. Die Veden betrachten eine Gesellschaft nämlich als einen einzigen Organismus, in dem alle Teile miteinander verbunden sind und in Harmonie zusammenarbeiten müssen. Die dem Wissen zugewandten Brahmanen werden mit dem Kopf der Gesellschaft verglichen, die der Verwaltung, Führung und Verteidigung zugewandten Kshatriyas bilden ihre Arme und Hände, die dem Handel zugewandten Vaishyas bilden den Rumpf und die der Dienstleistung zugewandten Shudras die Beine.

Das Varna-Modell hilft uns, zu erkennen, welcher Beruf, welche Aufgabe, am besten zu unserer Natur passt. Jeder von uns wurde geboren, um eine bestimmte Rolle im Leben zu spielen. Ob es eine große und prestigeträchtige Rolle ist, wie die Führung einer Nation oder eine bescheidene Rolle, wie das Fegen der Straßen, so trägt doch jeder von uns zur Schöpfung bei, indem er die ihm zugewiesene Rolle spielt.

Probleme entstehen, wenn eine Gesellschaft kein Verständnis für diese Varnas hat. Am Ende werten wir Lehrer ab, während wir Stars in Reality-Shows verherrlichen. Schlimmer noch, anstatt kompetente, qualifizierte und psychisch gesunde politische Führer zu wählen, wählen wir tamasig veranlagte Geschäftsleute von zweifelhaftem moralischem Niveau.

Auch wenn du bestimmte Jobs und Rollen mehr schätzt und begehrst als andere, macht es wenig Sinn, sich nach einer Position zu sehnen, die nicht zu deinen besonderen Fähigkeiten und deinem Temperament passt. Was könnte denn stressiger sein, als einen Job zu bekommen, von dem du weißt, dass du dafür völlig unqualifiziert bist?

Deshalb betont Krishna, wie wichtig es ist, unserer Natur treu zu bleiben und unserem eigenen Dharma und nicht dem von jemand anderem zu folgen – und zwar auch, wenn es nicht immer nach unserem Geschmack ist.

Da wir in einer auf Wünschen und nicht auf Dharma basierenden Kultur leben, neigen die Menschen dazu, „Erfolg" an der Erfüllung ihrer persönlichen Wünsche und Ambitionen zu messen. Wie geizige Schnäppchenjäger versuchen sie, alles aus der Welt herauszuholen, was sie können, während sie so wenig wie möglich in die Welt einbringen. Wer jedoch Dharma versteht, begreift Erfolg im Sinne eines Beitrags: mehr der Welt zu geben, als man von ihr nimmt.

Karma-Yoga neu betrachtet

Wenngleich weltliches Handeln nicht vermieden werden kann, so kann dieses Handeln doch zumindest in spirituelle Praxis umgewandelt werden. Dies geschieht durch die Ausübung von Karma-Yoga, dem primären Sadhana eines jeden Suchers nach Erleuchtung. Nur durch die Neutralisierung der bindenden Vorlieben und Abneigungen der Psyche und der mit dem weltlichen Karma verbundenen Belastungen wird dein Geist zu einem geeigneten Gefäß für *Selbst*-Erkenntnis.

Der Karma-Yogi widmet Ishvara alle Handlungen, ob heilig oder weltlich, bedeutsam oder banal. Woraus auch immer deine Arbeit bestehen mag, sie wird zu deinem Ausdruck der Verehrung: zu deiner Art, dem Herrn etwas zurückzugeben und die Schulden für alles zu begleichen, was dir im Leben gegeben wurde.

Als Karma-Yogi verstehst du, dass es im Leben nicht darum geht, deine persönlichen Wünsche zu befriedigen, sondern das zu tun, was du tun musst, mit einem gefestigten, zielgerichteten Geist und einem Herzen voller Dankbarkeit und Hingabe.

Karma-Yoga verändert nicht nur deine Einstellung zum Handeln, sondern auch deine Einstellung zu den Ergebnissen des Handelns. Du handelst zwar immer noch, um ein bestimmtes Ergebnis zu erreichen, aber dieses Ergebnis ist nicht mehr der alleinige Zweck deines Bemühens. Dein höchstes Ziel beim Karma-Yoga ist nicht das Erreichen bestimmter weltlicher Resultate, sondern das Kultivieren eines klaren und ruhigen Geistes.

Indem du Ishvara als *karma phala data* anerkennst, als Spender der Ergebnisse aller Handlungen, kannst du jedes Ergebnis dankbar als Prasada, als göttliches Geschenk, annehmen.

Dies ist jedoch kein Freibrief für Fatalismus. Wenn du nicht das Ergebnis bekommst, das du beabsichtigt hast, solltest du deine Bemühungen nicht unbedingt aufgeben. Je nach Dharma der Situation musst du vielleicht deine Bemühungen verdoppeln und es noch einmal versuchen.

Unabhängig von dem, was passiert, lernst du als Karma-Yogi das Leben objektiv und leidenschaftslos zu betrachten. Wenn du bekommst, was du willst, wirst du dich nicht mehr mit einem übertriebenen Gefühl von Stolz aufblähen, weil du weißt, dass alles durch Ishvaras Gnade geschehen ist. Ebenso hegst du keine unangebrachten Gedanken von Versagen und Unzulänglichkeit, wenn die Dinge nicht so laufen, wie du es dir vorgestellt hast, denn auch hier weißt du, dass die Ergebnisse von Ishvara bestimmt wurden.

Ob nun Gutes oder Schlechtes passiert, es ist immer eine Gelegenheit, zu lernen und zu wachsen. Außerdem liegt das Ziel des Karma-Yoga niemals im Erreichen bestimmter weltlicher Ziele. Sein Ziel liegt letztlich darin, den Geist zu reinigen und zu verfeinern. Deshalb kann Karma-Yoga selbst die schlimmsten Niederlagen in spirituelle Siege verwandeln, ganz gleich, ob du in der äußeren Welt etwas gewinnst oder verlierst.

Die Welt ist nicht die Quelle deines Kummers

Wessen Glück davon abhängt, dass die Welt mit den eigenen Vorlieben und Abneigungen in Einklang ist, ist Sklave von Samsara. Von Objekten abhängiges Glück schließt nicht nur die Befreiung aus, sondern ist auch die unbeständigste Art von Glück, weil Ishvara die Welt der Objekte kontrolliert und nicht der Jiva.

Vedanta verneint die Vorstellung, dass weltliche Objekte ursächlich für unser Glück sind. Wären sie es, würden die gleichen Objekte alle Menschen glücklich machen, und unsere Freude wäre konstant und unveränderlich, solange das Objekt da ist. Das ist aber eindeutig nicht der Fall. Was uns an einem Tag glücklich macht, kann uns am nächsten Tag genauso gut Kummer bereiten, wie jeder Scheidungsanwalt bestätigen wird. Wenn die Welt nicht die Ursache für unser Glück ist, kann sie auch nicht die Quelle unseres Unglücks sein.

Vedanta offenbart, dass unser Kummer in *Selbst*-Ignoranz begründet ist. Weil wir uns mit den konditionierenden Attributen von Körper, Geist und Ego verwechseln, erleben wir im Innersten unseres Seins ein bedrückendes Gefühl von Mangel und Begrenztheit.

Diese gefühlte Unzulänglichkeit führt zu unseren verzweifelten Versuchen, die Welt, uns selbst und andere in etwas Vorteilhaftes zu verwandeln – in etwas, von dem wir glauben, dass es uns vollkommen und vollständig machen wird, ohne zu erkennen, dass wir bereits vollkommen und vollständig sind.

Die Gunas neu betrachtet

Vor dem Einstieg in die *Selbst*-Erkenntnis wird in diesem mittleren Teil des Kapitels ein wesentliches Thema der vorangegangenen Kapitel erneut betrachtet: die Gunas. Da die Gunas das Feld der Prakriti bilden, unterliegen alle Wesen ihrem Einfluss, ob erleuchtet oder nicht.

Krishna untersucht sieben Themen bezüglich der Auswirkungen der Gunas: Wissen, Handeln, Täterschaft, Intellekt, Wille, Pflicht und Glück.

1. Sattva – Dein Ticket in die Freiheit

Sattva ist der subtilste Guna und hat eine reflektierende und offenbarende Qualität. Ein sattviger Geist, frei von den einschränkenden Scheuklappen namens Rajas und Tamas, ist zu klarer Erkenntnis, Unterscheidung und kreativem Denken fähig. Dies führt auf natürliche Weise zu Dharma-konformem Handeln.

Das Kultivieren von Sattva hilft dem nach Befreiung Suchenden nicht nur unermesslich, sondern darüber hinaus ist ein sattviger Geist auch ein glücklicher Geist. Es ist ein Geist, in dem die reflektierte Glückseligkeit des *Selbst* als Frieden, Ganzheit und Zufriedenheit mit sich und dem Leben erfahren wird.

Karma-Yoga ist für einen sattvigen Geist eine Selbstverständlichkeit. Dadurch wird er von stressigen und anstrengenden Versuchen befreit, Situationen und Menschen so zu manipulieren, dass sie mit den eigenen Vorlieben und Abneigungen übereinstimmen.

Eine sattvige Person ist weitgehend frei von Egoismus und Anhaftung und begegnet dem Leben mit einer Haltung von Heiterkeit und mit Widerstandsfähigkeit. Dank eines scharfen und hoch entwickelten Intellekts ist sich eine solche Seele stets über ihre Prioritäten und den letztendlichen Zweck des Lebens klar. Ein urteilsfähiger und unerschütterlicher Wille befördert sie in Richtung ihres Ziels und verhindert, dass sie sich in den „verschlungenen Seiten-Pfaden" des Lebens verirrt, wie das Tao Te King es nennt.

2. Rajas – Dein Ticket zu Leidenschaft und Schmerz

Wie wir gesehen haben, wirkt Rajas aufwühlend auf Geist und Körper. Es verbirgt die Erkenntnis, indem Geist und Sinne nach außen gerichtet und auf die gegenständliche Welt fixiert werden.

Infolgedessen sind rajasige Menschen im Allgemeinen materialistisch und Ich-bezogen, mit wenig Interesse an spirituellen Themen. Da alles durch das Raster ihrer Wünsche und Abneigungen gefiltert wird, ist objektive Unterscheidung für rajasige Menschen fast unmöglich.

Stets unzufrieden und von unerfüllten Wünschen und Sehnsüchten verzehrt, sitzen sie ungern länger als ein paar Sekunden still. Schließlich gibt es immer noch mehr zu tun, mehr zu erstreben und mehr zu erreichen.

Unter dem Einfluss von Rajas steigern sich Wünsche zu gierigem Verlangen. Und Gier führt oft zu Adharma – entweder absichtlich oder einfach aufgrund der gestörten Unterscheidungsfähigkeit des Geistes.

Wie schwelende Vulkane voller Gier und Frustration neigen rajasige Menschen dazu, bei der geringsten Provokation zu explodieren. Diese Menschen streben vor allem nach materiellem Erfolg, Reichtum, Macht und Anerkennung und ihr Glück ist vollkommen von der Welt der Objekte abhängig – was die eigentliche Definition von Samsara ist.

3. Tamas – Dein Ticket zu Unwissenheit und Trägheit

Tamas hat als dichteste der drei Qualitäten eine abstumpfende und vernebelnde Wirkung auf Geist und Sinne.

Wie die Menschen mit dominierendem Rajas, sind auch jene, die unter dem Einfluss von Tamas stehen, durch und durch materialistisch. Sie werden von ihrem Verlangen nach Sinnesbefriedigung verzehrt und haben keine Unterscheidungsfähigkeit. Doch während Rajas zu unermüdlichem Handeln antreibt, neigen tamasige Menschen zu Undiszipliniertheit, Faulheit und Antriebslosigkeit.

Ein tamasiger Geist, der zu einer unglücklichen Kombination von Ignoranz und Sturheit neigt, macht deutlich, was Psychologen den Dunning-Kruger-Effekt nennen. Durch diese kognitive Verzerrung haben ungebildete Menschen oft ein sehr hohes Selbstvertrauen, weil sie das eigene Wissen und Können extrem überschätzen. Wenn jemand nicht weiß, wie unwissend er ist, hat es keinen Sinn, überhaupt zu versuchen, zu ihm durchzudringen! Tamasige Menschen sind selten für neue Ideen offen, selbst dann, wenn ihre gegenwärtigen Denk- und Verhaltensmuster selbstzerstörerisch sind.

Fatalistisch und der Sucht zugeneigt, haben solche Menschen einen Hang zu abstumpfenden, narkotischen Sinnenfreuden wie Alkohol, Drogen und Junkfood. Sie sind die wahren „Nehmer" im Leben. Ihr Leben ist von sinnlicher Lust geprägt, und sie haben wenig Interesse daran, einen Beitrag für andere oder die Welt um sie herum zu leisten.

Guna-Management ist unerlässlich

Alle Lebewesen werden mit einer bestimmten körperlichen und geistigen Veranlagung geboren, die sich aus dem jeweiligen Verhältnis der Gunas ergibt. Dieses Verhältnis ist jedoch nicht in Stein gemeißelt, sonst wären die vorangegangenen Kapitel sinnlos. Der Schlüssel liegt darin zu lernen, die Gunas zu steuern, indem man die Anteile von Tamas und Rajas minimiert und den von Sattva maximiert.

Wie wir gesehen haben, führt ein Übermaß an Rajas oder Tamas zu Leiden. In der Tat könnten Angst und Depression, die Geißeln unserer modernen Gesellschaft, stark reduziert werden, wenn man den Menschen beibringen würde, die Gunas zu verstehen und zu steuern.

Bei der spirituellen Praxis geht es im Grunde um das Management der Gunas und die Ausbildung eines ausreichend sattvigen Geistes, damit *Selbst*-Erkenntnis Wurzeln schlagen kann. Dazu gehört eine furchtlose moralische Bestandsaufnahme von jedem Teil deines Lebens. Nur dann kannst du die notwendigen Veränderungen vornehmen, um sicherzustellen, dass dein Geist, deine Werte, deine Handlungen, deine Ernährung und dein Lebensstil so sattvig wie möglich sind. Nach und nach kultivierst du eine „göttliche Ausrichtung", wie dies in der Gita genannt wird, die das Tor zu einem Leben voller Glück und Freiheit ist.

Das Feuer der Selbst-Erkenntnis

Es ist wichtig zu beachten, dass dein Sadhana, deine spirituelle Praxis, kein Selbstzweck ist. Zwar ist es bestimmt ein ehrenwertes Ziel, die Persönlichkeit zu verfeinern, jedoch geht es nicht darum, sich zu einem „besseren" oder "spirituelleren" Menschen zu entwickeln. Spirituelle Praxis ist ein Mittel zu einem bestimmten Zweck: einen Geist zu kultivieren, der fruchtbar genug ist, damit die Samen der *Selbst*-Erkenntnis gedeihen können.

Karma-Yoga und Upasana-Yoga, wie sie in den ersten sechs und mittleren sechs Kapiteln der Gita entfaltet wurden, reinigen den Geist, ähnlich wie man einen Diamanten von Verunreinigungen befreien und polieren würde, um seine Schönheit zu enthüllen.

Ein solcher Geist wird, wenn er Jnana-Yoga ausgesetzt ist, durch das alchemistische Feuer der *Selbst*-Erkenntnis entzündet. Diese Flamme der Wahrheit verschlingt Avidya (*Selbst*-Ignoranz bzw. Unwissenheit), verbrennt die Fesseln von

Samsara zu Asche und befreit den Geist von seinen selbst geschaffenen Qualen. In Wirklichkeit besitzt jeder bereits Wissen über das *Selbst*, denn es ist unser innerstes „Ich"-Empfinden, das immer präsente und immer verfügbare Gewahrsein, in dem alle Objekte erfahren werden. Wir alle wissen, dass wir sind, dass wir existieren und bewusst sind. Das muss uns nicht gesagt werden, denn es ist eine selbstverständliche Tatsache. Bewusstsein/ Gewahrsein ist in jedem Lebewesen jederzeit gegenwärtig. Es besteht also nie ein Zweifel an der Existenz des *Selbst*.

Das Problem sind die irrigen Vorstellungen, die wir bezüglich der Natur dieses *Selbst* haben. Wir halten uns für etwas, was wir nicht sind, und überlagern das *Selbst*, unser Ich-Empfinden, mit den Instrumenten Körper, Geist und Ego, genau so, wie der Reisende in der Dämmerung eine Schlange auf ein Seil überlagert.

Indem wir Satya und Mithya verwechseln, verwechseln wir das Unendliche mit dem Endlichen und reduzieren uns scheinbar auf ein egoistisches Pseudo-Selbst, welches nur eine vom Geist geschaffene Projektion ist.

Wenn wir uns selbst ausschließlich als Körper, Geist und Ego betrachten, übernehmen wir deren Begrenzungen und ihr Leiden wird zu unserem eigenen. Diese fundamentale *Selbst*-Ignoranz erschafft Samsara, ein Leiden, das nur durch Wissen aufgelöst werden kann.

Die Wichtigkeit eines Lehrers im Vedanta

Im Wesentlichen ist die Gita ein Lied des Wissens, *jnanam*. Jnana-Yoga, bzw. Vedanta, ist von den Upanishaden abgeleitet, den Schlussabschnitten der Veden. Das Wort Vedanta, *Veda + anta*, bedeutet wörtlich „Ende der Veden". Vedanta ist ein Erkenntnismittel (*pramana*) – insbesondere für *Selbst*-Erkenntnis. Man könnte ihn als einen „Wort-Spiegel" betrachten, denn er verwendet eine bestimmte Abfolge von Unterweisungen, Logik und unterscheidendem Denken, um die *Selbst*-Ignoranz zu beseitigen und das Wesen unserer Natur zu offenbaren.

Vedanta verläuft in drei Stufen, die der Reihe nach durchlaufen werden müssen. Wie du dich erinnern wirst, wird die erste Stufe Shravana genannt, was wörtlich „Hören" bedeutet.

Vedanta ist nicht etwas, das man selbstständig studieren sollte. Es erfordert einen erfahrenen Lehrer. Andernfalls wird die Unwissenheit – der hartnäckigste und intelligenteste Feind, den es gibt – die Lehre auf jede erdenkliche Weise filtern und fehlinterpretieren.

Das vielleicht größte Hindernis, dem ein Suchender begegnen wird, ist die Voreingenommenheit des eigenen Geistes. Kognitive Bestätigungsfehler[5] sind besonders tückisch, denn der Schüler wird dazu neigen, die Teile der Lehre zu akzeptieren, die mit seinen bereits vorhandenen Überzeugungen und Vorurteilen übereinstimmen, und solche abzulehnen, die das nicht tun. Leider führt das nur zu Frustration und anhaltender Unwissenheit.

Ein Vedanta-Lehrer muss das *Selbst* erkannt haben und versiert in der Lehre sein. Idealerweise stammt er aus einer anerkannten Linie der Sampradaya (Lehrtradition) von Shankara.

Die meisten prominenten westlichen Lehrer neigen dazu, ihre eigenen Lehren zusammenzubasteln, indem sie sich Teile aus Vedanta, Yoga, Buddhismus und so weiter herauspicken. Jnana-Yoga ist jedoch eine Wissenschaft und muss als solche behandelt und mit Professionalität, Klarheit und Integrität gelehrt werden. So wie du Physik nur von einem qualifizierten Lehrer lernen wollen würdest und nicht von jemandem, der ein paar Dinge im Internet gelesen hat und sich seine eigene angepasste

---

[5] Ein Bestätigungsfehler (engl. confirmation bias) ist ein Begriff der Kognitionspsychologie, der die Neigung bezeichnet, Informationen so auszuwählen, zu ermitteln und zu interpretieren, dass diese die eigenen Erwartungen erfüllen (bestätigen). (Siehe Wikipedia)

„Lehre" ausgedacht hat, muss Vedanta von jemandem gelehrt werden, der in der Lage ist, das ganze Bild und die gesamte Lehre von A bis Z zu vermitteln.

Moderne spirituelle Gurus und Neo-Advaita-Lehrer haben eine peinlich schlechte Erfolgsbilanz, wenn es darum geht, Menschen zur Erleuchtung zu führen. Der einfache Grund dafür ist, dass ihnen eine schlüssige, bewährte Lehre fehlt. Es mag viel Wahres an dem sein, was sie sagen, aber Erleuchtung erfordert mehr als blumige Worte. Sie erfordert eine umfassende Landkarte. Wie jedes andere Erkenntnismittel muss die Lehre gründlich geprüft sein, ihre Ergebnisse müssen reproduzierbar sein, und sie muss vor Manipulationen und Verfälschungen geschützt werden. Dies ist genau das, was die Vedanta Sampradaya über die Jahrtausende hinweg getan hat.

Sobald der Geist qualifiziert ist und du einen qualifizierten Lehrer hast, kannst du loslegen. Während der Shravana-Phase setzt du einfach deinen Geist der Lehre aus, lässt deine Vorurteile beiseite und auch alles, was du bereits zu wissen glaubst. Du brauchst eine gewisse Offenheit des Geistes, eine Bereitschaft zu lernen und Vertrauen sowohl in die Lehre als auch in den Lehrer. Das ist keine tamasige Art von blindem Glauben. Du sollst das, was du beigebracht bekommen hast, durch deinen eigenen Prozess der Untersuchung überprüfen.

Diese Untersuchung ist das Kernstück der zweiten Stufe namens Manana, der logischen Überlegung. Du hast vielleicht das Wesentliche der Lehre verstanden, hast aber immer noch bestimmte Fragen, Zweifel oder Verwirrung in manchen Gebieten.

Diese Unklarheit ist ganz natürlich, denn Vedanta wird zunächst alles andere als intuitiv erscheinen. In diesem Stadium brauchst du einen Lehrer, der deine Fragen beantworten und dir helfen kann, deine Zweifel zu beseitigen. Mit der Zeit, wenn du deinen Geist weiterhin der Lehre aussetzt und alle auftauchenden Zweifel oder Fragen durcharbeitest, beginnst du die Fülle, die Schönheit und das Wunder dieser außergewöhnlichen Sicht der Wirklichkeit zu begreifen.

Ein neues Betriebssystem

Nididhyasana, die dritte und letzte Stufe von Vedanta, besteht aus der Umwandlung deines Wissens in Überzeugung. Dies geschieht durch Umschulung deines Geistes, um deine Identifikation vom begrenzten Ego zum grenzenlosen Gewahrsein zu verschieben.

Dadurch wird diese Sicht der Wahrheit zum neuen „Betriebssystem" deines Geistes. Krishnas Worte sind dann nicht länger nur leere Konzepte, sondern die Grundlage deines gesamten Verständnisses und deiner Erfahrung der Wirklichkeit.

Wie Swami Dayananda bemerkt:

> Ich höre die Leute sagen, dass sie diese Lehre sehr gut verstehen, aber trotzdem leiden. Sie leiden nicht körperlich, sondern geistig. Das liegt nur an [ihrer] Unfähigkeit, Dinge los zu lassen. Was verursacht schließlich geistiges Leid? Es ist nichts anderes als eine bestimmte Art zu denken.

Alte Gewohnheiten ändern sich nur langsam, besonders wenn es um Denkmuster geht. Der Verstand ist ein ausgesprochen konservatives Werkzeug, und kehrt als solches immer wieder zu seiner festgelegten Grundeinstellung zurück. Ohne bewusste Neuausrichtung wird der Verstand immer wieder die gleichen alten Gedanken wiederholen und immer wieder die gleichen alten Programme ausführen.

Bei aller Beharrlichkeit ist die Architektur des Geistes allerdings keineswegs in Stein gemeißelt. Wissenschaftler sprechen heute von Neuroplastizität als der Fähigkeit des Gehirns, sich selbst neu zu organisieren, indem es neue neuronale Verbindungen und Netzwerke bildet. Kurz gesagt: Du musst nicht dein ganzes Leben lang mit demselben mentalen Betriebssystem auskommen. Obwohl es Zeit und Mühe kostet, ist es durchaus möglich, das Betriebssystem deines Geistes zu aktualisieren und zu verbessern.

Genau dafür ist Vedanta gedacht. Während das alte Betriebssystem auf *Selbst*-Ignoranz beruhte, beruht das neue auf *Selbst*-Erkenntnis.

Es ist jedoch unwahrscheinlich, dass eine neue Erkenntnis großen Effekt auf den Verstand hat, solange du ihm keine große Wichtigkeit beimisst. Schließlich erhält der Verstand jede Sekunde des Tages eine Menge Input. Schon in der Schulzeit, als du Tests und Prüfungen ablegen musstest, brauchte es viel Zeit, Wiederholung und Übung, damit das Wissen „hängen blieb".

Da du dich dein ganzes Leben als begrenzten Jiva betrachtet hast – eine Ansammlung von Materie und Geist, die dem Zahn der Zeit und weltlichem Leiden unterworfen ist – braucht es natürlich Zeit, bis du deine Identität hin zu reinem Gewahrsein umorientiert hast.

Vielleicht begreifst du die Lehre intellektuell, hast aber immer noch das Gefühl, dass du mit dem Körper-Geist-Sinnes-Komplex und allem damit verbundenen Leid identifiziert bist. Wenn du das von der Gita offenbarte Wissen besitzt, aber immer noch nicht seine Früchte genießt – insbesondere die Freiheit vom Leiden – dann musst du weiterhin Nididhyasana praktizieren.

Swami Paramarthananda verwendet eine nette Analogie. Wenn du eine Tasse Kaffee kochst und einen Löffel Zucker hinzufügst, musst du ihn umrühren, sonst schmeckst du den Zucker nicht. Wenn die ersten beiden Stufen von Vedanta der Kaffee, die Milch und den Zucker sind, ist die letzte Stufe, Nididhyasana, das Umrühren von allen Zutaten. Erst dann kann man die Süße genießen.

Nididhyasana kann in Form von wiederholtem Anhören der Lehre, Meditieren über deren Bedeutung, Aufschreiben in deinen eigenen Worten und Diskussion mit anderen Schülern erfolgen.

Ein weiterer wichtiger Aspekt von Nididhyasana liegt im Beobachten des Geistes-Inhalts und im Praktizieren von *Selbst*-Erforschung, indem du alle selbst-begrenzenden Gedanken und Überzeugungen im Licht der *Selbst*-Erkenntnis hinterfragst. Identifizierst du dich mit Verstand, Körper und Ego, oder bekennst du dich zu deiner Natur als immer freies Gewahrsein?

Über die Wahrheit meditieren

Nididhyasana wird manchmal mit „Meditation" übersetzt. Bei der vedantischen Meditation geht es nicht darum, sich zu entspannen und einen Zustand frei von Gedanken zu erschaffen. Vielmehr soll dein Geist auf die Kontemplation deiner Natur als das *Selbst* gerichtet und darin versenkt werden; auf das ewige bezeugende Bewusstsein/ Gewahrsein, das du bist.

In "The Holy Geeta" schreibt Swami Chinmayananda:

> Die Aufmerksamkeit von der Welt der Sinnesobjekte wegzulenken und sie in einem stetigen Strom in Richtung des Herrn in einer vollkommenen Haltung von Identifikation zu bewahren, wird Meditation genannt. [Es bedeutet,] den gesamten Geist auf die Kontemplation des Göttlichen auszurichten, unter völligem Ausschluss aller abweichenden Gedankenströme.

Und tatsächlich sagt Krishna in Vers 65 zu Arjuna: *„Sei dir Meiner immer bewusst. Biete Mir deinen Geist und dein Herz mit* höchster Hingabe an, und du wirst deine Identität mit Mir erkennen. Dies verspreche Ich dir."

Viele Formulierungen dieses Kapitels haben eine hingebungsvolle Note. Krishna verdeutlicht dies, indem er erneut erklärt, dass die höchste Hingabe im Streben nach *Selbst*-Erkenntnis liegt; in der Erkenntnis, dass individuelles Selbst und universelles *Selbst,* Brahman, nicht getrennt sind. Krishna fasst dies noch einmal grundsätzlich zusammen, indem er Arjuna rät: „Meditiere immer über das unvergängliche *Selbst.*"

Deinen Geist immer wieder zur Kontemplation der eigenen Natur als Gewahrsein zurückzubringen, ist der Schlüssel, der Wissen in Befreiung verwandelt und den leidvollen Traum des Egos von Trennung beendet.

Die Höchste Wahrheit: Du bist bereits frei

Das *Selbst* ist grenzenlos und ewig frei. Du bist das *Selbst.* Daher ist deine wahre Natur grenzenlos und ewig frei.

Die erste Stufe von Vedanta, Shravana, offenbart dir dieses Wissen. Manana, die zweite Stufe, dient dazu, diese Behauptung zu erforschen und alle Zweifel und Missverständnisse zu beseitigen. In der letzten Stufe, Nididhyasana, geht es darum, diese Identität als deine eigene zu übernehmen und dich so von dem Leiden zu befreien, das aus der falschen Identifikation mit der Welt von Maya entsteht.

Auf der relativen Ebene der Wirklichkeit verschwindet der Jiva, das mit einer Welt der Gegensätze kämpfende begrenzte Wesen, nicht von einen Tag auf den nächsten. Er wird als das erkannt, was er wirklich ist: Mithya. Er genießt nur eine scheinbare, geliehene Existenz und ist eine Wirkung, die vollständig von der ihr zugrunde liegenden Ursache abhängt: Satya, dem *Selbst.*

Körper und Geist sind Werkzeuge, durch die sich Bewusstsein ausdrückt. Verwirrt durch das trübe Zwielicht von

Maya, erzeugt das Ego aus diesen Objekten ein illusorisches Selbstgefühl, wodurch du tief in den Bann der Unwissenheit gerätst.

Alles, was du ab dann tust, ist ein Ausdruck dieser Unwissenheit; ein vergeblicher Versuch, das schmerzhafte Gefühl der Leere zu überwinden, das entsteht, wenn du glaubst, etwas zu sein, was du nicht bist.

Krishna spricht in diesem Kapitel erneut das Thema der Täterschaft an und sagt: *„Diejenigen, denen es an klarer Sicht mangelt, glauben, dass sie selbst der Urheber der Handlung sind. Aber die Weisen wissen, dass das Selbst frei von Täterschaft ist."* (Kap. 18: 16-17)

Das Ego hält sich für den Urheber der Handlung, obwohl es nur ein Element unter vielen ist. Die Ausführung einer Handlung erfordert fünf wesentliche Elemente: einen physischen Körper, das physiologische System, das dem Körper Leben verleiht, die Sinnesorgane der Wahrnehmung und der Handlung, das Ego bzw. den Urheber der Handlung und die Elementarkräfte, also die Umwelt, in der die Handlung stattfindet.

Das Ego, aus dem wir unser Empfinden von Täterschaft beziehen, ist nur ein Bestandteil des feinstofflichen Körpers. Unter dem Bann von Avidya halten wir das Ego für das *Selbst*, obwohl es in Wirklichkeit nur ein Objekt ist, das vom *Selbst* erkannt wird. Alles, was objektivierbar ist, kann per Definition nicht das Subjekt sein, das bezeugende Gewahrsein/ Bewusstsein.

Die *Selbst*-verwirklichten haben kein Empfinden von Täterschaft. Sie wissen, dass das *Selbst* der allgegenwärtige Zeuge ist, das Licht, in dem alle Objekte erscheinen und gemäß ihrer jeweiligen Natur funktionieren, wie es von den Gunas bestimmt wird. Mit anderen Worten: Alles Tun im Bereich der Materie wird von Ishvara getan.

Das *Selbst*, das eigentliche Herz des Lebens, ist die Existenz selbst, und seine Natur ist reines Bewusstsein/ Gewahrsein. Wie die Sonne ist das *Selbst* frei von Handlung, doch durch seine Gegenwart segnet es die Welt von Maya mit Handlungen, mit Leben, Empfindungsvermögen und Vitalität.

Durch die Macht seiner Maya, sagt Krishna, lässt das *Selbst* alle Formen sich drehen, als wären sie auf einem Rad befestigt. Materie selbst ist leblos, das Leben in ihr gehört allein zum *Selbst*, so wie das geborgte Licht des Mondes zur Sonne gehört.

Krishna schließt mit folgenden Worten an Arjuna: „*Gib alle Karmas auf, nimm Zuflucht in Mir allein und Ich werde dich von allem Karma befreien, habe keine Angst.*" (Kap. 18: 66)

Noch einmal: Dies bedeutet nicht, alle Handlungen im wörtlichen Sinne aufzugeben. Es handelt sich um einen aus Erkenntnis gewachsenen Verzicht – der Erkenntnis, dass Handlungen zur Welt der Materie gehören, welche von Ishvara regiert wird. Indem du weißt, dass du nicht-handelndes Gewahrsein bist, in dem alle Formen erscheinen, wirst du von der fälschlichen Last der Täterschaft und Eigentümerschaft befreit. Du bist dann, wie Krishna es ausdrückt, vom Karma befreit.

So wie Wissen die Schlange in das Seil zurückverwandelt, so verwandelt *Selbst*-Erkenntnis den Jiva zurück in das eine, alles durchdringende Bewusstsein, von dem er nie getrennt war.

Glücklicherweise stirbt nicht nur die Unwissenheit. Ihre Begleiterscheinungen – das lähmende Gefühl von Begrenztheit und Unvollständigkeit im Zentrum der menschlichen Psyche – verschwinden zusammen mit ihr, wie Schatten, die in der Morgensonne vergehen.

Der Jiva wird dann zu jemandem, der zu Lebzeiten befreit ist, zu einem *jivan muktah*. Dann erkennst du, dass Befreiung nicht etwas ist, das du erlangst. Es ist einfach die Beseitigung der Vorstellung, dass du überhaupt jemals gebunden warst.

Arjunas Zweifel ist beseitigt

Die Bhagavad Gita begann mit einer Krise auf einem Schlachtfeld. Arjuna, im Begriff, den größten Krieg zu führen, den die Welt je gesehen hatte, war völlig verzweifelt, als er auf dem Schlachtfeld seiner eigenen geliebten Familie und seinen Freunden gegenüberstand. Er warf seine Waffe weg und fragte seinen Mentor Krishna um Rat. Krishna wusste, dass das eigentliche Problem nicht in der aktuellen Situation lag. Arjuna war ein Krieger, trat für eine gerechte Sache ein und war auf diesen Moment gut vorbereitet. Das wirkliche Problem war das universellste aller menschlichen Leiden: die Unfreiheit in Samsara, die durch *Selbst*-Ignoranz verursachte Täuschung.

So hat die Bhagavad Gita, das leuchtende Juwel im Zentrum des Mahabharata, jeden Aspekt des menschlichen Daseins und der Wirklichkeit, wie wir sie kennen, enträtselt: Geburt und Tod des Universums, die Natur von Materie und Bewusstsein, die Rolle Gottes und der Kräfte der Schöpfung, die Notwendigkeit von Dharma und das Streben nach Erleuchtung als höchstes Ziel des Lebens.

Umfang und Tiefe dieser Lehre, verdichtet in siebenhundert poetischen Versen, sind atemberaubend. Für einen qualifizierten Sucher sind Krishnas zeitlose Worte, die seit Jahrtausenden rezitiert werden, absolut befreiend.

Natürlich braucht Arjuna Zeit, um dieses Wissen zu verdauen, und so stellt er wiederholt viele Fragen zum gleichen Sachverhalt. Deshalb will Krishna in den letzten Versen wissen, ob er die Lehre verstanden hat. Er fragt den Pandava-Fürsten, ob seine Täuschung nun verschwunden sei.

Arjuna bestätigt, dass er Krishnas göttliche Botschaft verstanden hat. Durch Krishnas Gnade sind seine Zweifel beseitigt und sein Kummer überwunden. Arjuna ist nun bereit, seinen Dharma, seine Bestimmung, anzunehmen, von innen erleuchtet durch die ewige Flamme der *Selbst*-Erkenntnis.

Om Tat Sat.

Glossar

aham brahmasmi – ein Mahavakya, großer Ausspruch (Mantra), „Ich bin Brahman" (das unsterbliche *Selbst*)

adharma – Unrecht, Sünde, Ungesetzlichkeit, Unordnung, Schuld, sittlich-ethischer Verfall auf allen Ebenen; das Gegenteil von Dharma.

Agama(s) – alte Schriften zur Verehrung Vishnus.

ahamkara – wörtlich: „Ich-Macher". Das Ich bzw. Ego, das Empfinden eines eigenständigen Selbst.

akarta – nicht handelnd, *akartri* – Nicht-Handelnder

akrodha – Nicht-Zürnen.

anatma – Nicht-Selbst; *atma-anatma-viveka*, die Unterscheidung zwischen *Selbst* und Nicht-Selbst.

Aparokshanubhuti – ist der Titel eines der bekanntesten Werke von Shankaracharya. Wörtliche Bedeutung: unmittelbare Erkenntnis, direkte Wahrnehmung von Brahman.

artha – erstes menschliches Bestreben (*purushartha*), Streben nach Sicherheit und Besitz.

ashrama – Lebensstadium, Lebensphase

Ashvatta Baum – heiliger Feigenbaum, auch Bodhibaum, spielt in verschiedenen indischen Schriften eine Rolle.

asura – „Dämon", böses Wesen, a-sura (Licht, Sonne) bedeutet „ohne Licht"

atma – das *Selbst*, auch Atman. In den Veden wird Atma als das wahre *Selbst* eines jeden Wesens beschrieben, die ewige unzerstörbare innere Gestalt.

avatar – spirituelle Bedeutung: Inkarnation des Göttlichen auf Erden, die ohne karmische Zwänge erfolgt, mit dem Ziel, die Menschen in ihrer Evolution und spirituellen Entwicklung weiterzuführen.

avidya – Unwissenheit, *Selbst*-Ignoranz, der grundlegendste der fünf *kleshas*, Ursachen des Leidens.

bhakta – ein*e Liebende*r, ein sich Hingebender, ein Gottesverehrer.

bhakti – Liebe, Hingabe zu Gott.

brahmachary(a) – heiliges Studium, Lebensphase des Lernens, erstes *ashrama*.

Brahman – das zentrale göttliche Prinzip des Vedanta. Es hat keine materielle Qualität, es kann daher auch nicht mit Worten oder Bildern beschrieben werden. Brahman ist das *Selbst*, das wahre ICH eines jeden Organismus und die höchste nicht-duale Wirklichkeit.

danam – Geben, Wohltätigkeit, Großzügigkeit.

dharma – drittes menschliches Bestreben (*purushartha*); Ethik, Tugendhaftigkeit

dharma-shastra – Lehren über den Dharma, Wissenschaft der universellen Gesetze.

dharmakshetra – Das Feld (*kshetra*), die Wohnstätte des Dharma, der Rechtschaffenheit. Eine andere Bezeichnung für Kurukshetra, dem Schlachtfeld der Bhagavad-Gita.

dukkha – Leid, Unglück, Unbehagen, Schmerz, Sorge, Schwierigkeiten, Kummer, Trauer.

grihashta – Lebensphase (*ashrama*) des Haushälters, Familie, Beruf...

guna – Eigenschaft, Energie; drei *gunas*: *sattva, rajas, tamas*.

guru – Lehrer, spiritueller Führer; nach tantrischer Interpretation; *gu* Finsternis, *ru* entfernen: der die Finsternis entfernt.

Hastinapura – ist eine Stadt in Indien, nordöstlich von Delhi gelegen. Gemäß der Überlieferung die Hauptstadt eines ursprünglich vom sagenhaften König Bharata beherrschten vedischen Großreiches, in dessen Nähe Jahrhunderte später die berühmte Schlacht von Kurukshetra stattfand, die insbesondere durch die Beschreibung in der Bhagavad-Gita berühmt wurde.

ishta-devata – Schutzgottheit; persönliche, von mir zur Verehrung ausgewählte Gottheit.

Ishvara – „Gott", der „Herr", im Sinne von: Höchste Macht, Herrscher des Kosmos, der Schöpfung, allmächtig, allwissend, allgegenwärtig, omnipotent.

jiva – bedeutet „lebend"; ein lebendiges Wesen; die individuelle Seele, Individualseele. *Jiva* ist Atman, der sich mit den Upadhis (den begrenzenden Hüllen) identifiziert.

jivan-mukhta – ein zu Lebzeiten befreiter Mensch.

jnana-yoga – der Weg der Erkenntnis, oder auch der „Yoga des Wissens".

jnanam – bedeutet Wissen, auch Klugheit oder Erkenntnis; häufig in der Gita verwendet.

jnani – Wissender, Weiser.

kama – zweites menschliches Bestreben (*purushartha*); Verlangen oder Wunsch (Vergnügen)

karma-yoga – in der Yoga-Philosophie ist es einer der sechs Yogas. Im Vedanta wird damit der Weg des Handelns bezeichnet. (Handlungen werden Ishvara geweiht, Ergebnisse werden akzeptiert)

karma – Handlung, Gesetz von Ursache und Wirkung; Tätigkeit, Arbeit, Rituale etc.

karma-yoga – Der Übungsweg des *karma yoga* umfasst drei Aspekte: **1.** Die Wahl der Handlung im Hinblick auf ihre Übereinstimmung mit den ethischen Prinzipien (*dharma*). **2.** Die innere Haltung, aus der heraus die Handlung erfolgt. Das Handeln sollte getragen sein von Ehrfurcht in Bezug auf die Schöpfung und Dankbarkeit gegenüber *Ishvara*. **3.** Das Verstehen, dass die Resultate des Handelns nicht in den Händen des Handelnden sondern in den Händen *Ishvaras* liegen. Dieses Verständnis ermöglicht es, die Resultate der Handlungen dankbar anzunehmen, ganz egal, wie sie ausfallen.

Kaurava – vom Volk der Kuru abstammend. Die Kaurava waren ein Herrschergeschlecht, auf den großen König Kuru zurückgehend. Im engeren Sinn des Mahabharata gilt nur Duryodhana, der älteste Sohn Dhritarashtras, als Kaurava, während die Söhne von Pandu als Pandavas bezeichnet werden. Der Konflikt in der Gita wird zwischen den Pandavas und den Kauravas ausgetragen.

kshatriya – Krieger, Angehöriger der zweiten Kaste bzw. des Kriegerstandes.

loka – Sphäre, Ebene der Existenz (physisch, astral, kausal). *jnana-loka*: Erkenntnisebene

manana – erwägen, betrachten, nachdenken, reflektieren; *manas* – der Geist.

Maya – die täuschende Macht Brahmans, die verhüllende und projizierende Macht des Universums.

mithya – nicht wirklich, scheinbar.

moha – Verlust der Besinnung, Mangel an klarem Bewusstsein, Verwirrung

moksha – frei werden, Befreiung. Viertes, höchstes menschliches Bestreben (*purushartha*)

moksha-shastra – Lehren über Moksha. Wissenschaft der Befreiung, Vedanta.

mumukshu – ein Freiheit Suchender.

nididhyasana – Meditation, Kontemplation, tiefes, anhaltendes Meditieren.

nirguna brahman – das unpersönliche Absolute, ohne Attribute (Gunas), jenseits des Beschreibbaren.

nishkama bhakti – nicht auf Verlangen basierende, bedingungslose Liebe bzw. Hingabe.

nivritti – Negierung; Abwendung vom aktiven Leben, Rückzug, wörtlich: „Umkehr".

om-tat-sat – das bewusste Sein, die einzige Wahrheit.

Panchadashi - Die Panchadashi ist eines der wichtigsten Werke über Vedanta. Panchadashi (wörtlich 15) besteht aus 15 Kapiteln. Dieser Vedanta-Text wurde im 14. Jahrhundert von **Vidyaranya** geschrieben, einem der ganz großen Jnanis und Nachfolger von Shankaracharya,.

Pandava – den Kindern des Pandu zugehörig. Der bekannteste Nachkomme des Königs Pandu ist Arjuna. Auch seine vier Brüder sind Pandavas: Yudhisthira, Bhima, Nakula, Sahadeva.

papam – negatives Karma, Sünde, schlechte Taten.

paramartika – höchste Realität, absolute Wirklichkeit.

prakriti – Ursprung, Materie.

pralaya – Auflösung, Tod, Vernichtung, Auflösung der Welt.

pramana – ein gültiges Mittel zur Erlangung von Wissen: logische Beweisführung.

pranayama – Kontrolle der feinstofflichen Lebenskräfte, Atemübungen zur Atemkontrolle.

prarabdha-karma – aktiviertes Karma; Handlungen die in diesem Leben Früchte tragen.

prasada – verschiedene Bedeutungen. Im Kontext der Gita meist: Geschenk Ishvaras, das, was uns zugeteilt wird. Auch: Reinheit, Klarheit, natürliche Ruhe, ...

pratibashika – subjektive Realität.

pravritti – Handlung, Aktivität, wörtlich: „sich weiterdrehen".

punyam – verdienstvolles, gutes Karma; gute Tat, tugendhaft.

purnam – Fülle, vollkommen.

purusha – höchstes Wesen, Seele, Urwesen, göttlicher und individueller Geist. Purusha und Prakriti, Geist und Materie, bilden die Urprinzipien des Kosmos.

purushartha – die menschlichen Bestrebungen (in den Veden werden vier genannt: (*artha, kama, dharma* und *moksha*) *raga* – Leidenschaft, Liebe, heftiges Verlangen, Sympathie, Zuneigung.

raga-dvesa – der ständige Kreislauf von Zu- und Abneigung.

rajas – projizierende Kraft (*vikshepa-shakti*); Eigenschaften: Unruhe, Dynamik, Elektrizität, ...

rakshasa – kannibalische, böswillige Dämonen, Feinde der Götter.

sadhana – spirituelle Praxis

shravana – Hören, Zuhören, über das Ohr wahrnehmen; erste Stufe des Jnana-Yoga.

saguna brahman – Brahman mit Attributen (Gunas), wie Allwissenheit, Allmacht, etc; das Absolute gesehen als Schöpfer, Erhalter und Zerstörer des Universums.

sakama bhakti – auf Verlangen basierende Hingabe bzw. Liebe.

samanya-dharma – ist der gemeinsame Dharma oder das Gesetz, dem alle Menschen unterliegen.

samatvam – Gleichmut, Ausgeglichenheit des Geistes.

sampradaya – mündliche Überlieferung, Tradition, das mündliche Weitergeben von Wissen vom Lehrer an seine Schüler über viele Generationen hinweg. Sampradaya ist die Traditionslinie.

samsara – kommt von der Wurzel *samsri*; „beständiges Wandern, sich Drehen"; Kreislauf des Lebens, des weltlichen Daseins, der Kreislauf von Geburt, Alter, Krankheit und Tod, der Kreislauf bzw. das „Rad" der Wiedergeburt.

sannyasa – letzte Lebensphase; Niederlegen, Aufgeben (der Welt), indem man z.B. Mönch wird.

sannyasi – ist jemand der *sannyas* genommen hat (Gelübde abgelegt), vergleichbar dem Mönch.

sat – Sein, Existenz.

sat chit ananda – Bedeutung: Existenz – Bewusstsein – Glückseligkeit; eines der *mahavakyas*.

sattva – enthüllende Kraft (*jnana-shakti*); Eigenschaften: Reinheit, Licht, Freude.

satya – wirklich, in Wirklichkeit vorhanden. *Satya-mithya-viveka*, Unterscheidung von real und nicht-real.

Shaivismus – oder Shivaismus. Religiöse Weltanschauung, Shiva als höchste Gottheit.

shastra – Unterweisung, Belehrung, spirituelle Schriften (Veden, Vedanta).

shoka – Qual, Schmerz, Kummer, Gram, Sorge, Trauer, Leid; Glut, Flamme

shradda – Glaube, Vertrauen; kein blindes Vertrauen. Eine der sechs Tugenden (die weiteren fünf: Kontrolle der Sinne, Kontrolle des Geistes, Gleichmut/ Gelassenheit, Geduld, Konzentration).

svadharma – individuelle Pflicht/ Aufgabe; die relative Natur der Person.

tamas – verhüllende Kraft (*avarana-shakti*); Eigenschaften: Dumpfheit, Trägheit, Verwirrung, Depression.

tat tvam asi – wörtliche Bedeutung: „Das (tat) bist (asi) Du (tvam)"; eines der *mahavakyas* (große Aussprüche) aus den Upanishaden.

tripti – Sättigung, vollkommene Erfüllung.

tyaga – Verzicht, Entsagung; Verzicht auf die Früchte meiner Handlungen (Karma-Yoga).

upadhi – Hinzufügung; begrenzendes Attribut: Körper bzw. Hüllen, die das *Selbst* umgeben. Körper und Geist werden als *upadhis* bezeichnet.

Usana - ein Weiser, auch Shukracharya genannt, Guru und Ratgeber der Asuras (indische Mythologie), der ihnen Ethik lehrte.

vanaprastha – Lebensphase des Rückzugs; Einsiedler.

Vaishnava – zu Vishnu gehörend, oder ein Verehrer Vishnus. Der Vaishnavismus ist eine der drei großen Unterkategorien des Hinduismus und verehrt Vishnu als den höchsten Gott.

varna – wörtlich: Farbe; Kaste (wie im Text beschrieben).

visesha-dharma – eine spezielle Pflicht, eine besondere Disziplin; Verpflichtung bei bestimmten Gelegenheiten oder angesichts bestimmter Situationen

Vishnu – hinduistische Gottheit, einer der drei Hauptaspekte neben Brahma (schöpferisch), Shiva (zerstörend) und Vishnu (erhaltend).

vritti – Gedanke, Gedankenwelle, Gedankenmodifikation, eine Welle im *chitta*, Geistsubstanz.

Vyasa – mythischer vedischer Dichter; gilt als Ordner der Veden und Puranas, Autor der Mahabharata (deren mittlerer Teil die 700 Verse der Bhagavad Gita sind).

vyavaharika – empirische, relative Realität.

yajna – Opfergabe, Opferzeremonie, rituelle Opferung, z.B. Agni-Hotra, Feuerzeremonie. Aber auch eine Unterweisung in den Schriften ist ein *yajna*.

yuga – hat mehrere Bedeutungen, wie z.B. Geschlecht, Generation, Joch, Paar, Zeitalter. Im Fall des Kapitels Acht der Gita ist das Zeitalter oder Weltalter oder Weltenperiode gemeint.

www.ingramcontent.com/pod-product-compliance
Lightning Source LLC
Chambersburg PA
CBHW070455120526
44590CB00013B/651